박문각

합격치트키 ▶ 저자직강 무료특강

SMAT
Module A

비즈니스 커뮤니케이션

윤진영 편저

▶ **무료특강**
핵심 키워드 총정리+
모의고사 1회

◎ **이론+문제**
핵심이론+실전문제+
모의고사 수록

🗒 **실무능력**
서비스 사례로
실무능력 UP

📖 **핵심용어**
핵심 키워드 총정리

빠른 합격이 만드는 슈퍼 스펙!!

1
**박문각
자격증**

Preface | 이 책의 머리말

"서비스는 수행하는 일이 아니라 살아가는 태도이며, 그 태도는 직업을 넘어 인생의 방향을 결정합니다."

현대의 기업들은 이제 고객을 단순한 소비자로 바라보지 않습니다. 고객은 기업의 성장을 견인하고 미래 가치를 창출하는 핵심 주체로 인식되고 있으며, 이에 따라 고객 중심 경영은 선택이 아닌 생존을 위한 필수 전략으로 자리 잡았습니다.

그러나 오랜 기간 현장에서 실행되어 오고 있는 고객 만족 경영 방식에는 분명한 한계가 존재합니다.
과거의 고객 만족은 직원의 희생과 헌신을 기반으로 형성되는 경우가 많으며, 이러한 방식은 일시적인 성과를 만들어낼 수는 있지만, 지속 가능한 성장 구조로 발전하지 못하는 문제를 내포하고 있습니다.
이제 서비스는 한 개인의 역량이나 친절에 의존하는 단계를 넘어 '고객-기업-종업원'이 함께 가치를 창출하고 성장할 수 있는 구조적 시스템으로 재편되어야 합니다. 어느 한쪽만을 위한 만족은 오래 지속될 수 없으며, 감정에만 의존한 친절 역시 곧 구조적 한계에 부딪히게 됩니다.

"서비스는 감정의 영역이 아니라 구조의 영역이며, 구조는 태도에서 시작됩니다."
앞으로의 서비스 경쟁력은 일시적인 친절이나 개인의 센스에서 비롯되는 것이 아니라, 분석 가능한 지표, 설계 가능한 시스템, 실행 가능한 전략에서 비롯되어야 합니다.
즉, '현장의 경험'은 '경영의 언어'로 진화해야 하며, 그럴 때 비로소 서비스는 하나의 산업으로 성장할 수 있습니다.

"SMAT의 역할은 서비스 역량을 눈에 보이는 기준으로 만들어 주는 데 있습니다."
이러한 필요성을 바탕으로 탄생한 것이 바로 SMAT(서비스경영자격)입니다.
SMAT는 서비스 직무에 요구되는 실제 역량을 기반으로 구성된 국가공인 서비스 자격 제도로서, 실제 현장에서 적용 가능한 전문성을 객관적으로 측정하고 인증할 수 있는 체계를 갖추고 있습니다.

SMAT 시험은 다음의 세 가지 모듈로 구성되어 있습니다.
모듈 A(비즈니스 커뮤니케이션), 모듈 B(서비스 마케팅·세일즈), 모듈 C(서비스 운영전략)는 단순한 지식을 평가하는 것이 아니라 직무 수행 능력 전반을 진단하고 검증할 수 있도록 설계되어 있습니다. SMAT는 이러한 체계를 통해 서비스의 가치를 사회적으로 공유 가능한 언어, 즉 공적 기준으로 정착시키는 중요한 역할을 수행하고 있습니다.

본 교재는 단순한 시험 대비용을 넘어 현장에서 즉시 활용할 수 있는 '서비스 기준서이자 실무형 교재'가 되도록 구성되어 있습니다.
2026년 최신판은 "이론이 실무로 이어질 수 있도록 균형있게 설계하는 것"을 목표로 합니다.

2026년 최신판의 핵심 방향은 현장성과 전문성의 결합이며, 이를 위해 기존의 단순 이론 중심 구성에서 벗어나 실제 사례 분석, 시나리오 기반 사고 훈련, 문제 해결 중심의 학습 구조를 강화하였습니다. 특히 서비스 관련 용어와 개념을 보다 쉽게 이해할 수 있도록 다양한 사례와 현장 중심 설명을 보완하고, 실무에서 바로 적용할 수 있는 예시와 상황별 안내를 풍부하게 제시하여 학습자가 용어의 의미뿐 아니라 실제 활용 방식까지 자연스럽게 익힐 수 있도록 돕고 있습니다.

또한 본 교재는 서비스 직무를 처음 시작하는 초급 학습자부터 강사·관리자 단계로 진입하려는 실무자까지 각자의 수준에 맞는 학습 경로를 스스로 설계할 수 있도록 구성되어 있습니다. 학습자가 자신의 현재 역량을 진단하고, 향후 성장을 위한 구체적인 로드맵을 설정할 수 있도록 지원하는 실천형 학습 교재를 지향하고 있습니다.

지난 25년 동안 저는 다양한 현장에서 서비스를 수행했고, 서비스를 가르치며 살아왔습니다.

호텔에서, 국빈 서비스 현장에서, 여러 대학과 기업 현장을 거치며 서비스는 단순한 친절이 아니라 사람을 이해하는 방식이며 관계의 본질을 다루는 일이라는 것을 깨닫게 되었습니다.

"서비스는 누군가를 일시적으로 감동시키는 기술이 아니라, 다시 만나고 싶은 사람과 관계를 설계해 가는 과정입니다."

서비스는 직업이기 이전에 하나의 태도였으며, 그 태도는 하루의 사소한 행동을 바꾸고 관계를 움직이며 결국 삶의 방향을 변화시키는 힘이 되었습니다.

이 교재가 서비스라는 길을 선택하신 모든 분들께, 자신의 가능성을 증명하고 앞으로의 방향성을 설계할 수 있는 확신의 언어가 되기를 진심으로 바랍니다.

오랜 시간 자격증 연구와 교재 집필을 함께해 주신 강은미 연구원, 수많은 교육 현장을 열어 주고 지켜주신 BTMS(주)의 동료들, 신뢰를 바탕으로 협력해 주신 ㈜에듀스파박문각과 한국생산성본부 관계자분들, 그리고 언제나 성실하게 현장에서 배움을 증명해 주신 신구대학교 호텔경영학과 교수님과 학생들, 조미라 연구원, 구한별 연구원께 이 지면을 빌려 깊은 감사의 마음을 전합니다.

이 교재는 단순한 시험 대비용 학습서가 아닙니다. 여러분의 서비스가 누군가의 하루를 변화시키고, 여러분의 생각이 누군가의 미래를 설계할 수 있다는 가능성을 보여주는 지도가 되기를 희망합니다. 서비스는 감정의 문제가 아니라 태도의 문제이며, 태도는 결국 미래를 설계하는 힘이라고 믿습니다.

2026 SMAT 최신판이 여러분의 새로운 도전과 출발을 위한 '첫 문장'이 되기를 바랍니다.

저자 **하진영** 드림

Guide | SMAT 시험 ①

 서비스 산업의 전문가를 양성하는
실무형 국가공인 자격시험입니다

국내 **'최초'**
서비스 경영 분야
국가공인 자격

국내 **'최대'**
자격 주관기관인
한국생산성본부
시행

국내 **'최다'**
서비스 자격분야
응시인원

- 산업계 및 교육계에서 서비스 산업의 핵심 인재 역량을 위한 실무형 국가공인 자격
- 학점 인정 및 고교생활기록부 등재 가능
- NCS에 의거하여 개발된 자격시험으로, 직무분야 중심의 출제를 통한 높은 실무 활용성

시험안내

구분	정기 시험	상시 시험
접수 방법	KPC자격 홈페이지(https://license.kpc.or.kr)	전국의 각 지역센터(28개)
시행	연 8회 (짝수달 둘째 주 토요일 및 5월/11월 넷째 주 토요일)	월 1회
인원	개인 및 단체(2인 이상)	기관 및 학교 단위 단체(30인 이상)
응시료	1개 Module 24,000원　　2개 Module 44,000원　　3개 Module 62,000원 (인터넷 결제 수수료 1,000원 별도)	
시험 시간	• 모듈별 70분간 진행 • Module A: 09:00~10:10(70분)　Module B: 10:30~11:40(70분)　Module C: 12:00~13:10(70분)	
문제 형식	• PBT 방식 • 모듈별 50문항으로 5개 유형(일반형, O/X유형, 연결형, 사례형, 통합형)으로 객관식 • 각 문항당 2점	
합격 기준	100점 만점 총 70점 이상 합격	

2026년 정기 시험일정

회차	시험일	온라인 원서 접수	방문 접수	수험표 공고	합격자 공고
제1회	2. 7.	1. 1. ~ 1. 7.	1. 7. ~ 1. 7.	1. 28. ~ 2. 7.	2. 26. ~ 3. 5.
제2회	4. 11.	3. 5. ~ 3. 11.	3. 11. ~ 3. 11.	4. 1. ~ 4. 11.	4. 30. ~ 5. 7.
제3회	5. 30.	4. 23. ~ 4. 29.	4. 29. ~ 4. 29.	5. 19. ~ 5. 30.	6. 19. ~ 6. 26.
제4회	6. 13.	5. 7. ~ 5. 13.	5. 13. ~ 5. 13.	6. 2. ~ 6. 13.	7. 2. ~ 7. 9.
제5회	8. 8.	7. 2. ~ 7. 8.	7. 8. ~ 7. 8.	7. 29. ~ 8. 8.	8. 27. ~ 9. 3.
제6회	10. 17.	9. 10. ~ 9. 16.	9. 16. ~ 9. 16.	10. 6. ~ 10. 17.	11. 5. ~ 11. 12.
제7회	11. 28.	10. 22. ~ 10. 28.	10. 28. ~ 10. 28.	11. 18. ~ 11. 28.	12. 18. ~ 12. 28.
제8회	12. 12.	11. 5. ~ 11. 11.	11. 11. ~11. 11.	12. 2. ~ 12. 12.	12. 31. ~ 1. 7.

■ 위 일정은 사정에 따라 변경될 수 있으니, 사전에 반드시 KPC자격 홈페이지(https://license.kpc.or.kr/)에서 확인하시기 바랍니다.

■ 방문 접수는 온라인 원서 접수 기간 내 해당 지역센터에 문의 바랍니다.

학점 인정 및 고교생활기록부 등재

등급	학점	전공필수 학점으로 인정되는 전공	
		전문학사	학사
1급(컨설턴트)	10학점	경영, 관광경영	경영학, 관광경영학, 호텔경영학
2급(관리자)	6학점	경영, 관광경영	-

위에 언급된 전공 외에는 일반선택 학점으로 인정

* 고등학교 재학 중 자격 취득 시, 고교생활기록부에 등재 가능

Guide | SMAT 시험 ②

시험 구조

Module A 비즈니스 커뮤니케이션

고객 접점에서 올바른 비즈니스 매너와 이미지를 바탕으로, 고객심리를 이해하고 고객과 소통할 수 있는 현장 커뮤니케이션 실무자 양성

Module B 서비스 마케팅·세일즈

서비스 현장에서 CRM 및 상담 역량을 바탕으로, 서비스 유통관리 및 코칭·멘토링을 통해 세일즈를 높일 수 있는 서비스 마케팅 관리자 양성

Module C 서비스 운영전략

서비스 현장에서 CSM 및 HRM에 대한 이해를 바탕으로, 우수한 서비스 프로세스를 설계하고 공급·수요를 관리할 수 있는 서비스 운영전략 관리자 양성

자격 증급 기준

3급 실무자

1개 Module 취득
"서비스 산업 신입사원"

2급 관리자

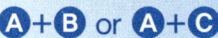

2개 Module 취득
"직무별 특성화 인재"

1급 컨설턴트

3개 Module 취득
"프로페셔널, 전문가"

출제 범위

모듈	과목	출제 범위
Module A 비즈니스 커뮤니케이션	**비즈니스 매너/에티켓*****	매너와 에티켓의 이해, 비즈니스 응대, 전화 응대 매너, 글로벌 매너 등
	이미지 메이킹***	이미지의 개념, 이미지 메이킹 주요 이론, 상황별 이미지 메이킹, 인상/표정 및 상황별 제스처, Voice 이미지 등
	고객 심리의 이해	고객에 대한 이해, 고객 분류 및 계층론, 고객 심리의 이해, 고객의 성격 유형에 대한 이해, 고객의 구매 의사 결정 과정 등
	고객 커뮤니케이션	커뮤니케이션의 이해, 효과적인 커뮤니케이션 기법/스킬, 감성 커뮤니케이션, 설득과 협상 등
	회의 기획/의전 실무	회의 운영 기획/실무, 의전 운영 기획/실무, 프레젠테이션, MICE의 이해 등
Module B 서비스 마케팅· 세일즈	**서비스 세일즈 및 고객 상담*****	서비스 세일즈의 이해, 서비스 세일즈 전략 분석, 고객 상담 전략, 고객 유형별 상담 기법, MOT 분석 및 관리 등
	고객관계관리(CRM)	고객 관계 이해, 고객 획득−유지−충성−이탈−회복 프로세스, CRM 시스템, 고객 접점 및 고객 경험 관리, 고객 포트폴리오 관리 등
	VOC 분석/관리 및 컴플레인 처리***	VOC 관리 시스템 이해, VOC 분석/관리법 습득, 컴플레인 개념 이해, 컴플레인 대응 원칙 숙지, 컴플레인 해결 방법 익히기 등
	서비스 유통 관리	서비스 구매 과정의 물리적 환경, 서비스 유통 채널 유형, 서비스 유통 시간/장소 관리, 전자적 유통 경로 관리, 서비스 채널 관리 전략 등
	코칭/교육 훈련 및 멘토링/동기 부여	성인 학습의 이해, 교육 훈련의 종류 및 방법, 서비스 코칭의 이해/실행, 정서적 노동의 이해 및 동기 부여, 서비스 멘토링 실행 등
Module C 서비스 운영전략	서비스 산업 개론	유형별 서비스의 이해, 서비스업의 특성 이해, 서비스 경제 시대 이해, 서비스 패러독스, 서비스 비즈니스 모델 이해 등
	서비스 프로세스 설계 및 품질 관리***	서비스 품질 측정 모형 이해, 서비스 GAP 진단, 서비스 R&D 분석, 서비스 프로세스 모델링, 서비스 프로세스 개선 방안 수립 등
	서비스 공급 및 수요 관리	서비스 수요 예측 기법 이해, 대기 행렬 모형, 서비스 가격/수율 관리, 서비스 고객 기대 관리, 서비스 공급 능력 계획 수립 등
	서비스 인적자원관리	인적자원관리의 이해, 서비스 인력 선발, 직무 분석/평가 및 보상, 노사 관계 관리, 서비스 인력 노동 생산성 제고 등
	고객만족경영 전략***	경영 전략 주요 이론, 서비스 지향 조직 이해, 고객 만족의 평가 지표 분석, 고객만족도 향상 전략 수립 등

* ★★★: 각 모듈별로 중요도가 높은 과목
* 과목별 10문항(10% 이내에서 변동 가능)으로 총 50문항

Guide | SMAT 시험 ③

문제 유형

5가지 유형

과목별 10문항
(±10% 내외 변동 가능)

총 50문항

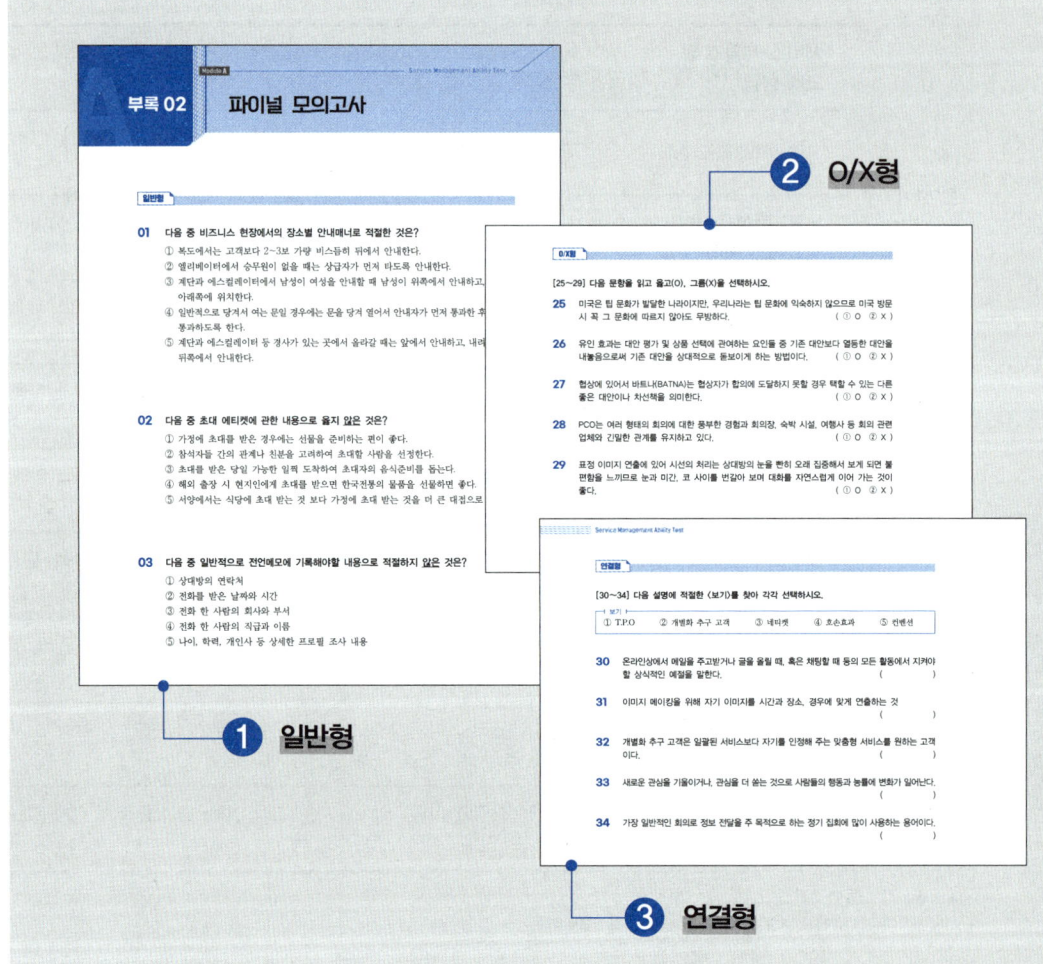

① 일반형

② O/X형

③ 연결형

① **일반형** 5지선다 객관식 유형

② **O/X형** 주어진 문장의 옳고 그름을 판단하는 유형

③ **연결형** 각 설명에 적절한 용어를 보기에서 찾는 유형

④ **사례형** 제시된 비즈니스 사례를 바탕으로 1개의 문제를 푸는 5지선다 객관식 유형

⑤ **통합형** 제시된 비즈니스 사례를 바탕으로 2개의 문제를 푸는 5지선다 객관식 유형

④ **사례형**

⑤ **통합형**

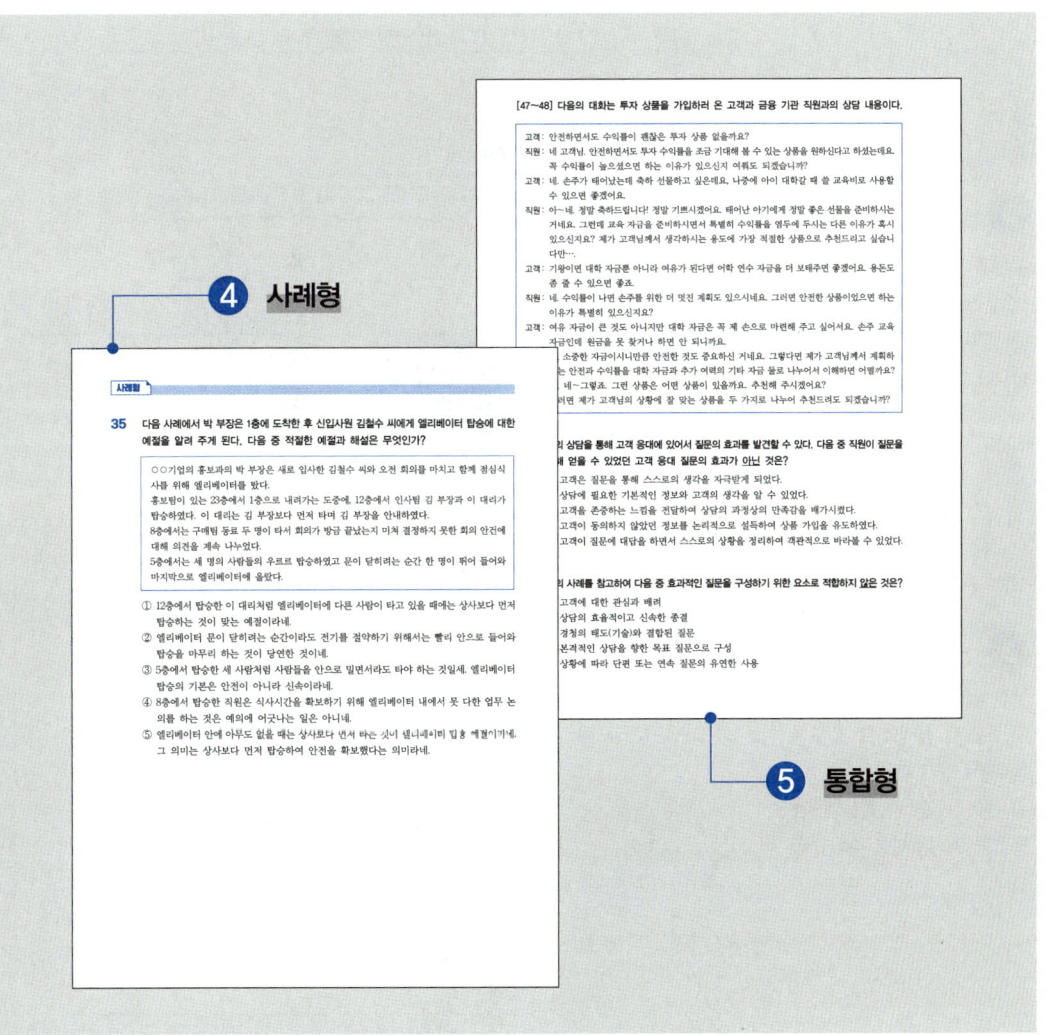

How to use | 이 책의 구성과 특징

1

실제 시험에 반번히 출제되는
내용을 분석하여 ☆, ☆☆,
☆☆☆로 중요도를 표시하였
습니다.

2

본문과 관련된 내용을 'Key
Insight'로 정리하여 배경지식
을 넓힐 수 있도록 구성하였
습니다.

3

핵심 내용을 제대로 이해했는
지 스스로 점검할 수 있도록
파트별로 실제 시험과 동일하게
일반형, O/X형, 연결형, 사례형
통합형 예상문제를 수록하였
습니다.

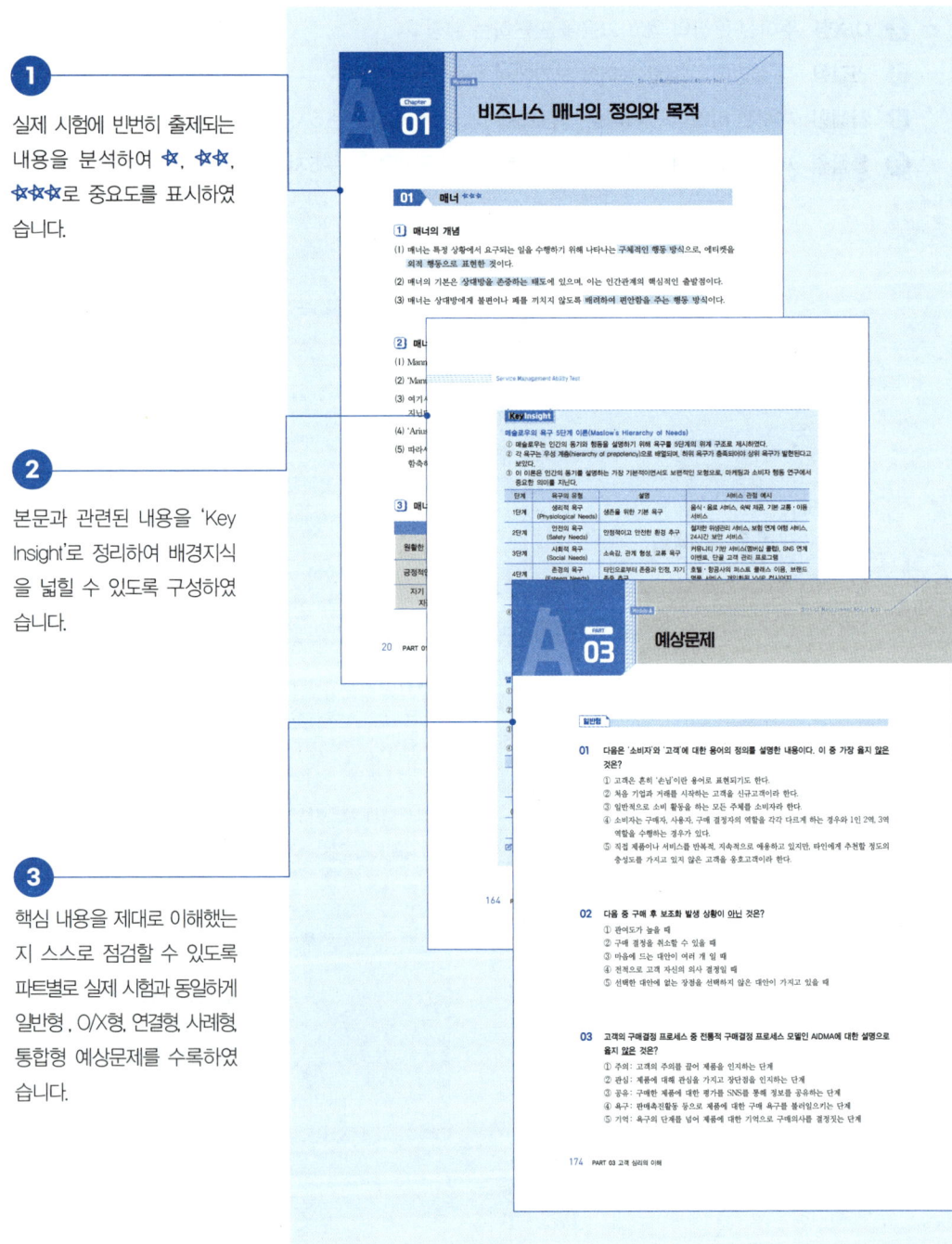

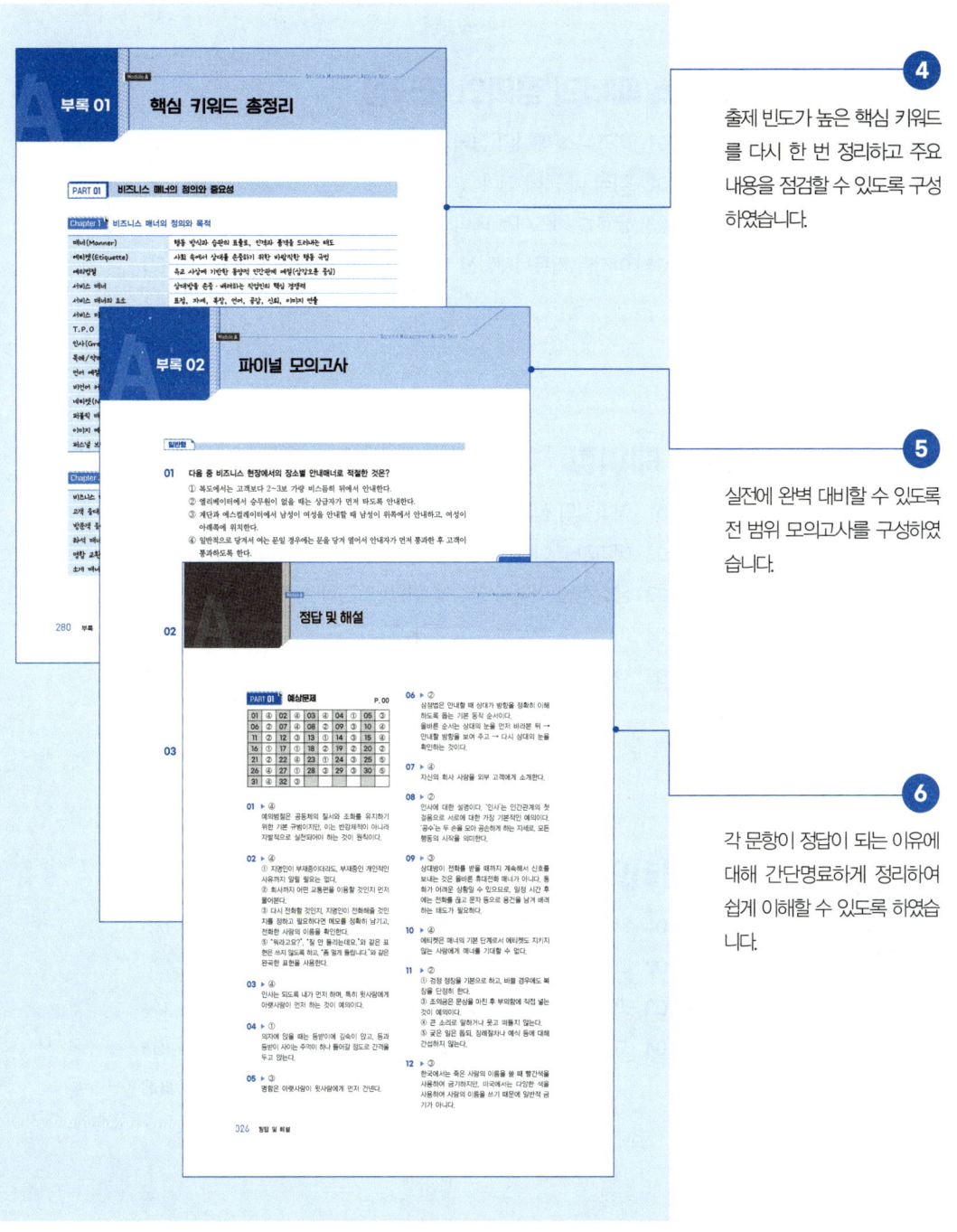

4

출제 빈도가 높은 핵심 키워드를 다시 한 번 정리하고 주요 내용을 점검할 수 있도록 구성하였습니다.

5

실전에 완벽 대비할 수 있도록 전 범위 모의고사를 구성하였습니다.

6

각 문항이 정답이 되는 이유에 대해 간단명료하게 정리하여 쉽게 이해할 수 있도록 하였습니다.

Contents | 이 책의 차례

SMAT
Module A
비즈니스 커뮤니케이션

01

비즈니스 매너의
정의와 중요성

Part 01. '비즈니스 매너의 정의와 중요성'에서는 매너와 에티켓 등 기본 개념을 먼저 정리한 뒤, 비즈니스 응대 상황별 인사·악수·상석 등 실무 매너를 함께 이해해야 합니다. 상황별 비즈니스 매너를 정확히 알고 있어야 실수 없이 고객 응대를 할 수 있기 때문입니다. 중요도가 높은 단원이므로, 학습이 끝난 뒤에는 예상문제를 통해 내용을 점검하고 출제 경향까지 파악하시는 것이 좋습니다.

Chapter
01

비즈니스 매너의 정의와 목적

01 매너 ☆☆☆

1 매너의 개념

(1) 매너는 특정 상황에서 요구되는 일을 수행하기 위해 나타나는 구체적인 행동 방식으로, 에티켓을 외적 행동으로 표현한 것이다.

(2) 매너의 기본은 상대방을 존중하는 태도에 있으며, 이는 인간관계의 핵심적인 출발점이다.

(3) 매너는 상대방에게 불편이나 폐를 끼치지 않도록 배려하여 편안함을 주는 행동 방식이다.

2 매너의 어원

(1) Manner라는 단어는 라틴어 'Manuarius'에서 유래하였다.

(2) 'Manuarius'는 'Manus'와 'Arius'의 합성어로 이루어져 있다.

(3) 여기서 'Manus'는 영어의 Hand(손)를 뜻할 뿐 아니라, 인간의 행동과 습관을 상징하는 의미를 지닌다.

(4) 'Arius'는 *More at manual, More by manual*로, 곧 행동을 취하는 방법 · 방식을 의미한다.

(5) 따라서 *Manner*는 손의 움직임에서 비롯된 인간의 행동 방식, 나아가 타인을 대하는 습관적 태도를 함축하게 되었다.

3 매너의 목적

구분	내용	기대효과
원활한 인간관계 형성	상대방을 배려하고 편안하게 하는 행동 방식을 실천	인간관계를 원활히 하며 우호적이고 협력적인 관계로 발전
긍정적인 이미지 형성	존중과 배려의 마음을 외적 행동으로 표현	타인에게 호감을 주어 긍정적 이미지와 신뢰 형성
자기 관리를 통한 자긍심 형성	존중의 행동을 지속적으로 실천하려는 노력	인간관계에 대한 자신감 강화 및 자기 존중과 자긍심 형성

02 에티켓 ★★★

1 에티켓의 개념

(1) 에티켓은 사회생활을 원활하게 하기 위한 사회적 불문율로, 인간관계에서 지켜야 할 기본적인 약속을 의미한다.

(2) 이는 모든 사회적 상황과 장소에서 요구되는 바람직한 행동 양식으로, 개인의 태도와 품격을 드러내는 기준이 된다.

(3) 에티켓은 법적 구속력은 없지만 규범적 성격을 지니며, 이를 실천함으로써 사회생활을 보다 부드럽고 쾌적하게 만든다.

(4) 결국 에티켓은 상대방에 대한 존중을 기반으로, 여럿이 함께하는 문화를 바람직하게 유지하기 위한 사회적 약속이자 질서라고 할 수 있다.

2 에티켓의 어원

(1) 에티켓(etiquette)은 본래 '공공을 위한 입간판' 또는 안내판을 의미하며, 고대 프랑스어 동사 *estiquer*(붙이다)에서 유래하였다. 궁정에서 "궁전 화단의 꽃을 해치지 말라."는 내용을 입간판에 붙였는데, 이것이 에티켓의 어원으로 전해진다.

(2) 이후 '나무 말뚝에 붙인 표지'라는 뜻에서 발전하여, 특정 규칙이나 행동을 알리는 '표찰'의 의미로 변화하였다.

(3) 나아가 상대방의 신분에 따라 달라지는 편지 형식이라는 의미로 확장되었고, 점차 궁중에서 지켜야 할 각종 예법을 가리키는 말로 정착하게 되었다.

(4) 19세기 말에 이르러, 에티켓은 프랑스 부르주아 계층의 사교적 관례(usage)와 예의범절(civilité)을 토대로 그 기초가 마련되었다.

(5) 오늘날에는 국가 간의 외교 의례를 프랑스어로 프로토콜(protocole)이라 부르며, 이는 에티켓의 전통이 국제적 차원으로 확장된 대표적 사례라고 할 수 있다.

03 예의범절 ☆☆☆

1 예의범절의 개념

(1) 사전적 의미에서 예의범절은 일상생활 속에서 사람이 지켜야 할 모든 예의와 절차를 포괄한다. 이는 사회 구성원으로서 마땅히 갖추어야 할 기본적인 행동 지침이라고 할 수 있다.

(2) 예의범절은 역사적으로 유교 사상적 전통을 수용하며 발전해 왔다. 특히 유교 도덕 사상의 근간인 삼강오륜(三綱五倫)에 기반하여, 인간관계 속에서 지켜야 할 도리와 규범을 구체화하며 정착하였다.

2 예의범절의 목적

구분	의미	설명
상호 편의	관습과 습관의 준수	서로 간의 편의를 도모하여 원만하고 합리적인 생활을 영위하게 함.
공동체의 이익	자발적 실천	예의범절은 자발적인 실천을 통해 공동체의 이익을 추구하며, 자기 본성을 다스리고 자아를 발전시키는 과정이 됨.

3 서양 매너와 동양 예의범절의 비교 ☆☆☆

구분	개념	내용
서양	매너(Manner)	상대방을 존중하는 행동 양식을 의미
	에티켓(Etiquette)	타인과 만났을 때의 질서와 규범을 중시
동양	예의범절	• 개인과 집단에서 지켜야 할 기본적인 규범으로, 남을 대할 때의 마음가짐과 태도, 타인에 대한 배려를 표현하는 것으로 발전 • 매너와 에티켓을 아우르는 동양적 종합 개념으로 정착

04 서비스 매너

1 서비스 매너의 개념

⑴ 서비스 매너는 서비스 경제 사회에서 직업인이 반드시 갖추어야 할 기본적인 매너로, 성공적인 서비스 활동을 가능하게 하는 경쟁력의 원천이다.

⑵ 고객과의 접점에서 이루어지는 모든 서비스 절차 속 태도를 의미하며, 서비스 제공자의 자세와 행동을 통해 구체적으로 드러난다.

⑶ 서비스 매너는 단순한 형식적 행동이 아니라, 고객을 이해하고 요구를 정확히 파악하여 대응하는 능력으로 연결된다.

⑷ 나아가 고품질의 서비스를 제공하기 위해서는 서비스에 대한 이해와 지식을 갖추고, 고객에게 신뢰감을 줄 수 있는 태도와 수행 능력을 지속적으로 배양해야 한다.

2 서비스 매너의 구성 요소

⑴ **표정 관리**

고객에게 호감을 줄 수 있는 밝고 자연스러운 표정을 유지한다.

⑵ **자세와 동작**

바른 자세와 단정한 동작을 통해 고객에게 신뢰감을 전달한다.

⑶ **용모와 복장**

단정하고 상황에 맞는 용모와 복장을 갖추어 서비스 직업인으로서의 전문성을 표현한다.

⑷ **언어와 의사소통**

호감을 주는 말씨와 원활한 의사소통 능력을 바탕으로 고객과 긍정적인 관계를 형성한다.

⑸ **역지사지의 태도**

고객의 입장을 충분히 이해하며, 상황을 고객의 관점에서 바라보는 태도를 지닌다.

⑹ **공감 능력**

고객의 감정을 이해하고 이를 적절히 표현함으로써 신뢰와 만족을 높인다.

⑺ **상호 신뢰 형성**

지속적인 존중과 배려를 통해 고객과의 상호 신뢰 관계를 구축한다.

05 비즈니스 네티켓 ✿

1 비즈니스 네티켓의 정의

(1) 비즈니스 네티켓은 비즈니스 환경에서 활용되는 가상공간에서 올바른 공동체를 형성하기 위해 지켜야 할 예의범절을 의미한다.

(2) 네티켓은 네트워크(Network)와 에티켓(Etiquette)의 합성어로, 온라인 상호작용에서 상대방을 존중하고 바람직한 소통 문화를 유지하기 위한 기본 규범을 가리킨다.

2 일반 네티켓과 비즈니스 네티켓의 차이

구분	일반 네티켓	비즈니스 네티켓
목적	온라인 공간에서 기본적인 예의와 질서를 지키는 것	비즈니스 환경에서 원활한 의사소통과 신뢰 형성
적용 범위	개인 간 이메일, SNS, 온라인 커뮤니티 등	기업 메신저, 화상 회의, 비즈니스 이메일, 협업 플랫폼
중점 사항	익명성 속에서의 예의, 표현의 절제, 상호존중	전문성, 정확성, 신속성, 공식적 태도와 책임감
기대 효과	건전한 온라인 공동체 형성	조직의 신뢰도 제고, 원활한 업무 협력, 글로벌 비즈니스 경쟁력 강화

3 비즈니스 네티켓을 지키기 위한 네티즌의 기본 자세

비즈니스 네티켓은 타인의 권리와 정보를 존중하고, 불법 유해 정보는 사용하지 않는 건전한 태도를 기반으로 한다. 실명과 품위있는 언어 사용, 감정 절제와 관용의 자세, 공동체의 규율을 따르는 책임감 있는 행동이 핵심이다.

4 네티켓의 유형

유형	주요 내용	구체적 실천 항목
이메일 네티켓	비즈니스 및 일상에서 가장 많이 사용하는 기본적 온라인 소통예절	• 제목은 내용과 일치하도록 작성 • 용건은 간단·명료하게 전달 • 발신자 표시 및 수신자 주소확인 • 수신 메일은 24시간 이내 답변 • 유머·정보성 메일 발송 전 상대방 동의 확인

자료실, 게시판 네티켓	온라인 공유 공간에서 자료 활용 및 글 게시 시 지켜야 할 규범	• 다운로드 전 반드시 바이러스 체크 • 자료 제공자에게 감사 표시 • 출처(제공자)를 정확히 밝힘. • 동일한 글의 반복 게재 자제
채팅, SNS 네티켓	실시간 대화와 소셜미디어에서 원활한 관계를 위한 예절	• 상대방을 존중하는 호칭 사용 • 대화 시작과 종료 시 인사하기 • 온라인상 만남은 신중히 결정 • 긍정적 반응과 공감 표현 • 불평·불만, 부정적 글 전파 자제 • 정치·종교·금전 등 민감한 논쟁 회피 • 다양한 의견을 포용하는 태도 유지

06 직장 매너

1 출근 시 매너

(1) 출근은 15~30분 일찍 준비하여 여유 있게 도착한다.

(2) 복장은 조직 이미지를 고려해 단정하고, 업무 효율성을 높일 수 있는 차림으로 한다.

(3) 밝은 표정과 인사로 아침 분위기를 활기차게 하여 좋은 이미지를 형성한다.

(4) 지각이나 결근 시에는 사전에 상사·동료에게 사유를 보고하고 협조를 구한다.

2 근무 중 매너

(1) 조직의 규정을 이해하고 성실히 준수한다.

(2) 근무 중 개인적 업무·잡담·불쾌감을 주는 행동을 삼간다.

(3) 점심시간 및 근무시간은 정해진 시간을 철저히 지킨다.

(4) 문서는 정리·분류·보관을 철저히 하고, 공동 물품은 사용 후 제자리에 둔다.

(5) 외출·조퇴 시에는 행선지·업무 내용·복귀 시간을 상사에게 보고하고 허락을 받는다.

(6) 자리를 비우기 전 업무에 치질이 없도록 처리하며, 복귀 후 부재중 업무를 확인한다.

3 퇴근 시 매너

(1) 당일 업무는 가급적 마무리하고, 미처리 사항은 상사에게 보고 후 지시를 받는다.

(2) 상사보다 먼저 퇴근할 경우 반드시 양해를 구하고 예의 바른 인사를 한다.

(3) 동료가 근무 중일 경우, 도움이 필요한 일이 없는지 확인 후 퇴근한다.

(4) 퇴근 전 주변을 정리하고, 문단속·전기·전자기기 등을 철저히 점검한다.

4 직장 내 동료 간의 매너 – 상급자에 대한 매너

(1) 상사에게 신뢰를 얻기 위해서는 조직에 대한 애정과 조직 문화의 이해, 그리고 상사를 존경하는 마음을 가져야 한다.

(2) 상사의 업무 지시 사항은 정확히 파악하고 신속하게 처리하며, 진행 상황을 수시로 보고한다.

(3) 상사가 호출할 때는 밝은 목소리로 대답하고, 대화 시에는 바른 언어를 사용한다.

(4) 상사가 말할 때는 말을 끊거나 참견하지 않으며, 경청하는 태도를 유지한다.

(5) 상사 앞에서는 흐트러진 태도나 경솔한 언행을 삼가고, 항상 단정하고 예의 바른 자세를 유지한다.

5 직장 내 동료 간의 매너 – 하급자에 대한 매너

(1) 상사는 부하 직원의 모범이 되도록 솔선수범한다.

(2) 하급자의 인격을 존중하며, 존중과 배려의 태도를 유지한다.

(3) 모든 직원을 공평하게 대우하여 조직 내 형평성을 지킨다.

(4) 직원이 창의력을 발휘할 수 있는 편안한 분위기를 조성한다.

(5) 직원의 잘못을 지적할 때는 둘만의 장소에서 이성적으로 말하며, 감정을 자제한다.

(6) 개인적인 업무를 지시하거나, 자신의 잘못을 직원에게 전가하지 않는다.

(7) "수고했어", "잘했어" 등 칭찬과 격려의 말을 적극적으로 사용하여 직원의 자긍심과 업무 역량을 향상시킨다.

07 호칭과 경어 매너 ☆☆☆

1 계층에 따른 호칭

상급자	상급자를 부를 때는 반드시 성과 직위 뒤에 '님'을 붙여 존칭을 사용한다. ex "김과장님, 박팀장님" 상급자의 이름을 모를 경우에는 직위만 사용하되 '님'을 반드시 붙인다. ex "과장님, 부장님"
동급자·하급자	• 동료나 하급자에게는 성과 직위 또는 직명을 사용한다. • 동급자의 경우 이름만 부르기보다는 이름 뒤에 '씨'를 붙이거나 직위 뒤에 '님'을 붙여 예의를 지킨다. ex "이 대리님, 정민 씨"
본인	상사에게 자신을 지칭할 때는 반드시 '저'라는 겸양 표현을 사용한다. ex "저는 오늘 보고 자료를 준비했습니다."

2 경어의 종류

구분	의미	사용 상황	예시 문장
겸양어	화자가 자신을 낮추어 상대방을 높이는 표현	말하는 주체가 '자신'일 경우 사용	• "제가 먼저 찾아뵙겠습니다." • "제가 도와드리겠습니다."
존칭어	화자가 상대방이나 화제의 인물, 그 행위를 높이는 표현	상대방이 자신보다 높을 때, 상대방의 행위, 신분을 높여 표현	• "선생님께서 직접 보내셨습니다." • "사장님이 곧 오십니다."
정중어	화자가 상대방에게 정중한 태도를 보이는 표현	상대방에게 직접 예의를 표해야 할 때	• "잠시 후에 다시 연락드리겠습니다." • "오늘 말씀 정말 잘 들었습니다."

3 압존법과 서양의 호칭·경칭 ☆☆☆

(I) 압존법(壓尊法)

말하는 사람이 존경하는 대상의 지위가 높아도, 청자를 더 높여야 하기 때문에 그 대상을 낮추어 표현하는 것이 우리말의 경어법인 압존법이다.

ex (상사에게) "사장님, 아버지가 회사에 오셨습니다."

→ 이때 아버지(존경 대상)보다 청자인 '사장님'을 우선 높여서, 아버지에게 존칭을 쓰지 않음.

(2) 서양의 호칭 · 경칭

① 서양 언어(영어 등)에서는 존경의 우선순위가 화제(대상)에 있으며, 청자를 기준으로 압존하지 않고, 화제와 청자를 각각 독립적으로 존중한다.

② 직위, 직책, 존칭어(Mr., Ms., Sir, Your Majesty 등)로 상대방의 지위와 역할을 드러내는 데 중점을 둔다.

　　㉠ Majesty : 왕족

　　㉡ The Honorable : 귀족이나 주요 공직자

　　㉢ Sir : 상대방에게 경의를 나타내는 칭호로 나이나 지위가 비슷한 경우에는 사용하지 않음.

　　㉣ Esquire(ESZ) : 편지의 수취인

　　㉤ Dr. : 전문직업인이나 인문과학분야에서 박사학위를 취득한 사람

　　㉥ Excellency : 외교관에 대한 경칭

　　㉦ Mistress(Mrs.) : 결혼한 부인의 이름 앞에 붙이는 경칭

ex "My father will visit, sir."

→ 아버지(father)와 청자(sir)를 동시에 높일 수 있음. 한국어처럼 '압존법'은 적용되지 않음.

Chapter 02 | 직장 내 응대 매너

01   인사 매너 ✩✩✩

1 인사의 개념 ✩✩✩

(1) 인사(人事)란 '사람(人)'과 '일(事)'이 합쳐진 말로, 상대방을 만나거나 헤어질 때 예의를 표현하는 말과 행동을 뜻한다.

(2) 인사는 인간관계의 출발점이자 기본예절로, 상대방에 대한 존중을 나타낸다.

(3) 사회생활에서 상대방의 마음을 열고 신뢰를 형성하는 효과적인 방법이다.

(4) 인사는 자신의 인격과 교양을 드러내며 긍정적인 이미지를 형성한다.

(5) 또한 감사와 존경의 마음을 전하는 행위로서 중요한 의미를 가진다.

(6) 서비스 현장에서 인사는 고객에 대한 환영과 봉사 정신을 가장 직접적으로 보여주는 표현이다.

2 6대 포인트

(1) 인사는 내가 먼저 실천한다.

(2) 밝고 자연스러운 표정으로 한다.

(3) 상대방의 눈을 바라보며 한다.

(4) 밝고 분명한 목소리로 인사말을 전한다.

(5) 진심 어린 태도로 인사한다.

(6) Time(시간), Place(장소), Occasion(상황)에 맞게 인사한다.

3 인사의 기본 자세

(1) 표정은 밝고 부드러운 미소를 유지한다.

(2) 시선은 상대의 눈 또는 미간을 자연스럽게 바라본다.

(3) 자세(머리·가슴·허리·다리)는 몸의 중심선을 곧게 펴서 일직선으로 유지한다.

(4) 어깨는 힘을 빼고 자연스럽게 아래로 내려놓는다.

(5) 손의 자세는 남자는 주먹을 가볍게 쥐어 바지 옆선에, 여자는 오른손이 위인 공수 자세를 취한다.

(6) 무릎은 곧게 펴고 두 다리를 붙여 바른 자세를 유지한다.

(7) 발의 자세는 발뒤꿈치는 붙이고, 발끝은 남자 약 30°·여자 약 15°로 벌린다.

4 인사 예절

(1) 인사 전후에는 상대를 바라본다.

(2) 허리를 먼저 곧게 숙이고, 등과 목은 일직선으로 유지한다.

(3) 시선은 발끝 혹은 약 1.5m 앞에 두고 잠시 멈춰 정성을 표현한다.

(4) 상체는 숙일 때보다 천천히 올리고, 다시 상대를 바라보며 인사말을 전한다.

5 상황별 인사의 시기

(1) 멀리서 인사할 때는 약 30보 이내에서 인사한다.

(2) 정면에서 마주칠 때는 6보 이내에서 인사한다.

(3) 예기치 못한 상황에서는 즉시 인사한다.

(4) 앞서 가는 대상에게는 빠르게 앞질러 기본 자세로 인사한다.

(5) 계단에서의 예절로는 윗사람이 아래에 있으면 빠르게 내려가 상대 앞에서 정중히 인사한다.

6 잘못된 인사 VS 올바른 인사

구분	잘못된 인사	올바른 인사
표정	무표정, 형식적으로 고개만 숙임.	밝고 자연스러운 미소로 인사
시선	바닥이나 옆을 보며 인사	상대방의 눈이나 미간을 바라봄.
목소리	작은 목소리로 인사	밝고 분명한 목소리로 전달
자세	물건을 들고, 손을 주머니에 넣은 채 인사	양손을 가지런히 하여 바른 자세로 인사
상황, 태도	앉은 채 고개만 끄덕임.	반드시 일어나 기본 자세로 정중히 인사
정도	몸을 과도하게 숙이거나 오래 머묾.	자연스럽게 숙이고 적절하게 시간 유지
시기	타이밍을 놓쳐 뒤늦게 인사	적절한 거리, 시점에 맞추어 즉시 인사

7 인사의 종류와 상황

구분	목례	약례	보통례	정중례
사진				
방법	• 눈빛과 고개 숙임으로 예의를 표하는 인사 • 상체는 숙이지 않고, 머리만 가볍게 숙여 간단히 인사한다.	• 허리를 약 15° 정도 살짝 숙여 인사하며, 시선은 자신의 발끝에서 약 2.5m 앞에 둔다. • 인사는 짧은 시간에 이루어지므로, 밝은 미소를 함께 전하는 것을 잊지 않는다.	• 가장 많이 사용되는 대표적인 인사로, 상대방에게 정중함을 표현한다. • 허리를 약 30° 숙이고, 시선은 자신의 발끝에서 약 2m 앞에 둔다. • 인사말을 함께 전해야 하며, 허리를 너무 빨리 세우면 가벼운 인사처럼 보이므로 주의한다.	• 허리를 약 45° 숙이고, 시선은 자신의 발끝에서 약 1.5m 앞에 둔다. • 가장 정중한 인사법이므로, 가벼운 표정이나 크게 웃는 행동은 삼가야 한다. • 중요한 행사, 귀빈 영접, 사과나 감사의 상황에서 사용한다.
활용 상황	• 실내나 복도에서 반복적으로 마주칠 때 • 양손에 짐을 들고 있어 인사가 어려울 때 • 낯선 사람과 스치듯 마주칠 때 • 상대방이 통화 중일 때	• 실내·통로·엘리베이터 등 협소한 공간에서 마주칠 때 • 화장실과 같은 개인적 공간에서 마주칠 때 • 상사나 고객을 하루에 여러 차례 만날 때 • 손아랫사람에게 인사할 때 • 동료나 친한 지인과 마주칠 때	• 손님이나 상사를 만나거나 헤어질 때 • 처음 인사를 나누는 경우 • 상사에게 보고하거나 지시를 받을 때	• 감사의 뜻을 전할 경우 • 잘못된 일에 대해 사과하는 경우 • 면접이나 공식 석상에서 처음 인사하는 경우 • VIP 고객이나 직장의 CEO를 맞이할 경우
인사말	목례에는 인사말을 생략한다.	• "네, 알겠습니다." • "잠시만 기다려 주십시오."	• 만날 때 : "안녕하십니까?", "어서 오십시오." • 헤어질 때 : "안녕히 가십시오."	• 감사의 표현 : "정말 감사합니다." → "깊이 감사드립니다." • 사과의 표현 : "죄송합니다." → "진심으로 사과드립니다."

02 공수(拱手)

1 공수의 개념 ✿

(1) 공수는 의식 행사나 어른 앞에서 두 손을 가지런히 모으는 공손한 자세로, 모든 행동의 시작을 의미한다.

(2) 성별과 행사 성격에 따라 올바른 자세를 취하는 것이 중요하다.

(3) 전통적으로 왼쪽은 동(東) · 양(陽)에 해당하므로 남자는 왼손을 위에 두고, 오른쪽은 서(西) · 음(陰)에 해당하므로 여자는 오른손을 위에 둔다.

(4) 제사는 흉사가 아닌 길한 행사이므로 평상시의 공수 자세를 취해야 하며, 흉사 때의 공수 자세를 사용해서는 안 된다.

2 공수의 순서

(1) **손 모양**

엄지를 엇갈려 포개고, 네 손가락을 가지런히 모아 포갠다.

(2) **손 위치**

① 평상시 남자는 왼손, 여자는 오른손을 위로 한다.
② 흉사(초상 · 영결식 등)에서는 반대로 한다.

(3) **자세**

손은 자연스럽게 내려 엄지가 배꼽에 닿도록 한다. 긴 소매 예복일 경우 팔뚝이 수평이 되도록 한다.

(4) **몸가짐**

① 어깨는 수평을 유지하고, 배에 힘을 주어 허리를 곧게 편다.
② 앉을 때 남자는 아랫배나 무릎 중앙에, 여자는 오른쪽 무릎 위나 두 다리 중앙에 손을 둔다.
③ 여자가 짧은 치마를 입었을 경우, 두 손을 무릎 중앙에 얹거나 치마 위를 단정히 누른다.

🔹 **공수 자세**

| 여자 공수 손 모양 | 남자 공수 손 모양 |

03 소개(紹介) 매너

1 소개의 개념 ✿

(1) 소개는 사교의 시작으로, 사회생활에서 관계를 맺고 발전시키는 중요한 역할을 한다.

(2) 사람을 처음 만날 때의 첫인상은 매우 큰 영향을 주므로, 올바른 소개 매너는 사회생활의 기본이라 할 수 있다.

2 소개의 순서 ✿✿

소개는 '먼저(선) → 나중(후)'의 원칙을 지켜야 한다.

(1) 손아랫사람을 → 손윗사람에게

(2) 연소자를 → 연장자에게

(3) 지위가 낮은 사람을 → 지위가 높은 사람에게

(4) 남성을 → 여성에게

(5) 미혼자를 → 기혼자에게

(6) 집안사람을 → 손님에게

(7) 회사 사람을 → 외부 고객에게

3 소개 예절의 핵심

(1) **기본 절차**
　① 소개받는 사람과 소개되는 사람은 모두 자리에서 일어난다(단, 환자 · 노령자는 예외).
　② 소개자는 소속 · 직책 · 성명을 간단히 밝힌다.
　③ 소개 후에는 밝은 미소와 함께 악수 또는 목례로 예의를 표현한다.

(2) **상황별 예의조정**
　① 여성은 남성을 반드시 일어나서 맞을 필요는 없으나, 행사 주최자(호스트)라면 일어나는 것이 원칙이다.
　② 연장자 앞에서는 연소자가 먼저 손을 내밀지 않는다.
　③ 부부 소개 시: 동성은 악수, 이성은 목례로 표현한다.

(3) 여러 사람 소개 시 원칙

① 직위와 성별이 섞인 경우는 개별 소개가 효과적이다.

② 한 사람을 여러 사람에게 먼저 소개한 뒤, 다시 여러 사람을 한 사람에게 소개한다.

③ 일반적으로 기혼 여성에게 먼저 남성을 소개하지만, 대통령·왕족·성직자 등은 예외적으로 먼저 소개한다.

04 악수(握手) 매너

1 악수의 개념

(1) 악수의 의미

관계 형성의 시작이며 첫인상을 결정하는 중요한 예절로, 사회생활·비즈니스에서 신뢰와 친근감을 표현하는 기본방식이다.

(2) 악수의 기본 태도

① 바른 자세·밝은 미소·눈맞춤을 유지한다.

② 국제 비즈니스에서는 악수를 거절하지 않는 것이 호의적인 태도이다.

2 악수의 순서

악수는 '먼저(선) → 나중(후)'의 원칙에 따라 누가 먼저 손을 내미는지가 중요하다. 즉, 악수는 상위 또는 존중받는 위치에 있는 사람이 먼저 손을 내밀고, 상대가 이를 받아주는 것이 기본 원칙이며, 이를 지킴으로써 자연스럽게 예의를 갖추고 호의를 전달할 수 있다. 다음 기준을 따르면 자연스럽고 예의를 갖춘 악수가 된다.

(1) 상급자·선배가 → 후배에게

(2) 여성이 → 남성에게

(3) 기혼자가 → 미혼자에게

(4) 연장자가 → 연소자에게

③ 악수 시 유의사항

⑴ 오른손 사용

기본적으로 오른손으로 악수한다.

⑵ 적절한 거리 유지

상대방과 자연스럽게 손이 닿는 거리에서 악수한다.

⑶ 표정과 시선

눈을 바라보며 밝은 미소를 유지한다.

⑷ 손의 힘과 동작

적당한 힘으로 잡고, 2~3회 정도 가볍게 상하로 흔든다.

⑸ 정중한 태도 유지

과도한 동작 없이 단정하고 자연스럽게 마무리한다.

⇨ 이 다섯 원칙을 지키면 신뢰·호의·긍정적인 첫인상을 전달할 수 있다.

④ 잘못된 악수 행동(피해야 할 예)

⑴ 손을 너무 세게 혹은 너무 약하게 쥐면 예의에 어긋난다.

⑵ 악수 중 손가락으로 장난하거나 꼬집는 행동은 삼가해야 한다.

⑶ 양손을 잡거나 과도한 신체 접촉을 하면 부담감을 줄 수 있다.

⑷ 악수한 상태로 계속 대화하면 상대에게 불편함을 준다.

⑸ 손을 지나치게 흔들면 부정적인 인상을 남길 수 있다.

05 명함(名銜) 매너

① 명함의 개념 ✿

⑴ 명함은 프랑스 루이 14세 시대에 처음 등장하였으며, 루이 15세 때는 현재와 같은 동판 인쇄 명함이 사교상의 목적으로 사용되었다.

⑵ 또한, 고대 중국에서는 지인의 집을 방문했을 때 지인이 부재하면 자신의 이름을 남기는 관습이 있었는데, 이것이 명함의 기원으로 여겨진다.

(3) 명함은 상대방에게 자신의 소속과 성명을 알리고 증명하는 역할을 한다.

(4) 이를 통해 사회적 관계를 형성하고, 비즈니스나 사교 활동에서 첫인상을 전달하는 수단으로 활용된다.

2 명함의 종류

사교용 명함	• 조문, 병문안, 선물, 꽃, 소개장 전달 등 사교상의 목적으로 사용된다. • 성명과 주소만 기입한다.
업무용 명함	• 사업상 고객을 만났을 때 자신의 정보를 알리기 위해 제공한다. • 성명, 회사명, 직위, 회사 주소 등을 기입한다.

3 명함 교환 순서

명함 교환도 악수와 마찬가지로 '먼저(선) → 나중(후)'의 원칙을 따르며, 상대를 존중하는 순서가 매우 중요하다.

(1) 아랫사람이 → 윗사람에게

(2) 소개되는 사람이 → 소개받는 사람에게

(3) 방문자가 → 응대자에게

(4) "직급 낮은 사람 → 소개의 대상 → 방문자"가 먼저 명함을 내미는 것이 원칙이며, 이는 존중과 겸손의 표현으로 비즈니스 관계의 품격을 높여준다.

4 명함 교환 예절

(1) **명함을 줄 때**
① 반드시 서 있는 자세에서 전달한다.
② 두 손으로 공손히 건네며, 자신의 소속·이름을 정확히 말한다.
③ 상대가 바로 읽을 수 있도록 방향을 맞춰 전달한다.
④ 상반신을 약간 숙이며 인사와 함께 건네는 것이 바람직하다.

(2) **명함을 받을 때**
① 두 손으로 받고, 받은 후에는 반드시 자신의 명함도 제공한다.
② 즉시 주머니에 넣지 말고 잠시 확인 후 테이블에 올려놓고 대화를 진행한다.
③ 명함이 없을 경우 정중히 사과 후 필요한 정보를 종이에 작성해 전달한다.
④ 대화가 끝난 후에는 명함집에 보관하고, 날짜·특기 사항 등을 기록해 기억한다.

5 명함 교환 시 유의사항

(1) 명함은 충분히 준비하고, 깨끗하게 보관해야 한다.

(2) 보관 위치는 남성은 가슴 포켓, 여성은 핸드백이 가장 적절하다.

(3) 교환 위치는 가슴과 허리 사이에서 주고받는 것이 예의이다.

(4) 고객이 찾는 경우는 직원이 먼저 명함을 제공한다.

(5) 동시에 교환할 경우 오른손으로 주고 왼손으로 받되 곧바로 정돈한다.

(6) 명함을 찾느라 허둥대거나 구겨진 명함을 건네지 않는다.

(7) 명함을 아무 데나 방치하거나 낙서·훼손하는 행동을 하지 않는다.

(8) 거꾸로 전달하거나 자기 소개 없이 명함만 주지 않는다.

(9) 명함을 부채질하거나 장난치는 행동은 절대 금물이다.

🔹 **명함을 주고받는 모습**　　　　　　　🔹 **동시에 명함을 교환하는 모습**

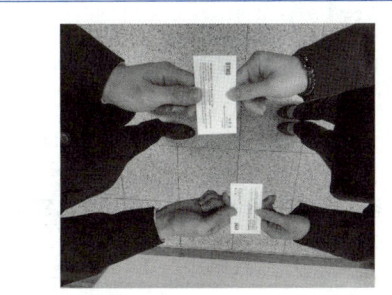

06 　비즈니스 생활 속의 매너

1 보행 시 지켜야 할 기본 매너

(1) **기본 보행 원칙**
　　① 길이나 횡단보도에서는 우측 통행을 원칙으로 한다.
　　② 혼잡한 장소에서는 다른 보행자의 이동을 방해하지 않도록 주의한다.

(2) **동행 시 배려**
　　① 상급자·연장자·여성은 길 안쪽에서, 안내자는 바깥쪽에서 걷는다.
　　② 보행 속도와 공간을 맞추어 편안한 이동을 지원한다.
　　③ 함께 걸을 때는 이동 경로와 방향을 미리 안내하고 장애물이 없는지 살핀다.

(3) 위치 및 서열 배치

① 아랫사람은 윗사람의 왼쪽에서 걷는다.

② 3명 이상일 경우 윗사람이 중앙에 위치한다.

③ 홀수 인원일 경우 중앙, 짝수 인원일 경우 중앙의 오른쪽에 윗사람이 위치한다.

④ 앞뒤 이동 시에는 윗사람이 앞에서 방향과 속도를 조절하며 동행자가 따라올 수 있도록 배려한다.

◈ 보행 시 서열

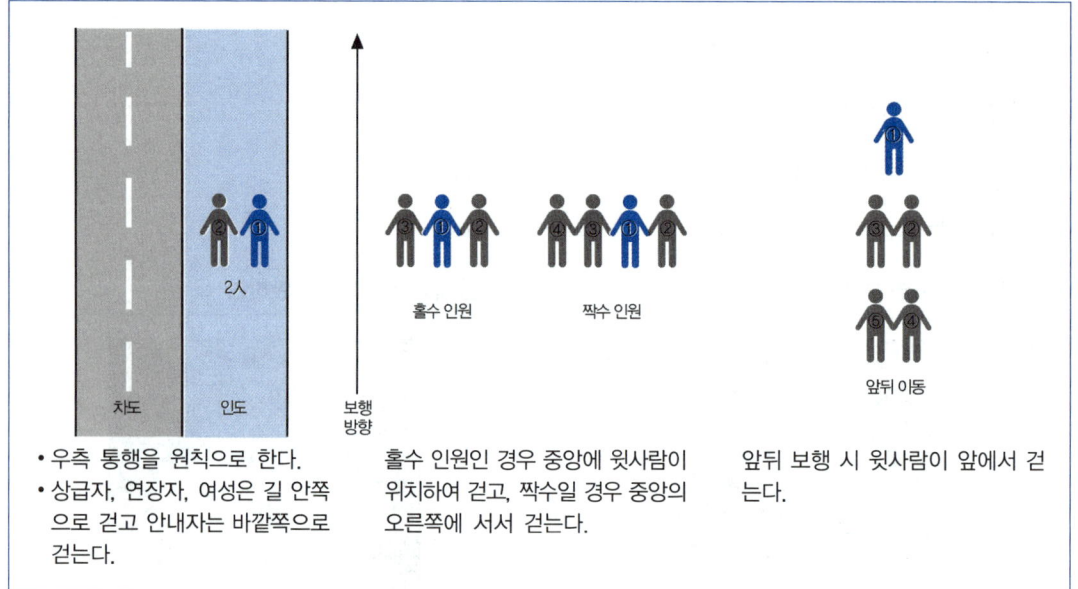

- 우측 통행을 원칙으로 한다.
- 상급자, 연장자, 여성은 길 안쪽으로 걷고 안내자는 바깥쪽으로 걷는다.

홀수 인원인 경우 중앙에 윗사람이 위치하여 걷고, 짝수일 경우 중앙의 오른쪽에 서서 걷는다.

앞뒤 보행 시 윗사람이 앞에서 걷는다.

2 자동차 탑승 시 지켜야 할 매너 ✿✿✿

(1) 탑승 순서와 하차 순서

① 문이 양쪽 다 열리는 경우, 어르신·상급자·여성이 먼저 타고, 이후에 아랫사람이 탑승한다.

② 내릴 때는 아랫사람이 먼저 내려 문을 열어 드리며 동승자의 하차를 돕는다.

(2) 우측 통행 상황

우측으로만 탑승이 가능하다면, 아랫사람이 먼저 안쪽 좌석으로 들어가고, 윗사람은 운전기사의 대각선 자리(뒷좌석 오른쪽)에 앉는다.

(3) 문 열기와 인사

윗사람이 타고 내릴 때에는 문을 열어 드리고, 차에 탄 후에는 가볍게 고개를 숙여 인사한다.

(4) 좌석의 상석과 말석

① 운전기사가 따로 있는 경우 : 운전석 대각선 뒷좌석이 제1상석이며, 운전석 바로 뒷좌석이
   제2상석, 운전석 옆 좌석이 제3상석이다. 이때 뒷좌석 중앙이 말석으로 배정된다.

② 차주가 직접 운전하는 경우 : 운전석 옆 좌석이 제1상석, 그 뒷좌석이 제2상석, 운전석 뒷좌석이
   제3상석이 된다. 이때 역시 뒷좌석 중앙이 말석으로 분류된다.

(5) 여성 승객 배려

여성이 스커트를 입고 있을 경우, 뒷좌석 가운데 자리는 피한다.

🔷 **자동차에서의 상석**

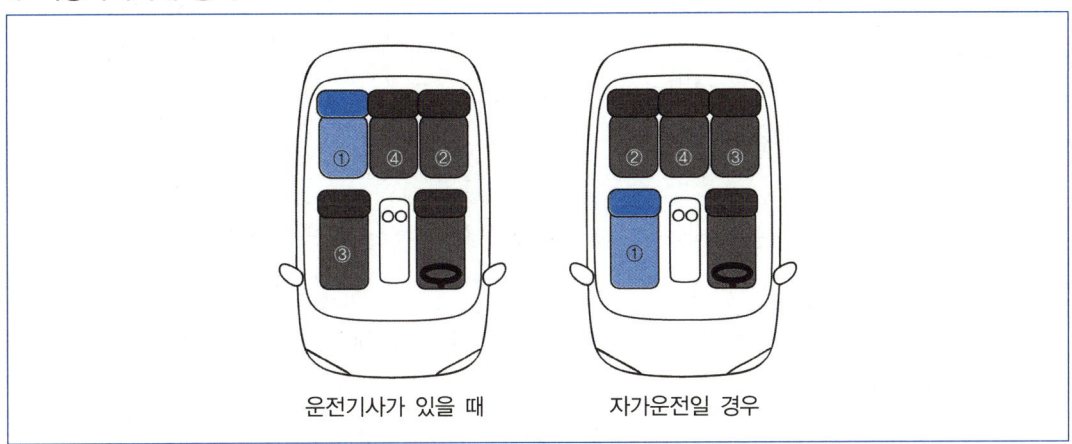

운전기사가 있을 때　　　　자가운전일 경우

③ 열차 탑승 시 매너

(1) 시간 준수

열차의 출발 시간에 맞추어 여유 있게 도착하고, 정해진
시간 안에 탑승한다.

(2) 짐 관리

자신의 짐은 통로나 좌석을 차지하지 않도록 정리하여 다른
승객에게 불편을 주지 않는다.

(3) 통행 배려

출입구나 통로에 서 있지 말고, 다른 승객의 승·하차와
이동이 원활하도록 배려한다.

(4) 좌석 예절

열차 내 좌석의 상석은 일반적으로 ① 진행 방향 창가 좌석 → ② 맞은편 창가 좌석 → ③ 진행
방향 통로 좌석 → ④ 맞은편 통로 좌석이다.

🔷 **열차에서의 상석**

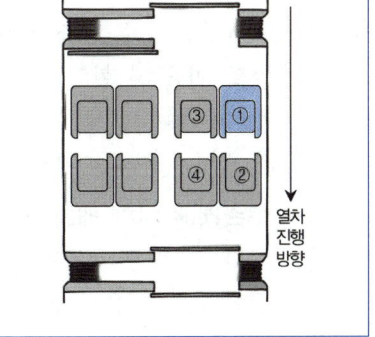

열차
진행
방향

4 비행기 탑승 시 매너

(1) 시간 준수

공항에는 미리 도착하여 여유 있게 탑승 준비를 한다.

(2) 탑승 순서

① 모든 승객이 원활히 탑승할 수 있도록 본인의 순서에 맞게 탑승한다.

② 일반적으로 노약자, 어린이 동반 승객, 객실 후방 좌석 승객이 먼저 탑승한다.

(3) 짐 정리

기내 선반에 짐을 넣을 때는 겹치지 않게 정리하고, 다른 승객의 짐과 섞이지 않도록 주의한다.

(4) 좌석 예절과 안전

기내에서는 불필요한 이동을 삼가고, 좌석에 앉아 있을 때는 항상 안전벨트를 착용한다.

(5) 안내 준수

안전한 비행을 위해 이착륙 시 행동 지침, 전자 기기 사용 제한 등 승무원의 안내를 따른다.

(6) 좌석의 상석

일반적으로 창가 좌석이 상석, 통로 좌석이 차석, 가운데 좌석이 말석으로 여겨진다.

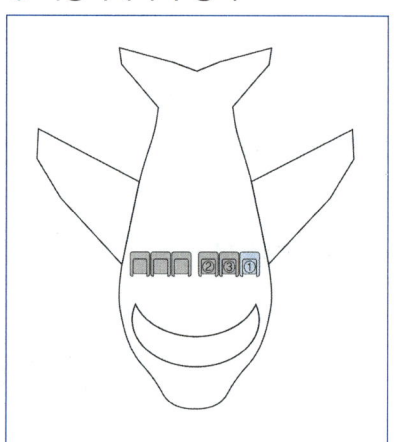

🔷 비행기에서의 상석

5 호텔 이용 시 준수해야 할 매너

(1) 체크인 · 체크아웃 시간 준수

호텔의 체크인(check-in) 시간과 체크아웃(check-out) 시간을 미리 확인하고, 반드시 준수한다.

(2) 팁 문화 이해 및 실천(해외 호텔 기준)

해외 호텔 이용 시 현지의 팁 문화를 이해하고, 서비스 이용 시 적절한 팁을 지불한다.

① 벨맨(bell man)에게 짐을 안내받았을 경우 약 1달러 지급(상황에 따라 다를 수 있음)한다.

② 객실 청소 서비스 이용 시 약 1달러 지급한다.

(3) 다른 투숙객에 대한 배려

다른 투숙객에게 불편을 줄 수 있는 행동은 삼가한다.

① 소음을 내거나 음식 냄새를 풍기는 행동은 삼가한다.

② 실내 슬리퍼나 잠옷 차림으로 공용 공간 이동은 삼가한다.

(4) 욕실 사용 시 주의

욕실 바닥에 배수구가 없는 경우가 있으므로, 샤워 커튼을 욕조 안쪽으로 오게 하여 물이 밖으로 흐르지 않도록 한다.

(5) 미니바(minibar) 사용 시

객실 내 미니바를 이용했을 경우, 사용한 물품이 계산서에 정확히 표시되도록 확인하고 체크아웃 시 정산한다.

(6) 객실 비품 관리

객실 내 비품은 기념품으로 가져가지 않는다.

---

07 상황별 안내 매너

1 복도에서의 안내

(1) 고객보다 2~3보 앞서되 정면이 아닌 비스듬히 이동하며 뒤를 자주 확인한다.

(2) 복도나 모퉁이를 지날 때는 사전에 말로 방향을 알리고, 손가락을 벌리지 않은 자연스러운 손동작으로 안내한다.

(3) 시선은 고객의 방향과 함께 움직이며 고객의 이동 속도와 위치를 계속 확인한다.

(4) 복도에서는 주변 사람의 흐름을 고려해 한쪽 방향으로 이동하도록 안내한다.

2 계단에서의 안내

(1) 계단을 올라갈 때는 고객보다 뒤에서 보폭을 맞춰 안내하고, 내려갈 때는 앞서 내려가며 안전을 확인한다.

(2) 여성 동행 시 올라갈 때는 남성이 뒤에 서고, 내려갈 때는 여성이 먼저 내려오도록 배려한다.

(3) 난간이 있다면 고객이 잡을 수 있도록 안내한다.

🔷 여성 동행 시 올라갈 때

🔷 여성 동행 시 내려갈 때

③ 엘리베이터에서의 안내

(1) 이동할 층을 미리 안내하여 안전하게 탑승한다.

(2) 승무원이 있는 경우 고객이 먼저 탑승하고, 안내자가 뒤에 탑승한다.

(3) 승무원이 없는 경우 안내자가 먼저 탑승하여 버튼을 조작한다.

(4) 엘리베이터에서 버튼을 누르기 어려운 상황이라면, 버튼 앞에 서 있는 사람에게 "○○층 부탁드립니다."라고 정중히 요청한다.

(5) 엘리베이터의 상석은 출입문에서 가장 먼 안쪽 자리가 원칙이며, 이는 안전과 예우를 고려한 자리 배치 기준이다.

(6) 고객 또는 여성이 목적지를 잘 알고 있을 경우에는, 그들이 먼저 탑승하고 먼저 내릴 수 있도록 앞자리를 양보한다.

(7) 엘리베이터 내부에서는 휴대폰 사용을 삼가며, 업무 대화를 포함한 큰 목소리의 대화는 하지 않는다.

(8) 탑승 인원이 많아 내리기 어려울 경우에는 "죄송합니다, 먼저 내리겠습니다."라고 양해를 구하고 이동한다.

🔷 엘리베이터에서의 상석

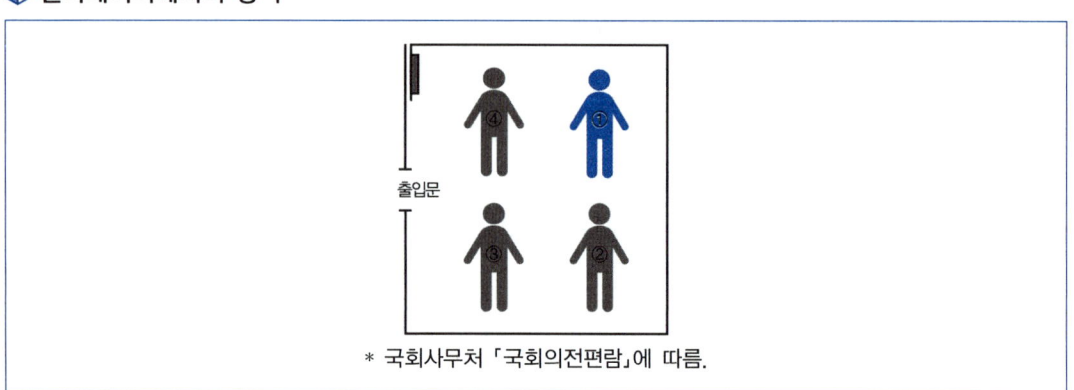

* 국회사무처 「국회의전편람」에 따름.

④ 문에서의 안내

당겨서 여는 문	고객이 먼저 지나갈 수 있도록 열어주며 안내한다.
밀어서 여는 문	안내자가 먼저 통과 한 후, 문을 잡고 고객이 갈 수 있도록 안내한다.
회전문	고객을 먼저 안내하고 안내자는 뒤에서 따라가며 신속히 들어가 안내한다.

🔶 문에서의 안내

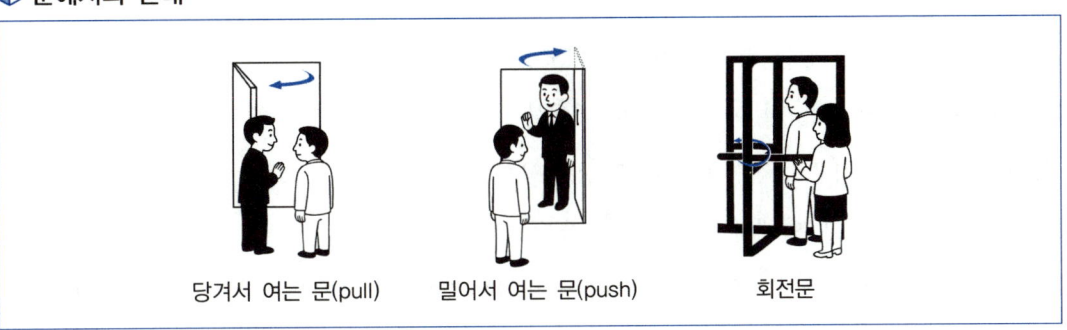

| 당겨서 여는 문(pull) | 밀어서 여는 문(push) | 회전문 |

---

08 ▶ 방문 매너

1 접객의 개념과 중요성

방문객 접객은 기업의 첫인상을 결정하는 서비스 프런트라인(Frontline) 업무이며, 고객의 경험에 따라 재방문 여부와 기업 신뢰도가 달라진다.

(1) 기업을 처음 방문했을 때 직원의 안내 태도와 커뮤니케이션 방식이 곧 기업 이미지가 된다.

(2) 적절한 친절은 고객 경험을 향상시키지만, 과도한 친절은 부담과 불편함을 줄 수 있으므로 고객의 기대와 요구 수준에 맞는 유연한 응대(Flexible Service)가 필요하다.

(3) 방문객에게 긍정적인 경험이 제공되면 브랜드 호감도와 신뢰 형성, 재방문 의도로 연결된다.

2 방문객 응대 절차

단계	응대 행동	핵심 포인트
1단계	하던 일을 멈추고 일어서서 맞이	기본 예절, 서비스 시작 신호
2단계	성함 및 방문 목적 확인	반드시 정중한 언어 사용
3단계	약속 유무 확인 및 안내	예약 고객 우선, 미예약 고객은 보고 후 안내
4단계	5분 이상 대기 시 → 양해 + 음료 및 자료 제공	고객 배려 및 불편 최소화
5단계	다른 고객이 먼저 온 경우 → 순서 안내 후 배려 멘트	공정성 및 신뢰 확보
6단계	면담 대상자의 부재 시 → 상황 안내 및 대안 제시	불만 예방, 서비스 회복

③ 응접 및 안내 매너

(1) 외투나 짐은 직접 받아 편안한 상태가 되도록 돕는다.

(2) 가방은 의자 옆 또는 발 아래에 두며, 테이블 위는 금지한다.

(3) 면담이 필요할 경우 응접실로 안내 후 착석을 권유한다.

(4) 노크 후 문을 열고, 안내자는 뒤에서 따라 들어간다.

(5) 상석의 기준은 입구에서 가장 먼 자리이며, 창이 있는 경우에는 창을 바라보는 자리가 상석이 된다.

(6) 대기 상황은 음료, 브로셔, 기업 자료 등을 제공하여 불편을 줄인다.

④ 차 응대 매너

기본 원칙	세부 설명
제공 시점	고객이 앉은 직후 빠르게 제공
음료 선택	계절·날씨·기호 고려(고객 중심 서비스)
제공 방법	쟁반에 받쳐, 방문객의 오른쪽에 놓는다.
대화 길어질 시	차 추가 제공 또는 물 권유
퇴실 시	가벼운 목례, 입구에서의 배려 동작 필수

✎ 등을 보이며 나가는 행동은 지양하고, 서너 걸음 뒤로 물러난 후 이동한다.

⑤ 배웅 매너

(1) 배웅은 고객의 마지막 경험이므로 고객의 기억 속 인상이 된다.

(2) "방문해 주셔서 감사합니다.", "도움이 되셨기를 바랍니다." 등의 감사 인사는 필수이다.

(3) 고객이 물건을 두고 가지 않았는지 최종 확인한다.

(4) 입구까지 배웅하되, 고객이 원할 경우 적절한 위치에서 종료한다.

🔷 접견실 상석 자리 안내

09 상석 위치

1 상석의 의미

(1) 상석은 가장 존중받는 사람을 위한 자리이며, 배려·예우의 상징적 공간이다.

(2) 일반적으로 북쪽 방향이 상석으로 간주되며, 의전 기본 원칙은 '오른쪽 우선'이다.

(3) 상석의 판단 기준은 방향(북쪽) + 위치(오른쪽) + 거리(출입문으로부터의 거리)이다.

2 상석의 판단 기준 ✷✷✷

기준	설명
출입문과의 거리	출입문에서 가장 먼 자리가 상석이다.
공간의 넉넉함	좁지 않고 편안하게 앉을 수 있는 자리가 상석이다.
경관·시선	창밖이나 그림이 잘 보이는 자리가 상석이다.
소음·심리적 안정	소음이 적고 심리적으로 안정감을 줄 수 있는 자리를 우선한다.
레스토랑 기준	웨이터가 먼저 의자를 빼어 주는 자리가 상석이다.
상사 기준	상사의 지정석이 있는 경우 상사의 오른쪽·가까운 자리가 상석이다.

3 장소별 상석 기준 정리 ✷✷✷

장소	최상석	차상석	말석	비고
자동차 (운전기사 있음)	운전기사의 대각선 뒷자리	운전석 뒤	뒷좌석 중앙	
자동차 (자가 운전)	조수석	운전석 뒤	뒷좌석 중앙	운전자를 기사처럼 보이지 않게 배려
기차	진행 방향의 창가	창가 맞은편	통로 좌석	
비행기	창가 좌석	통로 좌석	가운데 좌석	
엘리베이터	출입문과 가장 먼 안쪽 자리	최상석 바로 옆자리	버튼 조작 가능 자리	
응접실	출입문에서 가장 먼 안쪽	최상석의 오른쪽	출입문 가까운 자리	

10 조문(弔問) 매너

1 조문 순서 ✿✿✿

단계	조문 행동	핵심 사항
준비	장례식장 입구에서 외투, 모자, 장신구를 미리 벗고 단정히 정리한다.	복장은 검정·중간색 계열 유지
첫 인사	상주에게 목례로 인사한 뒤, 영정 앞으로 이동한다.	과한 감정 표현은 자제
분향	향은 1개 또는 3개(홀수) 사용하며, 왼손으로 흔들어 끄고 입으로 불지 않는다.	소리 없이 조심스럽게
향 꽂기	두 손으로 향로에 꽂으며, 중심을 맞추어 정중히 수행한다.	향을 꽂는 순간은 조용하게
묵념 / 절	영정을 바라보고 묵념 후 두 번 절하거나, 종교에 따라 기도를 진행한다.	종교적 다양성 고려 가능
상주 인사	물러난 후 상주에게 절하고 위로의 말을 간단히 전한다.	"삼가 고인의 명복을 빕니다."
헌화	꽃은 가슴 앞에서 두 손으로 들고 이동하여 제단 위에 천천히 내려놓고 묵념한다.	꽃은 아래로 향하지 않도록 함.

2 조문 복장 ✿

(1) 남성

① 기본은 검정 양복이며, 감색(어두운 남색)이나 회색 양복도 무난하다.
② 셔츠는 반드시 흰색으로 하고, 넥타이와 구두는 검정색을 착용한다.
③ 최근에는 격식보다 단정함을 유지하는 것이 더욱 중요하다.

(2) 여성

① 기본은 검정 상·하의 착용이 원칙이다.
② 검정 스타킹·구두·가방으로 통일하여 단정함을 유지한다.
③ 과한 색조 화장이나 향수는 삼가고, 차분하고 정숙한 인상을 준다.

3 조문 시 유의사항

구분	유의해야 할 행동
빠른 조문	가까운 지인·친척의 경우 가능한 빠르게 찾아가 준비를 돕는 태도가 바람직하다.
질문 금지	상주에게 고인의 사망 경위나 사적인 질문을 하는 것은 실례가 된다.
조의금 전달	조문 후 호상소 또는 부의함에 접수하며, 상주에게 직접 전달하지 않는다.
말·행동 태도	큰 목소리로 이야기하거나 소란을 피우지 않고, 도움이 필요하면 조용히 지원한다.
업무 관련 조문	너무 이른 시간이나 늦은 시간은 피하고, 사전 연락 또는 약속 후 방문한다.

글로벌 비즈니스 매너와 문화 차이

Chapter 03

01   국가별 매너의 이해

1 일본 ☆

일본인은 예의 바르고 친절하며 질서를 잘 지키는 민족이다. 상대방에 대한 배려를 중시하며, 인내·예절·겸손을 큰 미덕으로 여기고 이를 매우 중요하게 생각한다.

(I) 비즈니스 매너

① 시간을 잘 지키는 것을 최대의 미덕으로 여겨 약속 시간을 엄수한다.
② 누구에게나 경어를 사용하는 것이 일반화되어 있다.
③ 일본에서는 명함을 매우 소중히 여기므로, 명함을 넉넉히 준비한다.
④ 인사는 우리나라보다 허리를 더 많이 굽히며, 굽힐 때 상대방의 얼굴을 보아서는 안 된다. 허리는 상대방과 비슷하게 숙이고, 상대방보다 먼저 펴지 않는다.
⑤ 일본인이 집으로 초대하는 것은 상당한 호의의 표현이므로 선물을 준비하는 것이 기본이다. 일본에서는 짝을 이루는 것이 행운이라 여겨 선물을 짝수로 준비하는 것이 좋다.
⑥ 계단·에스컬레이터·복도에서는 왼쪽으로 서거나 걷는다.
⑦ 방석에 앉을 때는 무릎을 꿇는 것이 원칙이다. 다만 주인이 "편히 앉으세요."라고 하면 남성은 책상다리, 여성은 다리를 옆으로 내리고 앉는다.

(2) 식사 매너

① 일본 사람들은 식당이나 술집 등에서 비용을 각자 부담하는 경우가 많다.
② 식사 시에는 젓가락만 사용하며, 밥그릇은 왼손으로 들고 먹는다.
③ 음식을 먹을 때는 개인용 그릇인 앞접시에 덜어 먹으며, 음식을 남기지 않는다.
④ 좌석의 상석은 문의 반대편 안쪽이다. 주빈을 중심으로 상석이 배치되며, 주인은 주빈의 맞은편 문 쪽에 앉는다.
⑤ 밥을 더 먹고 싶을 때는 한 숟가락 정도를 넘기고 청하는 것이 예의이다.
⑥ 술을 따르거나 받을 때는 한국과 달리 한 손만 사용해도 된다.
⑦ 술잔에 술이 조금 남아 있을 때 채워주는 첨잔 문화를 미덕으로 여긴다.

(3) 금기 사항

① 등 뒤에서 손뼉을 치지 않는다.
② 화합을 중시하므로 직접적인 "No"라는 표현은 피한다.
③ 선물은 흰 종이로 포장하지 않으며, 흰 꽃도 선물하지 않는다.

④ 선물은 짝수로 주는 것이 좋으나, 숫자 4는 불길하다고 여겨 피한다.

⑤ 칼은 단절을 의미하므로 선물하지 않는다.

⑥ 개인의 신상에 대한 질문은 하지 않는다.

2 중국 ☆

중국은 넓은 영토와 오랜 역사, 많은 인구의 나라로 자부심이 강하고, 대륙적인 기질을 가지고 있으며, 개인보다는 집단의 조화를 중시하는 상호 협동적인 삶의 철학을 가지고 있다.

(1) 비즈니스 매너

① 중국인들은 상담 시 히든카드를 잘 내놓지 않는다. 이들과의 협상 시에는 시간적인 여유를 갖고 인내하며 이들의 거래 습관에 적응해야 한다.

② 협정은 상호 이해에 기초해야 하며, 서면에 의한 표현보다는 융통성을 중요하게 생각한다.

③ 개인적인 우정과 신뢰를 매우 중요시한다.

④ 선물은 빨간색이 좋고 선뜻 받지 않으므로 여러 번 권해야 한다.

⑤ 선물은 되도록 실용적인 것으로 한다.

(2) 식사 매너

① 음식이 남아야 충분히 준비한 것으로 간주되므로 음식을 약간 남기는 것이 예의이다.

② 준비한 음식에 적어도 한 번씩 손을 대는 것이 예의이다.

③ 호스트가 건배를 청하기 전에 먼저 건배 제의를 하는 것을 삼간다.

④ 공용 스푼이나 젓가락을 이용하여 개인 접시에 덜어 먹는다.

⑤ 손님이 있는 경우에는 미리 음식, 좌석을 예약하는 것이 좋으며 주문 시 생선을 반드시 포함시키도록 한다.

⑥ 차 문화가 발달한 나라로 상대방의 잔이 빌 경우 계속 따라 주는 것이 예의이다.

⑦ 계산은 테이블에서 직접 하고 팁은 없다.

⑧ 음주와 흡연을 사교의 한 수단으로 여기는 경향이 있으므로 담배를 피우지 않더라도 일단 받아 주는 것을 상대에 대한 호의로 받아들인다.

(3) 금기 사항

① 청색과 백색은 장례식과 연관된 색이므로 피하는 것이 좋다.

② 가급적 벽시계나 탁상시계는 삼가는 것이 좋다. 시계를 뜻하는 종(鐘)의 발음이 끝을 나타내는 종(終)의 발음과 비슷하기 때문이다.

③ 외국 화폐나 기념주화는 선물하지 않는다.

④ '장수'의 의미를 가진 거북이의 발음이 중국 욕설과 비슷하므로 선물하지 않는다.

⑤ 손수건은 슬픔과 눈물을 상징하므로 주지 않는다.

3 미국

미국은 유럽의 가치관을 기초로 하면서도 개방적이고 자유주의적인 문화를 지닌 나라이다. 개인의 자유와 권리를 존중하며, 적극적인 자기 표현을 중시한다.

(1) 비즈니스 매너

① 대화 시에는 상대방과의 시선 교환(eye-contact)을 매우 중요하게 생각한다.
② 대화 과정에서 적극적인 자기 표현과 참여가 긍정적으로 평가된다.
③ 일상에서 개방적이고 평등한 태도를 보이는 것이 바람직하다.

(2) 식사 매너

① 식사 시에는 개인 접시를 사용하며, 필요한 만큼 공용 스푼으로 덜어 먹는다.
② 소리를 내며 먹는 것은 큰 실례로 여겨진다.
③ 식사 도중에는 반드시 대화를 나누며 교류하는 것이 예의이며, 대화 없이 식사만 하는 것은 결례로 여긴다.
④ 팁 문화가 발달해 있으므로, 상황에 맞는 팁 지불은 기본적인 매너이다.
⑤ 식사 중 코를 푸는 것은 무례가 아니지만, 기침이나 재채기는 손으로 입을 가리고 "Excuse me."라고 말하는 것이 원칙이다.

(3) 금기 사항

① 식사할 때 시끄러운 행동이나 무례한 태도는 삼가야 한다.
② 상대와 눈을 피하거나 대화 없이 식사만 하는 태도는 결례로 간주된다.
③ 팁을 생략하거나 소홀히 하는 것은 큰 무례가 될 수 있다.

4 영국

영국은 '신사의 나라'라고 불릴 정도로 전통과 질서, 복장을 중시하는 문화가 깊게 자리잡아 있다. 예의와 절제가 사회 전반에서 중요한 덕목으로 여겨진다.

(1) 비즈니스 매너

① 문을 열고 들어가거나 나올 때는 뒤를 돌아보고 다른 사람이 있으면 문을 잡아 주는 것이 기본 예절이다.
② 영국 사회는 여성을 존중하는 문화가 강하므로, 엘리베이터나 대중교통에서는 여성이 먼저 타도록 배려한다.
③ 일상 대화에서는 과도한 몸짓이나 큰 소리를 피하고, 정중하고 절제된 태도를 유지한다.

(2) 식사 매너

① 공식 만찬에서는 여왕을 위한 건배를 하는 것이 전통이며, 그 전에 담배를 피워서는 안 된다.
② 코를 푸는 것은 무례가 아니지만, 재채기는 입을 다물고 최대한 조용히 하는 것이 예의이다.
③ 만찬 자리에서는 정해진 좌석 배치와 복장을 존중하며, 절제된 대화와 태도를 유지한다.

(3) 금기 사항

① 실내에서 우산을 펴는 것은 불길한 징조로 여겨 피해야 한다.

② 사다리 밑을 지나는 것 역시 불운을 상징한다고 믿으므로 삼가는 것이 좋다.

③ 건배 전 흡연이나, 여성을 배려하지 않는 행동은 결례로 간주된다.

5 프랑스

프랑스인은 대체로 카톨릭 신자(약 90%)이며, 낙천적이고 다혈질적인 성향을 지니고 있어 쉽게 감정을 드러내는 편이다. 역사적으로 18세기까지 유럽의 중심이었으며, 영국·독일에 대해 우월감과 열등감을 동시에 가지고 있어 관련 화제는 피하는 것이 바람직하다. 또한 남녀평등 사상이 강해 여성의 사회 참여가 활발하다.

(1) 비즈니스 매너

① 친한 관계에서는 뺨에 가볍게 키스하는 인사를 나눈다.

② 프랑스인은 외국인이 영어보다 프랑스어를 사용하는 것을 선호한다.

③ 남의 물건을 허락 없이 만지는 것은 실례이므로, 상품을 고를 때에도 반드시 직원의 허락 후 손을 댄다.

④ 프라이버시를 중시하므로, 종교·정치와 같은 사적인 질문은 피해야 한다.

(2) 식사 매너

① 프랑스인은 세계 최고 수준의 음식과 와인에 대한 자부심이 크기 때문에 테이블 매너를 철저히 지켜야 한다.

② 식사 시간에는 즐거운 대화를 중요하게 생각하며, 보통 3~5시간 이상 지속되기도 한다.

③ 원활한 대화를 위해 프랑스 요리와 와인에 대한 기본 상식을 갖추는 것이 좋다.

(3) 금기 사항

① 영국이나 독일과의 역사적 경쟁 의식과 관련된 화제는 피한다.

② 허락 없이 물건을 만지는 행동은 큰 결례이다.

③ 사적인 질문이나 무거운 주제(정치·종교)는 꺼내지 않는다.

6 이탈리아

이탈리아는 국민의 90% 이상이 로마 카톨릭 신자로, 전통적으로 강한 보수성을 지닌 것이 특징이다. 지역적 특색과 가족 중심 문화가 강하며, 고향과 가족 간의 결속을 매우 중시한다. 또한 외면과 품위를 중시하는 경향이 뚜렷해 옷차림을 중요한 예절의 일부로 본다.

(1) 비즈니스 매너

① 처음 만났을 때는 악수로 인사하며, 관계가 가까워지면 포옹과 뺨 키스로 인사한다.
② 이탈리아인은 대화에서 화려하고 큰 몸짓을 사용하는 경우가 많으므로, 이를 함께 사용하는 것이 자연스럽다.
③ 직함을 존중하며, 이름 대신 직함만으로 호칭하는 경우도 흔하다.

(2) 식사 매너

① 이탈리아인은 외모와 옷차림을 중시하므로, 식사 자리에서도 단정하고 세련된 복장을 갖추는 것이 바람직하다.
② 식사 시에는 여유로운 대화를 즐기며, 상대방의 열정적인 제스처와 표현을 존중하는 태도가 필요하다.

(3) 금기 사항

① 프랑스와 관련된 화제는 피하는 것이 좋다.
② 지나치게 간소하거나 성의 없는 복장은 무례하게 받아들여질 수 있다.
③ 낮잠 시간대(오후 4시 이후)에 찾아가는 것은 실례이다.

7 인도

인도는 다양한 민족과 언어, 종교가 공존하는 다원적 국가로, 힌두교를 비롯한 종교적 가치와 전통적 관습이 사회 전반에 깊숙이 스며 있다. 개인보다는 가족과 공동체의 명예를 중시하며, 겸손과 존중을 기반으로 한 인간관계를 중요하게 여긴다.

(1) 비즈니스 매너

① 인도인들은 대화 시 직접적인 거절보다는 애매하게 돌려 말하는 경우가 많으므로, 발언의 맥락을 세심히 파악할 필요가 있다.
② 종교적·문화적 다양성을 고려하여 상대방의 신념이나 생활 방식을 존중하는 태도가 필수적이다.
③ 계약서와 문서화는 중요하게 여기지만, 상황에 따라 유연성을 보이는 경우도 있다.
④ 신뢰 관계를 바탕으로 장기적인 관계 구축을 선호한다.
⑤ 악수는 보편적이지만, 종교적 이유로 여성과의 악수를 피하는 경우가 있으므로 상황에 맞게 배려해야 한다.

(2) 식사 매너

① 보통 손가락으로 음식을 집어 먹지만, 음식이 뜨거운 경우에는 나무 숟가락을 사용하기도 한다.
② 반드시 오른손으로 식사하며, 왼손은 부정직으로 인식되므로 사용하지 않는다.

③ 식사 중에는 대화를 삼가며, 식사가 끝난 후 손을 씻고 양치한 후 이야기를 시작하는 것이 예의이다.

④ 호스트가 음식을 권할 때는 거절하지 말고 조금이라도 맛보는 것이 예의이다.

⑤ 음식을 남기는 것은 무례로 여겨지므로, 먹을 수 있는 만큼만 덜어 먹는 것이 바람직하다.

⑥ 채식 문화가 강하므로 상대방의 종교·문화적 식습관을 존중하여 고기를 권하지 않는다.

(3) 금기 사항

① 소는 힌두교에서 신성시되므로 쇠고기를 선물하거나 권하는 것은 절대 금물이다.

② 돼지고기와 술은 이슬람 신자들에게 금기이므로 주의해야 한다.

③ 왼손으로 물건을 건네거나 악수하는 행위는 무례로 받아들여진다.

④ 신발을 신은 채 집이나 성스러운 장소에 들어가는 것은 금기이다.

⑤ 머리는 영혼이 깃든 곳으로 여겨지므로, 함부로 만지는 것은 실례이다.

8 태국

태국은 불교를 국교로 하는 나라로, 국민 다수가 불교적 가치와 전통을 생활 전반에 깊이 반영하고 있다. 왕실과 종교에 대한 존경심이 매우 강하며, 온화함과 예의를 중시하는 문화가 뿌리내려 있다.

(1) 비즈니스 매너

① 미팅 시간은 철저하게 지키는 것이 예의이며, 약속을 어기는 것은 큰 결례로 여겨진다.

② 상대방과 처음 만날 때는 악수 대신 합장(와이, Wai)과 목례로 인사를 한다.

③ 공적인 관계에서 지나치게 직설적이거나 강압적인 태도는 피하고, 유연하면서도 존중하는 태도로 접근하는 것이 중요하다.

④ 상대방의 사회적 지위나 연령을 존중하며, 계급적 질서를 고려한 언행이 필요하다.

⑤ 선물은 반드시 양손으로 전달하며, 포장은 밝고 따뜻한 색을 선호한다.

(2) 식사 매너

① 식사 자리에서는 연장자가 먼저 시작하기 전까지 기다리는 것이 예의이다.

② 태국 음식은 보통 숟가락과 포크를 사용하며, 포크는 음식을 떠먹는 용도가 아니라 숟가락에 음식을 올리는 보조 도구로 사용된다.

③ 호스트가 음식을 권할 때는 정중히 받아야 하며, 권하는 음식을 거절하는 것은 무례로 여겨진다.

④ 식사 중 큰 소리로 말하거나 웃는 것은 예의에 어긋난다.

⑤ 계산은 초대한 사람이 하는 것이 일반적이며, 팁 문화가 일부 자리 잡아 레스토랑에서는 소액의 팁을 남기는 경우가 많다.

(3) 금기 사항

① 불상과 같은 종교적 상징물에는 반드시 공경을 표시해야 하며, 불상이나 사당을 만지는 것은 신성을 훼손하는 행위로 간주된다.

② 머리는 가장 신성한 부위로 여겨지므로 사람의 머리를 만지거나 쓰다듬는 것은 큰 결례이다.

③ 발은 불결한 부위로 인식되므로 발로 사람이나 물건을 가리키거나 발을 높은 곳에 두는 것은 금기이다.

④ 왼손은 부정적인 의미가 있어 타인에게 물건을 건네줄 때 사용하지 않는다.

⑤ 태국 왕실에 대한 비판이나 무례한 언행은 엄격히 금지되며, 법적으로도 처벌 대상이 된다.

9 러시아

러시아는 광대한 영토와 다양한 민족, 오랜 역사를 가진 국가로, 전통적으로 가부장적이며 경로사상이 강하다. 인내와 신뢰를 중요시하며, 인간관계에서 깊은 유대감을 중시하는 특징을 보인다.

(1) 비즈니스 매너

① 비즈니스 관계에서 시간 엄수보다는 인내심을 더 중요시 여긴다.

② 협상의 자리에서는 반드시 재킷을 착용하며, 회의 중 재킷을 벗는 것은 무례로 간주된다.

③ 금요일이나 월요일에 비즈니스 미팅을 잡는 것은 피하는 것이 좋다.

④ 공식적인 자리에 참석할 경우, 프런트 데스크에 외투나 개인 소지품을 맡기는 것이 예의이다.

⑤ 관계 형성에 시간이 걸리므로, 조급하게 성과를 요구하기보다는 꾸준히 신뢰를 쌓아가는 태도가 필요하다.

(2) 식사 매너

① 상대방이 건배를 제안했을 때는 반드시 함께해야 하며, 거절하는 것은 큰 무례로 여겨진다.

② 건배 시에는 잔을 눈높이로 들어 올리며 서로 눈을 맞추는 것이 중요하다.

③ 손님은 음식을 남기지 않고 깨끗이 먹는 것이 예의이다.

④ 식사 중에는 격식과 품위를 지키며, 지나친 농담이나 큰 소리로 떠드는 것을 삼가야 한다.

⑤ 초대를 받은 경우, 작은 선물을 준비하는 것이 바람직하다. ex 꽃, 와인, 초콜릿 등

(3) 금기 사항

① 손가락으로 사람이나 물건을 가리키는 것은 무례로 여겨진다.

② 공공장소나 격식 있는 자리에서 지나친 애정 표현은 좋지 않게 여겨진다.

③ 빈 술잔을 테이블 위에 두는 것은 불운을 의미하므로 피한다.

④ 짝수 개의 꽃은 장례식에 사용되므로, 선물할 때는 반드시 홀수 개의 꽃을 준비해야 한다.

⑤ 정치·역사 문제에 대한 직접적 비판은 민감할 수 있으므로 주의가 필요하다.

02 국가별 제스처와 의미

① 엄지손가락을 위로 올리는 제스처

국가	의미
미국	매우 좋음, 최고
호주	무례한 행동
러시아	성소수자 비하의 의미
그리스	입을 다물라는 의미
한국	최고, 굿(Good)

→ 문화권에 따라 다르게 해석될 수 있으므로 주의가 필요하다.

② 손바닥을 아래로 하여 손짓하는 경우

국가	의미
중동 · 극동	"이리로 오세요." → 오라는 신호
호주	"저리 가라." → 가라는 의미

→ 서양에서는 반대로 해석되므로 혼동에 주의한다.

③ 손가락으로 만드는 링(O.K) 사인

국가	의미
한국 · 일본	돈, 금전적 의미
미국 · 서유럽	괜찮다, O.K
남부 프랑스	무가치함
브라질 · 남미	외설적 · 음란한 의미

→ 남미에서는 비속어로 오해될 수 있으므로 사용을 금지한다.

④ 손등을 바깥으로 향한 V자 사인

국가	의미
영국 · 프랑스	"꺼져라" → 모욕적 표현
그리스	승리(Victory) 의미

→ 손등 방향에 따라 공격적 표현으로 해석될 수 있다.

5 머리를 위·아래로 끄덕이는 동작

국가	의미
대부분의 국가	긍정(YES)
불가리아·그리스	부정(NO)

→ 상반된 의미이므로 회의·면담 시 특히 주의한다.

6 손바닥을 바깥쪽으로 향한 V자 사인

국가	의미
유럽권	승리·긍정적 표현
그리스	욕설의 의미

7 손바닥을 펴서 흔드는 행동

국가	의미
한국·유럽 등	인사, 안녕
그리스	"네 일이 잘되지 않기를 바란다. → 저주 의미

→ 친근한 인사가 특정 국가에서는 부정적 메시지가 될 수 있다.

03 레스토랑 이용 매너

1 예약 매너

(1) 좋은 자리와 양질의 서비스를 위해 사전에 예약한다.

(2) 예약 시 예약자 성명, 연락처, 이용 일시, 인원, 필요 시 식사의 목적까지 알린다.

(3) 예약 시간은 반드시 지키며, 지각이나 취소 시에는 사전에 연락한다.

(4) 고급 레스토랑은 정장이 요구될 수 있으므로 드레스 코드를 확인한다.

(5) 예약 후 나타나지 않는 노쇼(No Show) 행위는 절대 삼가야 한다.

2 도착 및 착석 매너

(1) 코트·소지품은 입구 보관소에 맡기고 번호표를 받는다. 여성의 핸드백은 의자와 등 사이에 둔다.

(2) 입구에서 예약자명을 밝히고 직원의 안내를 따른다.

(3) 자리가 마음에 들지 않을 때는 정중히 다른 자리를 부탁한다.

(4) 안내받은 첫 자리는 상석이므로, 연장자·직위가 높은 사람·여성이 앉도록 배려한다.

(5) 식사 중 자리를 비우는 것은 실례이므로, 착석 전 미리 화장실을 다녀온다.

3 주문 매너

(1) 주문은 여성과 초대 손님이 먼저 한다. 여성은 동반 남성을 통해 주문하는 것이 전통적 매너이다.

(2) 초대받은 경우에는 중간~중상 가격대의 메뉴를 선택한다.

(3) 옆 테이블 음식을 보고 "같은 것으로" 주문하는 것은 무례하다.

4 식사 매너

(1) 주빈이나 가장 중요한 손님을 중심으로 식사가 진행된다.

(2) 식사 속도는 주위 사람들과 맞춘다.

(3) 가벼운 대화를 나누되, 비즈니스 중이라도 무거운 주제는 피한다.

(4) 테이블 위에서 팔을 괴거나 턱을 괴는 행동은 삼간다.

(5) 입안에 음식이 있을 때는 말하지 않으며, 트림·씹는 소리 등 불쾌한 행동을 피한다.

(6) 직원을 부를 때는 손을 가볍게 들어 부른다. 큰 소리로 부르는 것은 예의가 아니다.

(7) 화장은 테이블이 아닌 화장실·파우더룸에서 고친다.

5 기물 사용 매너

(1) 냅킨

① 주빈이 먼저 들면 함께 무릎 위에 둔다.

② 입과 손을 닦는 용도로 사용하며, 바닥에 떨어지면 직접 줍지 않고 새 것을 요청한다.

③ 음료가 쏟아졌을 경우, 직접 닦지 않고 직원에게 요청한다.

④ 잠시 자리를 비울 때는 의자 위에, 식사 종료 후에는 접어서 좌측 테이블 위에 둔다.

(2) 포크와 나이프

① 포크는 왼손, 나이프는 오른손으로 사용한다.

② 바깥쪽부터 안쪽 순으로 사용한다.

③ 음식을 자른 뒤, 오른손으로 포크만 사용해도 무방하다.

④ 나이프에 음식을 찍어 입에 넣는 것은 삼가한다.

⑤ 식사 중 잠시 둘 때는 팔자(八) 모양으로 접시에 걸쳐 둔다.

⑥ 식사 종료 시에는 나이프와 포크를 나란히 접시 중앙에 놓되, 나이프의 날은 안쪽을 향하도록 한다.

---

04 ▶ 서양식 테이블 매너

1 식사의 종류

(1) 조식(Breakfast)

하루를 시작하는 아침 식사로, 국가·문화별 특징이 뚜렷하다.

① 미국식 조식(American Breakfast)

㉠ 주로 계란 요리, 주스, 토스트, 커피를 기본으로 한다.

㉡ 선택 메뉴 : 핫케이크, 프렌치토스트, 콘플레이크, 오트밀, 햄, 베이컨, 소시지, 감자튀김 등

② 유럽식 조식(Continental Breakfast)

㉠ 빵과 커피를 기본으로 한 가장 간단한 아침 식사이다.

㉡ 필요에 따라 우유나 주스를 곁들인다.

③ 비엔나 조식(Vienna Breakfast)

㉠ 롤빵(Roll bread), 계란 요리, 커피로 구성된다.

㉡ 전통적으로 오스트리아·비엔나 호텔식 조식에서 유래되었다.

④ 영국식 조식(English Breakfast) : 미국식 조식과 유사하나 생선 요리가 포함되는 점이 특징이나.

⑵ **브런치(Brunch)**

① Breakfast + Lunch의 합성어이다.

② 현대 도시 생활에서 아침과 점심 사이에 즐기는 식사이다.

③ 주말이나 여유로운 날에 많이 활용된다.

⑶ **점심(Lunch; Luncheon)**

① 아침과 저녁 사이에 하는 일반적인 한 끼 식사이다.

② 직장인, 학생들이 주로 이용하며 간단하거나 정식 코스로도 구성 가능하다.

⑷ **애프터눈 티(Afternoon Tea)**

① 점심과 저녁 사이에 즐기는 간식 문화이다.

② 대표 메뉴 : 밀크티(Milk Tea), 시나몬 토스트, 멜바 토스트

③ 영국 귀족 문화에서 시작되어 현재는 사교·휴식의 의미를 가진다.

⑸ **저녁(Dinner)**

① 하루 중 가장 격식 있고 풍성한 식사이다.

② 보통 4~6코스로 구성(에피타이저-수프-메인-디저트 등)된다.

③ 시간을 충분히 두고 음식을 즐기는 것이 특징이다.

⑹ **만찬(Supper)**

① 전통적으로는 격식 높은 정찬(Formal Dinner)을 의미한다.

② 현대에는 늦은 밤 간단히 먹는 밤참의 의미로도 사용된다.

2 정찬 메뉴의 순서

정찬은 에피타이저에서 음료까지 여러 코스로 이어지며, 국가별 식습관에 따라 약간의 차이가 있다.

⑴ 전채 요리(Appetizer; Hors d'oeuvre)

⑵ 스프(Soup; Potage)

⑶ 생선 요리(Fish; Poisson)

⑷ 고기 요리(Meat; Entree)

⑸ 샐러드(Salad; Salade)

⑹ 디저트(Sweet; Dessert)

⑺ 음료(Beverage)

③ 코스별 특징과 매너

(1) 전채 요리(Appetizer; Hors d'oeuvre)

① 정찬의 첫 요리로 식욕을 돋우는 목적이 있다.

② 소량이며, 자극적인 맛(짠맛·신맛)을 내어 위액 분비를 촉진한다.

③ 모양이 아름답고 맛이 풍부해야 한다.

④ 매너 : 포크와 나이프로 조용히, 작은 양을 천천히 즐긴다.

⑤ 세계 4대 전채 요리

　㉠ 푸아그라(Foie Gras; 거위 간)

　㉡ 캐비어(Caviar; 철갑상어 알)

　㉢ 에스카르고(Escargot; 달팽이 요리)

　㉣ 트뤼플(Truffe; 송로버섯)

(2) 스프(Soup; Potage)

두 가지 기본 유형으로 나뉜다.

① Clear Soup(Potage Claire) : 맑은 국물의 스프

② Thick Soup(Potage Lié) : 걸쭉하고 진한 스프

③ 매너

　㉠ 스푼을 안쪽에서 바깥쪽으로 떠서 소리를 내지 않고 마신다.

　㉡ 남은 스프는 그릇을 기울여 조용히 마신다.

(3) 생선 요리(Fish; Poisson)

① 주로 흰살 생선(송어, 농어 등) 또는 연어, 넙치 등을 활용한다.

② 소스와 함께 제공되며, 고기 요리에 앞서 부담을 줄이고 입맛을 조율하는 역할을 한다.

③ 매너

　㉠ 생선용 나이프와 포크를 사용한다(날카롭지 않고 끝이 둥근 생선 전용 나이프).

　㉡ 뼈가 있는 경우, 칼로 뼈를 분리한 후 작은 조각으로 떠서 먹는다.

　㉢ 생선 가시는 손으로 잡지 않고, 칼·포크를 이용해 접시 한쪽에 정리한다.

(4) 고기 요리(Meat; Entree)

① 정찬의 메인 요리(Main Dish)에 해당된다.

② 소고기, 양고기, 가금류(닭, 오리 등) 등이 대표적이다.

③ 고기 요리에는 일반적으로 레드와인 등 음료가 곁들여진다.

④ 매너

　㉠ 오른손에 나이프, 왼손에 포크를 잡고 작게 잘라 한 입씩 먹는다.

　㉡ 칼로 미리 여러 조각을 자르는 것은 비매너이다.

　㉢ 씹을 때는 입을 다물고 소리를 내지 않는다.

⑸ **샐러드(Salad; Salade)**

① 입안을 개운하게 하고 소화를 돕는 역할을 한다.

② 영·미권에서는 고기 요리와 함께 또는 고기 요리 전에 제공되고, 프랑스에서는 고기 요리 후 디저트 전에 제공된다.

③ 매너

　　㉠ 샐러드용 포크를 사용한다.

　　㉡ 잎이 큰 경우, 칼로 작게 잘라서 먹는다.

　　㉢ 드레싱이 묻은 채로 흘리지 않도록 주의한다.

⑹ **디저트(Sweet; Dessert)**

① 식사의 마무리 단계로, 달콤한 음식으로 만족감을 준다.

② 아이스크림, 케이크, 과일, 푸딩, 치즈 등이 제공된다.

③ 디저트와 함께 커피, 홍차가 나오기도 한다.

④ 매너

　　㉠ 디저트용 스푼·포크를 사용한다.

　　㉡ 과일은 과도(Fruit Knife)와 포크로 먹으며, 껍질이나 씨는 접시 가장자리에 조용히 둔다.

　　㉢ 치즈는 빵과 곁들여 소량씩 즐긴다.

⑺ **음료(Beverage)**

① 커피, 홍차, 디저트 와인 등이 제공되며, 식사의 마지막을 마무리한다.

② 에스프레소나 허브티 등 소화에 도움이 되는 음료도 자주 곁들여진다.

③ 매너

　　㉠ 컵은 손잡이를 잡고, 소리를 내지 않고 마신다.

　　㉡ 티스푼은 음료를 젓고 난 후 반드시 받침 접시에 올려둔다.

⑻ **스테이크 굽는 정도**

구분	굽는 정도	조리 시간
Rare	스테이크 속이 따뜻할 정도로 겉 부분만 살짝 익혀, 자르면 속에서 피가 흐르도록 굽는다.	약 2~3분
Medium Rare	Rare보다는 좀 더 익히며 Medium보다는 좀 덜 익힌 것으로, 역시 자르면 피가 보이도록 해야 한다.	약 3~4분
Medium	Rare와 Well-done의 절반 정도를 익히는 것이며, 자르면 붉은색이 되어야 한다.	약 5~6분
Medium Well-done	거의 익히는데, 자르면 가운데 부분에만 약간 붉은색이 있어야 한다.	약 8~9분
Well-done	속까지 완전히 익히는 것이다.	약 10~12분

05 음료의 이해

1 음료의 정의

(1) 음료(Beverage)란 사람이 마실 수 있도록 제조·가공된 모든 액체를 의미한다.

(2) 용도와 성격에 따라 크게 알코올성 음료와 비알코올성 음료로 구분된다.

2 음료의 분류

(1) 알코올성 음료(Alcoholic Beverage; Hard Drink)

일반적으로 '술'을 의미하며 맥주, 와인, 위스키, 소주, 칵테일 등이 포함된다.

① 양조주(Fermented Liquor) : 곡류·과실 등 당분이 함유된 원료를 효모균으로 발효시켜 만든 술이다.

ex 맥주(Beer), 와인(Wine), 청주, 막걸리

② 증류주(Distilled Liquor) : 곡물·과실·당분을 발효시켜 약한 주정을 만든 뒤, 증류기를 통해 알코올을 농축한 술로 알코올 도수는 보통 35~60%이다. 칵테일 제조 시 베이스(Base)로 많이 활용된다.

ex 위스키(Whisky), 브랜디(Brandy), 보드카(Vodka), 진(Gin), 럼(Rum)

③ 혼성주(Compound Liquor/Liqueur) : 발효·증류로 얻은 주정에 과일·허브·향신료·당분·색소 등을 첨가하여 만든 술이다. 독특한 향기·색깔·단맛을 가진다.

ex 베일리스(Baileys), 깔루아(Kahlúa), 그랑마니에(Grand Marnier)

(2) 비알코올성 음료(Non-Alcoholic Beverage; Soft Drink)

알코올이 포함되지 않은 음료이다.

3 식사 용도에 따른 알코올성 음료의 분류

(1) 식전주(Aperitif)

① 정의 : 식사 전에 마시는 술로, 식욕을 돋우고 위액 분비를 촉진시킨다.

② 특징

㉠ 적은 양을 마시며, 취하지 않도록 주의한다.

㉡ 자극적이고 달지 않은 맛이 적합하다.

㉢ 차갑게 제공되므로 글라스의 목 부분을 잡고 마신다.

③ 대표 종류 : 샴페인(Champagne, Dry Type), 쉐리(Sherry), 칵테일(Cocktail)

⑵ **식중주(Table Wine)**

① 정의 : 식사 중에 곁들이는 술이다.

② 특징 : 음식과의 조화를 중시하여 요리의 종류(붉은 고기, 흰 고기, 해산물 등)에 따라 와인을 선택한다.

③ 대표 종류

㉠ 화이트 와인(White Wine) : 생선, 가금류에 적합하다.

㉡ 레드 와인(Red Wine) : 소고기, 양고기 등 육류에 적합하다.

⑶ **식후주(Digestif)**

① 정의 : 식사 후에 소화를 돕고 입가심을 위한 술이다.

② 특징

㉠ 알코올 도수가 높고 달콤한 술이 많다.

㉡ 남성은 브랜디, 여성은 리큐어를 선호하는 경향이 있다.

③ 대표 종류 : 브랜디(Brandy), 코냑(Cognac), 알마냑(Armagnac), 칼바도스(Calvados), 리큐어(Liqueur), 허브·과일·향신료 등을 첨가한 달콤한 술, 식후 칵테일(After Dinner Cocktail), 브랜디 알렉산더(Brandy Alexander), 글래스 호퍼(Grasshopper)

06 팁(Tip) 매너 ☆☆

1 팁의 유래

18세기 영국의 펍(pub)에서 "To Insure Promptness(신속한 서비스 보장)"의 머리 글자를 따 Tip이라 불리게 되었다.

2 팁의 지불 방법

⑴ 미국·유럽 등지에서는 서비스 요금이 포함되지 않으면 팁을 반드시 지불한다.

⑵ 일반적으로 전체 금액의 10~15%를 지불한다.

⑶ 서비스에 만족 시 더 지불할 수 있으며, 불만족 시 적게 줄 수도 있다.

⑷ 호텔에서는 도어맨은 제외되나, 포터에게는 1달러 정도, 룸메이드에게는 하루 1달러를 두는 것이 일반적이다.

⑸ 레스토랑에서는 계산서 홀더 안에 끼워 주거나, 손바닥을 아래로 하여 직접 건네는 것이 예의이다.

③ 서비스 불만족 시

관례보다 적게 줄 수 있으며, 그 이유를 엄격·조용하게 설명한다.

④ 팁을 주지 않는 경우

(1) 기본 서비스 ex 패스트푸드, 셀프서비스

(2) 사업주(Owner)

(3) 명백히 냉담하거나 무례한 직원

Chapter
04

디지털 커뮤니케이션 매너

01 전화 응대 매너

1 전화 응대의 이해

(1) 전화 응대의 중요성

① 전화는 고객과 기업이 가장 먼저 접촉하는 소통 창구로서, 기업의 첫인상을 결정하는 핵심 요소이다.

② 전화는 보이지 않는 응대이기 때문에 목소리, 말투, 화법, 응대 태도 등이 개인의 품격과 전문성을 보여주는 단서가 되며, 나아가 조직의 신뢰성과 이미지 평가 기준이 된다.

③ 시각적 요소 없이 청각적 단서만으로 이루어지는 의사소통 방식이므로, 작은 실수나 표현에서도 오해 발생 가능성이 높아 더욱 예의 바른 태도와 체계적인 응대 요령이 요구된다.

(2) 전화 응대의 특성

① 보이지 않는 특성

  ㉠ 전화는 청각적 요소(86%)와 언어적 요소(14%)에만 의존하는 비시각적 소통 방식이다.

  ㉡ 시각 정보가 없기 때문에 표정·태도·감정이 목소리와 어조로 전달되며, 작은 표현에서도 오해 발생 가능성이 높다.

  ㉢ 따라서 음색·속도·강약·말투 등 청각적 요소의 활용 능력이 중요하다.

② 1:1 쌍방향 커뮤니케이션

  ㉠ 고객과 실시간 상호작용이 가능하며, 질문과 요구사항을 빠르게 파악할 수 있다.

  ㉡ 즉각 대응이 가능한 효율적 소통 방식이지만, 정확한 경청 및 요약 능력이 필요하다.

③ 예고 없이 찾아오는 고객

  ㉠ 전화는 언제 걸려올지 예측할 수 없으므로, 다양한 고객 유형과 요구에 대비해야 한다.

  ㉡ 즉각 대응을 위해 표준 응대 표현과 상황별 스킬을 숙지하는 것이 필요하다.

④ 즉시성과 융통성

  ㉠ 고객의 반응에 따라 즉시 대처해야 하며, 통화 중에 문제가 해결되어야 하므로 융통성 있는 대응이 필요하다.

  ㉡ 융통성 있는 대응력과 상황 판단 능력이 전화 응대의 핵심 역량이다.

⑤ 경제적인 비용

  ㉠ 대면 응대에 비해 시간과 비용이 절감되는 방식이다.

  ㉡ 특히 고객이 먼저 전화를 거는 경우 비용이 발생하므로, 짧고 정확한 응대가 필요하다.

⑥ 예기치 않은 문제의 발생

  ㉠ 시각적 단서가 없는 상황에서 내용을 전달해야 하기 때문에 작은 실수에도 오해가 쉽게 발생한다.

  ㉡ 따라서 복창(Repeat-back) 기법을 활용하여 내용을 다시 확인하는 과정이 필수적이다.

🔷 **전화 응대의 특성 요약**

전화 응대의 특성	핵심 개념	시험 키워드
보이지 않는 특성	청각·언어적 요소만 사용	음색 / 어조 / 오해 가능성
1:1 쌍방향 커뮤니케이션	즉각적 상호작용	정확한 경청 / 요약
예고 없음	다양한 고객 대비 필요	상황별 응대 스킬
즉시성과 융통성	통화 중 해결 필요	문제 해결 / 유연성
경제적 비용	대면보다 비용 절감	효율성 / 신속성
예기치 않은 문제	시각 정보 부재 → 오해 가능	복창 기법 / 확인 필수

(3) **전화 응대의 3요소**

신속성	• 전화벨이 3회 울리기 전에 받는 것이 기본 원칙이다. • 본론 이전의 불필요한 말은 지양하고, 간결하고 효율적인 통화 진행이 필요하다. • 빠른 응대는 고객 존중의 태도이자 서비스 경쟁력 요소이다.
정확성	• 명확한 발음과 중요 정보의 강조가 필수적이다. • 통화 중에는 기록(메모)을 병행하여 정확히 응대하며, 필요한 경우 복창(Repeat-back)을 통해 내용을 확인한다. • 정보 전달의 오류는 신뢰 저하로 연결되기 때문에 '정확성 관리'가 핵심 역량이다.
친절성	• 정중한 태도로 적극적으로 경청한다. • 상대의 말을 끊거나 가로채지 않는다. • 상대의 반응을 살피고, 기분을 배려하는 태도를 가진다.

(4) **휴대전화 응대 요령**

① 통화가 시작되면 먼저 통화 가능 여부를 확인한 후 본론으로 들어간다.

  ex "지금 통화 괜찮으실까요?"

② 회의나 상담 중에는 전원을 끄거나 무음으로 전환하여 방해가 되지 않도록 한다.

③ 급한 용무가 있을 경우에는 전화 대신 문자로 전달하며, 반드시 자신의 이름을 함께 표기한다.

④ 상대방이 끊은 후 통화를 종료하는 것이 예의이니, 먼저 끊는 행동을 피한다.

⑤ 부재중일 경우 수신음이 여러 차례 울렸다면 반복 연결을 시도하기보다는 문자나 메모를 남기는 것이 바람직하다.

2 전화의 발신과 수신

(1) 전화의 발신

① 발신 전 준비사항 : 전화 발신은 준비된 상태에서 시작되는 비즈니스 커뮤니케이션으로, 다음 사항을 사전에 점검해야 한다.

준비 항목	주요 내용
상대 정보 확인	전화번호, 소속, 직위, 이름 등을 미리 파악
통화 목적 정리	용건의 핵심, 대화 순서, 필요한 자료 준비
통화 시간 고려	보편적으로 오전 9시~오후 6시가 적절
지양해야 할 시간	이른 아침, 점심 직후, 퇴근 직전
상황 확인	상대방이 통화 가능한 상황인지 확인 필요

✐ 업무 시간이어도 바로 통화하지 않고, '통화가 가능하신가요?'라는 확인 질문 후 시작하는 것이 예의이다.

② 전화 발신 요령

㉠ 기본 통화 자세

ⓐ 왼손으로 전화기를 들고, 오른손은 메모 준비를 한다.

ⓑ 상대가 받은 후 소속·직위·이름을 확인하고 인사 후 본인 소개를 한다.

ⓒ 상대방이 받았더라도 통화 가능 여부를 다시 질문하는 것이 원칙이다.

㉡ 통화 진행 방법

항목	기본 요령	핵심 표현 예시
용건 전달	간결하고 정확하게, 속도는 상대에 맞추기	"간단히 요점부터 말씀드리겠습니다."
내용 확인	정확히 전달되었는지 재확인	"말씀드린 내용이 이해되셨을까요?"
종료 방법	일반적으로 수신자(상대방)가 먼저 통화를 종료한 후 발신자가 마무리하는 것이 예의	"통화 마치신 후에 제가 종료하겠습니다."

(2) 전화의 수신

① 수신 전 준비사항 : 전화 응대는 '준비된 상태'가 기본이며, 다음 사항은 반드시 숙지해야 한다.

준비 항목	주요 내용
기본 응대 요령	전화 응대 절차, 전형적 질문 방식 등을 숙지
회사 정보	서비스 내용, 부서별 담당자, 최신 정보 파악
메모 준비	전화기 옆에 메모지와 필기구를 항상 비치

✐ 전화는 '준비된 응대자만이 기업의 신뢰를 지킬 수 있는 서비스 창구'라는 인식이 필요하다.

② 전화 수신 절차

절차	핵심 행동	시험 키워드
수신 전 준비	응대 요령과 회사 정보 숙지	메모 준비
3회 벨 이전 응대	왼손 전화, 오른손 메모	신속성
첫인사	소속·이름, "여보세요." 금지	자기 소개
상대 확인 후 인사	재인사, 배려 표현	경청
메모·복창	요약, 확인, 누락 방지	정확성
전달	즉시 처리, 기록 보존	책임감

(3) 상황별 전화 응대 요령

상황별	바람직한 표현	지양해야 할 표현
전화 연결을 요청하는 경우	"담당자에게 연결해 드리겠습니다. 잠시만 기다려 주시겠습니까?"	"바꿔드릴게요."
	"혹시 끊어질 경우를 대비해 직통번호 안내 드리겠습니다."	"그러니까 제 번호는…"(개인번호 제공)
	"감사합니다. 연결해 드리겠습니다."	연결음 그대로 흘러나오는 상황
	연결 전 지명인 확인, Hold 버튼 사용, 직통번호 안내, 조용한 종료가 원칙	
지명인과 바로 연결할 수 없는 경우	"현재 통화 중이신데, 잠시 기다려주시겠습니까?"	"안 계세요."
	"지명인이 전화를 드릴까요? 아니면 다시 연락주시겠습니까?"	"다시 전화하세요."
	"용건을 메모하여 신속히 전달하겠습니다."	메모없이 구두로만 전달
	상대의 기다림 여부 확인 + 메모 후 전달 + 응대 책임의식 표현 필요	
지명인이 부재중인 경우	"현재 회의 중이며 오후 3시경 복귀 예정입니다."	"개인적인 일로 나갔어요."
	"용건을 메모해 드릴까요?"	"나중에 다시 전화하세요."
	"지명인이 연락드릴까요? 또는 다시 연락주시겠습니까?"	전화 끊기 전에 안내없이 종료
	공적 사유만 안내, 메모 필수, 추후 연락 방법 명확히 확인	
전화를 걸었을 때 찾는 사람이 부재중일 경우	"언제 연락드리면 좋을까요?"	"없어요."
	"제가 다시 전화드릴까요?"	아무 안내 없이 종료
	"혹시 통화 가능 시간이나 복귀 예정 시간 알고 계실까요?"	무성의한 대응
	복귀 예상 시점 확인, 통화 재개 방식 결정, 이름까지 확인하여 메모	

전화가 잘 들리지 않는 경우	"죄송합니다. 통화 상태가 좋지 않아 잘 들리지 않습니다. 다시 말씀해 주실 수 있을까요?"	"뭐라고요?"
	"조금 멀게 들립니다. 천천히 부탁드려도 될까요?"	"잘 안 들리는데요."
	"혹시 통화를 다시 걸어도 괜찮을까요?"	감정 섞인 말투, 짧은 대꾸식 응대
	완곡 어법 + 부탁의 형식, 일반적으로 발신자가 다시 거는 것이 원칙	
전화 응대 중 다른 전화가 걸려온 경우	"다른 전화가 와서 잠시만 기다려 주시겠습니까?"	아무 말 없이 다른 전화 수신
	"긴급하지 않다면 통화 후 다시 연락드리겠습니다."	두 통화를 동시에 진행
	현재 고객에게 양해 요청 → 다른 전화는 재통화 방식 사용	
회사 위치를 물어볼 경우	"어디에서 출발하시는지 여쭤봐도 될까요?"	"지도 찾아보세요."
	"지하철 이용 시 ○○역 3번 출구에서 도보 ○분입니다."	"그냥 오시면 돼요."
	"필요하시면 약도 또는 링크를 보내드리겠습니다."	애매한 방향 설명
	출발지와 교통수단 확인 → 정확한 방향 안내 → 필요 시 약도 제공 필수	

02 이메일(e-mail) 매너

1 이메일 매너의 중요성

(1) 기업 이미지 형성
① 이메일은 문서와 같은 효력을 가지며, 작성자의 태도가 곧 기업의 품격으로 이어진다.
② 정중하고 정확한 표현은 기업의 전문성과 신뢰성을 높인다.

(2) 기록으로 남는 소통 수단
① 전화와 달리 이메일은 모든 메시지가 기록으로 보관된다.
② 법적 증거, 업무 자료로 활용될 수 있으므로 신중하게 작성해야 한다.

(3) 체계적이고 공식적인 소통 도구
① 이메일은 회의 일정, 보고, 계약 등 공식 비즈니스 소통의 대표 수단이다.
② 체계적이고 문서화된 형식을 갖추는 것이 필수적이다.

(4) 개인 전문성의 표현
① 메일 제목, 문장력, 맞춤법은 개인의 역량을 보여주는 척도이다.
② 발신인의 이름과 서명이 회사의 신뢰성을 좌우한다.

2 이메일 매너의 특징과 유의사항

(1) 정확성과 간결성
① 핵심 사항을 6하원칙(When, Where, Who, What, Why, How)에 따라 정리한다.
② 불필요한 군더더기 없이 간결하게 작성하는 것이 좋다.

(2) 격식과 예의
① 수신자 호칭, 인사말, 마무리 인사는 반드시 포함한다.
② 지나친 친근 표현, 이모티콘, 줄임말은 지양해야 한다.

(3) 제목과 서명의 중요성
① 제목은 내용이 한눈에 들어오도록 구체적으로 작성한다.
② 서명에는 이름, 직책, 연락처를 명확히 기재한다.

(4) 응답 시간 관리
① 이메일은 보통 24시간 이내에 답신하는 것이 기본 매너이다.
② 회신이 늦어질 경우, 사전에 지연 사유를 알려주는 것이 바람직하다.

(5) 보안 유의
① 민감한 정보는 암호화하거나 보안 메일로 전송한다.
② 불필요한 참조(CC)·전체회신은 자제한다.

03 메신저 매너

1 메신저 매너의 중요성

(1) 신속성과 효율성
① 메신저는 실시간 소통이 가능하여 빠른 의사 결정을 돕는다.
② 즉각적이고 간단한 업무 공유에 유리하다.

(2) 비공식적이지만 업무적 도구
① 메신저는 전화나 이메일보다 비공식적인 느낌이 강하다.
② 그러나 직장 내에서는 업무 도구로 활용되므로 예의와 존중이 필요하다.

(3) 조직 문화 반영

① 답변 태도, 응답 속도가 곧 직원의 성실성과 조직 문화를 보여준다.
② 무성의한 답변은 기업 이미지에 부정적으로 작용할 수 있다.

2 메신저 매너의 특징과 유의사항

(1) 간결성과 명확성

① 짧고 명확하게 메시지를 작성한다.
② 업무 전달은 한 줄 요약 후 세부 사항을 추가하는 방식이 효과적이다.

(2) 응답 속도 관리

① 즉각적인 답변이 어렵다면 "확인 후 회신드리겠습니다."와 같이 안내한다.
② 장시간 답변이 없으면 신뢰를 저하시킬 수 있다.

(3) 이모티콘 · 줄임말 사용 주의

① 사적인 대화에서는 가능하지만, 공식 업무에서는 과도한 사용을 피한다.
② 필요한 경우라도 상대방과의 관계, 상황을 고려해야 한다.

(4) 업무와 사생활의 구분

① 메신저는 24시간 알림이 가능하므로, 근무시간 외 과도한 메시지는 삼가야 한다.
② 긴급 상황을 제외하고는 업무 시간 내에 메시지를 전송하는 것이 원칙이다.

(5) 비밀성과 보안

① 업무용 메신저에서는 기밀이 유출되지 않도록 주의한다.
② 사적인 이야기를 공식 메신저 채널에 남기지 않는다.

PART 01

예상문제

일반형

01 다음 중 예의범절에 대한 설명으로 옳지 <u>않은</u> 것은?

① 합리적인 생활을 영위하는 데 그 목적이 있다.
② 타인에 대한 마음가짐이나 태도를 의미하기도 한다.
③ 에티켓은 예의범절의 서양적인 개념이라고 할 수 있다.
④ 예의범절은 공동체의 이익을 위해 반강제적으로 이루어져야 한다.
⑤ 동양적인 개념으로 개인과 집단에서 지켜야 할 기본적인 규범이다.

02 다음의 상황별 전화 응대에 대한 설명으로 옳은 것은?

① 지명인이 부재중일 때, 개인적인 부재 사유에 대해 정확하게 알린다.
② 회사의 위치를 묻는 경우 일단 대중교통을 이용할 수 있도록 안내해 준다.
③ 찾는 사람이 부재중이라면 정중히 사과 후 나중에 다시 전화할 것을 부탁한다.
④ 불특정 고객이 전화 연결을 요청하는 경우, 지명인의 휴대전화 번호를 알려 줘서는 안 된다.
⑤ 전화가 잘 들리지 않는 경우 "뭐라고요?", "잘 안 들리는데요." 등의 표현으로 통화 상태가 좋지 않음을 명확하게 알린다.

03 다음 중 좋은 인사 방법으로 적절하지 <u>않은</u> 설명은?

① 시간과 장소, 상황을 고려해서 인사한다.
② 상대방과 눈을 마주치며 인사하는 것이 좋다.
③ 밝은 목소리로 분명한 인사말과 함께 인사한다.
④ 상대가 어색하지 않도록 먼저 받고 나서 인사한다.
⑤ 화장실에서는 인사말 없이 목례만 간단하게 해도 예의에 어긋나지 않는다.

04 중요 고객과 함께 할 때 서비스인의 자세 및 행동으로 가장 적절하지 <u>않은</u> 것은?

① 의자에는 긴장을 풀고 편히 기대어 앉는다.
② 발을 떨거나, 손을 주머니에 넣지 않는 것이 좋다.
③ 좌우나 상하로 요동치지 않고, 일직선으로 걷는다.
④ 물건을 주고받을 때는 양손으로 하는 것이 적절하다.
⑤ 공수 자세를 취할 때 여성은 오른손이, 남성은 왼손이 위쪽이다.

05 다음 중 명함 매너로 옳지 <u>않은</u> 것은?

① 방문자가 상대방에게 먼저 건넨다.
② 선 자세로 교환하는 것이 예의이다.
③ 윗사람이 먼저 줄 때까지 기다린 후 자신의 명함을 건넨다.
④ 남성은 가슴 포켓 또는 양복 상의의 명함 주머니에 넣어 둔다.
⑤ 명함은 자기 자신을 나타내는 자기 소개서이므로 소중하게 다루어야 한다.

06 다음 중 상석의 기준으로 적절하지 <u>않은</u> 것은?

① 레스토랑 웨이터가 먼저 의자를 빼주는 자리
② 비좁지 않고 넉넉한 곳
③ 입구에서 먼 곳
④ 경치 좋은 자리나 그림이 보이는 곳
⑤ 상사와 가까운 자리나 왼쪽

07 다음 중 소개 매너의 순서로 적절하지 <u>않은</u> 것은?

① 연소자를 연장자에게 소개한다.
② 손아랫사람을 손윗사람에게 소개한다.
③ 이성 간에는 남성을 여성에게 소개한다.
④ 외부 고객을 자신의 회사 사람에게 소개한다.
⑤ 지위가 낮은 사람을 높은 사람에게 소개한다.

08 다음 중 적절하지 <u>않은</u> 설명은?

① 에티켓이란 사회생활을 원활하게 하기 위해서 생활에서 지켜야 하는 규범이다.

② 공수란 가장 기본적인 예의이며 인간관계에 있어 첫걸음이자 출발점의 성격을 지닌다.

③ 네티켓이란 네트워크상에서 메일을 주고받거나, 채팅을 하는 등 모든 활동에서 지켜야 할 예절을 말한다.

④ 매너란 타인을 향한 배려의 언행을 형식화한 것으로 사람의 행동 방식이나 습관이 외적으로 표현된 것을 말한다.

⑤ 예의범절이란 타인을 배려하기 위해 상대방의 인격을 존중하며, 일상생활에서 갖추어야 할 모든 예의와 절차를 말한다.

09 휴대전화 사용 매너 중 올바르지 <u>않은</u> 것은?

① 상대방 휴대전화가 끊긴 것을 확인하고 끊는다.

② 상담이나 회의 시에는 반드시 끄거나 무음으로 전환한다.

③ 상대방이 전화를 받을 때까지 기다리며 계속 신호를 보낸다.

④ 급한 경우 문자메시지로 연락하되 발신자의 이름을 반드시 적어 보낸다.

⑤ 상대방이 휴대전화를 받을 때 반드시 통화 가능 여부를 확인하고 통화한다.

10 매너의 개념에 대한 설명으로 옳지 <u>않은</u> 것은?

① 상대방을 존중하는 태도가 매너의 기본이다.

② 매너는 에티켓을 외적 행동으로 표현하는 것이다.

③ 매너는 타인을 향한 배려의 언행을 형식화한 것이다.

④ 에티켓을 지키지 않는 사람에게도 매너를 기대할 수 있다.

⑤ 매너는 사람이 수행해야 하는 일을 위해 행동하는 구체적인 방식이다.

11 조문 시 유의해야 할 사항 중 가장 바람직한 행동은?

① 조의금은 많이 낼수록 좋다.

② 정신적으로 힘든 유족들에게 너무 말을 많이 시키지 않는다.

③ 조의금은 문상을 마친 후 상주에게 직접 전하는 것이 예의이나.

④ 분위기를 밝게 하기 위해 큰 소리로 말하고 웃으며 대화해야 한다.

⑤ 발 벗고 나서 일을 돕고 장례 절차나 예식에 대해 조언해 주는 것이 좋다.

12 다음 중 글로벌 매너로 올바르지 <u>않은</u> 것은?

① 중국인들은 개인적인 우정과 신뢰를 중요시하며, 음주와 흡연을 사교의 수단으로 생각한다.

② 태국인들은 물건을 건넬 때 반드시 오른손을 사용하며 머리를 신성시한다.

③ 빨간색으로 이름을 쓰는 것은 한국, 미국 모두 금기시되어 있다.

④ 러시아인들은 금요일이나 월요일에 만나는 것을 피하고, 손가락으로 사람이나 물건을 가리키는 것은 무례한 행동으로 여긴다.

⑤ 미국인들 사이에 있어서 양복 차림에 흰 양말은 매우 촌스럽게 생각하므로 양말은 바지 색깔에 맞춰서 신어야 한다.

13 다음 중 다양한 호칭과 경어 매너 중 옳지 <u>않은</u> 것은?

① '말씀'이라는 단어를 사용할 때 상대방을 높이기 위해서는 "사장님 말씀이 계시겠습니다."라고 표현한다.

② 상급자를 부를 때는 반드시 성과 직위 뒤에 '님'이라는 존칭을 사용한다.

③ 문서에는 상사의 존칭인 '님'을 생략하여 '사장 보고의 건'이라고 표기한다.

④ 동급자일 경우 이름만 부르기보다 직위 뒤에 '님'을 붙여 부른다.

⑤ 상사에게 자신을 지칭할 때 '저'를 사용한다.

14 다음 중 서양의 호칭 및 경칭의 대상으로 옳지 <u>않은</u> 것은?

① Majesty : 왕족

② The Honorable : 귀족이나 주요 공직자

③ Sir : 나이나 지위가 비슷하거나 높은 사람

④ Esquire(ESQ) : 영국에서 사용하며, 편지의 수취인

⑤ Dr. : 전문직업인이나 인문과학분야에서 박사학위를 취득한 사람

15 고객을 안내할 때 올바른 접객 매너는?

① 고객을 배웅할 때는 회의석상에서 배웅한다.

② 안내할 때는 고객보다 2~3보 가량 비스듬히 뒤에서 안내한다.

③ 복도에서는 손님과의 거리가 벌어지지 않도록 약간 뒤에서 안내한다.

④ 고객이 남성이면 한두 계단 뒤에서 올라가고 내려올 때는 한두 계단 앞서 내려온다.

⑤ 당겨서 여는 문일 경우에는 당겨서 문을 열고 들어가고, 고객이 나중에 통과하도록 한다.

O/X형

[16~20] 다음 문항을 읽고 옳고(O), 그름(X)을 선택하시오.

16 전화 응대는 일대일 쌍방향 커뮤니케이션의 특성을 가지며, 고객 개개인의 개별 서비스 응대가 가능한 서비스 매체이다. (① O ② X)

17 중국은 차 문화가 발달한 나라이다. 상대방의 찻잔이 비워지면 계속해서 잔을 채워 주는 것이 예의이다. (① O ② X)

18 해당 행사의 최고 귀빈(VIP, No.1)이 정해지면, 차석은 착석한 최고 귀빈을 기준으로 왼쪽 좌석이다. (① O ② X)

19 공수 자세를 취할 때 평상시에는 남자가 왼손이 위로, 여자는 오른손이 위로 가도록 두 손을 포개어 잡는다. 집안의 제사는 흉사이므로 반대로 손을 잡는다. (① O ② X)

20 악수는 반드시 일어서서 하도록 하며 두 손을 맞잡고 반가운 마음을 표현하기 위해 대여섯 번 힘차게 흔들어 인사한다. (① O ② X)

연결형

[21~25] 다음 설명에 적절한 〈보기〉를 찾아 각각 선택하시오.

┤ 보기 ├
① 유니폼 ② 압존법 ③ 겸양어 ④ 악수 ⑤ 서비스 매너

21 높여야 할 대상이지만 듣는 이가 더 높을 때 공대를 줄이는 어법 ( )

22 비즈니스하는 사람과 사람 사이의 친근함을 표현하는 것으로 관계 형성의 중요한 단계이며, 서양에서는 이를 사양하는 것은 결례에 속한다. ( )

23 외부적으로는 소속 회사, 직장의 문화를 표현하고, 내부적으로는 조직 구성원의 일체감을 높이기 위하여 착용하는 의복 ( )

24 대화에 있어 상대방을 높이고, 말하는 주체인 자신을 낮추는 말 　　（　　　　　）

25 경영 활동에 있어 고객과 만나는 접점에서 고객에 대한 이해를 가지고 고객을 응대하며, 고객의 요구를 빨리 파악하고 응대하는 기본 능력 　　　　（　　　　　）

사례형

26 해외 고객과 비즈니스 할 때 국가별 비즈니스 매너나 식사 매너로 적절하게 연결된 것은?

> 가. 러시아 고객은 장례식이 아니면 평상시 검은 옷을 입지 않으며, 머리를 신성시하므로 다른 사람의 머리와 머리카락을 만지지 않는다.
> 나. 일본 고객은 개인적인 우정과 신뢰를 매우 중요시하며 음주와 흡연을 사교의 수단으로 생각한다.
> 다. 태국 고객은 금요일이나 월요일에 만나는 것을 피하는 것이 좋고 손가락으로 물건을 가리키는 것을 무례한 행동으로 여긴다.
> 라. 인도 고객은 식사할 때 반드시 오른손으로 하며 식사 중 대화하는 것은 무례하다고 생각하므로 식사에 집중한다.
> 마. 중국 고객은 약속 시간을 엄수해야 하고 음식을 먹을 만큼 덜어서 먹고 남기지 않으며 술이 조금 남아 있을 때 첨잔하는 것을 미덕으로 여긴다.

① 가　　　　　　　　　　　② 나
③ 다　　　　　　　　　　　④ 라
⑤ 마

27 다음 사례에서 두 사람의 전화 응대 비즈니스 매너를 해석한 것으로 적절하지 <u>않은</u> 것은?

> 김철수 씨는 출근 시간이 십여 분 정도 지난 시각에 아직 출근하지 않은 옆자리의 동료 전화를 대신 받게 되었다.
>
> 김철수 : (A) 여보세요.
>
> 전 화 : (B) 아, 네. 수고하십니다. ○○건설이죠. 김영식 씨 계십니까?
>
> 김철수 : (C) 아, 네. ○○건설은 맞습니다만 김영식 씨는 아직 출근 전입니다. 아마 곧 출근할 것 같습니다만…
>
> 전 화 : 네. 그렇군요.
>
> 김철수 : (D) 용건을 말씀해 주시면 제가 메모를 남기거나 자리에 도착하는 대로 전화 드리라고 전하겠습니다. 괜찮으시겠습니까?
>
> 전 화 : (E) 네. 며칠 전에 메일을 보내 주셔서 그 건으로 연락드렸습니다. 저는 ○○상사에 근무하는 ○○대리입니다. 말씀을 전해주시면 감사하겠습니다.

① (A) – 비즈니스 전화를 받을 때 가장 무난한 인사법으로 응대하였다.

② (B) – 전화 통화하고자 하는 상대를 확인하고자 하였으나, 본인의 소속을 밝히지 않아서 적절한 응대가 아니다.

③ (C) – 동료가 지각을 한 인상을 주는 방식으로 전달하는 것은 비즈니스 관계에서는 적절치 않다. 자리를 비웠다고 이야기하는 편이 좋다.

④ (D) – 상대에게 정중히 메모나 연락처 등을 질문하며 적절히 응대하였다.

⑤ (E) – 전화를 건 용건과 소속을 밝히고 메모를 전해주는 것에 대한 감사를 전하여 예의를 갖추었다.

28 다음 사례에서 고객과 미팅을 위한 레스토랑(식당) 이용 시 적절하지 <u>않은</u> 행동은?

> ① (예약 매너)
>
>   나는 고객과 식사 약속을 하고 조용하고 전망이 좋은 곳을 부탁해 미리 예약했다. 예약 시간 전에 먼저 도착해서 고객을 맞이하였다.
>
> ② (도착과 착석 매너)
>
>   착석하고 나서 화장실에 가는 것은 실례이므로 미리 화장실을 다녀와 예약 테이블을 확인했다. 상석을 확인하고 건너편 자리에 착석한 후, 고객이 들어오는 입구를 주시하고 맞을 준비를 했다.
>
> ③ (주문 매너)
>
>   식사 시 모든 행동은 고객을 중심으로 이루어지도록 예의를 갖추었다. 주문은 고객보다 먼저 하여 고객이 편안히 따라 주문하도록 유도했다.
>
> ④ (식사 매너)
>
>   식사 중 너무 큰 소리를 내거나 웃는 것을 삼갔다. 직원을 부를 때는 오른손을 가볍게 들어 호출했다.
>
> ⑤ (기물 사용 매너)
>
>   나이프와 포크는 바깥쪽부터 안쪽으로 차례로 사용했다. 나이프는 오른손, 포크는 왼손을 사용했다.

① 예약 매너   ② 도착과 착석 매너
③ 주문 매너   ④ 식사 매너
⑤ 기물 사용 매너

29 다음 사례에서 고객이 방문하였을 때 상황별로 갖추어야 할 안내 매너로 적절하지 <u>않은</u> 것은?

> 오늘은 중요 고객사 김길동 과장이 11시에 본사를 방문하는 날이다.
>
> ① (정문에서의 안내) : 10시 50분에 정문에서 대기하고 통과하는 차량을 확인한 후, 주차 안내를 도운 다음 문을 열어 주고 정중하게 인사하며 자기 소개를 했다.
>
> ② (복도에서의 안내) : 고객이 따라오는지 거리를 확인하면서 고객보다 2~3보 가량 비스듬히 앞서서 걸으며 접견실 입구로 안내했다.
>
> ③ (계단에서의 안내) : 계단을 오를 때, 안내자는 여성이고 고객은 남성이므로 고객보다 한두 계단 앞서 안내하며 올라가고, 계단을 내려올 때 고객보다 한두 계단 뒤에서 내려왔다.
>
> ④ (문에서의 안내) : 당겨서 여는 문에서는 먼저 당겨 열고 서서 고객이 먼저 통과하도록 안내하였고, 밀고 들어가는 문에서는 안내자가 먼저 통과한 후 문을 잡고 고객을 통과시켰다.
>
> ⑤ (접견실에서의 안내) : 접견실에 도착해서 "이곳입니다."라고 말하고, 전망이 좋은 상석으로 고객을 안내하였다.

① 정문에서의 안내   ② 복도에서의 안내
③ 계단에서의 안내   ④ 문에서의 안내
⑤ 접견실에서의 안내

30 다음은 회사 내에서 이루어지는 비서와 내방객 간의 대화이다. 다음 중 대화에 관한 내용으로 적절하지 <u>않은</u> 것은?

> 비 서: (하던 일을 멈추고 일어나 밝게 웃으며) 안녕하십니까?
> 내방객: 네, 안녕하세요. 반갑습니다. (명함을 내밀며) 김민수 사장님과 오늘 3시에 만나기로 한 A물산의 박대성 사장입니다. 제가 약속 시간보다 조금 일찍 와버렸네요.
> 비 서: 네, 괜찮습니다. 다만, 사장님께서 지금 외부 일정 중이신데, 지금 사무실로 돌아오고 계십니다. 죄송합니다만, 잠시 기다리셔도 괜찮으시겠습니까?
> 내방객: 네, 그럼요. 괜찮습니다. 기다리겠습니다.
> 비 서: 그럼 제가 회의실로 먼저 안내해 드리겠습니다. 이쪽으로 오십시오.
> (회의실 입구에서 가장 먼 곳인 상석으로 안내한 후) 이쪽으로 앉으십시오. 그럼 회의 시작하실 때 음료나 차를 준비해 드리겠습니다.
> 내방객: 네, 알겠어요.
> 비 서: 그럼, 잠시 계십시오. (퇴장한다.)

① 내방객이 먼저 명함을 내밀며 자신을 소개한 것은 좋은 비즈니스 매너이다.

② 비서는 내방객을 회의실로 안내한 후 상석에 앉도록 하여 올바른 고객 응대를 하였다.

③ 비서는 고객 내방 시 하던 일을 멈추고 즉시 일어나 인사하여 고객에게 긍정적인 첫인상을 주었다.

④ 비서는 내방객에게 잠시 기다려 달라고 정중히 부탁하며 양해를 구했다.

⑤ 사장님이 오시면 회의를 위해 음료나 차를 함께 준비해 드려야 하므로 내방객이 대기하는 시간에는 음료나 차를 내지 않는 것이 좋다.

통합형

[31~32] 다음은 다국적 기업인 ABC사의 본사 임원의 한국 지사 방문 시 이동 계획의 일부이다.

〈27일/목〉
- 오전 10:00 Mr. Van Hider ABC사 임원 인천공항 도착
- 오전 11:00 김○○ 한국 ABC 회장 자가 차량 이용 Mr. Van Hider 한국 ABC사 본사 수송
- 오전 12:00 엘리베이터 이용 회장실 이동
※ ABC사 한국 지사의 회장도 본사 임원급에 속한다.

31 김○○ 한국 ABC 회장이 자가 차량을 이용하여 Mr. Van Hider를 한국 ABC사 본사로 수송할 경우 Mr. Van Hider의 승용차 내 좌석으로 적절한 위치는?

① 뒤쪽(후열) 가운데 좌석
② 김○○ 한국 ABC 회장 바로 뒤
③ 김○○ 한국 ABC 회장 대각선 뒤쪽 좌석
④ 김○○ 한국 ABC 회장의 운전석 우측 좌석
⑤ 대화하기 편한 위치면 어떤 좌석도 상관없다.

32 한국 본사 도착 후 회장실 이동을 위한 엘리베이터 이동 시 의전에 관한 설명으로 적절하지 **않은** 것은?

① 엘리베이터 안에서는 문 쪽으로 얼굴을 향하고 있는 것이 좋다.
② 엘리베이터 조작자가 없을 시 안내자가 먼저 탑승, 문을 개·폐 조작한다.
③ 엘리베이터 내에서는 이동 후 일정, 주요 면담자 등을 설명하는 것이 좋다.
④ Mr. Van Hider, 김○○ 한국 ABC 회장, 기타 수행원 순으로 내리도록 안내한다.
⑤ 엘리베이터에 다른 사람들과 같이 딥승힐 때는 상급자, 연장자, 여성, 고객이 먼저 탑승하고, 내린다.

SMAT
Module A
비즈니스 커뮤니케이션

이미지 메이킹

Part 02, '이미지 메이킹'에서는 이미지와 이미지 메이킹의 개념 및 특선을 정확히 이해한 뒤, 고객에게 긍정적인 인상과 호감을 줄 수 있는 방법을 정확히 숙지해야 합니다. 이미지 형성에 있어 첫인상은 특히 중요하므로 첫인상의 특징을 꼼꼼히 숙지해야 합니다.

이미지 형성에 영향을 미치는 다양한 심리적 효과들을 알아야 고객에게 호감을 주는 긍정적인 이미지를 형성할 수 있습니다. 더불어 이미지 형성에 용모와 복장 또한 중요한 영향을 미치므로 서비스 현장에서 갖추어야 할 올바른 용모와 복장도 알아야 합니다.

Chapter
01
이미지의 정의와 핵심 요소

01 이미지의 이해 ✮✮✮

1 이미지의 개념

(1) 이미지(Image)는 라틴어 imago에서 유래된 말로, '모방하다.'라는 뜻의 'imitari'와 관련이 있다.

(2) 마음속에 떠오르는 '사물의 감각적 영상이나 심상'을 의미한다.

(3) 특정 대상에 대해 개인이 가지는 선입견, 개념, 신념, 아이디어 및 인상의 총체를 말한다.

2 이미지의 속성 ✮✮✮

(1) 이미지는 어떤 사람이나 사물에 대해 떠오르는 생각, 감정, 느낌, 단어 등이 종합적으로 결합된 심리적 인상을 의미한다.

(2) 이미지는 무형적 특성을 지니므로, 직접 경험이 없어도 간접 정보나 관찰을 통해 충분히 형성될 수 있다.

(3) 이미지는 객관적 사실보다는 개인의 지각, 감정, 경험이 반영된 주관적 인상으로 나타나며, 사람마다 서로 다르게 인식될 수 있다.

(4) 이미지는 시각 정보뿐 아니라 청각, 후각, 촉각, 미각 등 다양한 감각 자극을 통해서도 형성될 수 있다.

(5) 이미지는 대상의 전체가 아닌 대표적 특징이나 일부 속성을 중심으로 형성되기 때문에 실제 모습을 완전히 표현하는 데는 한계가 있다.

(6) 이미지는 사람들의 태도 형성, 판단, 행동 동기에 영향을 미치는 중요한 심리적 요인으로 기능한다.

③ 이미지의 분류 ✿

분류	설명
내적 이미지	• 심리적, 정신적, 정서적 특성에 의해 만들어지는 고유한 이미지이다. • 개인의 심성, 사고, 습관, 감정, 지식 등이 유기적으로 결합하여 나타난다.
외적 이미지	• 용모, 복장, 표정, 얼굴, 체형, 신체 등과 같이 눈에 보이는 외형적 요소로 형성되는 이미지이다. • 타인이 직접 관찰하고 경험함으로써 형상화된다.
사회적 이미지	• 사회 속에서 대인 간 상호작용을 통해 형성되는 이미지이다. • 개인이 속한 사회의 환경과 문화를 반영하며, 매너·에티켓·리더십·행동·태도·신뢰·사회적 지위 등을 통해 나타난다.

④ 이미지의 구성 요소

구분	단어	구성 요소
I	Intelligence	지식, 전문성, 사고력에서 드러나는 이미지
M	Mask	표정과 얼굴의 인상에서 드러나는 이미지
A	Attitude	행동과 자세, 말투에서 형성되는 이미지
G	Grooming	복장과 외모 관리로 보여지는 이미지
E	Emotion	감정 표현과 정서적 교류에서 형성되는 이미지
V	Voice	목소리 톤, 억양, 발음에서 형성되는 이미지

⑤ 이미지 형성 과정 ✿

이미지는 단순히 외형적 요소로만 결정되지 않고, 지각 → 사고 → 감정의 과정을 통해 다층적으로 형성된다.

⑴ **지각 과정(Perception Process)**
　① 인간이 외부 환경과 타인을 받아들이며 의미를 부여하는 주관적이고 선택적인 과정이다.
　② 동일한 대상이라도 각자의 성격, 욕구, 감정, 의지, 사고 등에 따라 다르게 인식된다.

⑵ **사고 과정(Thinking Process)**
　① 지각된 대상을 평가·해석·추론하는 과정이다.
　② 과거의 경험과 현재의 지각이 결합되어 이미지가 만들어지며, 타인으로부터 얻은 모든 지각적 사실이 종합된다.

⑶ **감정 과정(Emotional Process)**
　① 지각과 사고 이전에 작동하는 본능적·정서적 반응 과정이다.
　② 감정적 반응은 이미지 형성의 강력한 확대 효과를 가지며, 이미지는 이성적 판단보다 감정적 경험을 통해 더 쉽게 형성된다.

6 이미지 관리 과정 ✿✿

이미지는 한 번 형성된 후에도 지속적인 관리가 필요하다. 다음의 4단계 과정을 통해 긍정적이고 지속 가능한 이미지를 만들 수 있다.

(1) 1단계 – 이미지 점검하기

① 자신의 이미지를 객관적으로 바라보고, 타인의 시각에서 어떻게 인식되는지를 확인한다.

② 장점과 단점을 명확히 파악하여 현재의 이미지 상태를 진단한다.

(2) 2단계 – 이미지 콘셉트 정하기

① 자신이 희망하는 바람직한 이미지를 구체적으로 설정한다.

② 직무 특성, 조직 문화, 개인의 비전과 조화를 이루는 방향으로 콘셉트를 정한다.

(3) 3단계 – 긍정적 이미지 만들기

① 설정한 콘셉트에 맞추어 장점을 강화하고, 단점을 보완한다.

② 행동, 언어, 복장, 태도 등 구체적인 영역에서 일관성을 유지하며 실천한다.

(4) 4단계 – 이미지 내면화하기

① 단기적·표면적 변화에 머무르지 않고, 자신만의 가치관과 태도 속에 자연스럽게 녹여낸다.

② 진실되고 지속 가능한 이미지가 될 수 있도록 습관화하고 자기관리한다.

7 대인지각 이미지

(1) 지각(知覺, Perception) ✿✿

① 지각은 소비자가 자신의 욕구, 가치관, 경험, 기대 등을 바탕으로 시각·청각·촉각·후각· 미각 등 다양한 감각 기관을 통해 유입되는 자극을 해석하고 조직화하는 인지 과정을 의미한다.

② 자극은 감각 기관을 통해 유입되지만, 인간은 모든 정보를 처리할 수 없기 때문에 '주의 (Attention)'라는 제한된 인지 체계를 활용하여 필요한 자극만을 선택적으로 처리한다.

③ 이렇게 선택된 감각 정보가 정리·조직·해석되어 의미 있는 자료로 변환되는 과정이 곧 '지각'이며, 이는 소비자의 판단과 행동에 직접적인 영향을 미치는 핵심 심리 요소이다.

(2) 지각의 특성 ✿✿✿

구분	특성 설명
주관성	지각은 개인의 경험, 가치관, 감정, 신념 등에 따라 동일한 대상도 각기 다르게 인식되는 주관적 성향을 지니며, 소비자는 자신의 태도와 일치하는 정보에 더욱 반응하는 경향이 있다.
선택성	인간은 한정된 인지 능력을 가지고 있기 때문에 모든 자극을 처리하지 못하고 관심 있는 자극만 선택적으로 지각하며, 이 과정에서 회피와 같은 심리 기제가 작용한다. • 지각 과부하(Perceptual Overload) : 자극이 과도할 경우 인지 어려움 발생 • 선별적 감지(Selective Attention) : 필요한 자극만 집중적으로 선택 • 지각적 방어(Perceptual Defense) : 위협적 또는 불쾌한 자극을 무의식적으로 회피하는 경향

일시성	대부분의 자극은 오랜 시간 기억되지 않기 때문에, 한 번의 강한 자극보다는 일정한 간격을 두고 반복되는 자극이 더 효과적인 지각과 기억 형성을 유도한다.
총합성	소비자는 여러 자극을 각각 분리하여 지각하기보다 전체적인 이미지와 맥락을 종합적으로 인식하며, 개별 요소보다 '전체적인 인상(전체 지각)'이 의사 결정에 더 큰 영향을 미치는 경향이 있다.

(3) 대인지각(對人知覺)의 개념 ✿

① 대인지각(interpersonal perception)이란 사회적 상호작용 속에서 자신과 타인을 바라보는 인식 과정으로 그 결과를 바탕으로 이루어지는 주관적 판단을 의미한다.

② 대인지각은 지각 대상과의 상호작용을 통해 특정 이미지가 형성되는 과정이며, 이러한 인식은 행동 및 태도에 영향을 준다.

③ 타인에 대한 대인지각은 외적 요소(외모·표정·태도)와 내적 요소(성격·가치관·감정)뿐만 아니라 음성, 언어적 표현, 사회적 이미지까지 포함하는 총체적 인지 과정이다.

④ 사람은 상대방의 매력적인 특성 하나가 다른 특성의 평가에도 영향을 미치는 '후광 효과(Halo Effect)'를 보일 수 있으며, 이는 인식 왜곡의 대표적인 사례이다.

⑤ 대인지각은 객관적·논리적 판단보다는 개인의 경험, 기억, 감정, 가치관 등에 기반하여 주관적으로 이루어지는 인지 과정이다.

(4) 대인지각 이미지 형성의 방해 요인 ✿

구분	내용
고정관념	고정된 견해나 사고방식에 따라 타인을 특정 틀에 맞추어 인식하는 현상으로, 개인의 실제 모습보다 일반화된 이미지에 기반하여 판단하게 되는 인지 오류이다.
암묵적 편견	자신은 편견이 없다고 생각하지만 무의식적으로 특정 개인이나 집단에 대해 편향적으로 반응하는 태도로, 비의도적인 차별이나 왜곡된 평가로 이어질 수 있다.
후광 효과	타인의 한 가지 매력적이거나 긍정적인 특성이 전체 평가에까지 영향을 미치는 현상으로, 실제 능력과 상관없이 과대평가가 이루어지는 대표적 지각 오류이다.
자기완성적 예언	특정한 기대나 믿음이 실제 행동을 유도하여 결국 그 기대에 맞는 결과를 만들어 내는 현상으로, 선입견이 행동과 판단 자체를 결정짓게 되는 인지 과정이다.
귀인 오류	타인의 행동이나 말을 해석할 때 내면의 성격이나 태도를 잘못 추측하여 판단하는 오류로, 상황적 요인보다 개인의 성격적 요인에만 책임을 돌리는 경향이 나타난다.
자기 합리화	불편한 감정이나 책임감을 피하기 위해 자신의 선택이나 행동을 그럴듯한 이유로 정당화하는 심리 기제로, 객관적인 판단보다 자기 보호적 인식이 우선시되는 인지 방식이다.

이미지 메이킹의 이해

01 이미지 메이킹(Image Making)의 이해

1 이미지 메이킹의 개념 ✿✿✿

(1) 이미지 메이킹(Image Making)이란 개인이 추구하는 목표를 달성하기 위해 자기 이미지를 통합적으로 관리하는 행위이다.

(2) 자신이 속한 사회적 지위와 역할에 맞게 내적 이미지(심리·정서)와 외적 이미지(용모·복장)를 조화롭게 발전시켜 자기 향상을 이루는 과정을 말한다.

(3) 외모를 개선하여 내적 자신감을 이끌어내고, 이를 통해 외적 이미지와 내적 이미지가 시너지 효과를 발휘하도록 하는 것이다.

(4) 단순히 겉모습을 치장하는 것이 아니라, 자신의 본질·능력·장점을 바람직하게 표현하는 종합적 활동이다.

2 이미지 메이킹의 의의 ✿

(1) 이미지 메이킹은 자신다운 참 자아(Real Self)를 발견하여 자아 정체성을 분명하게 확립하는 과정이다.

(2) 이미지 메이킹은 주관적 자아와 객관적 자아 간의 차이를 줄여 보다 현실적이고 균형잡힌 자아상을 형성하는데 도움을 준다.

(3) 이미지 메이킹은 현실적 자아를 이상적 자아 수준으로 발전시키는 자기개발의 과정으로, 개인의 삶의 질과 행복감을 향상시킨다.

(4) 이미지 메이킹은 외적·내적 이미지를 개선함으로써 열등감을 극복하고 자신감과 자존감을 강화하는 역할을 한다.

(5) 이미지 메이킹은 사회적 상호작용 속에서 긍정적인 이미지를 형성하여 원활한 대인 관계와 효과적인 커뮤니케이션 능력 향상에 기여한다.

3 이미지 메이킹의 6단계 ✮✮

단계	단계명(영문)	핵심 개념	주요 내용 / 전략
1단계	자신을 알라 (Know Yourself)	자기 이해	장점 강화·단점 보완 / 객관적 자기 진단으로 이미지 관리의 출발점 형성
2단계	모델을 설정하라 (Model Yourself)	목표 설정	롤모델 참고 / 이미지 목표 수립 / 단순 모방이 아닌 개성 기반 발전 방향 설정
3단계	자신을 계발하라 (Develop Yourself)	자기 개발	장점 강화 전략 / 단점 보완 전략 / 벤치마킹 전략을 통한 이미지 역량 강화
4단계	자신을 포장하라 (Package Yourself)	이미지 표현	복장·헤어·화장 등 외적 요소 + 언어·교양·태도 등 내적 요소의 조화로운 표현
5단계	자신을 마케팅하라 (Market Yourself)	가치 전달	대인 관계 속에서 이미지 요소를 종합 활용 / 자신과 서비스의 전문성 '명품화' 필요
6단계	자신에게 진실하라 (Be Yourself)	진정성 & 지속성	진실된 태도로 신뢰 구축 / 일관성과 진정성이 지속 가능한 이미지로 연결

4 이미지 형성과 관련한 효과 ✮✮✮

(1) 초두 효과(Primacy Effect)

① 인간은 처음 접한 정보에 강하게 영향을 받고, 이후 들어오는 정보보다 이를 더 오래 기억하며 평가의 기준으로 삼는다.

② 만남에서 첫인상이 중요한 이유도 여기에 있다.

③ 처음 제시된 정보가 뒤에 들어온 정보보다 전반적인 인상 형성에 더 큰 영향을 주기 때문이다.

④ 한 번 부정적으로 형성된 첫인상은 이후에 긍정적인 행동이나 태도가 나타나더라도 쉽게 변하지 않는다.

> 사례 면접관이 지원자를 처음 만났을 때의 인사 태도, 표정, 복장이 전체 면접 점수에 결정적인 영향을 미친다. 첫 1분의 태도가 적극적이고 밝으면 이후 답변이 다소 부족해도 좋은 인상을 유지한다. 반대로 첫인상이 부정적이면 이후 아무리 노력해도 긍정적 평가로 바꾸기 어렵다.

> 시사점 서비스 경영 관점
>
> 1. 첫인상 관리의 핵심성: 고객은 서비스 경험의 초반에 받은 인상을 전체 서비스 품질 평가의 기준으로 삼는다. 따라서 첫 응대, 첫 마주침, 첫 시각적 이미지가 서비스 성패를 좌우한다.
> 2. 브랜드 초기 접점의 전략적 설계: 웹사이트 첫 화면, 로비 첫 분위기, 첫 전화 응대 등 초기 접점(First Touchpoint)이 긍정적이면 고객은 이후의 작은 결함조차 관대하게 받아들인다. 반대로, 첫인상이 부정적이면 이후의 좋은 서비스도 제대로 평가받기 어렵다.

3. **서비스스케이프 디자인과 환경 연출** : 매장 입구, 안내 데스크, 호텔 로비, 첫 고객 맞이 공간은 초두 효과를 극대화하는 중요한 무대이다. 청결 · 조명 · 향기 · 음악 등 초기 서비스 스케이프는 고객 감정 형성에 결정적 역할을 한다.

4. **직원 교육에서의 첫 순간 강조** : 고객 맞이 인사, 표정, 목소리 톤 등은 단순 예절을 넘어 브랜드 품질의 척도가 된다. 따라서 직원 교육에서는 "첫 30초" 응대 매뉴얼을 강조해야 한다.

5. **브랜드 런칭 · 신규 고객 확보 전략** : 신상품 출시, 신규 점포 오픈, 신규 고객 첫 경험에서 초두 효과는 브랜드 이미지의 장기적 기반을 형성한다. 초기 기대를 충족시키는 '퍼스트 임프레션 전략(First Impression Strategy)'이 필수적이다.

(2) 최근 효과(Recency Effect)

시간적으로 가장 마지막에 접한 정보가 강하게 남아 인상 형성에 중요한 영향을 미치는 현상이다. 인간의 기억력은 한계가 있기 때문에 오래된 정보보다 최근에 들어온 정보가 더 뚜렷하게 작용한다.

> **사례** 호텔 투숙객이 체크인 과정에서 불친절함을 겪더라도, 체크아웃 시 직원이 따뜻한 배웅과 친절한 작별 인사를 한다면 전체 숙박 경험이 긍정적으로 남는다. 프레젠테이션에서도 마지막 결론 부분을 강렬하게 전달하면 발표 전체가 성공적으로 평가된다.
>
> **시사점** 서비스 경영 관점
>
> 1. **마지막 순간 관리의 중요성** : 고객은 전체 경험보다 마지막 접점에서 받은 인상을 더 오래 기억한다. 따라서 서비스 종료 시점(체크아웃, 결제, 상담 마무리)의 '엔딩 서비스(Ending Service)'가 고객 충성도와 재방문 의도를 좌우한다.
>
> 2. **서비스 회복의 기회** : 중간 과정에서 다소 미흡했더라도, 마지막에 긍정적 경험을 제공하면 고객은 전반적으로 좋은 인상을 남긴다.
>
> ex 레스토랑에서 음식이 늦게 나왔더라도 마지막에 정성 어린 사과와 디저트를 제공하면 고객은 긍정적으로 기억
>
> 3. **이벤트 · 프로모션 설계 전략** : 프로모션이나 교육 프로그램, 축제 등에서는 마지막 프로그램 구성이 전체 만족도를 크게 좌우한다. 따라서 엔딩 순간에 고객이 강렬한 감동이나 즐거움을 느끼도록 설계해야 한다.
>
> 4. **브랜드 경험 곡선 관리** : 최근 효과는 서비스 경험 곡선에서 '마지막 인상 피크(Peak-End Rule)'와도 연결된다. 고객이 떠나는 순간의 경험을 관리하는 것은 장기적 구전 효과와 평판 관리에 직접적으로 기여한다.
>
> 5. **직원 교육 포인트** : 고객 응대 매뉴얼에 '마무리 인사 · 마지막 태도'를 강조해야 한다. 특히 호텔, 항공, 병원 등 환대 산업에서는 마지막 배웅, 감사 인사, 후속 안내가 서비스 품질을 결정짓는 핵심 순간이 된다.

(3) 후광 효과(Halo Effect)

① 후광 효과란 특정 대상의 한 가지 장점이나 매력이 전체 인상에 영향을 미쳐, 다른 특성까지 긍정적으로 평가되는 현상을 말한다.

② 첫인상이 밝고 친절하면 그 사람의 성실함·능력·배려심까지 좋게 보이는 것이다.

③ 이 현상의 특징은 한 가지 긍정적 요소가 '후광'처럼 확산되어 다른 평가에도 영향을 준다는 것이다.

④ 따라서 실제 역량이나 성과보다 외모, 태도, 첫인상 같은 요소가 과도하게 작용할 수 있다. 긍정적 후광은 신뢰와 호감을 이끌어내지만, 반대로 부정적 첫인상은 실제 능력까지 낮게 평가받는 결과를 낳기도 한다.

사례 단정한 유니폼과 밝은 미소로 고객을 맞이하는 서비스 직원은, 실제 능력과 무관하게 '친절하다, 전문성이 높다, 신뢰할 수 있다.'는 평가를 받기 쉽다. 반대로 외모나 태도가 매력적이지 않으면 같은 역량을 보여도 불리한 평가를 받을 수 있다. 이는 서비스 산업에서 직원의 외적 이미지와 첫인상이 고객 경험 전체에 큰 영향을 미친다는 것을 보여준다.

시사점 서비스 경영 관점

1. 브랜드 아이덴티티 강화의 기회 : 한 가지 긍정적 요소(ex 프리미엄 호텔의 로비 디자인, 항공사의 안전 이미지)가 전체 브랜드에 대한 긍정적 인식으로 확산된다. 따라서 기업은 대표적 강점(Flagship Strength)을 전략적으로 부각시켜 후광 효과를 극대화해야 한다.

2. 직원 이미지가 곧 브랜드 이미지 : 직원의 단정한 복장, 친절한 미소, 유창한 언어 사용 등이 전체 서비스 품질을 높게 평가받게 만든다. 따라서 직원 교육·이미지 메이킹은 브랜드 자산 관리의 핵심 요소가 된다.

3. 광고·홍보 활용 전략 : 스타 직원, 대표 상품, 유명인의 긍정적 이미지가 전체 브랜드로 확산된다.
   ex 특정 호텔 셰프의 명성이 호텔 전체 식음료 서비스에 대한 높은 평가로 이어지는 경우

4. 과잉 일반화의 위험성 : 후광 효과가 지나치게 작동하면, 실제 서비스 품질과 고객 기대 사이에 괴리(Gap)가 발생할 수 있다. 이 경우 작은 실수도 더 크게 실망으로 이어지므로, 실질적 품질 관리가 병행되어야 한다.

5. 서비스 디자인에서의 적용 : 서비스스케이프(ex 공간·조명·향기 등)에서 긍정적 인상을 주면, 다른 서비스 요소 평가까지 높아진다. 즉, 고객 경험 설계 시 '첫 긍정적 자극 → 전반적 긍정 인식 확산' 구조를 의도적으로 활용할 수 있다.

(4) 악마 효과(Horns Effect)

① 악마 효과란 한 가지 부정적인 특징이 전체 인상을 왜곡해, 다른 부분까지 부정적으로 평가되는 현상이다.

② 직원이 고객에게 무례하게 한 번 응대하거나 무표정한 태도를 보이면, 고객은 그 직원뿐 아니라 회사 전체의 서비스 수준까지 낮게 평가하게 된다.

③ 이 현상의 특징은 부정적 요소 하나가 '그림자'처럼 확산되어 다른 장점마저 가려버린다는 것이다.

④ 따라서 실제 역량이나 성격과 무관하게 말투, 표정, 태도 같은 작은 부정적 인상이 상대방에게 큰 영향을 미칠 수 있다.

⑤ 결국 악마 효과는 서비스 현장에서 부정적 경험이 전체 브랜드 이미지로 확대되는 위험을 보여준다.

사례 호텔에 도착한 투숙객이 체크인을 하려고 프런트 데스크에 다가간다. 그런데 직원이 인사를 제대로 하지 않고 무표정하게 객실 키만 건네준다. 사실 이 직원은 평소 성실하고 꼼꼼한 사람이지만, 고객은 그 짧은 순간의 차가운 태도로 인해 "호텔 서비스가 전반적으로 불친절하다."라는 인상을 갖게 된다. 숙박 내내 다른 직원들이 친절하게 응대하더라도 첫 부정적 인상이 크게 남아 결국 호텔 전체에 대한 평가가 낮아진다.

비슷하게, 레스토랑에서 직원이 한 번 무심하게 접시를 탁 놓는 행동만으로도 고객은 "서비스가 불친절하다."라고 단정짓고, 음식 맛이나 매장의 분위기까지 부정적으로 느낀다.

직장에서도 이러한 현상은 흔하다. 회의에서 말수가 적고 표정이 무뚝뚝한 직원은 실제로는 성실하고 능력 있는 사람이더라도 동료들은 "소극적이다, 냉정하다."라고 단정해 버린다. 결국 단 하나의 부정적 요소가 다른 모든 장점까지 덮어버리는 것이 악마 효과의 대표적 사례이다.

시사점 서비스 경영 관점

1. **부정적 단서의 과잉 일반화 방지** : 고객은 직원의 작은 결례(ex 무뚝뚝한 표정, 불친절한 응대)를 전체 브랜드 이미지와 서비스 품질로 일반화한다. 따라서 기업은 고객 접점의 작은 행동 관리에도 철저해야 한다.

2. **서비스스케이프와 디테일 관리** : 매장의 청결, 안내 표지, 직원 복장 등 작은 결함 하나가 전체 브랜드 평가를 악화시킬 수 있다. 즉, 작은 부정적 신호가 곧바로 큰 이미지 손상으로 연결될 수 있음을 인식해야 한다.

3. **부정적 첫인상의 위험성** : 첫 방문에서의 악마 효과는 장기적 관계 구축을 어렵게 한다. 따라서 첫인상 관리(First Impression Management)가 핵심 전략이 된다.

4. **서비스 회복 전략의 한계** : 한 번 악마 효과가 발생하면, 이후의 긍정적 경험조차 왜곡되어 해석될 수 있다. 따라서 사후 회복보다 사전 예방이 훨씬 중요하다.

5. **직원 교육 및 내부 문화 강화** : 고객은 부정적 태도나 비호의적 행동을 특히 민감하게 기억한다. 직원에게 "작은 부정이 큰 손실을 부른다."는 점을 교육하고, 긍정적 서비스 태도를 일상적으로 내재화할 수 있는 조직 문화 구축이 필요하다.

(5) 부정성 효과(Negativity Effect)

① 부정성 효과란 사람들이 긍정적 정보보다 부정적 정보에 더 큰 비중을 두어 인상을 형성하는 경향을 말한다. 이는 진화적으로 위험과 위협을 먼저 인식해야 생존할 수 있었던 인간의 본능과도 연결된다.

② 그래서 아무리 좋은 경험을 많이 하더라도 단 한 번의 부정적 경험이 전체 평가를 크게 좌우하게 된다.

> **사례** 한 직원이 평소 성실하게 일하다가 단 한 번 실수하면, 상사는 그 실수에 더 큰 주목을 하고 전체 평가를 낮춘다. 음식점에서 전체적인 서비스가 좋아도 음식 하나에서 불쾌한 경험을 하면 고객은 전체 이미지를 부정적으로 기억한다.
>
> **시사점** 서비스 경영 관점
>
> 1. 한 번의 부정적 경험이 다수의 긍정적 경험을 압도 : 고객은 10번의 좋은 경험보다 1번의 나쁜 경험에 더 민감하게 반응한다. 따라서 서비스 경영에서는 '만족 제공'보다 '불만·실수 최소화'에 더 주의를 기울여야 한다.
>
> 2. 위기 관리와 서비스 회복의 결정적 중요성 : 부정적 경험은 즉시 부정적 구전(e-WOM)으로 확산될 위험이 크다. 신속하고 성의 있는 서비스 회복(Service Recovery) 없이는 브랜드 신뢰를 회복하기 어렵다.
>
> 3. 고객 이탈 방지 전략 : 부정적 경험은 고객의 재구매·재방문 의도를 강하게 약화시킨다. 따라서 고객 불만을 조기에 발견하고 해결하는 VOC(Voice of Customer) 시스템과 선제적 대응 프로세스가 필요하다.
>
> 4. 직원 행동과 태도의 지속적 관리 필요성 : 고객은 직원의 부정적인 태도(무례함, 무관심 등)를 긍정적 태도보다 더 강하게 기억한다. 따라서 단순한 친절 교육을 넘어서, 감정노동 관리·서비스 마인드 내재화가 필수적이다.
>
> 5. 브랜드 평판 관리와 리스크 분산 : 온라인 시대에는 작은 불만도 SNS와 리뷰를 통해 빠르게 확산된다. 기업은 디지털 채널 모니터링과 위기 대응 커뮤니케이션 매뉴얼을 구축해야 한다.

(6) 맥락 효과(Context Effect)

① 맥락 효과란 처음 들어온 정보나 기존 인식이 이후 들어오는 정보를 해석하는 기준이 되어 전체 인상을 형성하는 현상을 말한다.

② 즉, 같은 행동이라도 이미 형성된 이미지나 상황적 맥락에 따라 전혀 다르게 평가될 수 있다.

사례 한 직원이 '친절하다'는 평판을 가지고 있다면, 고객 앞에서 가볍게 유머를 던졌을 때 "센스 있고 재치있다."라는 긍정적 반응을 얻는다. 하지만 동일한 유머를 '불친절하다'고 인식된 직원이 한다면 고객은 이를 "비아냥거린다."라고 받아들인다. 이처럼 동일한 행동이라도 맥락(기존 이미지나 선입견)에 따라 전혀 다른 평가로 이어진다. 서비스 현장에서는 직원의 작은 행동 하나도 이전에 쌓인 인상과 연결되어 해석되기 때문에, 일관된 긍정적 이미지 관리가 매우 중요하다.

시사점 서비스 경영 관점

1. 서비스 경험의 상황적 증폭 현상 : 동일한 서비스라도 환경(서비스스케이프), 분위기, 고객의 심리 상태에 따라 긍정적·부정적 해석이 달라진다. 따라서 서비스 제공자는 고객이 처한 맥락적 조건을 세심히 고려해야 한다.

2. 브랜드 이미지 일관성 관리 : 고객이 이미 갖고 있는 브랜드 이미지가 직원의 작은 행동 해석에 결정적 영향을 준다. 긍정적 맥락을 유지하기 위해, 광고ー매장 환경ー직원 서비스 태도가 모두 일관된 톤앤매너를 갖추어야 한다.

3. 위기 상황에서의 민감성 확보 중요 : 불친절한 이미지가 쌓인 브랜드에서 작은 실수는 "역시 그렇다."로 받아들여진다. 반대로 신뢰받는 브랜드에서는 같은 실수조차 "이해할 수 있는 상황"으로 해석될 수 있다. 따라서 위기관리(brand crisis management)에서 맥락 효과를 고려해 선제적으로 긍정적 이미지 기반을 마련해야 한다.

4. 고객 맞춤형 커뮤니케이션의 필요성 강조 : 고객의 연령, 문화, 이용 목적 등 맥락적 요소에 따라 같은 메시지도 다르게 반응한다.

   ex 호텔 체크인 시 "조금만 기다려 주세요."라는 안내도, 친절한 설명이 더해진 맥락에서는 배려로 받아들이지만, 불친절한 톤에서는 무시로 해석된다.

5. 서비스 디자인 전략으로의 활용 가능성 : 공간 연출, 음악, 조명, 향기 같은 서비스스케이프 요소는 고객이 직원 태도를 해석하는 맥락을 형성한다. 따라서 서비스 경험을 설계할 때 환경적 요소와 직원 행동을 함께 고려해야 긍정적 평가를 극대화할 수 있다.

---

(7) 빈발 효과(Repeated Exposure Effect)

① 첫인상이 다소 부정적이더라도, 시간이 지나면서 반복적으로 긍정적인 행동과 태도를 보여주면 인상이 점차 호감적으로 변화하는 현상이다.

② 이는 인간의 인지적 친숙성 효과와 밀접하게 연관되어 있으며, 서비스 상황에서는 고객 경험의 축적을 통해 신뢰와 충성도를 강화하는 메커니즘으로 작용한다.

사례 처음에는 무뚝뚝하고 차갑게 보였던 동료가 시간이 지나면서 꾸준히 협력적·성실한 태도를 유지하면, 결국 '믿을 수 있는 사람'이라는 긍정적 이미지로 전환된다.

기업의 브랜드 광고 또한 반복 노출을 통해 소비자에게 친숙함(familiarity)을 주고, 긍정적 이미지를 강화하여 브랜드 충성도로 이어진다.

호텔·관광 서비스 현장에서도 첫 방문 시 고객이 다소 불만족을 느꼈더라도, 지속적인 배려와 환대 경험이 축적되면 장기적으로 고객의 긍정적 인식과 재방문 의도를 높이는 결과를 가져온다.

시사점 서비스 경영 관점

1. 지속적 경험 관리의 필요성 : 고객은 한 번의 이벤트성 서비스보다 꾸준히 반복되는 긍정적 경험에 의해 브랜드 신뢰를 형성한다. 따라서 서비스 품질은 단발적 성과보다 일관성과 지속성이 핵심이다.

2. 광고·브랜딩 전략에서의 활용 : 반복적 노출은 소비자의 친숙감(familiarity)을 높이고, 이는 곧 호감과 신뢰로 이어진다. 특히 서비스 산업에서는 지속적인 브랜드 메시지 노출(ex 광고, 프로모션, SNS 콘텐츠)이 브랜드 충성도를 강화한다.

3. 고객 관계 형성(CRM) : 처음엔 무심하거나 부정적으로 느껴졌던 직원이나 조직도, 반복된 친절과 성실함을 통해 신뢰할 만한 파트너로 인식될 수 있다. 이는 고객관계관리(CRM)에서 '소규모 반복 접점'(ex 정기 뉴스레터, 멤버십 혜택 알림, 이벤트 참여 등)의 중요성을 보여준다.

4. 고객 불만 관리 및 회복 : 첫인상이 다소 부정적이라도, 반복적으로 긍정적인 태도와 보상을 제공하면 인식이 반전될 수 있다. 이는 서비스 회복 전략에서 중요한 의미를 가지며, 장기적 관점에서 고객 충성도를 회복할 수 있는 기회를 제공한다.

5. 직원 교육과 조직 문화 : 직원들에게 '작지만 꾸준한 친절'을 강조하는 것이 중요하다. 고객과의 작은 접점 하나하나가 누적되어 브랜드 전체 이미지를 바꾸는 힘을 갖기 때문이다.

⑻ **호감 득실 효과(Gain-Loss Effect)**

① 사람은 꾸준히 호감을 주는 대상보다, 처음에는 부정적이었지만 시간이 지나면서 점차 호의적으로 변한 대상에게 더 강한 호감을 느낀다.

② 반대로, 꾸준히 긍정적이던 대상이 부정적으로 변하면 단순한 실망을 넘어 배신감과 강한 반감을 느끼게 된다.

③ 이는 대인 관계 및 고객관계에서 기대와 실제 경험의 차이가 감정 반응을 증폭시키는 심리적 현상이다.

> **사례** 직장 상사가 초기에는 다소 엄격하고 차갑게 대했지만, 시간이 흐르면서 따뜻한 배려와 관심을 보이면 직원은 기대 이상의 신뢰와 존경심을 갖게 된다. 반대로, 평소 늘 친절하고 협력적이던 동료가 갑자기 무심하게 대하거나 부정적 태도를 보이면, 단순한 불만을 넘어서는 큰 실망과 반감을 느끼게 된다.
>
> 서비스 산업에서도 고객이 처음에는 다소 불친절하다고 느꼈던 직원이 반복적인 진심 어린 서비스를 제공하면, 고객은 오히려 더 강하게 긍정적 감정과 충성도를 형성한다. 그러나 기대했던 친절이 깨지면 브랜드 이탈이나 부정적 구전(e-WOM)으로 이어질 수 있다.
>
> **시사점** 서비스 경영 관점
>
> 1. 기대 관리의 중요성 : 고객은 꾸준히 좋은 서비스보다, 초반 기대를 넘어서는 긍정적 경험에서 더 큰 만족을 느낀다. 따라서 초기 기대치를 지나치게 높이지 않고, 점진적으로 개선된 경험을 제공하는 전략이 효과적이다.
>
> 2. 회복 전략의 기회 요인 : 초기의 작은 불만족을 서비스 회복(Recovery) 과정에서 성의 있게 개선하면, 오히려 충성도가 강화되는 서비스 회복 패러독스(Service Recovery Paradox)를 만들 수 있다.
>
> > ex 체크인 지연 → 매니저의 사과와 업그레이드 제공 → 고객은 오히려 더 큰 호감 형성
>
> 3. 관계 구축의 역동성 관리 : 고객과 직원 관계, 브랜드와 고객 관계 모두 '호감의 변화 추세'가 중요하다. 한 번의 실수보다 "늘 친절하다가 무심해지는 순간"이 더 큰 반감을 유발하므로, 일관된 서비스 품질 유지가 핵심이다.
>
> 4. 브랜드 신뢰와 충성도의 기반 : 긍정적 변화 경험은 고객에게 브랜드에 대한 신뢰와 감정적 유대를 강화시킨다. 그러나 친절함에서 무례함으로 전환되는 부정적 변화는 단순 불만족을 넘어 부정적 구전(e-WOM)과 이탈 행동으로 이어진다.
>
> 5. 서비스 인재 교육 포인트 : 직원 교육 시, '꾸준한 친절 유지'와 동시에 '고객 기대 이상의 순간적 감동'을 설계할 수 있도록 훈련해야 한다. 이는 서비스 차별화의 핵심 요소이자 고객 경험관리(CXM : Customer Experience Management)의 중요한 전략적 포인트이다.

⑼ **현저성 효과(Salience Effect)**

① 어떤 사람이나 사물의 두드러진 특징 하나가 전체 인상 형성에 과도하게 영향을 미치는 현상이다. 이를 현저성 편향(Salience Bias) 또는 독특성 효과(Distinctiveness Effect)라고도 한다.

② 본질적 역량이나 전체적 특성보다 눈에 띄는 요소가 판단을 지배하는 인지적 오류의 한 형태이다.

> **사례** 회의에서 발표자가 유창한 영어 발음을 사용하면 실제 전문성과 무관하게 전반적 능력이 뛰어난 사람으로 평가받을 수 있다.
>
> 반대로, 눈에 띄는 문신이나 과도한 액세서리가 주목을 끌어 실제 업무 역량과 상관없이 부정적인 평가를 받을 수도 있다.
>
> 서비스 현장에서는 직원의 첫 인사, 복장, 표정, 말투 같은 현저한 요소가 고객의 서비스 품질 평가에 큰 영향을 미쳐, 세부적인 서비스 과정이 왜곡되거나 간과되기도 한다.
>
> **시사점** 서비스 경영 관점
>
> 긍정적 현저성을 의도적으로 설계하면, 고객 경험을 강화하는 차별화 포인트로 활용할 수 있다(ex 호텔 로비 향기 마케팅, 유니폼 디자인, 독창적 웰컴 서비스). 그러나 부정적 현저성은 전체 브랜드 이미지에 불균형적 타격을 줄 수 있으므로, 서비스 인력 교육과 세부 매뉴얼 관리가 필수적이다.

5 퍼스널 브랜딩(Personal Branding)

퍼스널 브랜딩은 개인이 자신을 하나의 브랜드로 인식하고 관리하여, 특정 분야에서 먼저 떠올려지는 차별적 이미지와 신뢰를 형성하는 전략적 과정이다.

(1) 전략적 자기 포지셔닝

꿈, 가치관, 비전, 장점, 역량을 분석하여 자신의 위치(Positioning)와 목표를 설정한다.

(2) 차별화와 지속성

단순한 외적 이미지 관리(Image Making)를 넘어, 목표 달성과 자기 계발을 위한 지속 가능한 차별화 전략을 강조한다.

(3) 관계와 신뢰 확장

퍼스널 브랜딩은 조직과 사회 속에서 일관된 메시지와 행동을 통해 신뢰와 영향력을 넓힌다.

(4) 디지털 시대의 중요성

SNS, 온라인 콘텐츠 등 디지털 정체성(Digital Identity) 관리가 핵심 요소로 작용한다.

> **시사점** 서비스 경영 관점
>
> 서비스 종사자는 자신의 태도·이미지·전문성이 곧 서비스 품질로 연결되므로, 퍼스널 브랜딩은 서비스 경쟁력의 핵심 자원이다. 직원의 긍정적 퍼스널 브랜딩은 곧 조직의 브랜드 자산 강화로 이어진다. 따라서 개인과 기업 모두 퍼스널 브랜딩을 전략적 경영 요소로 관리해야 한다.

Chapter
03
긍정적인 이미지 형성을 위한 표정과 자세

---

01 첫인상(First Impression)

1 첫인상의 개념

첫인상은 상대방을 처음 만났을 때 2~10초 이내에 형성되는 즉각적 인상으로, 개인의 외적 이미지와 초기 행동을 기반으로 한다. 이는 타인에게 비추어지는 개인의 이미지(Image)로 이해할 수 있다.

(1) 순간적 형성

첫인상은 매우 짧은 시간(2~10초 내)에 결정되며, 이후의 관계 형성에 강력한 영향을 미친다.

(2) 지속적 영향력

한 번 형성된 인상은 장기간 기억 속에 남아, 쉽게 수정되거나 사라지지 않는다.

(3) 변화의 어려움

부정적인 첫인상은 긍정적으로 바꾸는 데 많은 시간과 반복적 행동이 필요하다. 따라서 첫인상은 전체 이미지 구성의 기초가 되므로, 외모·태도·표정·언어 사용의 관리가 매우 중요하다.

2 첫인상의 특징 ✿✿✿

(1) 신속성(Rapidity)

① 첫인상은 매우 짧은 시간(보통 2~3초 이내)에 순간적으로 각인된다.
② 이후 상대방을 바라보는 전반적 태도와 기대 형성에 즉각적 영향을 미친다.

(2) 일회성(Uniqueness)

① 첫 만남에서 형성된 인상은 반복적으로 새로 입력되기보다, 첫 순간의 정보가 장기간 기억 속에 고정되는 경향이 있다.
② 특히 부정적 첫인상은 변화되기 어려워 신중한 관리가 필요하다.

(3) 일방성(One-sidedness)

① 첫인상은 상대의 내면이나 실질적 능력보다 겉모습, 태도, 행동 단서에 의존하여 일방적으로 형성된다.
② 평가자의 가치관·편견·문화적 배경에 따라 왜곡되기도 한다.

(4) 연관성(Associativity)

첫인상은 기존의 기억·경험과 연상 작용을 통해 해석되므로 불확실성이 크다.

ex 특정 인물이 과거 경험한 누군가와 닮았을 경우, 실제 성격과 무관하게 유사한 이미지로 입력될 수 있다.

(5) 영향력(Impact)

첫인상은 장기적으로 상대방 평가에 큰 영향을 미치며, 부정적 첫인상을 긍정적으로 바꾸기 위해서는 많은 시간·반복적 노출·일관된 긍정적 행동이 요구된다.

3 첫인상 관련 법칙과 효과

(1) 콘크리트 법칙(Concrete Law)

① '첫인상은 콘크리트처럼 단단히 굳어진다.'는 의미로, 한 번 형성된 첫인상은 쉽게 바뀌지 않는다.

② 특히 부정적 첫인상은 긍정적으로 전환하는 데 많은 시간과 반복적인 노력이 필요하다.

> 시사점 서비스 경영 관점
>
> 직원의 초기 태도·표정·언행은 고객 경험 전체에 지속적으로 영향을 미친다. 따라서 첫 30초 응대 매뉴얼과 같은 사전적 관리가 필수적이며, 첫 실수를 최소화해야 한다.

(2) 수면자 효과(Sleeper Effect)

① 신뢰성이 낮은 출처에서 나온 정보라도 시간이 지나면서 출처는 잊히고 정보 자체만 기억되어 신뢰하게 되는 현상이다.

② 반대로, 신뢰성이 높은 출처의 정보가 시간이 지나면 잘 기억나지 않는 경우도 포함된다.

> 시사점 서비스 경영 관점
>
> 첫인상에서 제공된 정보나 이미지가 시간이 지나면 왜곡되거나 출처가 잊혀질 수 있다. 따라서 지속적·일관된 이미지 관리가 필요하며, 브랜드는 긍정적 메시지를 반복적으로 노출해 고객의 장기 기억에 남도록 해야 한다. 잘못 제시된 첫 정보도 시간이 흐르면 망각될 수 있으므로, 이후 긍정적 경험을 지속적으로 제공하면 이미지 회복 가능성이 존재한다.

4 첫인상의 결정 요인

미국 캘리포니아대학교 심리학과 명예교수인 앨버트 메라비안(Albert Mehrabian, 1939~)은 타인에 대한 인상이나 호감 형성에 있어 말의 내용보다 비언어적 요소가 더 큰 영향을 미친다고 설명하였다. 그의 연구에 따르면, 효과적인 소통에서 목소리의 영향은 38%, 보디 랭귀지(표정·태도·자세 등)의 영향은 55%를 차지한다. 반면, 말의 실제 내용은 7%에 불과하다. 즉, 상대방에게 긍정적인 첫인상을 전달하기 위해서는 무엇을 말하느냐보다 어떻게 말하고 표현하느냐가 더 중요하다는 것을 보여준다.

🔷 앨버트 메라비안(Albert Mehrabian) 법칙

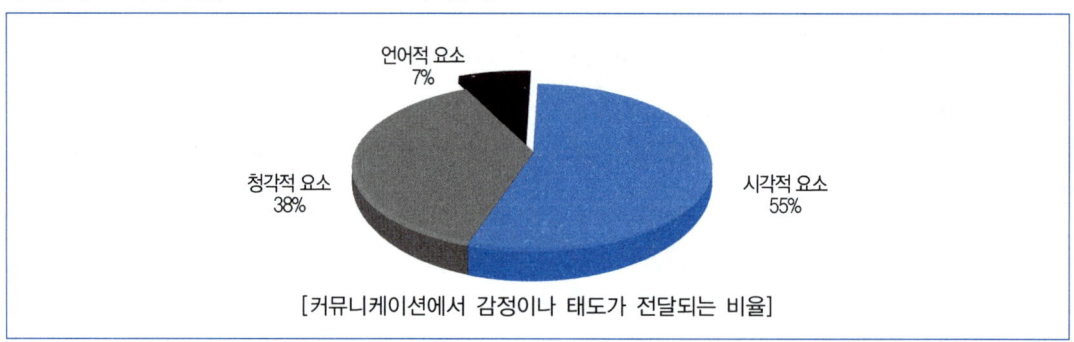

[커뮤니케이션에서 감정이나 태도가 전달되는 비율]

(1) **시각적 요소(Visual)**
① 표정, 복장, 제스처와 같은 비언어적 표현을 의미한다.
② 첫인상은 시각적 정보에 크게 의존하므로, 밝은 표정과 바른 자세가 호감을 형성하는 핵심 요인이 된다.

(2) **청각적 요소(Vocal)**
① 음색, 억양, 말의 속도, 음의 고저 등 목소리와 관련된 특성을 포함한다.
② 동일한 말이라도 목소리 톤과 리듬에 따라 상대방의 인상이 달라질 수 있다.

(3) **언어적 요소(Verbal)**
① 실제로 전달되는 말의 내용을 의미한다.
② 비율은 상대적으로 적지만, 메시지의 명확성과 진정성이 신뢰 형성에 중요한 역할을 한다.

5 좋은 첫인상 만드는 방법

(1) 밝은 미소와 긍정적 표정으로 호감을 전달한다.

(2) 자신감 있는 태도로 활기차고 당당한 자세를 표현한다.

(3) 전문적이고 긍정적인 이미지를 지속적으로 관리한다.

(4) 만남에서 성실하고 진지한 태도로 최선을 다한다.

(5) 상황에 맞는 단정한 용모와 복장으로 깔끔한 외모를 갖춘다.

(6) 자연스러운 시선 처리로 신뢰감을 형성한다.

(7) 말과 행동에서 존중과 배려의 마음을 드러낸다.

02 표정 연출

1 표정의 개념 ✿✿

(1) 표정은 감정의 거울이다. 내면의 의미와 감정이 얼굴에 드러나는 것으로, 의사소통에서 중요한 역할을 한다. 말뿐 아니라 표정만으로도 자신의 마음을 표현하거나 상대방의 마음을 읽을 수 있다.

(2) 표정은 감정에 영향을 준다. 연구에 따르면, 밝고 건강한 표정을 의도적으로 지을 때 실제로 감정도 긍정적으로 변화한다.

(3) 표정은 상호작용에 파급 효과를 가진다. 나의 표정과 심리 상태는 상대에게 그대로 전달되며, 밝은 표정은 대화 분위기를 긍정적으로 만들고 호감을 높인다.

2 표정 연습의 필요성

(1) 준비 운동처럼 얼굴 근육을 이완시키는 표정 연습이 필요하다.

(2) 자연스러운 표정을 위해 꾸준한 훈련으로 표현력을 길러야 한다.

(3) 밝고 긍정적인 마음가짐이 좋은 표정의 근본이 된다.

3 밝은 표정의 효과

(1) 웃는 근육을 자주 사용하면 스트레스 완화와 건강 증진에 도움이 된다.

(2) 밝은 웃음은 주변의 기분을 변화시켜 긍정적인 분위기를 만든다.

(3) 환한 표정은 실제 감정을 긍정적으로 변화시켜 자기 조절에 기여한다.

(4) 웃는 표정은 일상과 업무에 활력을 주고 에너지를 높인다.

(5) 즐거운 태도로 업무를 수행하면 효율이 향상되고 성과도 높아진다.

(6) 자연스러운 미소는 신뢰와 호감을 형성하여 긍정적 이미지를 만든다.

4 눈의 표정(시선 처리)

(1) 눈빛은 감정과 진심을 드러내는 소통 수단이다.

(2) 눈동자의 움직임과 시선 방향은 내적 상태를 표현하고 상대에게 전달한다.

(3) 처음 만남과 대화 유지에서 눈빛은 상대의 마음을 읽는 핵심 요소가 된다.

(4) 시선을 피하거나 두리번거리면 불안하고 불성실한 인상을 주어 신뢰 형성이 어렵다.

5 호감을 주는 시선 처리

(1) 대화 시 부드럽고 자연스럽게 상대방과 눈을 맞춘다.

(2) 시선을 자연스럽게 유지하기 위해 눈·미간·콧등 사이를 번갈아 바라본다.

(3) 대화 상황에 맞추어 눈의 크기와 표정을 조절하여 친근감을 표현한다.

6 피해야 할 시선 처리

(1) 두리번거리거나 불안해 보이는 시선

(2) 과도하게 자주 깜빡이는 눈

(3) 상대방을 위아래로 훑어보는 시선

(4) 곁눈질하며 회피하는 시선

(5) 상대를 지나치게 응시하는 시선

(6) 눈을 위로 치켜뜨거나 아래로 깔아보는 시선

7 내 표정에 대한 상대방의 해석의 차이 ✿✿

나의 표정	상대방이 느끼는 의미
환하게 웃는다.	반갑고 호의적인 태도로 받아들인다.
곁눈질한다.	불신, 불안, 불편함을 유발한다.
웃음을 갑자기 거둔다.	말이나 행동에 대해 불쾌함을 느낀다.
무표정을 유지한다.	관심없음, 거절 의사, 귀찮아함으로 보인다.
눈을 마주치지 않는다.	숨기려 하거나 부담스러워하는 모습으로 인식된다.
눈을 크게 뜨고 바라본다.	강한 관심이나 호기심으로 읽힌다.

상대를 위아래로 훑어본다.	평가적이거나 무례하게 느껴진다.
잠깐 웃다 다시 굳어진다.	계산적이거나 속내를 감추는 인상으로 비친다.
눈살을 찌푸린다.	반대, 거부 의사 표현으로 이해된다.
눈을 치켜뜬다.	항의나 강한 불만으로 해석된다.
눈을 아래로 깐다.	오만하거나 상대를 깔보는 태도로 여겨진다.

03 바른 자세

1 바른 자세의 중요성

(1) 올바른 자세는 상대방에게 안정감과 신뢰를 전달하며, 더 나아가 자신에 대한 긍정적이고 전문적인 이미지를 형성하는 데 핵심적인 역할을 한다.

(2) 바른 자세는 자신감과 당당함을 표현하며, 기품 있고 안정된 분위기를 만들어낸다.

(3) 대화와 상황에 맞는 자세는 메시지를 더 명확하게 전달하게 하며, 동시에 상대방에 대한 존중과 예의를 드러낸다.

(4) 올바른 자세는 신체의 균형을 유지하여 건강과 체력 관리에도 도움이 되고, 피로감을 줄여준다.

2 서 있는 자세

(1) **기본 원칙**
　　① 등과 가슴을 곧게 펴고, 허리와 가슴이 일직선을 이루도록 한다.
　　② 아랫배에 힘을 주어 단전이 단단하게 유지되도록 한다.
　　③ 표정은 밝게 하고, 턱은 살짝 당겨 단정한 인상을 준다.
　　④ 시선은 상대방의 얼굴을 바라보며 자연스럽게 눈을 맞춘다.

(2) **손의 위치**
　　① 여성은 오른손이 위로, 남성은 왼손이 위로 오도록 한다.
　　② 남성은 일반적으로 바지 재봉선 옆에 손을 내려 차렷 자세를 취한다.
　　③ 다만, 고객 응대 상황에서는 왼손을 위로 하여 공손함을 표현한다.

(3) **발과 몸의 균형**
　　① 발꿈치를 붙이고, 발끝은 약간 벌려 V자형을 만든다.
　　② 몸이 한쪽으로 기울지 않도록 균형을 유지한다.

③ 올바른 걷는 자세

(1) 척추를 곧게 세워 구부정한 자세를 피하고 상체의 균형을 유지한다.

(2) 가슴은 자연스럽게 열고 어깨의 긴장을 풀어 편안한 자세를 유지한다.

(3) 시선은 정면보다 약간 먼 곳을 향하며 턱을 살짝 당겨 목선을 곧게 한다.

(4) 허리를 중심축으로 두고 보행하며 몸의 균형을 잡는다.

(5) 손은 가볍게 쥐고, 양팔은 자연스럽고 리듬감 있게 흔들어 준다.

(6) 무릎은 스치듯 움직이되 벌어지지 않도록 하여 안정된 걸음을 만든다.

(7) 보폭을 일정하게 하며, 일직선 위를 걷는 듯한 자세로 중심을 유지한다.

(8) 발은 발뒤꿈치 → 발바닥 → 발끝의 순서로 디뎌 충격을 완화한다.

(9) 물건을 들고 걸을 때도 중심이 기울지 않도록 균형을 유지한다.

④ 올바른 앉는 자세

(1) 바른 자세로 의자 옆에 서서 착석을 준비한다.

(2) 의자가 흔들리지 않도록 상단을 손으로 가볍게 잡아 안정성을 확인한다.

(3) 의자 반대쪽 발을 앞쪽으로 내디디고, 의자 쪽 발은 앉을 위치에 둔다.

(4) 두 발을 가지런히 당겨 붙이고, 손은 등받이에서 떼어 착석을 준비한다.

(5) 여성은 치마의 뒤폭을 정리한 후 무릎을 붙여 한쪽 방향으로 모으고 두 손을 무릎 위에 놓는다.

(6) 남성은 두 손을 무릎 위에 놓고 다리를 어깨너비 정도로 자연스럽게 벌려 앉는다.

(7) 등은 등받이에 주먹 하나가 들어갈 정도의 간격을 두고 깊숙이 앉는다.

(8) 고개는 반듯이 들고 턱은 가볍게 당겨 바른 자세를 유지한다.

🔷 올바른 앉는 자세

Part
02
A

5 올바른 방향 안내 동작 ✿✿

(1) 밝은 미소와 상냥한 목소리로 상대방을 응대한다.

(2) 시선은 상대의 눈 → 안내 방향 → 다시 상대의 눈 순서로 처리한다.

(3) 손가락을 모아 바르게 펴고, 손목은 꺾이지 않도록 유지한다.

(4) 손은 정면을 피하고 약 45° 각도로 자연스럽게 눕혀서 안내한다.

(5) 안내 시 오른쪽은 오른손, 왼쪽은 왼손을 사용해 혼란을 줄인다.

(6) 상대방의 입장에서 위치와 방향을 구체적이고 정확하게 설명한다.

(7) 손가락 하나만 내밀거나 고개만 가리키는 무성의한 동작은 피해야 한다.

6 올바른 물건 수수 자세 ✿✿

(1) 물건은 가슴과 허리 사이의 적절한 높이에서 주고받는다.

(2) 물건을 건네거나 받을 때는 반드시 양손을 사용한다.

(3) 작은 물건은 한 손으로 잡고 다른 손으로 받쳐 공손하게 전달한다.

(4) 상대방이 편리하도록 방향을 맞추며 물건의 성격에 따라 적절히 배려한다.

(5) 문서는 글자가 상대방을 향하도록, 필기구는 바로 사용할 수 있는 방향으로 건넨다.

🔷 올바른 물건 수수 자세

| 큰 물건 수수 시 자세 | 작은 물건 수수 시 자세 | 메모지를 전달할 때의 자세 |

Chapter
04
이미지를 완성하는 용모와 복장

01   용모 복장의 이해 ✿

1 용모 복장의 개념

(1) 용모는 얼굴 표정, 헤어스타일, 피부 관리 등에서 드러나는 외적 인상으로 첫인상을 결정하는 요소이다.

(2) 복장은 상황과 목적에 맞는 의복과 액세서리의 선택 및 착용 태도로 개인의 품격과 역할을 나타낸다.

(3) 용모는 자연적 · 개인적 요소이고, 복장은 사회적 · 상황적 요소로서 두 요소가 조화를 이루어야 긍정적인 이미지를 형성할 수 있다.

(4) 올바른 용모와 복장은 태도와 성실성을 드러내며, 직장과 사회에서 신뢰와 호감을 얻는 핵심적인 이미지 메이킹 수단이 된다.

2 용모 복장의 중요성

(1) 용모와 복장은 내면을 외적으로 드러내며 자기 존중과 타인에 대한 배려를 표현한다.

(2) 단정한 용모와 복장은 첫인상과 신뢰 형성을 돕고 업무 성과에도 영향을 준다.

(3) 올바른 용모와 복장은 자신감과 긍정적 태도를 높여 삶 전반에 좋은 영향을 준다.

3 용모 복장의 3요소

청결 (Cleanliness)	머리부터 발끝까지 항상 단정하고 깨끗하게 관리하며, 의복은 구김 없이 정돈된 상태로 착용한다.
품격 (Dignity)	용모와 복장은 개인의 태도와 마음가짐을 반영하므로, 품위 있고 단정한 모습으로 이미지 형성에 기여해야 한다.
조화 (Harmony)	시간, 장소, 상황(T.P.O)에 맞게 조화롭게 갖추어야 하며, 과하거나 부족하지 않은 균형이 필요하다.

02 남성의 단정한 용모 관리 ✿

1 남성 용모 관리의 중요성

(1) 남성의 용모는 첫인상을 좌우하며 단정한 모습은 신뢰와 호감을 높인다.

(2) 깔끔한 용모 관리는 태도와 성실함을 드러내며 전문성과 신뢰감을 강화한다.

(3) 용모를 잘 관리하면 자신감 있는 행동과 긍정적 대인 관계를 형성할 수 있다.

2 남성의 용모 위생 관리 체크 포인트

(1) 머리와 수염을 항상 깔끔히 정돈하여 청결함을 기본으로 유지한다.

(2) 헤어는 이마와 귀가 드러나도록 정리하고, 뒷머리가 셔츠 깃을 덮지 않도록 관리한다.

(3) 입 냄새와 땀 냄새 등 체향을 관리하여 단정한 이미지를 유지한다.

(4) 헤어 제품은 자연스럽게 사용하며, 과한 색의 염색은 피한다.

03 남성의 복장 관리

1 슈트

(1) 남성 복장은 정장이 기본이며, 자신의 체형에 맞는 사이즈를 선택한다.

(2) 정장의 기본 색상은 감색, 짙은 회색, 검정이며, 큰 체크무늬나 밝은 원색은 피한다.

(3) 자켓 단추는 투 버튼 자켓은 위 단추, 쓰리 버튼 자켓은 위 2개 또는 가운데 단추만 채운다.

(4) 바지 길이는 구두의 등을 살짝 덮어 주름이 1~2번 생기고 양말이 보이지 않는 정도가 적당하다.

② 드레스 셔츠

(1) 긴팔 셔츠가 기본이며, 반팔 셔츠는 피한다.

(2) 기본 색상은 흰색이고, 엷은 핑크·회색·베이지도 가능하나, 짙은 색 셔츠는 슈트와 조화가 어렵다.

(3) 드레스 셔츠 안에는 속옷을 착용하지 않는 것이 원칙이나, 얇은 여름용 셔츠는 예외로 한다.

(4) 셔츠의 깃과 소매는 슈트보다 1~1.5cm 정도 나오도록 착용한다.

③ 넥타이

(1) 넥타이는 남성의 개성을 표현하는 중요한 아이템이다.

(2) 슈트와 같은 계열 색상이 무난하며, 성실하고 단정한 이미지를 준다.

(3) 모임의 성격이나 역할에 따라 다양한 연출이 가능하다.

(4) 넥타이의 끝은 벨트 버클에 닿도록 한다.

④ 액세서리 및 소품

(1) 양말은 정장 바지보다 한 톤 짙은 색을 선택한다.

(2) 안경·시계 등 화려한 액세서리는 피한다.

(3) 구두와 벨트는 검정색이 기본이며, 세무나 금속 장식 구두는 피한다.

(4) 벨트와 서스펜더는 동시에 착용하지 않는다.

(5) 지갑은 정장 윗주머니에 넣을 수 있는 얇은 크기가 적절하다.

🔹 **남성의 복장 관리**

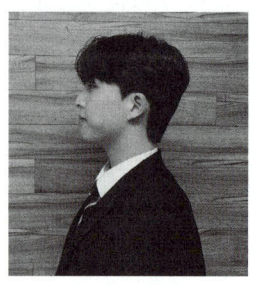

남성의 헤어

남성 정장과 셔츠의 착용

남성 정장 바지 길이

04 여성의 단정한 용모 관리 ✿

1 여성 용모 관리의 중요성

(1) 여성의 용모는 헤어·메이크업·손발 관리 등 세심한 디테일에서 전문성과 신뢰감을 드러낸다.

(2) 복장·액세서리·메이크업은 각각의 요소보다 전체적인 조화를 통해 긍정적인 이미지를 형성한다.

(3) 직장이나 행사 등 상황에 맞는 용모는 사회적 매너이자 역할 수행 능력을 보여준다.

(4) 올바른 용모 관리는 개성과 품위를 표현하며 긍정적인 자아상을 형성한다.

2 여성의 용모 위생 관리 체크 포인트

(1) 정장 차림에 메이크업을 하지 않는 것은 실례가 될 수 있다.

(2) 메이크업은 밝고 건강하게 보이는 자연스러운 톤으로 하며, 지나치게 진한 화장은 피한다.

(3) 립스틱과 매니큐어 색상은 빨강·어두운 톤을 피하고 단정한 색상을 선택한다.

(4) 메이크업 수정은 공공장소가 아닌 화장실·개인 공간에서 한다.

(5) 헤어는 청결과 단정함이 기본이며, 이마와 귀를 가리지 않도록 한다.

(6) 긴 머리는 업무에 방해되지 않도록 단정히 묶는 것이 바람직하다.

(7) 화려한 색의 염색은 피한다.

🔷 서비스 직원의 헤어 연출 — 긴머리 "Grooming"

 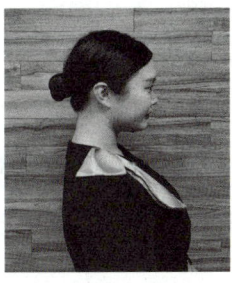 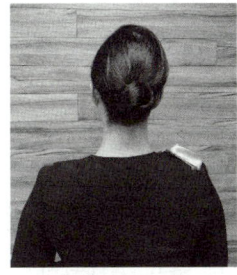

05 여성의 복장 관리

1 정장

(1) 여성의 복장은 실용성과 세련미를 동시에 갖추어야 한다.

(2) 자신의 체형에 맞는 스타일을 선택해 개성을 살린다.

(3) 정장의 색상은 검정, 회색, 베이지, 감색, 파스텔 톤 등이 적절하다.

(4) 지나치게 몸매를 드러내거나 노출이 심한 옷은 피한다.

(5) 정장에는 단정한 구두를 착용한다.

(6) 스타킹은 살색이 기본이며, 회색·검정색도 복장과 어울리면 가능하다.

(7) 스타킹은 손상에 대비해 여분을 준비하는 것이 좋다.

2 액세서리

(1) 크고 화려한 액세서리는 피하고, 작고 단정한 디자인을 선택한다.

(2) 작은 보석이 들어간 심플한 반지·귀걸이 정도가 적당하다.

(3) 향수는 은은하게 소량만 사용한다.

(4) 핸드백은 정장과 구두에 어울리는 색상과 디자인을 고른다.

(5) 핸드백 속 소지품은 깔끔하게 정리해서 휴대한다.

(6) 구두는 정장에 맞는 단정한 디자인을 착용하며, 업무에 불편을 주는 과도한 하이힐은 피한다.

3 올바른 향수 사용법

(1) 향수는 아래에서 위로, 안쪽에서 바깥쪽으로 확산되므로 자켓 안쪽이나 하의 밑단에 뿌린다.

(2) 땀이 많이 나는 부위(머리·겨드랑이 등)에는 뿌리지 않는다.

(3) 계절에 맞는 향을 선택한다.
 ① 여름: 시원한 아쿠아 계열
 ② 겨울: 달콤한 플로럴·부케 계열

(4) 향수는 휘발성이 강하므로, 발향 후 필요할 때 가볍게 덧뿌린다.

(5) 향수는 직사광선을 피해 서늘한 곳이나 냉장고에 보관하며, 유통기한이 지난 제품은 폐기한다.

06 직업 특성별 이미지 표현과 복장 코디네이션

직업특성	구분	내용
공공기관, 서비스업 ✮✮✮✰	이미지	• 신뢰와 공공성을 느낄 수 있도록 단정하고 안정감 있는 이미지를 갖추어야 한다. • 고객이 편안하게 다가올 수 있도록 친근하면서도 전문적인 분위기를 연출한다. • 다양한 고객을 맞이할 수 있도록 편안하면서도 단정한 스타일을 유지한다. • 외모는 개인 개성을 드러내기보다는, 기관과 직무의 품격을 반영하는 차분한 이미지가 바람직하다.
	코디네이션	• 정장의 색상은 베이지·감색·회색 등이 무난하며, 셔츠는 아이보리·연핑크·스카이 블루 등 밝고 청결한 색상이 적합하다. • 배려와 여유를 표현하고자 할 때는 부드럽고 로맨틱한 분위기를 활용할 수 있으나, 과도하게 여성적인 연출은 삼간다. • 넥타이는 곡선적인 패턴이나 유기적인 무늬가 자연스러운 인상을 준다. • 재킷과 바지는 기본 스타일로 빈틈없이 갖추되, 전체적으로는 부드러운 조화가 느껴지도록 한다. • 액세서리는 단순한 디자인 1~2개로 제한하고, 화장은 절제하여 단정하고 청결한 이미지를 유지한다.
금융직 종사자	이미지	• 금융업은 신뢰가 핵심 가치이므로, 고객에게 차분하고 안정된 인상을 주어야 한다. • 정확성과 전문성을 전달할 수 있도록, 단정하면서도 세련된 이미지를 연출한다. • 고객에게는 여유와 배려가 느껴지는 태도로 응대하는 것이 바람직하다.
	코디네이션	• 의상은 지나친 장식보다 디테일이 절제된 깔끔한 정장을 선택한다. • 색상은 감색·베이지·그레이 계열이 적합하며, 캐주얼 차림일 때도 단정함을 유지한다. • 세미 정장의 경우, 셔츠와 팬츠(또는 스커트) 조합으로 단정하고 전문적인 이미지를 표현한다.
세일즈맨	이미지	• 고객을 직접 대면하는 직업이므로, 부드럽고 친절한 인상과 함께 상품에 대한 신뢰감을 주는 이미지를 연출해야 한다. • 적극적이고 활동적인 분위기를 전달하되, 한쪽으로 치우치지 않은 중성적인 느낌이 바람직하다. • 다양한 고객을 만나므로, 고객의 성별·연령·상황에 맞는 스타일링으로 유연하게 조정하는 것이 중요하다.
	코디네이션	• 정장의 색상은 남색·회색·갈색 등이 적절하며, 활동적이고 활기찬 이미지를 줄 수 있도록 한다. • 남성의 경우, 넥타이는 재킷과 조화를 이루도록 하며, 만남의 목적과 성격에 맞게 변화를 주어 착용한다. • 여성의 경우, 전문성과 여성성을 균형 있게 표현하는 것이 중요하다.

		• **여성 고객 응대**: 직선적인 실루엣(H라인 치마나 바지 정장)으로 전문성을 강조한다. • **남성 고객 응대**: 부드러운 블라우스를 활용하여 친근감을 표현할 수 있다. 단, 지나치게 여성성을 강조하면 전문성과 신뢰성이 약화될 수 있으므로 주의한다.
일반 사무직	이미지	• 깔끔하고 성실한 인상을 주되, 지나치게 딱딱하지 않고 부드럽고 친절한 분위기를 함께 연출하는 것이 바람직하다. • 사무직은 조직의 신뢰와 전문성을 대표하는 얼굴이 되므로, 단정한 자세와 차분한 태도를 유지하는 것이 중요하다.
	코디네이션	• 복장은 베이지와 블랙을 기본으로 한 보수적 스타일이 안정감을 준다. • 대부분의 시간을 사무실에서 보내므로 환경 변화가 적다. 따라서 여성은 블라우스, 남성은 넥타이 등으로 포인트를 주어 분위기를 전환하는 것이 효과적이다. • 장시간 앉아서 근무하기 때문에, 구김이 적고 활동성이 좋은 복장을 선택하여 업무 효율성을 높인다.
광고 기획 홍보, 디자인 종사자	이미지	• 창의성과 아이디어가 중요한 직종이므로 개성 있고 세련된 이미지가 요구된다. • 디자인 감각과 컬러, 소재 선택이 트렌드에 맞고, 동시에 자신만의 개성을 드러낼 수 있어야 한다.
	코디네이션	• 이 직종에서는 소재보다 색채와 패턴이 중요하며, 독특하고 화려한 스타일을 통해 자신만의 이미지를 표현한다. • 유행을 반영한 복장이 어울리지만, 프레젠테이션이나 업체 방문 시에는 예의를 갖추되 자신감을 보여줄 수 있는 단정하고 세련된 옷차림이 바람직하다.
유니폼 ★★☆	이미지	• 유니폼은 회사에 대한 소속감과 동료 의식을 강화하고, 동시에 자부심과 프로 의식을 높여준다. • 따라서 회사의 이미지를 고려하여, 유니폼은 항상 단정하고 규정에 맞게 착용해야 한다.
	코디네이션	• 유니폼은 청결을 유지하며, 구김 없이 정돈된 상태로 입는다. • 명찰·신분증은 정해진 위치에 부착하며, 주머니에는 볼펜 외 불필요한 물건을 넣지 않는다. • 스커트 길이는 무릎 바로 위 정도로 하여 단정함을 유지한다. • 착용 전 단추, 바느질, 구멍 등 이상 여부를 점검한다. • 개인적인 액세서리는 가급적 피한다. • 소매나 바지를 접어 올려 입지 않는다. • 유니폼은 개인의 취향에 따라 길이나 형태를 변형하지 않는다. • 블라우스나 셔츠는 속이 비치지 않도록 주의한다.

07 퍼스널 컬러(Personal Color)

1 퍼스널 컬러의 개념

(1) 개인이 가지고 있는 피부·머리카락·눈동자의 신체색과 조화를 이루어 생기 있고 활기차 보이도록 하는 고유의 색을 의미한다.

(2) 미국, 일본, 유럽 등에서는 개인의 신체색을 사계절 이미지(봄·여름·가을·겨울)에 비유하여 분류하며, 각 계절의 색채를 활용해 개성 있는 이미지를 연출한다.

(3) 컬러 진단(color analysis)은 개인의 피부, 머리카락, 눈동자 색에 어울리는 색채 계열을 찾아 의상·헤어 컬러링·메이크업에 적용하는 기법이다.

(4) 퍼스널 컬러는 컬러 드레이핑, 컬러 칩 활용, 자가 진단법 등을 통해 파악할 수 있다.

(5) 진단은 크게 두 가지 단계로 나눈다.
  ① 색상 : 따뜻한 톤(봄·가을)과 차가운 톤(여름·겨울)으로 분류한다.
  ② 톤 : 소프트(봄·여름)와 하드(가을·겨울)로 구분하여 개인의 특성에 맞는 유형을 찾는다.

2 퍼스널 컬러의 분류

색상 분류 (Color Tone)	• Warm tone(따뜻한 색조) : 봄, 가을 • Cool tone(차가운 색조) : 여름, 겨울
톤 분류 (Soft & Hard)	• Soft tone : 봄, 여름 → 부드럽고 온화한 느낌 • Hard tone : 가을, 겨울 → 선명하고 강렬한 느낌

3 Warm & Cool Color

Warm Color (봄·가을)	• 기본 바탕 : 노란색·황색 계열 • 특징 : 선명하거나 짙은 톤이 많아 풍요롭고 활기찬 이미지를 준다. • 대표 색상 : 레드, 오렌지, 옐로우, 옐로그린, 올리브그린, 카키, 피치, 브라운 등
Cool Color (여름·겨울)	• 기본 바탕 : 푸른색·흰색·검정 계열 • 특징 : 흰빛이 감도는 부드러운 톤과 선명한 강렬한 톤이 공존하며, 맑고 세련된 이미지를 준다. • 대표 색상 : 블루, 바이올렛, 마젠타, 핑크, 와인, 네이비블루, 아쿠아블루, 그레이 등

④ 사계절 타입 분류

봄 타입	• 피부 : 맑고 투명한 노란빛 피부, 크림색·아이보리 톤 • 머리색 : 황갈색, 골든브라운, 허니브론즈 등 밝은 색조 • 눈동자 : 옅은 골드빛·파스텔 톤 • 이미지 : 젊고 발랄하며 따뜻하고 투명한 이미지
여름 타입	• 피부 : 희고 푸른빛이 감도는 얇은 피부, 쉽게 붉어짐. • 머리색 : 밝은 회갈색·소프트 브라운 • 눈동자 : 밝은 회갈색, 로즈브라운 계열 • 이미지 : 부드럽고 청아한 파스텔 톤, 우아하고 세련된 이미지
가을 타입	• 피부 : 따뜻한 황색 계열, 봄보다 짙은 톤, 햇볕에 잘 타며 잡티가 생기기 쉬움. • 머리색 : 짙은 브라운·적갈색·어두운 흑갈색 • 눈동자 : 어두운 브라운, 올리브그린 계열 • 이미지 : 풍부하고 차분하며 자연스러운 이미지, 안정감과 친근감
겨울 타입	• 피부 : 희고 푸른빛이 감도는 창백한 피부 혹은 붉은 기운이 도는 투명한 피부 • 머리색 : 블루블랙, 짙은 흑색 • 눈동자 : 검정 또는 매우 선명한 다크브라운 • 이미지 : 강렬하고 도시적이며 차갑지만 세련된 이미지

Chapter
05

VOICE & Speech Image

01 목소리(VOICE) 개념

(1) 호흡과 발성을 통해 형성되는 개인 고유의 음성으로, 단순히 소리를 내는 기능을 넘어 의사소통과 감정 전달, 인상 형성에 중요한 역할을 한다.

(2) 사람의 목소리는 음색·톤·속도·강약·리듬 등 다양한 요소로 구성되며, 이 조합에 따라 상대방에게 전달되는 신뢰감·친근감·전문성이 달라진다.

(3) 목소리는 개인의 내적 태도와 외적 이미지를 동시에 반영하는 중요한 커뮤니케이션 자원이다.

02 목소리의 중요성 ☆

(1) 목소리는 외모와 함께 첫인상을 결정하며 감정을 움직이고 관계를 형성하는 힘을 가진다.

(2) 음성의 분위기와 전달력은 훈련을 통해 향상될 수 있으며, 매력적인 커뮤니케이션을 가능하게 한다.

(3) 목소리는 개인의 성격과 전문성을 드러내는 고유한 이미지 자산이다.

03 음성의 구성 요소 ☆

1 음질(Voice Quality)

(1) 목소리가 맑고 깨끗한지 혹은 답답하고 탁한지를 구분하는 요소이다.

(2) 음질이 탁하면 듣는 이에게 불쾌감이나 피로감을 주어 스피치 효과를 떨어뜨린다.

(3) 음질이 좋지 않을 경우, 유음 'ㄹ' 발음 연습을 통해 개선할 수 있다.

2 음량(Voice Volume)

(1) 목소리의 크고 작음을 나타내는 요소로, 풍부한 음량은 스피치에서 매우 중요하다.

(2) 음량이 지나치게 약하면 목소리가 갈라지거나 쉬어 설득력이 떨어진다.

(3) 이를 보완하기 위해 복식 호흡과 고성 발성 훈련이 필요하다.

3 음폭(Voice Range)

(1) 소리의 높낮이와 사용 가능한 음역을 의미한다.

(2) 음폭이 넓으면 말이 선명하고 힘 있게 전달된다.

(3) 음폭이 좁은 경우, 파열음(ㄱ, ㄲ, ㅋ, ㄷ, ㄸ, ㅂ, ㅃ, ㅍ) 발음 연습을 통해 보완할 수 있다.

4 음색(Voice Tone/Color)

(1) 음질의 색채적 특성을 의미하며, 듣는 이가 좋고 나쁨을 직관적으로 판단하게 하는 요소이다.

(2) 부정적인 음색은 청중에게 불쾌감을 주어 스피치에 악영향을 미친다.

(3) 긍정적인 음색을 위해서는 어미 처리와 발성 연습을 통해 말끝을 부드럽게 다듬는 노력이 필요하다.

04 좋은 목소리의 조건

(1) 타고난 음색을 살려 자연스럽고 편안한 울림을 가진 목소리를 낸다.

(2) 안정된 호흡 기반의 맑고 건강한 음색을 유지한다.

(3) 낮고 부드러우며 떨림이 없는 안정된 톤을 유지한다.

(4) 당당하고 또렷한 발성으로 신뢰와 확신을 전달한다.

(5) 상황과 감정에 맞게 뉘앙스를 조절할 수 있는 풍부한 음색을 갖춘다.

05 ▶ 목소리 훈련

1 복식 호흡

(1) 복식 호흡은 횡격막을 깊게 사용해 폐활량과 산소 흡입량을 늘리는 호흡법이다.

(2) 숨을 천천히 내쉴 때 횡격막이 올라가며 이산화탄소가 충분히 배출되어 호흡의 질이 향상된다.

(3) 흉식 호흡은 분당 16~20회지만 복식 호흡은 분당 5~10회로 호흡이 안정되고 에너지가 절약된다.

(4) 복식 호흡은 코로 짧고 깊게 들이마시고 입으로 길고 천천히 내쉬며 상체의 긴장을 풀어준다.

(5) 훈련은 들숨 3초, 날숨 6초로 하루 3회, 회당 3분 이상, 4주간 꾸준히 연습한다.

(6) 초급은 분당 약 10회 호흡부터 시작해 숙달 후에는 분당 6~8회 수준으로 조절한다.

2 복식 호흡 방법

1단계	한 손은 배에 다른 손은 가슴에 두고 자신의 호흡이 복식인지 흉식인지 확인한다.
2단계	코로 깊게 숨을 들이마시며 아랫배가 자연스럽게 앞으로 부풀도록 한다.
3단계	숨을 들이마신 후 약 1초간 멈추어 호흡을 안정시킨다.
4단계	입을 가볍게 벌리고 '후~' 소리를 내며 천천히 내쉬면서 아랫배를 안쪽으로 당긴다.
5단계	위 과정을 반복하여 호흡 리듬을 익히고, 안정된 목소리를 형성한다.

3 발음 훈련

정확한 발음을 위해서는 혀·입술·턱 근육의 긴장을 풀어주고, 발성 기관을 유연하게 만들어야 한다.

(1) 혀 운동

① 혀를 입 밖으로 길게 뺐다가 넣기를 반복한다.

② 혀를 목구멍 쪽으로 말아 올렸다가, 아래쪽으로 말아 내리는 동작을 반복한다.

③ 혀에 힘을 빼고 "똑딱똑딱" 시계 초침 소리를 내며, 혀를 좌·우로 움직인다.

(2) 입술 운동

① 입술을 앞으로 쭉 내밀었다가 양옆으로 당기기를 반복한다.

② 입 모양을 또렷하게 만들며 아-에-이-오-우를 발음한다.

③ 입 모양을 정확히 유지하며 가-게-기-고-구를 발음한다.

(3) 턱 운동

① 아래턱을 상·하·좌·우로 움직여 근육을 이완시킨다.

② 동시에 '아-에-이-오-우' 발음을 반복하며 턱과 발성 기관의 조화를 훈련한다.

🔷 정확한 발음을 위한 입술 운동

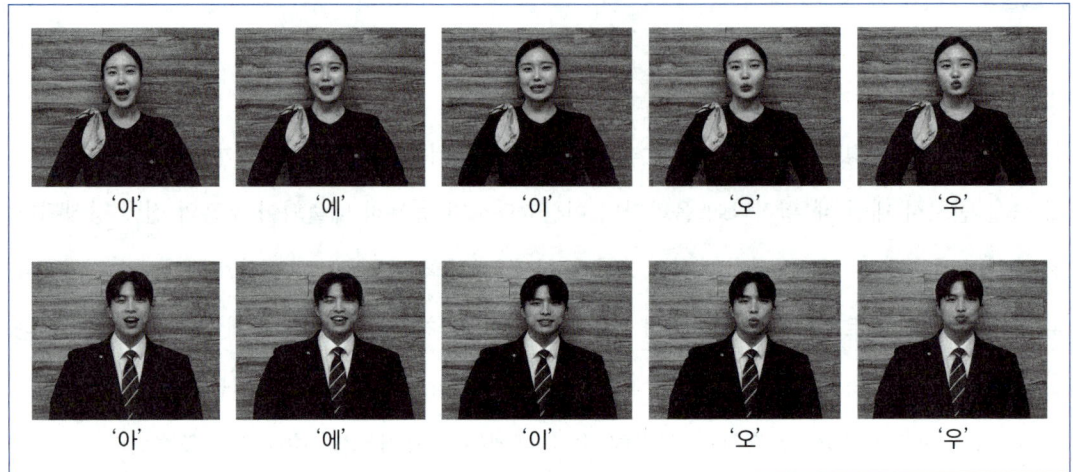

'아' '에' '이' '오' '우'

'아' '에' '이' '오' '우'

4 발음 연습 시 주의사항

(1) 연습 전에는 입술과 얼굴 근육을 상·하·좌·우로 움직여 긴장을 풀어준다.

(2) 발음할 때는 가능한 한 입을 크게 벌려 명확한 소리를 낸다.

(3) 같은 음절을 강하게－약하게 반복 발음하며, 발성의 강약을 조절한다.

(4) 처음에는 천천히 정확하게 발음하고, 숙달되면 점차 속도를 높여 자연스러운 발음을 완성한다.

5 전달력과 억양

(1) 음의 높낮이에 따라 메시지의 전달력은 달라진다. 특히 핵심 단어를 강조하면 상대방이 내용을 자연스럽고 정확하게 이해할 수 있다.

예시 1 "오늘은 가을 햇살이 따뜻했지만, 공기는 한층 상쾌했습니다."

→ '가을 햇살', '상쾌'에 억양을 주어 계절감과 분위기를 또렷하게 전달한다.

예시 2 "팀워크가 있어야 성과가 생긴다."

→ '팀워크', '성과'를 번갈아 강조하여 협력과 결과의 중요성을 효과적으로 전달한다.

예시 3 "고객에게는 신뢰가 가장 큰 가치입니다."

→ '신뢰', '가치'를 강조해 서비스 현장에서 중요한 핵심 메시지를 전달한다.

(2) 강약 조절 훈련

같은 문장을 반복하되, 강조하는 단어의 위치를 달리하여 자연스러운 강약 변화를 익힌다.

> 예시   "팀워크가 있어야 성과가 생긴다."
>
> ① **팀워크**가 있어야 성과가 생긴다.
>
>   → '팀워크'에 힘을 주어 협력의 중요성을 강조
>
> ② 팀워크가 있어야 **성과**가 생긴다.
>
>   → '성과'에 힘을 주어 결과 중심 메시지 전달
>
> ③ 팀워크가 있어야 성과가 **생긴다.**
>
>   → '생긴다'에 힘을 주어 결론적 어조 강화

---

06   목소리 관리법 ★★★

1 좋은 목소리 만들기

(1) 등을 곧게 펴고 배에 힘을 주어 안정된 발성을 위한 바른 자세를 유지한다.

(2) 긍정적인 생각을 담아 밝고 생동감 있는 목소리로 말해 유쾌한 분위기를 만든다.

(3) 모음을 중심으로 발음을 또렷하게 하여 내용을 정확하게 전달한다.

(4) 속도와 리듬을 조절하며 중요한 내용은 끊어 말하거나 잠시 쉬어 집중을 유도한다.

(5) 작은 목소리, 콧소리 등 자신의 음성 약점을 파악하고 지속적으로 교정한다.

(6) 말의 흐름에 맞는 적절한 제스처를 사용해 메시지의 전달력을 높인다.

(7) 눈맞춤과 고개 끄덕임 같은 경청 태도로 대화의 몰입도를 높인다.

2 음성 관리

(1) 목에 무리를 주는 과도한 흡연·음주를 피하고, 충분한 휴식을 통해 성대 피로를 예방한다.

(2) 성대의 회복과 에너지 보충을 위해 충분한 수면을 취한다.

(3) 목 건강에 좋은 따뜻한 물이나 차를 자주 마시고, 탄산음료·카페인 음료는 피한다.

(4) 감기 기운이나 몸에 이상이 있을 때는 가급적 말을 줄이고 성대를 보호한다.

(5) 속삭이는 작은 소리나 과도하게 큰 소리를 피하며, 헛기침은 성대에 손상을 줄 수 있으므로 삼가한다.

(6) 꾸준한 운동으로 전신 건강을 유지하면 목소리도 안정된다.

(7) 야식 섭취는 위산 역류를 일으켜 성대와 식도에 무리를 주므로 자제한다.

3 제스처의 활용

(1) 말의 내용과 조화를 이루는 제스처는 메시지의 전달력과 설득력을 높인다.

(2) 눈맞춤과 고개 끄덕임 등 경청 제스처는 대화의 몰입도와 소통의 원활함을 강화한다.

07 목소리 결점을 극복하는 방법

작은 목소리	원인	성대가 충분히 진동하지 않아 호흡이 성대를 거치지 않고 빠져나가기 때문이다. 이로 인해 소극적이고 자신감 없는 인상을 줄 수 있다.
	극복 방법	• 입을 반쯤 벌린 상태에서 손으로 입을 막고 소리를 내어, 성대의 진동을 느낀다. • 호흡이 입과 코로 새지 않도록 주의하며 짧은 발음으로 호흡을 조절한다. • 손가락 끝으로 턱을 가볍게 눌러 턱 아래 근육을 자극하면서 발음 연습을 한다.
콧소리가 나는 목소리	원인	목 안쪽 공간이 좁아 호흡이 입이 아닌 코로 빠져나가기 때문이다. 호흡이 원활하지 못하면 음성이 코에 걸려 답답하게 들린다.
	극복 방법	• 목의 긴장을 풀고 힘을 뺀다. • 탁구공을 입에 물고 발음을 시도하여, 공이 진동할 정도로 호흡을 자연스럽게 내보낸다. • 입술 주변이 진동하는 감각을 느끼며 연습한다.
딱딱한 목소리	원인	감정 표현이 부족하고 턱을 과도하게 빠르게 움직여, 말이 지나치게 정확하고 끊어져 전달되기 때문이다. 이로 인해 차갑고 딱딱한 인상을 준다.
	극복 방법	• 턱의 움직임을 최소화하고, 입술과 혀만 사용하여 발음한다. • 젓가락을 양쪽 입 안에 물고 발음을 연습해, 턱의 개입을 줄인다. • 말할 때는 발음을 너무 또렷하게 끊지 않고, 자연스러운 흐름을 유지한다.

PART

02

예상문제

일반형

01　좋은 목소리를 만드는 방법으로 적절하지 <u>않은</u> 것은?

① 복식 호흡을 반복해 연습한다.
② 항상 밝은 생각으로 긍정적인 말을 한다.
③ 목에 좋은 따뜻한 차나 물을 자주 마신다.
④ 등을 곧게 펴고 가슴을 올려 배에 힘을 주어 말한다.
⑤ 음주, 흡연은 좋은 목소리를 만드는 방법과 큰 상관 관계가 없다.

02　다음 중 이미지에 대한 설명으로 적절한 것은?

① 일반적으로 이미지라고 하면 시각적인 측면만을 의미한다.
② 이미지는 어떠한 대상에 대한 지각적 요소와 감정적 요소가 결합되어 나타나므로 객관적이다.
③ 최근 인터넷 기반 기업이 증가하면서 기존의 기업 이미지, 제품 이미지 등의 중요성이 감소되고 있다.
④ 이미지는 학습이나 경험을 통해 얻어지는 정보나 커뮤니케이션 등에 의해 형성되거나 수정, 변화될 수 있다.
⑤ 이미지는 추상적인 측면을 가지고 대상에 대한 특정 태도를 가지게 되는 것이므로 직접적인 경험만으로 형성될 수 있다.

03　이미지에 있어서 밝은 표정이 주는 여러 효과에 대한 설명으로 적절하지 <u>않은</u> 것은?

① 근육을 많이 사용하게 되어 건강에 유익하다.
② 호감 형성 효과에 의하면 웃는 표정이 상대에게 호감을 형성시킬 수 있다.
③ 신바람 효과란 웃는 모습으로 생활을 하면 기분 좋게 일을 할 수 있는 효과를 의미한다.
④ 감정 이입 효과란 밝고 환한 웃는 표정을 보면 주변 사람도 기분이 좋아지는 효과를 말한다.
⑤ 마인드 컨트롤 효과란 내면에서 우러난 밝은 표정이 타인의 감정도 조절하여 긍정적으로 변화시킬 수 있다는 효과를 말한다.

04 다음 중 첫인상에 대한 설명으로 옳지 **않은** 것은?

① 전체 이미지 구성에 강력한 영향을 끼친다.

② 인사, 대화 등에서 첫인상의 판단을 강화하는 맥락 효과가 발생한다.

③ 한 번 결정된 좋지 않은 첫인상을 바꾸는 데는 많은 시간과 노력이 필요하다.

④ 메라비안의 법칙에 따르면 이미지에 미치는 영향이 가장 큰 감각은 청각이다.

⑤ 첫인상이 좋을 경우 후광 효과가 발생하여 다른 분야에서도 후한 점수를 얻는다.

05 다음 중 적절한 눈의 표정은?

① 곁눈질하는 시선

② 눈을 자주 깜빡이기

③ 위로 치켜뜨거나 아래로 뜨기

④ 두리번거리거나 침착하지 못한 시선

⑤ 상대의 눈을 맞추던 시선을 눈이나 미간, 콧등 사이를 번갈아 보기

06 다음 중 이미지 메이킹의 효과로 적절하지 **않은** 것은?

① 자아존중감이 향상된다.

② 주관적인 자아상을 확립할 수 있다.

③ 궁극적으로 대인 관계 능력 향상의 효과가 있다.

④ 이미지 메이킹은 나다운 나를 찾는 정체성을 확립할 수 있다.

⑤ 바람직한 개인의 행복한 삶의 질을 향상시키는 데 직접 기여한다.

07 다음 중 서비스인의 용모 복장에 대한 설명으로 옳지 **않은** 것은?

① 액세서리는 지나치게 크고 화려한 것은 삼가도록 한다.

② 복장은 일하기 편해야 하므로 체형에 맞는 스타일로 선택한다.

③ 자신의 개성을 부각시킬 수 있도록 화려한 메이크업을 한다.

④ 헤어는 청결함과 단정함을 기본으로 한다.

⑤ 정장 차림에 노메이크업은 실례이다.

08 첫인상의 특징으로 옳지 **않은** 것은?

① 신속성   ② 다회성

③ 일방성   ④ 연관성

⑤ 영향력

09 고객의 지각이 갖는 특징에 해당하지 <u>않는</u> 것은?

① 주관성
② 선택성
③ 일시성
④ 총합성
⑤ 이질성

10 올바른 향수 사용법이 <u>아닌</u> 것은?

① 땀이 많이 나는 머리나 겨드랑이 등에는 뿌리지 않는다.
② 향수는 유통기한이 없으므로 보관에 유의하여 사용한다.
③ 향수는 직사광선을 피해 서늘한 곳이나 냉장고에 보관한다.
④ 바지나 스커트의 밑단이나 재킷 안쪽에 뿌린다.
⑤ 향수는 휘발성 제품이므로 발향되고 나면 다시 뿌려 향을 지속한다.

11 고객 응대 상황에서 물건 수수 자세에 대한 설명으로 옳지 <u>않은</u> 것은?

① 받는 사람이 보기 편하도록 건넨다.
② 밝게 웃으며 상대방의 시선을 바라본다.
③ 가슴과 허리 사이 위치에서 주고받도록 한다.
④ 원칙상 물건은 양손으로 건네는 것이 예의이다.
⑤ 물건이 작아 두 손으로 건네기 힘든 경우에는 한 손으로 건네도록 한다.

12 서비스 전문가의 이미지에 대한 설명으로 적절하지 <u>않은</u> 것은?

① 서비스인의 이미지는 직업의식을 표현하는 도구 중 하나이다.
② 서비스 종사자의 컬러 이미지는 자신에게 이울리는 컬러와 직업이 요구하는 컬러 간의 조화가 필요하다.
③ 서비스 종사자의 좋은 이미지는 고객이 느끼는 서비스의 질을 높이고, 신뢰감과 긍정적인 메시지를 주게 된다.
④ 서비스 종사자에게 머리 손질은 일의 능률과 관련은 없지만, 신뢰 가는 이미지를 위해 항상 청결하고 단정해야 한다.
⑤ 서비스 종사자의 외적 이미지는 곧 서비스 상품이므로 자신의 이미지가 기업의 가치관에 부합하는 이미지가 되도록 노력해야 한다.

13 목소리에 대한 설명으로 적절하지 <u>않은</u> 것은?

① 좋은 목소리는 떨림이 없거나 적고, 또렷하게 들린다.

② 목소리가 작을 때는 복식 호흡을 통해 호흡량을 크게 하면 좋다.

③ 사람의 타고난 음색, 음성의 질처럼 음성의 분위기도 변화시키기 어렵다.

④ 목소리는 외모와 함께 사람의 인상과 이미지를 함께 만드는 주요 요소이다.

⑤ 말을 하다가 잠시 공백을 두면 상대의 집중도를 높이고 핵심을 강조할 수 있다.

14 이미지의 개념 및 속성에 대한 설명으로 옳지 <u>않은</u> 것은?

① 실체의 한 부분이지만 대표성을 갖는다.

② 객관적이라기보다는 주관적이라고 할 수 있다.

③ 마음속에 그려지는 사물의 감각적 영상 또는 심상이다.

④ 시각적인 요소 이외의 수많은 감각에 의한 이미지도 포함한다.

⑤ 인식 체계와 행동의 동기 유인 측면에 있어 매우 중요한 역할을 한다.

15 다음은 메라비안의 법칙(Law of Mehrabian)을 나타낸 그래프이다. ( ) 안에 적절한 것은?

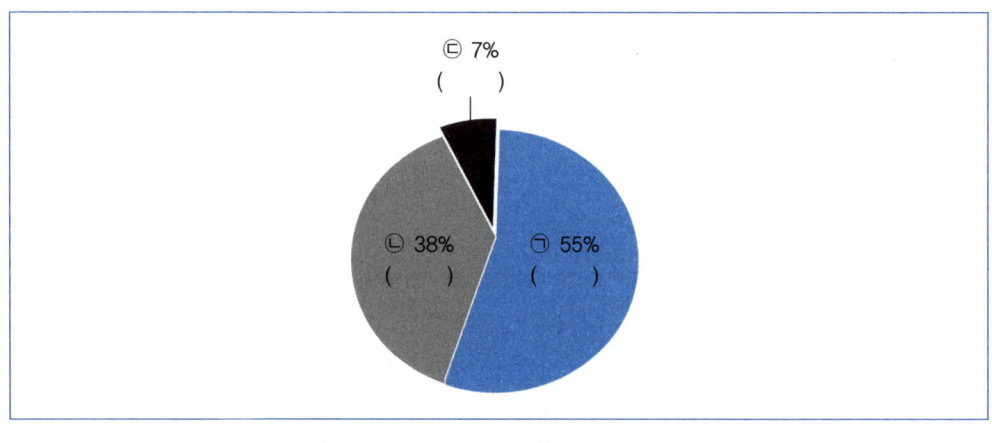

	㉠	㉡	㉢
①	시각적 요소	언어적 요소	청각적 요소
②	시각적 요소	청각적 요소	언어적 요소
③	언어적 요소	청각적 요소	시각적 요소
④	언어적 요소	시각적 요소	청각적 요소
⑤	청각적 요소	언어적 요소	시각적 요소

O/X형

[16~20] 다음 문항을 읽고 옳고(O), 그름(X)을 선택하시오.

16 이미지 관리 과정은 이미지 점검하기 → 이미지 콘셉트 정하기 → 좋은 이미지 만들기 → 이미지 외면화하기의 순서로 이루어진다. (① O ② X)

17 이미지 메이킹은 주관적 자아와 객관적 자아의 인식 차이를 제거, 축소하여 주관적인 자아상을 확보할 수 있다. (① O ② X)

18 남성의 패션 연출에 있어 양말은 정장 바지의 색보다 한 톤 옅은 색으로 착용한다. (① O ② X)

19 T.P.O는 상황에 맞게 적절한 복장과 태도를 선택하는 기준으로, '시간(Time), 장소(Place), 상황(Occasion)'을 고려해야 한다. (① O ② X)

20 맥락 효과는 처음 제시된 정보가 나중에 제시된 정보보다 기억에 훨씬 큰 영향을 주는 현상을 말한다. (① O ② X)

연결형

[21~25] 다음 설명에 적절한 〈보기〉를 찾아 각각 선택하시오.

┤ 보기 ├
① 후광 효과   ② 호감 득실 효과   ③ 대비 효과   ④ 현저성 효과   ⑤ 최근 효과

21 어떤 대상이나 사람에 대한 일반적인 견해가 그 대상이나 사람의 구체적인 특성을 평가하는 데 영향을 미치는 현상 ( )

22 세일즈맨은 본능적으로 먼저 비싼 정장을 판매한 다음에 와이셔츠를 판매한다. 왜냐하면 와이셔츠가 아무리 비싸도 정장에 비해 싸게 느껴지기 때문이다. ( )

23 한 가지 두드러진 특성을 가진 정보가 인상 형성에 많은 영향을 미치는 현상 ( )

24 시간적으로 가장 마지막에 제공된 정보가 판단에 많은 영향을 주는 효과

(   )

25 자신을 처음부터 좋아해 주던 사람보다 자신을 싫어하다가 좋아하는 사람을 더 좋아하게 되고, 자신을 처음부터 계속 싫어하던 사람보다 자신을 좋아하다가 싫어하는 사람을 더 싫어하게 된다.

(   )

사례형

26 다음의 면접 채점표를 통해 ○○항공사가 면접자들의 어떤 점을 평가하고자 하였는지 알 수 있다. 적절하지 **않은** 설명은 무엇인가?

> 다음은 ○○항공사의 신입사원 채용 면접관들의 채점표 중 일부이다.
>
> • 회사가 추구하는 밝고 편안한 이미지에 부합하는가?
> • 면접관의 질문에 대한 답변에 자신 있게 대답하는가?
> • 목소리의 고저, 발음 등은 적절한가?
> • 표정, 몸짓 등은 적절한가?
> • 복장, 화장 등은 회사의 대외적 이미지에 부합하는가?

① 패션 이미지 연출에 대해서는 특별히 언급하고 있지 않다.
② 외모, 표정, 상황별 제스처, Voice 이미지 등의 전체적인 이미지를 평가하고자 하였다.
③ 단순한 외모뿐 아니라 목소리나 표정 등에서 보이는 이미지도 매우 중요한 요소로 판단하고 있다.
④ ○○항공사는 자사가 추구하는 기업 이미지를 조직 구성원들의 이미지에서도 일관되게 유지하고 싶어 한다.
⑤ ○○항공사는 조직 구성원의 대외적인 이미지가 고객에게 직·간접적으로 중요한 영향을 미치고 있다고 판단하고 있으며 이를 면접에서도 평가하고 있다.

27 다음 사례에서 나타나는 이미지 형성과 관련한 효과 중 가장 적절한 효과는?

> 직원 : 고객님, 이번에 새로 들어온 향수인데 이 제품은 어떠십니까?
>
> 고객 : (향수병을 유심히 보며 마음에 들지 않는 듯) 향수병 디자인도 별로이고 본 적이 없는 브랜드인데요.
>
> 직원 : 이 제품은 프랑스 브랜드인데 아직 국내에 수입이 많이 되지 않았습니다. 향기를 테스트해 보시면 좋을 듯합니다.
>
> 고객 : (약간의 관심을 보이며) 그래요? 프랑스라…… 테스트해 볼게요.
>
> 직원 : (테스트를 도와주며) 이 제품은 프랑스 현지에서 물량이 부족할 정도로 인기를 끌고 있는 제품입니다. 향기가 어떠신지요?
>
> 고객 : 맡아 보지 않은 향이지만 그 정도로 인기가 있는 향수라니 한번 써 보죠. 이거 50ml로 구입할게요.

① 맥락 효과
② 최근 효과
③ 악마 효과
④ 후광 효과
⑤ 초두 효과

28 다음 중 직원 B가 사용한 방향 안내 동작인 삼점법의 순서로 적절한 것은?

> 출장 온 강 대리는 호텔 로비에서 행사장의 위치를 찾지 못해 안내 데스크 직원 A에게 다가가 물었다.
>
> 강 대리 : 실례합니다. 라일락홀은 어디인가요?
> 직원 A : (컴퓨터에서 눈도 떼지 않은 채) 저쪽이요.
> 직원 A는 고개도 돌리지 않고 손만 대충 옆으로 흔들어 보였다.
>
> 강 대리는 어떤 방향을 말하는 것인지 알 수 없어 주변을 두리번거리고 있을 때 옆에 있던 직원 B가 다가왔다.
>
> 직원 B : 라일락홀 찾으시는 거죠? 제가 안내해 드릴게요.
>
> 직원 B는 고객의 상황을 확인한 뒤 차분하게 시선을 조절하며 필요한 방향을 설명하고, 다시 강 대리를 바라보며 안내를 마무리했다.
>
> 강 대리는 직원 B의 안내 덕분에 행사장을 어렵지 않게 찾을 수 있었다.

① 상대 눈 → 지시 방향 → 지시하는 손 끝
② 상대 눈 → 지시 방향 → 상대 눈
③ 상대 눈 → 지시하는 손 끝 → 지시 방향
④ 지시 방향 → 지시하는 손 끝 → 상대 눈
⑤ 지시 방향 → 상대 눈 → 지시하는 손 끝

29 다음 사례의 상담원이 자기 향상을 위해 노력해야 하는 이미지 메이킹의 단계를 고르면?

> 팀 장: 영희 씨, 아까 잠깐 실시간 모니터링 해 보니까 좋아졌더라.
>
> 상담원: 네, 감사합니다. 그런데, 이번에 승급 심사에 떨어져서 동료들한테 조금 창피하네요. 저도 이번에 승진하려고 열심히 노력했는데, 제게 분배되는 DB의 고객들이 유난히 까다로운지, 수납률이 전혀 오르지 않아서 저도 많이 힘들어요.
>
> 팀 장: 나도 영희 씨가 승진이 안 돼서 정말 안타까워. 문제가 뭐였을까?
>
> 상담원: 전 항상 제가 할 수 있는 만큼은 다했다고 생각하는데, 제게 분배된 DB의 고객들이 유난히 민원을 많이 제기하는 것 같기도 해요.
>
> 팀 장: 그래? DB는 매월 무작위로 분배되는 것으로 아는데.
>
> 상담원: (시큰둥하게) 글쎄요.

① 1단계 – 자신을 파악하는 단계 ② 2단계 – 자신의 모델을 선정하는 단계
③ 3단계 – 자신을 계발하는 단계 ④ 4단계 – 자신을 포장하는 단계
⑤ 5단계 – 자신을 파는 단계

30 다음 사례는 고객이 서비스 직원에 대해 형성한 이미지에 관한 내용이다. 옳지 <u>않은</u> 것을 고르면?

> 고객: 김 과장님, 안녕하세요?
>
> 직원: 안녕하세요? 김 부장님, 그동안 잘 지내셨어요?
>
> 고객: 네, 다름이 아니라 이번에 진행하는 계약 관련해서 관련 자료를 요청했었는데, 연락이 없으시더라고요.
>
> 직원: 네? 그랬나요? 제가 자료 정리해서 보내드린 것 같은데, 못 받으셨어요?
>
> 고객: 네, 아직 못 받았습니다.
>
> 직원: (잠시 후 미발송 확인) 부장님, 정말 죄송합니다. 그동안 한 번도 이렇게 약속을 어긴 적이 없는데, 제가 정말 큰 실수를 했습니다.
>
> 고객: 네, 계약 진행이 원활하지 못해서 좀 문제가 있었지만, 김 과장님께서 그동안 한 번도 약속을 어기지 않고 성실하게 일 처리를 해주셔서 믿고 있습니다. 최대한 빨리 진행해 주세요.
>
> 직원: 네, 이해해 주셔서 감사합니다. 신속히 처리하도록 하겠습니다.

① 이미지는 인간이나 사물 등에 품고 있는 정서성을 동반하는 객관적인 평가이다.
② 이미지는 일련의 자극 내용을 차별적으로 인식함으로써 형성되는 것이다.
③ 이미지는 인간이 어떤 대상에 대해 갖고 있는 개념이다.
④ 이미지는 행동 경향을 어느 정도 규정하는 역할을 하고, 정보를 받아들이는 경우에는 여과 기능을 발휘한다.
⑤ 이미지는 인간의 인식 체계와 행동의 동기 유인 측면에 있어서 매우 중요한 역할을 한다.

[31~32] 다음은 호텔에서 발생한 컴플레인 사례이다. 읽고 물음에 답하시오.

> 저는 출장으로 ○○호텔에 숙박하게 되었습니다. 체크인 시간에 맞춰 프런트 데스크를 찾았는데, 직원은 저를 보지도 않고 계속 컴퓨터 화면만 응시한 채 서류만 정리하고 있었습니다. 제가 다가가 "체크인하려고 합니다."라고 말하자, 마지못해 고개를 들더니 무표정하게 객실 카드를 내밀며 "방 번호는 적혀 있습니다, 다 되셨습니다."라고 말했습니다.
>
> 그러나 객실 사용 방법이나 조식 시간, 편의시설 이용 안내 같은 기본적인 설명은 전혀 없었고, 제가 질문을 하자 귀찮다는 듯 짧게 대답했습니다. 태도도 불친절했지만, 무엇보다 고객을 환영한다는 느낌이 전혀 들지 않았습니다.
>
> 왜 이런 분이 호텔 데스크에서 근무하시는지 조금은 의문입니다.

31 사례에서 서비스 직원의 시선 처리에 대한 고객의 의미 해석으로 적절한 것은?

① 거부, 귀찮음　　　　　　　② 반가움, 호감
③ 불신, 경멸　　　　　　　　④ 거절, 반대
⑤ 불만, 의심

32 사례에서 고객은 서비스 직원에 대해 부정적인 이미지를 형성하였다. 다음 중 이에 대한 설명으로 적절하지 않은 것은?

① 무표정한 얼굴과 무성의한 태도는 고객에게 부정적인 이미지를 형성한다.
② 고객은 직원의 행동, 언어, 태도 등을 객관적으로 평가한다.
③ 서비스 직원의 부정적인 첫인상이 고객의 머릿속에 남아 쉽게 사라지지 않는다.
④ 메라비안의 법칙에 따르면 첫인상은 언어적 요소보다 비언어적 요소가 더 큰 영향을 미친다.
⑤ 고객은 직원의 행동, 언어, 태도 등으로 이미지를 형성하였다.

SMAT
Module A
비즈니스 커뮤니케이션

03

고객 심리의 이해

Part 03. '고객 심리의 이해'에서는 고객의 개념, 유형, 기대 요인, 관계 진화 과정 등 고객 관련 핵심 개념을 종합적으로 이해해야 합니다. 또한 다양한 학자들이 제시한 고객 행동 이론을 바탕으로 서비스 반응을 해석하는 방법을 학습해야 합니다. 아울러 고객 성격 유형과 관련된 이론을 함께 살펴봄으로써 고객 특성에 따른 서비스 접근 방식을 숙지해야 합니다. 고객의 요구를 정확히 파악한 뒤 그에 맞는 서비스를 제공할 수 있어야 하는 것이 핵심입니다.

Chapter

01

고객에 대한 이해

01 ▶ 고객(顧客)

1 고객의 개념

(1) '고객'이라는 용어는 顧(돌아볼 고)와 客(손님 객)에서 유래하여, 찾아와 주기를 바라는 사람을 의미한다. 일반적으로 '손님'을 뜻하는 용어로도 사용된다.

(2) 고객은 상품과 서비스를 제공받는 사람을 의미한다. 넓은 의미로는 단순한 소비자뿐 아니라, 기업과 직·간접적으로 거래하거나 관계를 맺는 모든 대상을 포함한다.

(3) 고객은 각기 다른 욕구를 가지고 있으며, 많이 구매할수록 더 높은 기대와 요구를 가지게 된다.

(4) 한 번 떠난 고객을 다시 되돌리기는 어렵다. 그러나 불만을 적절히 관리하면 충성 고객(단골)으로 전환될 수 있다.

(5) 과거에는 '고객은 왕'으로 표현되었지만, 현재는 기업과 함께 성장하는 동반자적 존재로 인식되고 있다.

(6) 소비자는 상황에 따라 구매자, 사용자, 구매 결정자의 역할을 각각 또는 동시에 수행한다.

2 고객의 유형

(1) **외부 고객(External Customer)**
① 기업의 상품과 서비스를 앞으로 구매·이용할 가능성이 있는 잠재 고객이다.
② 이미 상품과 서비스를 구매·사용하고 있는 실제 고객이다.
☑ 외부 고객은 기업의 성과와 직결되는 실질적 고객으로, 잠재 수요자와 현재 이용자를 모두 포함한다.

(2) **내부 고객(Internal Customer)**
① 기업 내부와 밀접하게 연결되어 있는 이해관계자로, 외부 고객 만족을 뒷받침하는 존재이다.
② 종사원: 직접 서비스와 상품을 제공하는 핵심 인력이다.
③ 거래처 및 협력사: 안정적인 공급망을 통해 서비스 품질을 보장한다.
④ 하청업자: 생산·운영의 연속성을 유지하는 파트너이다.
⑤ 주주: 기업 운영에 투자하고 성과를 공유하는 이해관계자이다.
☑ 내부 고객은 단순히 조직 구성원을 넘어, 기업과 함께 성장하는 동반자로 인식해야 한다.

③ 고객 기본 심리와 응대 포인트

(1) 환영 기대 심리
① 고객은 언제나 따뜻하게 환영받기를 기대한다.
② '왕 대접'을 원하기보다는, 밝은 미소와 반가움의 표현을 통해 소중히 여겨지기를 바란다.

(2) 독점 심리
① 고객은 자신이 받는 서비스가 특별하고 독점적이기를 원한다.
② 그러나 특정 고객만을 편애하면 다른 고객의 불만을 초래할 수 있으므로, 모든 고객에게 공정하게 서비스해야 한다.

(3) 우월 심리
① 고객은 서비스 직원보다 자신이 더 우월하다고 느끼는 심리를 갖고 있다.
② 서비스 직원은 직업적 자긍심을 유지하면서도 고객의 자존심을 존중하고, 겸손한 태도로 응대해야 한다.

(4) 모방 심리
① 고객은 다른 고객을 따라 하고 싶은 욕구를 지닌다.
② 따라서 좋은 사례와 긍정적 행동은 쉽게 확산될 수 있다.

(5) 보상 심리
고객은 비용을 지불한 만큼의 서비스를 기대하며, 다른 고객과 비교해 손해를 보지 않으려 한다. 즉, 투입 대비 공정한 보상을 원한다.

(6) 자기 본위적 심리
① 고객은 자신의 가치 기준과 관점을 중심으로 모든 상황을 판단한다.
② 서비스 제공자는 고객의 시각을 이해하고 존중하는 태도가 필요하다.

(7) 존중 기대 심리
① 고객은 자신이 중요한 사람으로 인식되고 기억되기를 기대한다.
② 작은 배려와 이름을 기억하는 행동만으로도 고객은 큰 만족을 느낀다.

4 고객 요구·욕구·수요의 차이

고객 요구 (Needs)	• 정의: 현재 상태와 이상적 상태의 차이를 채우고자 하는 부족 상태이다. • 특징: 추상적이고 보편적인 필요이다. ex "휴식이 필요하다." → 단순한 결핍 인식(욕구 분석 단계)
고객 욕구 (Wants)	• 정의: 요구가 구체화되어, 부족한 상태를 특정 대상이나 방법으로 해결하려는 상태이다. • 특징: 개인의 선호·문화·경험에 따라 다양하게 나타난다. ex "휴가에 제주도로 여행 가고 싶다." → 구체적 대상 설정(필요 분석 단계)
고객 수요 (Demands)	• 정의: 욕구 충족을 위해 자신의 상황·구매력·조건을 고려하여 특정 상품·서비스를 선택하는 과정이다. • 특징: 실제 구매 행동으로 이어진다. ex "제주 2박 3일 항공 + 호텔 패키지 상품을 예약해야겠다." → 구체적 구매 결정(구매력 분석 단계)

02 고객 요구의 변화 ☆☆

1 의식의 고급화

소비 환경이 풍요로워지고 선택의 폭이 넓어지면서, 고객은 이제 단순한 상품보다 인적 서비스의 질을 더 중시한다. 또한 자신의 가치에 걸맞은 서비스를 기대한다.

2 의식의 복잡화

고객 유형이 다양해지면서 요구도 복잡해졌다. 서비스 수준은 과거보다 높아졌지만, 동시에 불만 발생률과 불만의 형태도 늘어나고 있다.

3 의식의 존중화

오늘날 고객은 단순한 구매 만족을 넘어, 존중받고 인정받기를 강하게 원한다. 누구나 자신을 특별히 대우받는 고객으로 인식되기를 기대한다.

4 의식의 대등화

경제 성장과 생활 수준 향상으로 인해, 고객과 기업의 관계가 일방적 우위 관계에서 대등한 관계로 바뀌고 있다. 이 과정에서 서로의 기대 차이로 갈등이 발생하기도 한다.

5 의식의 개인화

고객은 "나만 특별하다."는 인식을 점점 더 강하게 가지며, 개인 맞춤형 서비스와 차별화된 대우를 원한다.

03 고객의 기대에 대한 영향 요인 ✧✧✧

고객의 서비스에 대한 욕구와 기대는 날로 커지고 있다. 따라서 기업이 경쟁에서 살아남기 위해서는 고객의 기대를 정확히 파악하고, 이를 충족시켜 고객 만족으로 연결해야 한다.

내적 요인 (Internal Factors)	• 고객 개인의 욕구와 필요 • 서비스에 대한 관여도 수준 • 고객이 가진 과거의 서비스 경험
외적 요인 (External Factors)	• 고객이 선택할 수 있는 경쟁적 대안 • 주변 사람들과의 관계와 같은 사회적 상황 • 타인의 경험을 통해 전달되는 구전 커뮤니케이션(Word of Mouth)
상황적 요인 (Situational Factors)	• 고객의 정서적 상태 ex 기분·감정 등 • 환경적 조건 ex 매장 분위기, 날씨, 소음 등 • 시간적 제약 ex 대기 시간, 서비스 제공 속도 등
기업 요인 (Organizational Factors)	• 기업의 마케팅·촉진 전략 • 가격 수준과 그에 따른 가치 인식 • 유통 구조에 따른 편리성과 서비스 접근성 • 서비스 직원의 역량 ex 직원의 유니폼, 표정, 태도 • 유형적 단서 ex 점포 외관, 인테리어, 시설 등 • 기업·브랜드 이미지 ex 기업 로고, CI·BI 등

Chapter
02 | 고객의 구매 행동 이해

01 고객의 분류

고객은 기업 활동의 핵심 파트너이며, 다양한 기준에 따라 여러 유형으로 분류할 수 있다. 이를 이해하는 것은 고객 맞춤형 서비스 전략 수립의 출발점이 된다.

1 관계 진화 과정에 따른 고객 ✫✫✫

잠재 고객	• 정의: 아직 제품이나 서비스를 구매한 경험은 없지만, 구매할 가능성이 잠재되어 있는 집단이다. • 특징: 기업의 존재조차 모르는 경우도 있으며, 관심이 낮거나 불확실하다. • 관리 포인트: 광고, 홍보, 체험 마케팅 등을 통해 관심을 유도하고, 브랜드인지도를 높여야 한다.
가망 고객	• 정의: 기업의 제품·서비스에 관심을 보이고 있으며, 앞으로 신규 고객으로 발전할 가능성이 높은 집단이다. • 특징: 정보 탐색을 하고, 비교·검토 과정에 있으며, 실제 구매로 전환될 확률이 높다. • 관리 포인트: 맞춤형 제안, 상담, 프로모션을 제공해 구매로 이어지도록 설득하는 것이 중요하다.
신규 고객	• 정의: 기업의 제품·서비스를 처음으로 구매하거나 거래를 시작한 고객이다. • 특징: 기업·제품에 대한 경험이 부족하여 기대와 불안이 공존한다. • 관리 포인트: 첫 경험에서 만족을 주어야 재구매로 이어진다. A/S, 친절 응대, 환영 메시지 등 초기 만족 관리가 핵심이다.
기존 고객	• 정의: 2회 이상 반복 구매를 하며, 일정 수준의 신뢰와 안정감을 느끼고 있는 고객이다. • 특징: 기업의 서비스 품질과 가치를 어느 정도 인정하고, 습관적 구매로 이어질 가능성이 있다. • 관리 포인트: 꾸준한 혜택 제공과 관계 유지가 필요하다. 고객 불만 관리가 잘못되면 이탈로 이어질 수 있다.
충성 고객	• 정의: 제품·서비스를 지속적으로 구매하며, 기업과 강한 유대감을 형성한 고객이다. • 특징: 단순 구매를 넘어 교차 구매(같은 브랜드 내 다른 제품 구매), 상승 구매(상위 제품 구매)로 이어지고, 자발적으로 주변에 추천까지 한다. • 관리 포인트: 특별 고객 혜택, 멤버십, 이벤트 참여 등을 통해 감정적 유대와 가치를 강화해야 한다. ex 특정 브랜드의 전자제품을 지속적으로 구입하면서, 가족이나 지인들에게도 적극 추천하는 고객

2 현대 마케팅 측면에서의 고객 ✿✿

소비자	제품·서비스를 최종적으로 사용하는 사람(구매자, 사용자, 의사 결정자의 역할을 동시에 수행하기도 함.) ex 부모가 장난감을 사지만 실제 사용하는 사람은 아이
구매자	실제 구매 행위를 하는 사람 ex 가족 식사를 위해 마트에서 장을 보는 어머니
구매 승인자	구매를 허락하거나 최종 결정을 승인하는 사람 ex 회사의 물품 구입을 결재하는 부서장
구매 영향자	구매 의사 결정에 직접·간접적으로 영향을 주는 사람 ex 친구의 추천으로 특정 카페를 방문하는 경우

3 프로세스적 관점의 고객

외부 고객	최종 제품·서비스를 직접 구매하거나 이용하는 소비자 ex 백화점에서 옷을 사는 일반 고객
중간 고객	도매상·소매상 등 유통 과정에서 거래하는 고객 ex 편의점 본사에서 상품을 공급받는 가맹점주
내부 고객	기업 내부의 직원, 동료, 상사 등으로 외부 고객 가치 제공에 중요한 역할을 담당 ex 호텔 객실팀과 식음료팀은 서로를 내부 고객으로 지원

4 우호도 관점의 고객

우호형 고객	긍정적 경험으로 협력적이고 충성도가 높은 고객 ex 특정 미용실만 수년간 이용하는 단골 고객
반대형 고객	브랜드나 서비스에 부정적 태도를 보이는 고객 ex 온라인 리뷰에 지속적으로 불만을 남기는 고객
중립형 고객	특별한 의견 없이 상황에 따라 태도가 달라지는 고객 ex 가격 할인이나 프로모션에 따라 다른 브랜드를 선택하는 고객

5 참여 관점의 고객 ☆☆☆

직접 고객 (1차 고객)	제품이나 서비스를 직접 구매하는 사람 ex 온라인 쇼핑몰에서 직접 주문하는 사용자
간접 고객	직접 고객이 구매한 제품을 최종적으로 사용하는 사람 ex 교사가 구입한 학용품을 사용하는 학생
내부 고객	기업의 직원·주주 등 외부 고객을 위한 가치를 제공하는 내부 이해관계자 ex 콜센터 상담사가 문제 해결을 위해 기술팀 지원을 요청할 때
의사 결정 고객	구매 결정에 큰 영향을 미치는 사람이나 집단 ex 아파트 구매를 논의할 때 가족 내 의견을 주도하는 아버지
의견 선도 고객	제품 평가와 구전에 큰 영향력을 미치는 고객 ex 팔로워가 많은 SNS 인플루언서
경쟁자	기업의 전략 수립에 간접적으로 영향을 주는 고객 ex 경쟁사 브랜드 충성 고객은 자사 서비스 개선의 지표가 된다.
단골 고객	반복 이용하나 충성도가 중간 수준인 고객 ex 자주 가는 카페가 있지만 다른 카페도 병행 이용하는 고객
옹호 고객	단골이면서 주변 사람에게까지 추천하는 충성 고객 ex 특정 브랜드 운동화를 구매하고 지인들에게 적극 권유하는 고객
한계 고객	기업의 이익보다 부담이 큰 고객 ex 반복적으로 환불·클레임만 제기하는 고객
체리피커 (Cherry Picker)	혜택만 챙기고 기업에는 기여하지 않는 고객 ex 사은품만 받고 구매하지 않거나, 쿠폰 혜택만 사용 후 이탈하는 고객

6 Gregory Stone(1945)의 고객 분류 ☆☆☆

경제적 고객
(절약형)
	• 특징
	  – 자신이 투자한 시간, 돈, 노력 대비 최대의 효용을 얻으려는 성향을 가진 고객이다.
	  – 가격, 품질, 조건 등을 꼼꼼하게 비교하며, 작은 차이에도 민감하게 반응한다.
	  – 때로는 경쟁 기업 간 정보를 철저히 검토한 뒤 변덕스럽게 선택을 바꾸기도 한다.
	• 관리 포인트 : 합리적 근거(가격 경쟁력, 성능, 품질 보장)를 제시해야 하며, 투명한 정보 제공이 필요하다.
	ex 온라인 쇼핑몰에서 여러 플랫폼의 가격을 비교한 후 최저가로 구매하는 고객

윤리적 고객	• 특징
	  – 구매 의사 결정에서 기업의 윤리성·사회적 책임을 중요한 기준으로 삼는다.
	  – 단순히 제품의 품질이나 가격뿐 아니라, 기업의 환경 보호, 사회 공헌, 투명한 경영을 중시한다.
	  – 윤리적인 기업의 고객이 되는 것을 하나의 사회적 책무로 여기기도 한다.
	• 관리 포인트 : 친환경 인증, 사회 공헌 활동, 공정무역 제품 등 기업의 긍정적 이미지를 강조해야 한다.
	ex 플라스틱을 최소화한 친환경 포장재 제품만 구입하거나, 사회적 기업 브랜드를 선호하는 소비자

개인적 고객	• 특징 　– 일괄적 서비스보다 개별적 관심과 맞춤형 서비스를 중시한다. 　– 자신이 특별하게 대우받고 인정받는 경험을 선호하며, 고객 관리(CRM)와 세심한 　　배려에 큰 만족을 느낀다. 　– 상담, 응대 과정에서의 친절함과 신뢰 형성을 중요하게 생각한다. • 관리 포인트 : VIP 프로그램, 전담 상담원, 개인화 서비스 제공이 효과적이다. ex　은행 VIP 창구에서 전담 매니저와 1:1 상담을 받고 싶어 하는 고객, 맞춤형 스타일링을 제공하는 매장을 　찾는 고객
편의적 고객	• 특징 　– 제품이나 서비스 자체보다 이용의 편리성과 속도를 중시한다. 　– 시간을 절약하고 즉각적인 만족을 얻는 것을 중요하게 생각하며, 이를 위해 추가 　　비용을 지불할 의사도 있다. 　– 불필요한 절차나 대기 시간을 싫어하고, 간편성과 신속성을 최우선으로 한다. • 관리 포인트 : 간편 결제, 빠른 배송, 접근성 높은 서비스 채널 제공이 필요하다. ex　일반 택배보다 비용이 더 비싸더라도 당일 배송 서비스를 선택하거나, 무인 키오스크를 이용해 신속히 주문하는 　고객

7 고객의 행동 관점에서 본 서비스 상품 ☆☆☆

고객은 서비스 상품을 선택할 때 관여 정도와 위험 인식 수준에 따라 서로 다른 행동을 보인다. 이에 따라 서비스 상품은 편의 서비스, 선매 서비스, 전문 서비스로 구분할 수 있다.

편의 서비스 (Convenience Services)	• 특징 　– 고객이 큰 노력이나 시간을 들이지 않고 쉽게 선택하는 서비스이다. 　– 잘못된 선택에 따른 위험 부담이 낮아, 대체 서비스로 쉽게 이동한다. 　– 특정 브랜드에 대한 충성도가 낮고, 가까움・접근성이 중요한 요소이다. • 관리 포인트 : 고객 접근성이 높은 위치, 간편한 절차, 빠른 이용 편의성을 제공해야 한다. ex　• 근처 카페에서 즉석 커피를 사 마시는 경우 　• 집 근처 편의점 택배 접수 서비스 　• 온라인 음식 배달 앱을 통해 가장 가까운 가게를 선택하는 경우
선매 서비스 (Shopping Services)	• 특징 　– 고객이 구매 전 여러 서비스 제공자를 비교・검토하는 서비스이다. 　– 품질 차이가 크고, 선택 과정에서 사전 정보 탐색과 비교가 필요하다. 　– 한번 만족을 얻으면 쉽게 다른 서비스로 옮기지 않는다. • 관리 포인트 : 서비스 품질과 신뢰를 확보하여 장기적 고객 관계로 발전시켜야 한다. ex　• 인터넷에서 학원・스터디 카페를 비교 후 등록 　• 여행 플랫폼에서 호텔・항공권을 비교하고 예약 　• 웨딩홀 투어를 하며 가격, 인테리어, 서비스 조건을 비교하는 경우

전문 서비스
(Specialty
Services)
	• 특징
	  − 고객의 관여 수준이 가장 높으며, 대체 불가성이 큰 서비스이다.
	  − 가격이 비탄력적이어서 비용보다는 전문성, 희소성, 신뢰성이 더 중요하다. 특정 전문
	    가나 기관에 대한 충성도가 강하다.
	• 관리 포인트 : 전문성, 차별화된 품질, 개인 맞춤형 서비스로 신뢰를 유지해야 한다.
	ex • 유명 병원의 전문 진료 서비스
	  • 유명 아티스트의 콘서트 또는 팬미팅
	  • 개인 맞춤형 법률 자문, 회계 컨설팅
	  • 1 : 1 코칭 프로그램(퍼스널 트레이닝, 이미지 메이킹 컨설팅)

02 ▶ 일반적 특성에 따른 차이

1 성별에 따른 특성

구분	여성	남성
이미지	정서적, 감수성이 풍부, 감정 이입적, 협력적, 섬세하고 안정적	독립적, 주도적, 경쟁적, 분석적, 목표 지향적, 활동적
관점	관계와 조화 중시, 대인 관계 중심	조직과 구조 중시, 성과·체계 중심
사고	종합적·수평적 사고, 다양한 요소를 통합적으로 고려	분석적·수직적 사고, 단계적·논리적 전개 선호
구매 행동	타인의 평가·추천에 영향을 받으며, 주변인과 공유 가치 중시	자기 필요와 직접적 효용을 중심으로 구매 결정
가치	심미성·아름다움·감성적 만족에 높은 가치 부여	합리성·기능성·경제적 가치에 높은 비중
흥미	감성적이며 일상생활과 관련된 주제에 흥미	이론적이고 업무·성과와 연관된 주제에 흥미
정보 원천	직원이나 주변인과의 상담·대화에서 정보를 얻는 경향	스스로 자료를 탐색하고 직접 정보를 수집하는 경향

2 일반적 특성에 따른 차이

구분	특징	욕구	서비스 포인트
청소년층 (10대 전후)	외모와 유행에 민감, 또래 집단의 영향이 큼.	인정받고 존중받고 싶은 욕구	밝고 친근한 태도로 응대, 트렌드 관련 정보 제공
청년층 (20~30대)	자기 표현 중시, 감성적이며 자율적	탐구심·모험심이 강하고 사회적 기여 관심	개성 존중, 다양한 선택지와 새로운 경험 제시
중년층 (40~50대)	가정·직장·사회적 책임으로 생활 부담 큼.	안정성과 실용성, 경제성 중시	신뢰감 있는 설명, 합리적 조건 제시
노년층 (60대 이상)	전통적 가치관, 변화에 신중하고 보수적	삶의 질·건강·안정된 생활 추구	존중과 예의를 갖춘 응대, 편리성·안전성 강조

3 사회 계층의 이해

(1) 사회 계층이란 사람들이 속한 사회에서 경제적·사회적 조건(ex 재산, 소득, 직업, 교육 수준, 출신 배경 등)에 따라 형성된 위계적 집단을 의미한다.

(2) 동일 계층 내 개인들은 유사한 가치관과 소비 패턴을 보이며, 생활양식에서도 일정한 공통점을 가진다.

4 사회 계층 간의 차이

구분	상층	중산층	하층
소비 취향의 특성	품격과 차별성을 중시하며, 개성을 드러내는 소비 성향	사회적 상승을 지향하며, 가격과 품질을 함께 고려	실용성과 경제성을 중시
좋아하는 옷	유행에 뒤처지지 않으면서도 자신만의 개성을 살릴 수 있는 고급 의상	심플하고 단정하며 활동성 있는 의상	착용이 편안하고 가격이 저렴한 의상
식생활	건강식, 친환경·유기농 식품 등 웰빙 지향	맛과 트렌드를 동시에 추구하며 새로운 음식을 적극 시도	강한 맛, 푸짐한 양을 선호
선호하는 레스토랑	고급스러운 분위기, 이국적 메뉴 선호	합리적인 가격과 분위기를 동시에 고려	저렴한 가격으로 가족 단위가 배부르게 먹을 수 있는 곳
인테리어 스타일	고풍스럽고 우아하며 품격 있는 스타일	산뜻하고 실용적인 모던 스타일	기능적이고 단순하며 비용 부담이 적은 스타일
집의 크기 및 소유 형태	대형 주택(50평 이상) 소유 중심	30평대 자가 보유가 일반적	20평 미만의 소형 주택 거주 비율이 높음.

5 사회 계층 구조의 유형 ✿

(1) 이동 가능성에 따른 계층 구조

① 폐쇄적 계층 구조(Closed System)

㉠ 개인의 지위가 출생과 같은 귀속적 요인에 의해 고정되며, 다른 계층으로 이동할 기회가 거의 없는 구조이다.

㉡ 부모의 지위가 자녀에게 그대로 이어지며, 계층 간 혼인이나 교류도 제한된다.

㉢ 고대의 노예제 사회, 중세의 봉건 제도, 인도의 카스트 제도 등이 대표적이다.

㉣ 오늘날에는 거의 사라졌으나, 일부 사회·문화적 제도 속에서 여전히 폐쇄성이 발견될 수 있다. ex 특정 신분·혈통 중심 사회

② 개방형 계층 구조(Open System)

㉠ 개인의 능력, 노력, 성취에 따라 계층 간 상승·하강이 가능한 구조이다.

㉡ 출생보다 교육, 직업, 성취가 지위를 결정하는 핵심 요인이 된다. 계층 간 장벽이 낮아 사회 이동성이 높다.

㉢ 현대의 많은 국가에서 학력, 전문성, 기업가 정신 등을 통해 사회적 상승 기회를 가질 수 있다.

㉣ 개방형 구조에서는 개인 역량뿐 아니라 사회 제도(ex 교육 기회, 고용 정책 등)가 사회 이동성을 뒷받침하는 핵심 요소가 된다.

(2) 계층 구성원의 비율에 따른 계층 구조

① 피라미드형 계층 구조

㉠ 상층으로 갈수록 인구가 줄고, 하층으로 갈수록 인구가 많은 전형적인 삼각형 구조이다.

㉡ 소수의 상층이 다수의 하층을 지배·통제하는 체제이다.

㉢ 전근대적 봉건 사회, 중세의 영주-농노 관계가 대표적이다.

㉣ 계층 이동이 제한적이고, 권력이 상층에 집중된다.

② 다이아몬드형 계층 구조

㉠ 상층과 하층보다 중간 계층의 비율이 가장 높은 구조이다.

㉡ 전문직·사무직·관료 등 중산층 직업군의 증가로 중층이 두터워진다.

㉢ 산업 사회 이후 선진국에서 나타나는 중산층 중심 사회이다.

㉣ 두터운 중산층은 상·하층을 연결하는 완충 역할을 하며 사회 안정성을 높인다.

③ 타원형 계층 구조

㉠ 중층의 비율이 상·하층보다 매우 높은, 위아래가 길쭉한 타원형 구조이다.

㉡ 정보와 자원이 사회 전반에 골고루 퍼져 상·하층 간 격차가 줄어든다.

㉢ 고도의 정보 사회, 소득 격차 완화 정책이 강화된 국가이다.

㉣ '균형적 성장 사회'의 이상적인 모습으로 간주된다.

④ 모래시계형 계층 구조

    ㉠ 상층은 소수, 하층은 다수이고 중간층이 얇아지는 구조이다.

    ㉡ 정보와 자원이 일부 계층에만 집중되어 양극화가 심화된다.

    ㉢ 신자유주의 경제 체제 이후 선진국 일부에서 나타나는 현상으로 20 : 80 사회이다.

    ㉣ 사회 불안정성이 높고, 중산층 붕괴가 핵심 문제이다.

⑤ 'I형' 계층 구조

    ㉠ 모든 계층이 일직선상에 위에서 아래로 배열된 이상적 구조이다.

    ㉡ 계층 간 구분이 명확히 존재하지만 단순화된 모델이다.

    ㉢ 현실에서는 거의 존재하지 않고 사회학적 '모형'으로만 활용된다.

⑥ '―형' 계층 구조

    ㉠ 모든 사람이 동일한 계층에 속한 수평적 구조이다.

    ㉡ 소득·재산·지위 차이가 없는 완전 평등 사회를 가정한다.

    ㉢ 사회주의 이념 속에서 추구된 형태(북한 등)로, 실제로는 실현 불가능에 가깝다.

    ㉣ 이상적 평등 사회 개념이지만, 현실에서는 권력 집중과 차별이 발생하기 쉽다.

6 고객 가치와 라이프 스타일에 따른 차이

(1) VALS(Values And Lifestyle Survey)

① 미국 Stanford Research Institute(SRI)가 개발한 소비자 행동 분석 체계이다.

② 소비자의 가치관(Values)과 라이프스타일(Lifestyle)을 기준으로 구매 성향을 분류하여 마케팅 전략 수립에 활용한다.

③ 1970년대 VALS-1에서 시작하여, 보다 객관적이고 세분화된 VALS-2 프로그램으로 발전되었다.

④ 단순한 소득·연령 구분이 아닌, 심리·가치·라이프스타일을 반영한 소비자 분류 모델이다.

(2) VALS-2 소비자 집단의 특성

세분 집단	주요 특징	소비 성향 사례
실현자 (Actualizers)	• 소득과 교육 수준이 매우 높음. • 자아 존중감이 강하고 변화에 능동적 • 신기술·신상품을 적극 수용 • 다양한 분야에 폭넓은 관심이 있으나 광고에는 비판적	명품 패션·친환경 고급차 구매, 프리미엄 여행 상품 이용
충족자 (Fulfilleds)	• 교육 수준이 높고 전문직 종사자 비율이 많음. • 책임감이 강하며 성숙한 사고 • 가족·가정생활을 중시 • 건강, 교육, 여행에 지출 선호	가족 단위 패키지 여행, 교육용 콘텐츠, 건강식품 구매
신뢰자 (Believers)	• 전통적·보수적 성향, 원칙 중시 • 자원(소득·정보)이 상대적으로 적음. • 애국심·지역 사회 의식 강함. • 변화보다는 안정 선호	국산 브랜드 선호, 생활필수품 중심 소비
성취자 (Achievers)	• 일과 가족을 중심으로 성취 추구 • 사회적 지위 과시 성향 강함. • 타인에게 보이기 위한 고가품 소비 • 신제품 초기 수용층	수입차·명품 시계, 프리미엄 전자제품 구매
노력자 (Strivers)	• 성취자 집단을 동경하는 계층 • 주로 젊은 층, 이미지·스타일 중시 • 가처분 소득은 적지만 트렌드에 민감	유행 의류·화장품, SNS 인증 소비, 중저가 브랜드 선호
경험자 (Experiencers)	• 활동적이고 쾌락·즐거움 추구 • 충동구매 경향, 광고에 영향 받음. • 신상품·유행에 민감	최신 IT 기기, 스포츠·레저용품, 콘서트 티켓
자급자 (Makers)	• 실용성·내구성 중시 • 가족·일·여가 중심 생활 • 외부 세계보다 '생활 기반 안정' 선호	자동차·가구·생활 공구, DIY 제품
분투가 (Strugglers)	• 소득·자원 가장 적음. • 생존과 안전이 최우선 • 광고와 할인 혜택을 적극 활용	쿠폰·할인 행사 이용, 저가 생활필수품 구매

Chapter
03

고객의 성격 유형에 대한 이해

01 MBTI(Myers-Briggs Type Indicator) ☆

1 MBTI 개념과 역사

(1) MBTI는 스위스 심리학자 칼 융(Carl Jung)의 심리유형론(Psychological Type Theory)을 기반으로 개발된 성격 유형 검사 도구이다.

(2) 약 75년에 걸쳐 캐서린 브릭스(Katherine C. Briggs), 그녀의 딸 이사벨 마이어스(Isabel Briggs Myers), 그리고 손자 피터 마이어스(Peter Myers)가 연구·개발을 이어오며 체계를 완성하였다.

(3) 현재 전 세계적으로 가장 널리 활용되는 성격 검사 도구 중 하나이다.

2 이론적 배경

(1) 융은 인간 행동이 겉보기에는 다양하고 복잡해 보이지만, 실제로는 일정한 질서와 일관성을 갖는다고 보았다.

(2) 이러한 차이는 개인이 세상을 인식(Perception)하고, 정보를 바탕으로 판단(Judgement)하는 방식의 차이에서 비롯된다.

(3) 따라서 개인의 성격은 우연한 것이 아니라, 일정한 심리적 선호 경향을 반영한다.

3 MBTI의 특징

(1) MBTI는 자기 보고(self-report) 방식의 문항을 통해 개인이 어떤 방식으로 인식하고 판단하는지를 측정한다.

(2) 검사 결과는 4가지 지표(Extraversion-Introversion, Sensing-Intuition, Thinking-Feeling, Judging-Perceiving)로 구분되며, 총 16가지 성격 유형으로 분류된다.

(3) 이를 통해 개인은 자신의 성격적 선호를 이해하고, 대인 관계·진로 탐색·리더십 개발 등 다양한 실생활 영역에 활용할 수 있다.

4 MBTI와 서비스 경영 : 고객 이해와 응대 전략

(1) 고객 성격 유형과 소비 행동의 연결

MBTI는 고객의 성격적 특성이 소비 행동과 구매 의사 결정 과정에 직접적인 영향을 미친다고 본다. 따라서 성격 유형별 구매 행동의 특징을 분석하는 것은 서비스 경영의 중요한 출발점이다.

(2) 인식과 판단 과정에 따른 이해

① 고객이 세상을 바라보고 판단하는 방식은 선천적 선호 경향에 기초한다.

② 이를 바탕으로 고객의 성격을 예측하고 이해하면 서비스 기획과 운영에 실질적인 도움을 얻을 수 있다.

(3) 맞춤형 응대를 통한 서비스 품질 향상

고객의 다양한 성향을 고려하여 맞춤형 응대 방안을 마련하면, 서비스 만족도와 충성도를 동시에 높일 수 있다.

(4) 서비스 종사자의 자기 이해

고객뿐 아니라 서비스 종사자 스스로 자신의 성격적 특성을 이해함으로써, 고객과의 갈등 상황을 더 잘 관리하고 원만한 관계를 형성할 수 있다.

5 MBTI의 4가지 선호 경향 ☆☆

(1) MBTI는 인간의 성격을 네 가지 이분법적 지표로 구분한다.

(2) '선호 경향(Preference)'이란 교육이나 환경의 영향을 받기 이전부터 타고난 심리적 성향을 의미한다.

(3) 각 개인은 아래 지표에서 두 가지 중 하나의 성향을 상대적으로 더 선호하게 된다.

구분	선호 유형	의미	설명
에너지 방향 (Energy Orientation)	외향(Extraversion) / E	바깥 세상 지향	사람들과 어울리며 에너지를 얻음, 활동적이고 표현적임.
	내향(Introversion) / I	내적 세계 지향	혼자만의 시간에서 에너지를 충전, 신중하고 사색적임.
정보 인식 (Information Perception)	감각(Sensing) / S	현실 중심	사실, 경험, 구체적 데이터에 집중
	직관(Intuition) / N	미래 지향	가능성, 아이디어, 패턴과 의미에 집중
의사 결정 (Decision- Making)	사고(Thinking) / T	논리 중심	객관적 분석과 원리에 따라 판단
	감정(Feeling) / F	가치 중심	사람, 관계, 조화를 중시하며 판단
생활 방식 (Lifestyle Preference)	판단(Judging) / J	계획적	질서, 규칙을 선호, 일정과 계획을 중시
	인식(Perceiving) / P	유연적	상황에 맞춰 융통성 있게 대응, 자율성 중시

에너지 방향(Energy Orientation) ✩✩		
선호 지표	외향(Extraversion) / E	내향(Introversion) / I
설명	• 폭넓은 대인 관계를 유지하며 다양한 사람들과 교류하기를 좋아한다. • 사교적이고 정열적이며 활동적인 성향을 가진다. • 주변 환경과 외부 세계에서 에너지를 얻는다.	• 소수와의 깊고 의미 있는 관계를 선호하며, 혼자만의 시간을 통해 에너지를 회복한다. • 조용하고 신중하며, 충분히 생각한 후에 행동이나 말을 하는 경향이 있다. • 외부 활동보다는 내적 성찰과 집중을 통해 이해와 성장을 추구한다.
대표적 표현	• 사람들과 함께 있을 때 에너지가 충전됨. • 말로 아이디어를 정리하고 공유함. • 활동과 참여를 통해 배우고 성장함. • 즉각적인 반응과 피드백을 선호함. • 새로운 경험과 도전을 즐김.	• 관심이 자신의 내면 세계에 집중됨. • 차분하고 집중력 있는 태도 • 말보다는 글이나 정리된 방식으로 표현 선호 • 먼저 이해한 뒤 행동하거나 경험함. • 시간이 지나면 점차 자신을 드러냄.
정보 인식(Information Perception)		
선호 지표	감각(Sensing) / S	직관(Intuition) / N
설명	• 오감을 통해 정보를 받아들이며, 구체적이고 실제적인 경험을 중시한다. • 현재 상황에 집중하며, 세부적인 사실과 절차를 정확하고 철저하게 처리한다. • 직관보다는 실제로 확인된 사실과 데이터를 신뢰한다.	• 육감과 영감에 의존하며 현재보다는 미래의 가능성에 초점을 맞춘다. • 의미와 잠재력을 탐구하고, 일을 처리할 때 빠르고 비약적으로 사고한다. • 구체적 사실보다는 새로운 아이디어와 큰 그림을 중시한다.
대표적 표현	• 지금 이 순간에 집중 • 직접 경험과 체험을 중시 • 꼼꼼하고 철저한 일 처리 • 사실적이고 구체적인 설명 선호 • 전체보다는 세부에 주목하는 경향 • '씨앗을 심고 가꾸며 수확하는' 현실적 태도	• 미래와 가능성 중심의 시각 • 창의적이고 혁신적인 아이디어 중시 • 신속하고 직관적인 문제 해결 방식 • 비유적·상징적 표현을 선호 • 세부보다는 숲을 보려는 경향 • '씨앗을 뿌리고 미래를 준비하는' 태도
의사 결정(Decision-Making)		
선호 지표	사고(Thinking) / T	감정(Feeling) / F
설명	• 판단 시 사실과 진실을 중시하며, 감정보다는 논리와 이성을 우선한다. • 분석적이고 체계적인 접근을 통해 문제의 원인을 파악하고 객관적으로 해결책을 찾는다. • 공정성과 합리성을 중시하며, 상황보다는 원칙과 기준에 따라 의사 결정을 내린다.	• 의사 결정에서 사람과 관계를 가장 중요한 기준으로 삼는다. • 상황적 맥락과 상대방의 감정을 고려하며, 정서적 조화를 중시한다. • 논리보다는 의미와 영향, 인간적인 가치를 우선하여 판단한다.
대표적 표현	• 사실과 논리에 집중 • 원리와 원칙을 따르는 사고 • 분석적이고 근거 중심의 판단 • 옳고 그름을 명확히 구분 • 규범과 기준을 중시하는 태도 • 논리적 설명과 지적 피드백 선호	• 사람과 관계 중심의 관심 • 상황과 정서를 고려한 판단 • '좋다/나쁘다'와 같은 가치 중심의 표현 선호 • 나와 타인에게 주는 의미를 중시 • 협력적이고 우호적인 태도 강조 • 따뜻하고 배려 있는 의사소통

생활 방식(Lifestyle Preference)		
선호 지표	판단(Judging) / J	인식(Perceiving) / P
설명	• 분명한 목표와 방향을 가지고 행동하며, 일을 계획적으로 추진한다. • 기한을 철저히 지키고, 사전에 세운 계획에 따라 체계적으로 움직인다. • 정리·정돈을 중시하며, 신속하게 결론을 내리고 실행하는 것을 선호한다.	• 목표와 방향은 상황에 따라 달라질 수 있으며, 유연하게 변화를 수용한다. • 계획보다는 흐름을 중시하고, 일정도 필요에 따라 조정하는 경향이 있다. • 자율적이고 개방적인 태도로 다양한 가능성을 탐색하며, 융통성과 적응력이 뛰어나다.
대표적 표현	• 계획적이고 조직적인 태도 • 목표 지향적이고 추진력 있는 행동 • 빠른 의사 결정과 실행 • 상황을 통제하고 질서를 유지하려는 성향 • 분명한 기준과 명확한 방향 의식 • 자신의 의사를 확실히 표현	• 상황에 맞추어 움직이는 개방성 • 이해와 수용을 중시하는 태도 • 결과보다는 과정 자체를 즐김. • 변화와 환경에 유연하게 적응 • 목적과 방향을 필요에 따라 조정할 수 있는 유연함 • 개인의 재량과 선택을 존중하는 포용성

6 MBTI 16가지 조합 유형

(1) MBTI는 네 가지 선호 지표(E-I, S-N, T-F, J-P)가 각각 두 가지 방향성을 가지며, 이를 조합하여 총 16가지 성격 유형이 만들어진다.

(2) 이러한 유형 구분은 개인의 성격을 단순히 분류하는 데 그치지 않고, 사람들 간의 사고와 행동 차이를 이해하는 틀을 제공한다. 이를 통해 서로의 강점과 차이를 존중하며, 원활한 상호작용과 효과적인 협업을 가능하게 한다.

(3) 즉, MBTI는 나와 타인의 성향을 객관적으로 바라보게 하여 더 나은 의사소통과 관계 형성에 도움을 주고, 서비스 경영 현장에서도 고객 이해와 응대 전략 수립에 중요한 도구로 활용될 수 있다.

구분		감각형(S)		직관형(N)	
		사고형(T)	감정형(F)	감정형(F)	사고형(T)
내향형 (I)	판단형 (J)	ISTJ [세상의 소금형] 책임감이 강하고 성실하며, 세부적인 사실을 중시하고 안정감을 준다.	ISFJ [임무 수행형] 성실하고 헌신적이며, 세심한 배려로 타인을 돕는다.	INFJ [예언자형] 통찰력이 뛰어나고 가치 중심적이며 이상을 추구한다.	INTJ [과학자형] 체계적이고 전략적이며, 미래 지향적 계획에 강하다.
	인식형 (P)	ISTP [백과사전형] 현실적이고 실용적이며, 위기 대응과 문제 해결에 능하다.	ISFP [성인군자형] 온화하고 겸손하며 조화를 중시하고 즉흥적이다.	INFP [잔다르크형] 신념과 이상을 추구하며, 창의적이고 깊은 내면 세계를 지닌다.	INTP [아이디어 뱅크형] 분석적이고 탐구적이며, 독창적 아이디어와 비판적 사고가 강하다.

		ESTP [수완 좋은 활동가형]	ESFP [사교적 예능인형]	ENFP [스파크형]	ENTP [발명가형]
외향형 (E)	인식형 (P)	활동적이고 사교적이며, 현실 감각과 적응력이 뛰어나다.	밝고 친근하며 유쾌하고 타인과 함께하는 것을 즐긴다.	열정적이고 창의적이며, 새로운 가능성을 발견하고 타인에게 영감을 준다.	창의적이고 논리적인 언변이 강하며, 토론과 아이디어 실험을 즐긴다.
		ESTJ [사업가형]	ESFJ [친선도모형]	ENFJ [언변능숙형]	ENTJ [지도자형]
	판단형 (J)	체계적이고 현실적인 판단을 중시하며, 관리와 실행력이 뛰어나다.	따뜻하고 협조적이며, 공동체와 타인의 필요를 잘 살핀다.	공감과 카리스마가 뛰어나며, 타인을 성장시키는 지도자형이다.	결단력과 추진력이 강하며, 전략적 리더십으로 조직을 이끈다.

02 ▷ DISC

1 DISC의 개념 ✫

(1) 사람들은 각자 고유한 동기 요인에 의해 선택적으로 행동하며, 이러한 반복되는 방식은 행동 패턴(Behavior Pattern) 혹은 행동 스타일(Behavior Style)이라고 한다.

(2) 1928년 미국 컬럼비아대학교 심리학 교수 윌리엄 몰턴 마스턴(William Moulton Marston) 박사는 인간이 환경을 어떻게 인식하고, 그 속에서 자신의 힘을 어떻게 발휘하느냐에 따라 행동이 4가지 유형으로 구분된다고 제시하였다.

(3) 특히, 인간 행동은 두 가지 차원인 자기 주장을 얼마나 표현하는가에 대한 사고 개방도(Assertiveness)와 감정을 얼마나 드러내는가에 대한 감정 개방도(Responsiveness)에 따라 주도형, 사교형, 안정형, 신중형으로 나뉜다.

(4) DISC는 이 네 가지 행동 유형의 약자로, Dominance(주도형), Influence(사교형), Steadiness(안정형), Conscientiousness(신중형)를 의미한다.

(5) 서비스 경영에서 DISC는 매우 중요한 도구이다. 서비스 종사자는 고객 접점에서 상대방의 성향을 신속히 파악하고, 유형별 특성에 맞는 방식으로 대응함으로써 고객 만족을 극대화할 수 있다.

2 DISC 행동 패턴의 구분

(1) 자기 주장의 표현 정도(Assertiveness)

① 자기 주장의 표현 정도란 특정 주제에 대한 자신의 의견을 얼마나 공개적으로 명확하게 드러내는가를 의미하며, 이를 사고 개방도라고 부른다.

② 단순히 강한 신념을 가지고 있다고 해서 반드시 자기 주장이 강한 사람이라고 할 수는 없다. 자기 주장의 강도는 그 신념을 얼마나 드러내고 전달하려 하는가에 달려 있다.

③ 자기 주장이 강한 사람은 자신의 믿음과 의견을 숨기지 않고 드러내며, 이를 통해 타인에게 영향을 주거나 설득하려는 시도를 한다.

🔹 자기 주장의 표현 정도를 파악하는 단서

구분	자기 주장의 표현이 약한 사람	자기 주장의 표현이 강한 사람
대화 방식	말하기보다 질문을 더 자주 한다.	질문보다 자신의 의견을 먼저 말한다.
태도	협력적이고 배려심이 강하다.	경쟁적이고 주도하려 한다.
리더십	부하에게 후원적이며 지원하는 스타일	부하에게 지시적이며 통제하는 스타일
위험 대응	위험을 피하려는 경향이 강하다.	위험을 감수하고 도전하려 한다.
의사 결정 속도	신중하여 의사 결정이 느리다.	빠르게 판단하고 결정한다.
시선 처리	상대방의 눈을 피하고 대화한다.	눈을 바라보며 대화한다.
말하기 속도	차분하고 느리게 말한다.	빠르고 힘 있게 말한다.
행동 패턴	조심스럽고 신중하게 행동한다.	민첩하고 적극적으로 행동한다.
대화량	말이 적고 요점만 말한다.	말이 많고 적극적으로 표현한다.
어조	부드럽고 온화한 말투	강하고 단호한 말투

(2) 감정의 표현 정도(Responsiveness, 감정 개방도)

① 감정의 표현 정도란 개인이 사회적 상황에서 자신의 감정을 얼마나 드러내고, 상대방과의 관계 속에서 얼마나 따뜻하고 개방적으로 반응하는지를 말한다.

② 감정을 잘 드러내는 사람은 관계 중심적이며 친화적이다.

③ 감정을 덜 드러내는 사람은 사고 중심적이며 분석적이다.

④ 감정 표현이 낮은 사람(이성 중심형)

ㄱ 상황을 객관적, 논리적으로 해석한다.

ㄴ 의사 결정에서 사실과 자료를 우선시한다.

ㄷ 사회적 관계보다 과업 중심적이다.

ㄹ 감정을 드러내지 않아 차갑게 보일 수 있다.

⑤ 감정 표현이 높은 사람(감정 중심형)

ㄱ 사회적 관계와 타인의 감정을 중시한다.

ㄴ 상황을 따뜻하게 해석하며, 포용적이다.

ㄷ 의사 결정에서 인간관계의 조화를 고려한다.

ㄹ 감정을 잘 드러내 친근하게 보인다.

⑥ 서비스 경영에서의 활용

㉠ 고객의 감정 개방 정도를 빠르게 파악하면 응대 방식이 달라진다.

㉡ 감정 표현이 낮은 고객은 차분하고 논리적인 설명을 선호한다.

㉢ 감정 표현이 높은 고객은 공감과 친근한 대화를 통해 신뢰를 형성한다.

🔷 사고형 vs 감정형 : 행동과 표현의 차이

구분	사고형(Thinking)	감정형(Feeling)
감정 표현	감정을 잘 조절하며 표정을 드러내지 않음.	감정을 적극적으로 표현하며 얼굴에 감정이 나타남.
대인 태도	차갑고 냉철해 보이지만 논리적이고 객관적	따뜻하고 친근하며 공감을 잘 표현
관심 중심	업무, 성과 중심, 과업 지향적	인간관계 중심, 조화와 분위기 중시
대화 스타일	논리적 설명 선호, 목소리가 일정하고 차분함.	공감적 대화 선호, 목소리에 억양과 감정이 다양하게 드러남.
행동 패턴	제스처 사용이 적고 절제됨.	제스처를 자주 사용하여 활발하게 표현
복장 스타일	격식을 중시하여 정장 선호	자유롭고 개성 있는 복장을 선호
시간 태도	시간 약속과 규칙을 철저히 지킴.	시간에 비교적 유연하며 상황에 따라 융통성 발휘

3 DISC 유형별 특징과 대응 전략

(1) 주도형(Dominance)

특징	• 빠른 성과를 중시하며 속도감 있게 행동한다. • 새로운 도전과 변화를 즐기며, 현재 상황에 안주하지 않는다. • 결정을 신속하고 단호하게 내린다. • 권한과 책임을 직접 리드하려는 성향이 강하다. • 복잡하고 어려운 과제도 직접 해결하려 한다.
강점	• 목표 달성과 성과 창출에 집중한다. • 문제의 핵심을 빠르게 간파하고 직설적으로 소통한다. • 행동력이 뛰어나며, 실행 중심적이다. • 위임과 관리 능력을 통해 조직을 효율적으로 운영한다. • 결과에 대한 책임감이 강하며, 맡은 일은 끝까지 완수한다.
동기 부여 전략	• 자율성과 독립성을 보장한다. • 리더십과 감독 역할을 맡길 수 있는 기회를 제공한다. • 도전적인 과제와 성공 경험을 지속적으로 부여한다. • 성과와 목표 달성에 대한 명확한 피드백을 제시한다.
의사소통 전략	• 불필요한 설명은 줄이고, 핵심을 간결하게 전달한다. • 시간과 효율성을 중시하는 방식으로 접근한다. • 구체적인 목표·조건·자료를 사전에 준비한다. • 의사 결정 시 선택 가능한 대안을 함께 제시한다. • 성과와 결과 중심으로 설득한다.

(2) 사교형(Influence)

특징	• 사람들과 쉽게 교류하며 친근한 인상을 남긴다. • 자신의 의견을 적극적이고 분명하게 표현한다. • 주위에 열정과 에너지를 불어넣고, 즐거운 분위기를 조성한다. • 타인을 돕고, 그룹 활동에 자발적으로 참여한다.
강점	• 빠른 친화력으로 관계를 형성하고, 사람들의 사기를 높인다. • 자연스럽고 편안한 분위기를 만들어 함께 있는 것만으로도 즐겁다. • 자신의 생각과 포부를 자발적으로 공유하며 열정적으로 몰입한다. • 적극적이고 이상지향적이며, 성과 달성에 집중한다.
동기 부여 전략	• 긍정적이고 활발한 상호작용 기회를 제공한다. • 자유로운 토론과 의견 교환의 장을 마련한다. • 성과와 노력을 눈에 보이게 인정해준다. • 후속 조치를 통해 세심한 관심과 지원을 보여준다.
의사소통 전략	• 상대의 강점과 가능성을 인정하며 기대감을 공유한다. • 친근한 접근과 관계 형성의 시간을 충분히 갖는다. • 흥미를 자극하는 아이디어와 비전을 나눈다. • 세부적인 설명보다는 핵심과 큰 그림을 강조한다. • 의견을 묻고 경청하여 상대가 중요한 존재라고 느끼게 한다. • 격식에 얽매이지 않고, 열린 태도로 소통한다.

(3) 안정형(Steadiness)

특징	• 익숙하고 검증된 방식으로 업무를 수행한다. • 한 자리에 오래 머물며 끈기와 인내심을 보인다. • 전문 기술을 꾸준히 발전시키고, 업무에 집중한다. • 충성심과 헌신을 중시하며, 타인의 말을 잘 경청한다. • 갈등 상황에서는 차분하게 중재하고 안정감을 준다.
강점	• 동료와 주변 사람들에게 조언과 지원을 아끼지 않는다. • 집단 내에서 신뢰와 협력을 바탕으로 공헌하려 한다. • 타인에게 심리적 안정감과 자신감을 불어넣는다. • 조직 내에서 지속성과 충성심으로 신뢰를 얻는다.
동기 부여 전략	• 협력적 관계와 상호 신뢰의 가치를 강조한다. • 지속적이고 예측 가능한 업무 환경을 보장한다. • 명확하고 안정적인 성과 달성 과정을 인정한다.
의사소통 전략	• 짧게라도 개인적 관심을 표현하며 신뢰를 형성한다. • 진솔하고 따뜻한 태도로 공통점을 찾아 대화한다. • 인내심을 갖고 개인 목표 달성을 장기적으로 지원한다. • 부드럽고 위협적이지 않게 의견을 제시한다. • 감정과 개인적 상황을 존중하며 배려한다. • 위험을 최소화하고 안정적 이익을 강조한다. • 명확하고 구체적인 실행 가능한 해결안을 제시한다.

(4) 신중형(Conscientiousness)

특징	• 규칙, 지시, 기준을 철저히 준수한다. • 핵심 세부 사항과 정확성을 중시한다. • 익숙하고 안정적인 환경에서 일할 때 강점을 발휘한다. • 예의와 격식을 갖추며, 비판적 사고를 한다. • 업무 수행과 결과를 치밀하게 평가한다. • 권위와 체계에 순응하며, 구조화된 틀 속에서 안정감을 느낀다.
강점	• 사실과 이론에 근거한 논리적 접근을 한다. • 변화보다는 현재의 방법을 충분히 검토 후 활용한다. • 주도면밀하고 보수적으로 현실성 있는 결정을 내린다. • 경계심이 있지만, 신뢰가 형성되면 깊은 관계를 맺는다. • 문제 해결과 체계적 업무 처리 능력이 뛰어나다.
동기 부여 전략	• 전문성을 발휘할 수 있는 환경을 제공한다. • 철저한 노력과 성과에 대해 품질 중심의 인정을 해준다. • 논리적·체계적인 작업 과정과 결과를 존중한다.
의사소통 전략	• 사전에 철저히 준비하고, 시간을 정확히 지킨다. • 핵심에 집중하며, 명확하고 직선적인 대화를 선호한다. • 구체적 근거와 증거를 제시해 신뢰를 확보한다. • 제안 시 장단점을 함께 제시하고, 실행 가능성을 명확히 한다. • 약속한 것은 반드시 이행하며, 일관된 태도를 유지한다. • 체계적 실행 계획을 제시하고, '왜'라는 질문에 성실히 답한다.

03 교류분석(Transactional Analysis, TA)

1 교류분석(TA)의 개념 ✿

(1) 교류분석은 1957년 미국의 정신과 의사 에릭 번(Eric Berne)이 제창한 이론으로, 인간의 사고·감정·행동과 그 교류 과정을 분석하는 심리학적 체계이자 치료 방법이다.

(2) 인간의 내면을 부모(Parent)·어른(Adult)·아이(Child)라는 세 가지 자아 상태로 설명하며, 사람들이 서로 주고받는 언어와 행동 속에 담긴 심리적 의미를 분석한다.

(3) 교류분석은 단순히 문제를 진단하는 데 그치지 않고, 건강한 자아 상태를 강화하고, 개인이 스스로 삶을 선택하고 책임지는 방향으로 성장하도록 돕는다.

② 교류분석(TA)의 특징

(1) 인간의 교류 방식과 관계 패턴을 구체적으로 분석한다.

(2) 성격 기능을 강화하여 긍정적 자아 인식과 책임감을 높인다.

(3) 사고·감정·행동을 조화롭게 통합해 자기 이해와 자기 분석을 가능하게 한다.

(4) 개인은 물론 집단의 행동 변화와 관계 개선에도 효과적이다.

③ 교류분석(TA)의 목적

(1) 교류분석은 자기 인식을 높여 사고·감정·행동을 스스로 조절하도록 돕는다.

(2) 자율성과 책임감을 강화하여 성숙한 행동 방식으로 성장하게 한다.

(3) 왜곡된 관계를 개선하고 진정성 있는 인간관계를 형성하도록 지원한다.

(4) '지금-여기(here and now)'에서의 사고와 행동을 성찰하며 변화 실천의 힘을 기른다.

(5) 자아 상태와 대화 방식을 이해함으로써 보다 효과적인 의사소통을 가능하게 한다.

④ 교류분석(TA)의 효과

(1) 개인이 스스로를 이해하고 변화시킬 수 있는 실질적 도구를 제공한다.

(2) 긍정적 자아 개념과 책임감을 키워 건강한 대인 관계를 형성하도록 한다.

(3) 자기 통찰을 통해 문제 해결력과 의사소통 능력을 높인다.

⑤ 교류분석(TA)의 기본적인 4가지 태도

I'm OK – You're OK [자타긍정]	• 자신과 타인 모두를 긍정적으로 바라보는 태도이다. • 가장 건강하고 성숙한 태도로, 상호존중과 신뢰 속에서 협력적 관계를 만든다. • TA가 궁극적으로 지향하는 목표 상태이다.
I'm Not OK – You're OK [자기부정·타인긍정]	• 자신을 낮게 평가하고, 타인을 더 낮다고 보는 태도이다. • 열등감·의존적 태도로 이어질 수 있으며, 관계에서 주도성을 잃기 쉽다. • 상담과 훈련을 통해 자존감 회복이 필요하다.

I'm OK – You're Not OK [자기긍정·타인부정]	• 자신은 긍정하되, 타인을 부정적으로 바라보는 태도이다. • 비난적·우월적 태도로 갈등과 고립을 초래할 수 있다. • 건강한 관계 형성을 위해 상호존중의 전환이 요구된다.
I'm Not OK – You're Not OK [자타부정]	• 자신과 타인 모두를 부정하는 태도이다. • 무력감·냉소·절망으로 이어져 심리적 퇴행과 사회적 고립을 낳는다. • 상담에서는 긍정적 자아 인식을 회복하도록 돕는 것이 중요하다.

6 교류분석(TA)의 성격 구조 분석과 자아 상태

(1) 성격 구조 분석의 개념

교류분석에서 인간의 성격은 세 가지 자아 상태(Ego State)로 이루어져 있으며, 이는 우리가 사고·감정·행동을 표현하는 기본 단위이다. 자아 상태를 분석함으로써 자신의 성격 경향을 이해하고, 인간관계 속에서 더 건강한 교류를 할 수 있다.

(2) 자아 상태의 세 가지 유형

① 부모 자아 상태(Parent Ego State; P)

㉠ 과거 부모나 권위자의 가치·규범·태도가 내면화된 상태이다.

㉡ 규율적·비판적이거나 보호적·양육적 태도로 나타난다.

㉢ 특징 : "해야 한다(Should)." 중심이며, 타인을 지도·통제하거나 돌보는 경향이 있다.

② 어른 자아 상태(Adult Ego State; A)

㉠ 현실 상황을 논리적·객관적으로 판단하고 대응하는 상태이다.

㉡ 감정이나 규범의 영향에서 벗어나, 사실과 데이터에 근거해 의사 결정을 한다.

㉢ 특징 : 현재 상황을 분석하고, 문제 해결을 합리적으로 이끌어간다.

③ 아이 자아 상태(Child Ego State; C)

㉠ 어린 시절의 감정·욕구·행동 방식이 남아 있는 상태이다.

㉡ 자유스럽고 창의적인 모습(자유로운 아이)과, 규율에 위축된 모습(순응하는 아이)으로 구분된다.

㉢ 특징 : 즐거움·호기심·감정 표현이 풍부하나, 때로는 충동적이거나 의존적일 수 있다.

(3) 자아 상태 분석의 의의

① 개인은 상황에 따라 세 가지 자아 상태를 오가며 행동한다.

② 특정 자아 상태에 치우치면 왜곡된 교류가 발생할 수 있으므로, 균형과 조화가 중요하다.

③ 자아 상태 분석은 자신과 타인의 반응을 이해하고, 더 효과적인 의사소통과 자기 성장을 가능하게 한다.

⑷ 교류분석(TA) 자아 상태의 특성

비판적 어버이 (Critical Parent; CP)	• 정의 : 자신이 옳다고 믿는 가치와 규범을 기준으로 행동하며, 양심 · 책임감 · 도덕심과 깊은 관련이 있다. • 긍정적 기능 : 책임감, 정의감, 공사 구분 등으로 타인을 이끌고 사회적 질서를 유지한다. • 부정적 측면 : 지나치면 지배적 · 명령적 태도, 잦은 비난과 훈계로 나타난다.
양육적 어버이 (Nurturing Parent; NP)	• 정의 : 친절 · 배려 · 동정심을 바탕으로 타인을 돌보는 자아 상태이다. • 긍정적 기능 : 따뜻함과 관용으로 주변을 보호하고 지원한다. • 부정적 측면 : 과도하면 간섭 · 과보호 · 타인의 자율성 박탈로 이어질 수 있다.
어른 자아 (Adult; A)	• 정의 : 사실과 데이터에 근거해 논리적 · 합리적 판단을 내리는 자아 상태이다. • 긍정적 기능 : 이성적 사고, 문제 해결, 현실 적응, 효율적 의사 결정에 기여한다. • 부정적 측면 : 과도하면 차갑고 기계적인 태도, 자기중심적 사고로 변질된다.
자유로운 어린이 (Free Child; FC)	• 정의 : 구속받지 않고 솔직하게 감정을 표현하는 자발적이고 창의적인 자아 상태이다. • 긍정적 기능 : 창의성, 즐거움, 자연스러운 감정 표현의 원천이 된다. • 부정적 측면 : 지나치면 충동적이고 무책임하며, 상황을 고려하지 않는 행동으로 이어진다.
순응하는 어린이 (Adapted Child; AC)	• 정의 : 규범과 타인에게 순종하며, 겸손하고 수용적인 자아 상태이다. • 긍정적 기능 : 협조와 질서 유지, 타인 존중을 통해 관계를 원활히 한다. • 부정적 측면 : 과도하면 자기 억압, 의존성, 우울 · 죄책감 · 자기혐오 등 부정적 감정으로 나타난다.

고객의 의사 결정 과정

01   고객의 구매 결정 프로세스의 변화

1 구매 의사 결정의 전통적 모델(AIDMA) ☆

주의 (Attention)	• 고객의 시선을 끌어 제품을 인지하게 만드는 단계이다. • 광고 · 판촉 · 진열 등을 통해 존재감을 알린다. ex TV 광고, 대형 옥외 광고판, 온라인 배너 광고
관심 (Interest)	• 제품의 특징과 장점을 파악하며 관심을 갖기 시작하는 단계이다. • 경쟁사 제품과 비교하여 차별성을 부각시킨다. ex 상세 페이지의 스펙 비교, 리뷰 콘텐츠 시청
욕구 (Desire)	• 관심을 넘어 제품을 가지고 싶다는 욕구가 생기는 단계이다. • 판매 촉진, 체험 이벤트, 스토리텔링이 욕구를 강화한다. ex "한정판" 문구, 무료 샘플, 체험단 이벤트
기억 (Memory)	• 고객이 구매 결정을 하기 위해 제품 정보를 기억하는 단계이다. • 긍정적 인상이 남을수록 실제 구매로 이어질 가능성이 높다. ex 광고 문구, 브랜드 이미지, 사용 후기의 반복 노출
행동 (Action)	• 최종적으로 구매를 실행하는 단계이다. • 좋은 기억과 욕구가 결합되어 실제 소비 활동으로 나타난다. ex 오프라인 매장에서 결제, 온라인 장바구니 → 구매 완료

2 온라인 기반 구매 결정 모델(AISAS) ☆

주의 (Attention)	• 고객의 시선을 끌어 제품이나 서비스를 인지하게 만드는 단계이다. • 온라인 광고, 유튜브 영상, SNS 피드 노출 등이 주요 역할을 한다.
관심 (Interest)	• 인지된 제품에 대해 관심을 갖고 호감을 형성하는 단계이다. • 브랜드 스토리, 체험형 콘텐츠, 온라인 리뷰 등이 영향을 준다.
검색 (Search)	• 고객이 스스로 인터넷을 통해 정보를 탐색 · 비교 · 분석하는 단계이다. • 검색 엔진, 쇼핑몰 후기, SNS 해시태그 검색을 통해 적극적으로 정보를 습득한다.
행동 (Action)	• 탐색 결과를 바탕으로 구매를 실행하는 단계이다. • 간편 결제, 온라인 장바구니, 모바일 커머스를 통해 즉각적으로 이루어진다.
공유 (Share)	• 구매 후 경험을 SNS · 블로그 · 커뮤니티 등을 통해 공유하는 단계이다. • 소비자의 후기는 또 다른 고객의 정보 탐색 단계로 이어져 자연스럽게 구전 효과를 만든다.

◈ 전통적 구매 결정 프로세스 모델과 인터넷 활성화로 변화한 온라인 구매 결정 프로세스 모델

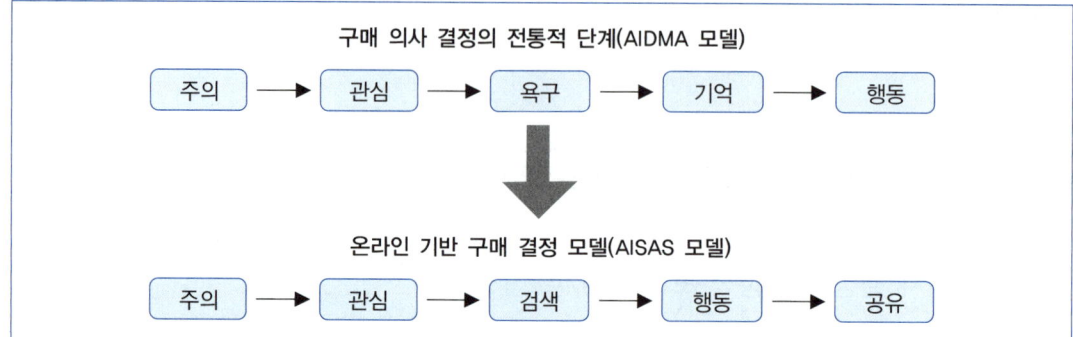

- 구매 의사 결정의 전통적 모델(AIDMA)에서는 주의(Attention) → 관심(Interest) → 욕구(Desire) → 기억(Memory) → 행동(Action)의 단계를 따른다.
- 이 가운데 주의와 관심 단계까지는 현대 소비자 행동과 동일하다.
- 그러나 인터넷과 디지털 미디어의 활성화로 소비자의 행동은 크게 변화하였다.
- 현대 소비자는 관심 이후 검색(Search)을 통해 제품 정보를 탐색하고, 경쟁 제품과 비교·분석한다.
- 이후 행동(Action)으로 구매를 실행하며, 구매 후에는 자신의 경험을 공유(Share)한다.
- 이렇게 공유된 정보는 다른 소비자의 새로운 구매 과정에서 검색 단계의 중요한 자료로 활용된다.
- 즉, 현대의 구매 결정 과정은 선형적(AIDMA) 흐름에서 순환적(AISAS) 구조로 확장되었다고 할 수 있다.

02 고객의 구매 의사 결정 5단계 ✿✿

◈ 소비자 구매 의사 결정 프로세스

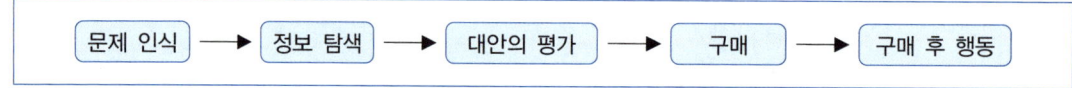

1 문제 인식

(1) 고객이 충족되지 않은 욕구를 자각하거나, 새로운 욕구가 발생할 때 문제 인식이 시작된다.

(2) 욕구가 발생하면 이를 해결하려는 동인(drive)이 작동하며, 동인은 욕구를 실제 행동으로 이끌 수 있는 동기(motive)로 전환된다.

(3) 즉, 욕구 → 동인 → 동기 → 행동으로 이어지는 과정에서 고객은 문제 해결을 위한 의사 결정 행동을 개시하게 된다.

(4) 문제 인식을 야기하는 요인

제품 사용 상황의 변화 (문제의 인식)	• 사용하던 제품이 자주 고장나거나 성능이 저하될 때 • 가족 구성원의 변화로 인해 새로운 욕구가 발생할 때 • 재정적 여건의 변화로 소비 가능 수준이 달라질 때 • 이용 중인 상품의 품질이 떨어질 때
고객 내부 요인	• 욕구 단계의 변화로 인해 욕구 수준이 달라질 때 • 고객의 과거 경험, 성격, 동기 등 개인적 특성에서 비롯될 때 • 특정 상표나 상품에 대한 신념·평가 등 태도의 변화로 인해 발생할 때
고객 외부 요인	• 타인의 행동, 사회적 관계, 감각적 자극(시각·후각 등)에 의해 촉발될 때 • 신제품 개발, 광고·판촉 등 기업의 마케팅 활동에 의해 새로운 필요를 느낄 때

(5) 문제 인식의 과정

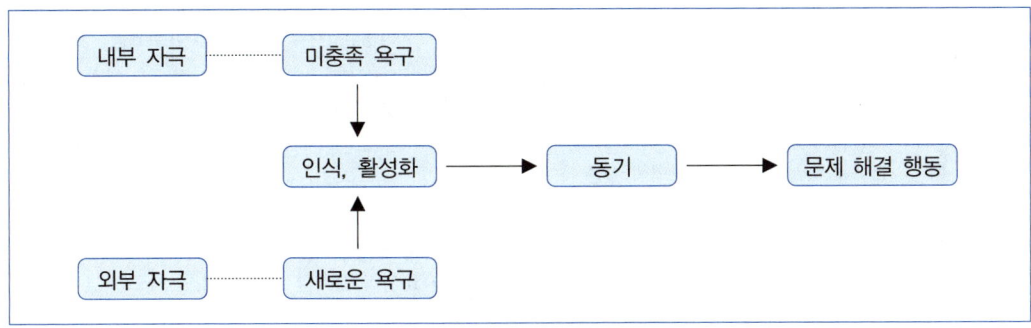

Key Insight

매슬로우의 욕구 5단계 이론(Maslow's Hierarchy of Needs)

① 매슬로우는 인간의 동기와 행동을 설명하기 위해 욕구를 5단계의 위계 구조로 제시하였다.
② 각 욕구는 우성 계층(hierarchy of prepotency)으로 배열되며, 하위 욕구가 충족되어야 상위 욕구가 발현된다고 보았다.
③ 이 이론은 인간의 동기를 설명하는 가장 기본적이면서도 보편적인 모형으로, 마케팅과 소비자 행동 연구에서 중요한 의미를 지닌다.

단계	욕구의 유형	설명	서비스 관점 예시
1단계	생리적 욕구 (Physiological Needs)	생존을 위한 기본 욕구	음식·음료 서비스, 숙박 서비스, 기본 교통·이동 서비스
2단계	안전의 욕구 (Safety Needs)	안정적이고 안전한 환경 추구	철저한 위생 관리 서비스, 보험 연계 여행 서비스, 24시간 보안 서비스
3단계	사회적 욕구 (Social Needs)	소속감, 관계 형성, 교류 욕구	커뮤니티 기반 서비스(멤버십 클럽), SNS 연계 이벤트, 단골 고객 관리 프로그램
4단계	존경의 욕구 (Esteem Needs)	타인으로부터 존중과 인정, 자기 존중 추구	호텔·항공사의 퍼스트 클래스 이용, 브랜드 명품 서비스, 개인화된 VVIP 컨시어지
5단계	자아실현의 욕구 (Self-Actualization)	자신의 잠재력 실현, 자기계발, 창의적 활동 추구	프리미엄 멤버십 제공, 맞춤형 웰니스·힐링 프로그램, VIP 고객 전용 경험 서비스

④ 매슬로우 이론의 한계점 : 매슬로우의 욕구 5단계 이론은 인간의 동기를 설명하는 기본적 틀을 제공했으나, 욕구 간 상호 연관성이나 동시적 발현 가능성을 충분히 설명하지 못한다.
  ㉠ 욕구 중요도의 상대성 : 하위 수준의 욕구는 충족되면 그 중요성이 감소할 수 있으며, 만족도가 높아질수록 해당 욕구가 의사 결정에 미치는 영향은 줄어들 수 있다.
  ㉡ 욕구의 변화와 중첩성 : 개인의 욕구는 상황에 따라 끊임없이 변화하고, 서로 상호작용하거나 동시에 여러 단계의 욕구가 발현되기도 한다.

앨더퍼(Clayton Alderfer)의 ERG 이론

① 앨더퍼는 인간의 행동을 유발하는 동기를 설명하기 위해, 기존의 매슬로우 욕구 단계 이론을 보완하여 ERG 이론을 제시하였다.
② 그는 매슬로우가 제시한 다섯 단계의 욕구를 보다 단순화하여, 존재(Existence), 관계(Relatedness), 성장(Growth)의 세 가지 범주로 재구성하였다.
③ ERG 이론은 매슬로우 이론과 마찬가지로 인간의 다양한 욕구를 설명하지만, 욕구가 반드시 위계적 단계로만 발현되는 것은 아니며, 여러 욕구가 동시에 나타나거나 상·하위 욕구 간 이동이 가능하다는 점에서 차이가 있다.
④ 따라서 ERG 이론은 현실적 인간 행동을 보다 유연하게 설명할 수 있는 모형으로 평가된다.

구분	욕구 정의	서비스 관점 예시
존재 욕구 (Existence)	인간의 생존과 안정을 위한 기본적 욕구(생리적 욕구 + 안전 욕구)	호텔·레스토랑에서 제공하는 음식·숙박 서비스, 교통수단의 안전한 운행 및 보험 서비스, 위생·보건 관리 서비스
관계 욕구 (Relatedness)	타인과 의미 있는 관계를 형성하고 소속감을 느끼려는 욕구	철저한 위생 관리 서비스, 보험 연계 여행 서비스, 24시간 보안 서비스
성장 욕구 (Growth)	자신의 잠재력을 개발하고 성취를 추구하려는 욕구	커뮤니티 기반 서비스(멤버십 클럽), SNS 연계 이벤트, 단골 고객 관리 프로그램

✏ ERG 이론은 매슬로우 이론의 경직된 위계 구조를 보완하여, 욕구가 동시에 발현되거나 충족되지 않을 경우 퇴행할 수 있음을 설명한다는 점에서 현실적 타당성이 높다.

허즈버그(Herzberg)의 2요인 이론(Two-Factor Theory)

① 허즈버그는 인간의 직무 동기에 영향을 미치는 요인을 동기 요인(motivators)과 위생 요인(hygiene factors)으로 구분하였다.
② 동기 요인은 만족도를 높여 성과와 연결되는 요인이며, 위생 요인은 불만족을 줄이는 역할을 하지만 만족을 증가시키지는 않는다.
③ 따라서 조직에서는 두 요인을 구분하여 관리할 필요가 있다.

동기 요인 (Motivators)	• 직무 만족을 증가시키는 요인 • 충분할 경우 만족도와 성과를 높이지만, 부족하다고 불만족을 초래하지는 않음. • 대표 요소 : 성취감, 도전성, 인정과 칭찬, 성장과 발전 • 직무 만족, 직무 동기, 직무 태도에 긍정적 영향
위생 요인 (Hygiene Factors)	• 직무 불만족을 예방하는 요인 • 부족할 경우 불만족을 심화시키지만, 충분하다고 만족도를 크게 높이지는 않음. • 대표 요소 : 작업 조건, 회사 정책·방침, 보상 체계, 근무 환경 • 불만족 시 직무 만족도와 동기를 저하시킴. 그러나 충분하다고 해서 동기를 유발하지는 않음.

구분	동기 요인(Motivators)	위생 요인(Hygiene Factors)
역할	만족을 증가, 고객 경험·성과 향상	불만족을 감소, 서비스 안정성 보장
부족시	불만족은 아니나 감동·차별화 경험 결여	불만족 심화, 고객 이탈 가능성 증가
충분시	고객 만족도·재구매 의도·충성도 향상	불만족 예방, 만족도 향상에는 제한적 영향
주요 요소	성취, 인정, 도전, 성장·발전	근무 조건, 정책, 보상, 환경
서비스 예시	• 호텔 직원이 고객 이름을 기억해 부르는 맞춤 서비스 • 항공사의 VIP 라운지 제공 • 카페에서 고객 취향을 반영한 음료 추천	• 레스토랑의 청결·위생 관리 • 콜센터의 신속한 연결 • 교통수단의 안전 운행 • 표준화된 환불 절차

2 정보 탐색

(1) 정보 탐색(Information Search)의 유형

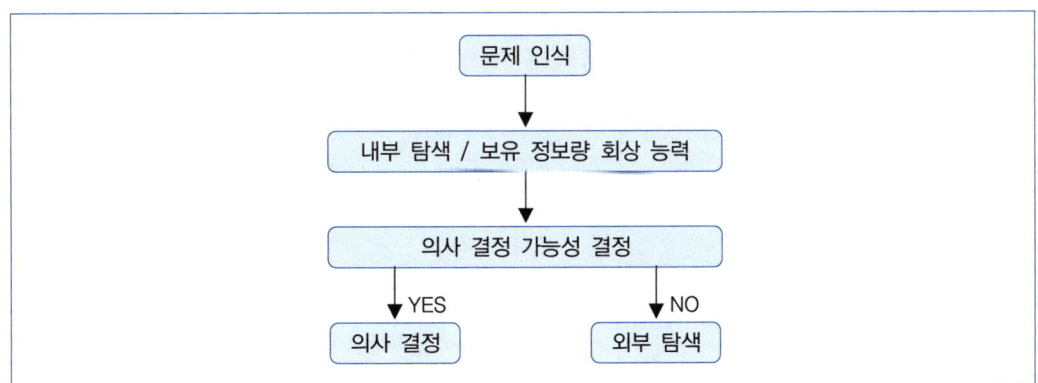

고객은 문제 인식 후 구매 의사 결정을 내리기 위해 필요한 정보를 탐색한다. 정보 탐색은 내부 탐색과 외부 탐색으로 구분된다.

내부 탐색 (Internal Search)	• 고객이 자신의 기억 속에 축적된 정보를 활용하는 과정이다. • 과거의 사용 경험, 광고나 홍보를 통해 접한 내용, 브랜드에 대한 인상 등이 기억에서 불러와져 구매 의사 결정의 기초 자료로 활용된다.
외부 탐색 (External Search)	• 고객이 기억 속 정보만으로는 충분하지 않을 때 외부의 다양한 경로를 통해 정보를 보완하는 과정이다. • 친구·가족 등 준거 집단의 의견, 판매원이나 서비스 직원의 설명, 기업의 광고·홍보, 온라인 후기·평가 등 외부 정보원이 중요한 역할을 한다.

(2) 정보의 원천(Source of Information)

고객은 구매 의사 결정 과정에서 다양한 출처의 정보를 참고한다. 정보의 원천은 일반적으로 기업적 원천, 개인적 원천, 경험적 원천, 중립적 원천으로 구분할 수 있다.

기업적 원천 (Firm-Controlled Source)	• 기업이 통제하거나 직접 제공하는 정보이다. • 광고, 홈페이지, 매장 진열, 서비스 직원의 설명, 포장·브로슈어 등이 해당된다. • 고객에게 브랜드 이미지를 형성하는 데 중요한 역할을 한다.
개인적 원천 (Personal Source)	• 주변 지인으로부터 전달되는 정보이다. • 가족, 친구, 직장 동료와 같은 사람들의 경험담이 포함되며, 구전 효과(WOM)가 크게 작용한다. • 고객은 이러한 정보를 신뢰하는 경향이 강하다.
경험적 원천 (Experiential Source)	• 고객이 스스로 서비스를 이용하거나 제품을 체험하면서 얻는 정보이다. • 직접 경험을 통해 형성된 평가이므로 가장 신뢰도가 높은 정보원으로 여겨진다. ex 호텔 숙박 경험, 음식 시식, 서비스 현장 이용 등
중립적 원천 (Neutral Source)	• 제3자의 입장에서 제공되는 객관적 정보이다. • 언론 보도, 소비자 단체, 정부 기관의 자료, 온라인 리뷰·평가 등이 포함된다. • 고객은 기업 제공 정보보다 중립적 출처를 더 공정하고 신뢰성 있는 정보로 인식한다.

3 대안 평가

고객은 문제 인식과 정보 탐색을 거친 후, 여러 가능한 선택지들 중에서 자신에게 가장 적합한 대안을 선택하기 위해 평가 과정을 거친다. 이 과정은 다음과 같이 이해할 수 있다.

(1) 평가 기준의 설정

고객은 대안을 비교하기 위해 특정 기준을 활용한다. 가격, 품질, 브랜드 신뢰도, 이미지, 편리성 등 다양한 속성이 평가 기준이 되며, 제품·서비스의 유형에 따라 기준의 비중은 달라진다.

(2) 가치의 환산

고객은 단순한 가격 비교에 그치지 않고, 시간·노력·심리적 비용 등 기회비용까지 고려하여 각 대안이 자신에게 얼마나 가치 있는지를 평가한다.

(3) 신념과 태도의 형성

고객은 대안별 속성에 대한 평가를 바탕으로 특정 대안에 대한 신념(belief)을 갖게 되고, 이러한 신념이 종합되어 태도와 구매 의도로 발전한다.

(4) 대안 평가 과정

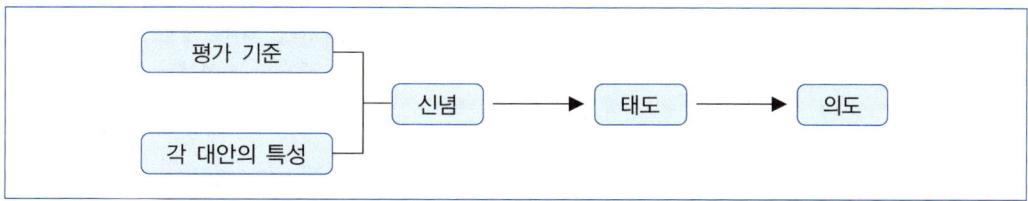

(5) 대안 평가 기준의 측정 방법

소비자가 대안을 선택할 때 어떤 기준을 활용하는지를 파악하기 위해 여러 가지 측정 방법이 사용된다. 대표적인 방법은 다음과 같다.

직접 질문법 (Direct Questioning)	• 소비자에게 "어떤 요소를 가장 중요하게 고려하는가?"를 직접 묻는 방식이다. • 가격, 품질, 서비스, 이미지 등 구체적 속성을 스스로 답하게 하여 평가 기준을 확인한다.
간접 질문법 (Indirect Questioning)	응답자 본인이 아닌 타인의 관점을 가정하여 질문하는 방식이다. ex "사람들이 호텔을 선택할 때 가장 먼저 고려하는 요인은 무엇이라고 생각하십니까?" → 사회적 인식이나 일반적 경향을 추정할 때 유용하다.
척도법 (Scaling Method)	• 소비자가 고려하는 속성의 상대적 중요도를 수치로 나타내는 방식이다. • 이분법(중요/비중요), 중요도 척도(ex 5점 척도), Likert 척도(동의 수준 측정), 순위 제시법(선호 순서 매기기), 고정 총합법(100점을 속성에 분배) 등 다양한 형태가 활용된다.
컨조인트 분석 (Conjoint Analysis)	• 실제 선택 상황을 모의하기 위해 여러 속성을 조합한 다양한 대안을 제시하고, 소비자가 각 대안의 매력도를 평가하도록 하는 방식이다. • 신상품 개발, 서비스 패키지 구성, 브랜드 포지셔닝 등에서 소비자의 선호 구조와 의사 결정 요인을 구체적으로 파악할 수 있다.

(6) 대안 평가 방법 ✿

고객은 여러 대안 가운데 최종 선택을 하기 위해 다양한 평가 방식을 활용한다. 이 과정은 보완적 평가 방법과 비보완적 평가 방법으로 구분할 수 있다.

보완적 평가 방법 (Compensatory Method)	• 고객이 여러 속성을 동시에 고려하여, 특정 속성에서 낮은 평가를 받더라도 다른 속성에서 높은 평가로 이를 보완할 수 있는 방식이다. • 각 속성에 대한 점수를 합산하거나 가중치를 적용해 총점을 산출하고, 가장 높은 점수를 받은 대안을 선택한다. ex 호텔 선택 시 가격이 다소 높더라도 서비스 품질과 위치가 뛰어나다면 최종적으로 선택될 수 있다.
비보완적 평가 방법 (Non-Compensatory Method)	• 결합식(Conjunctive Rule) : 모든 속성에 최소 수용 기준을 설정하고, 모든 기준을 충족하는 대안만을 선택하는 방식이다. ex 호텔을 고를 때 가격, 위치, 청결 모두 일정 수준 이상이어야 선택 • 분리식(Disjunctive Rule) : 특정 속성 하나라도 기준을 크게 초과하면 다른 속성이 부족하더라도 선택하는 방식이다. ex 가격이 비싸도 위치가 최고라면 선택 • 사전 편집식(Lexicographic Rule) : 가장 중요한 속성을 기준으로 우선 평가하고, 동등할 경우 두 번째 속성으로 비교를 이어가는 방식이다. ex 호텔 선택 시 가격을 최우선으로 보고, 동일하다면 '위치'로 판별 • 순차적 제거식(Elimination by Aspects) : 중요한 속성부터 차례대로 허용 기준을 정하고, 이를 충족하지 못하는 대안을 제거하면서 마지막까지 남은 선택지를 고르는 방식이다. ex '위치 → 청결 → 서비스 → 가격' 순으로 기준을 적용해 걸러내는 방식
휴리스틱 평가 (Heuristic Evaluation)	• 고객이 모든 속성을 체계적으로 검토하지 않고, 단순한 의사 결정 규칙(rule of thumb)에 따라 신속하게 선택하는 방식이다. • 일종의 '주먹구구식' 평가 방식으로, 소비자가 스스로 세운 원칙에 의존한다. ex "호텔은 무조건 체인 호텔만 이용한다.", "지인의 추천을 받은 곳만 간다." 등

Key Insight

스마트폰 선택의 보완적 평가 방식 예시

평가 기준 (중요도)	디자인, 휴대성 (40%)	가격 (30%)	카메라 성능 (30%)	총점 계산
A 스마트폰	9	6	7	$(9 \times 0.4) + (6 \times 0.3) + (7 \times 0.3) = 7.5$
B 스마트폰	9	8	8	$(9 \times 0.4) + (8 \times 0.3) + (8 \times 0.3) = 8.4$
C 스마트폰	7	7	9	$(7 \times 0.4) + (7 \times 0.3) + (9 \times 0.3) = 7.6$
D 스마트폰	8	5	8	$(8 \times 0.4) + (5 \times 0.3) + (8 \times 0.3) = 7.1$

• B 스마트폰이 가장 높은 평가(8.4점)를 받아 최종 선택된다.
• A · C 스마트폰은 균형 잡힌 점수를 보였지만, B 스마트폰은 디자인 · 가격 · 카메라 성능에서 모두 우수해 차별화된 결과를 보인다.

⑺ **대안 평가 및 상품 선택에 영향을 미치는 주요 심리적 요인** ✿✿✿

고객은 여러 대안을 비교·평가하고 최종적으로 상품을 선택하는 과정에서 합리적 기준뿐 아니라 다양한 심리적 편향과 효과의 영향을 받는다. 대표적인 요인은 다음과 같다.

구분	개념	서비스 사례
후광 효과 (Halo Effect)	특정 속성에서 형성된 인상이 다른 속성의 평가에 영향을 미치는 효과	유명 호텔 브랜드라는 이유만으로 객실 청결, 서비스 품질까지 우수할 것이라고 판단
유사성 효과 (Similarity Effect)	새로운 대안이 기존 상품 중 유사한 대안을 더 강하게 대체하는 현상	새로운 프리미엄 커피 전문점이 등장하면, 기존 저가 카페보다 같은 프리미엄 카페 고객을 빼앗음.
유인 효과 (Decoy Effect)	의도적으로 열등한 옵션을 추가해 특정 대안을 돋보이게 하는 효과	뷔페에서 2인 12만원, 3인 17만원, 4인 18만원 제시 시, 4인 옵션이 더 합리적으로 보임.
프레이밍 효과 (Framing Effect)	동일한 정보라도 제시 방식에 따라 평가가 달라지는 현상	"객실 예약 시 90% 성공률" vs "예약 실패율 10%"로 표현할 때 고객 반응이 다름.
손실 회피 (Loss Aversion)	손실을 피하려는 심리가 이익보다 더 강하게 작용하는 현상	"지금 예약 안 하면 할인 혜택 사라집니다."라는 문구가 "10% 할인 혜택 제공"보다 더 강하게 작용
심리적 반발 효과 (Psychological Reactance)	자유가 제한될수록 더 강하게 끌리는 효과	"성인 전용 스파"나 "VIP 전용 라운지"가 오히려 고객의 이용 욕구를 자극
대비 효과 (Contrast Effect)	먼저 본 기준에 따라 이후 대안의 평가가 달라지는 현상	고가 리조트 패키지를 먼저 보여준 뒤 중가 패키지를 제시하면 후자가 상대적으로 저렴하게 인식됨.
최고·최초 효과 (Primacy & Novelty Effect)	최고·최초라는 속성이 평가에 큰 영향을 주는 효과	"국내 최초 루프톱 수영장", "세계 최고 전망 레스토랑" 같은 표현이 선택에 강력한 요인으로 작용

4 구매

(1) 고객 구매 행동 유형

고객의 구매 행동은 관여 수준(높음/낮음)과 브랜드 간 차이 인식 정도에 따라 구분된다. 대표적인 유형은 다음과 같다.

복잡형 구매 행동 (Complex Buying Behavior)	• 관여도가 매우 높고, 사전 경험이 적을 때 발생한다. • 고객은 위험 회피와 정보 탐색에 많은 노력을 기울이며, 학습을 통해 구매 결정을 내린다. ex 처음으로 자동차, 해외여행 패키지, 고가의 가전제품을 구입하는 경우
상표 충성형 구매 행동 (Dissonance-Reducing Buying / Brand Loyalty Behavior)	고관여 상황에서 특정 브랜드 경험에 만족하면 충성도(loyalty)가 형성되어 반복 구매가 이어진다. ex 고객이 특정 호텔 체인, 항공사, 화장품 브랜드를 꾸준히 이용하는 경우
다양성 추구형 구매 행동 (Variety-Seeking Buying Behavior)	• 저관여 제품에서 쉽게 발생하며, 고객이 여러 브랜드를 시도하면서 변화를 추구한다. • 브랜드 불만족 때문이 아니라 새로움과 호기심 때문에 발생하는 경우가 많다. ex 과자, 음료, 카페 브랜드를 번갈아 선택하는 경우
습관적 구매 행동 (Habitual Buying Behavior)	• 저관여 상황에서 관성적으로 동일한 상표를 반복 구매하는 경우이다. • 고객은 대안 탐색보다는 편리성과 익숙함 때문에 같은 브랜드를 선택한다. ex 늘 이용하는 편의점 커피, 생수, 세제 브랜드를 무심코 반복 구매하는 경우

Key Insight

관여도(Involvement)

① 관여도란 상품 구매나 소비 상황에 대해 개인이 느끼는 중요성·관심 수준을 의미한다.

② 관여 수준에 따라 저관여(low involvement)와 고관여(high involvement)로 구분할 수 있으며, 이는 고객의 정보 탐색, 의사 결정 과정, 구매 후 행동에 직접적인 영향을 미친다.

구분	저관여(Low Involvement)	고관여(High Involvement)
지각된 위험	낮음.	높음.
상표 간 차이	미미함.	뚜렷함.
정보 처리 방식	소극적, 최소 비용의 정보 처리	적극적, 고비용의 정보 처리
정보 처리 과정	단순, 간단함.	복잡, 정교함.
구매 후 부조화	낮음.	높음.
서비스 사례	• 편의점에서 생수·커피 구입 • 패스트푸드점 햄버거 선택 • 지하철 교통카드 충전	• 해외여행 패키지 상품 예약 • 호텔 웨딩홀 선택 • 성형·의료 서비스 이용 • 대학원 과정 등록

(2) 구매 의사 결정에 작용하는 상황적 요인 ★★★

고객의 구매 행동은 개인적 특성이나 제품 속성뿐만 아니라 그때그때의 상황적 맥락에도 크게 좌우된다.

구분	설명	서비스 사례
물리적 환경	매장의 외관, 인테리어, 조명, 음악, 향기, 온도, 소음 등과 같은 물리적 조건이 고객의 감정과 행동에 직접적인 영향을 미침.	• 카페에서 은은한 조명과 조용한 음악이 고객의 체류시간 증가 • 향기 마케팅(브랜드 향)으로 구매 욕구 자극 • 편리한 동선 설계로 탐색 행동 증가
사회적 환경	구매 장소에서 함께 있는 타인 또는 주변 고객의 존재, 혼잡도, 동행자의 유무가 선택과 구매 행동에 영향을 미침.	• 혼잡한 매장에서는 구매를 포기하는 경우 • 동행자의 권유로 고가 상품 구매 • 인플루언서와 함께 방문한 고객의 충동구매 증가
소비 상황	제품을 사용하는 과정에서 발생하는 여러 상황적 요인이 만족도 및 재구매에 영향을 미침.	• 캠핑장에서 사용하기 좋은 제품이라는 점을 강조한 광고 • 크리스마스 시즌 한정 패키지 판매 • 혼밥용·1인 가구용 제품 출시
구매 상황	제품을 구매하는 순간 또는 구매 직전에 발생하는 상황적 요인으로 가격 할인, 시간, 혼잡도 등이 영향을 미침.	• 타임세일, 1+1, 이벤트로 충동구매 유도 • 온라인 리뷰 확인 후 구매 결정 • 주차 공간 부족으로 매장 방문 포기
커뮤니케이션 상황	제품 정보에 노출될 때, 주변의 상황이나 메시지의 형태가 구매 의사에 영향을 미침.	• SNS 광고 노출 후 즉시 검색 및 구매 연결 • 라이브커머스에서 실시간 소통 후 구매 결정 • 고객센터의 친절한 응대로 구매 전환

5 구매 후 행동

(1) 구매 후 행동 과정

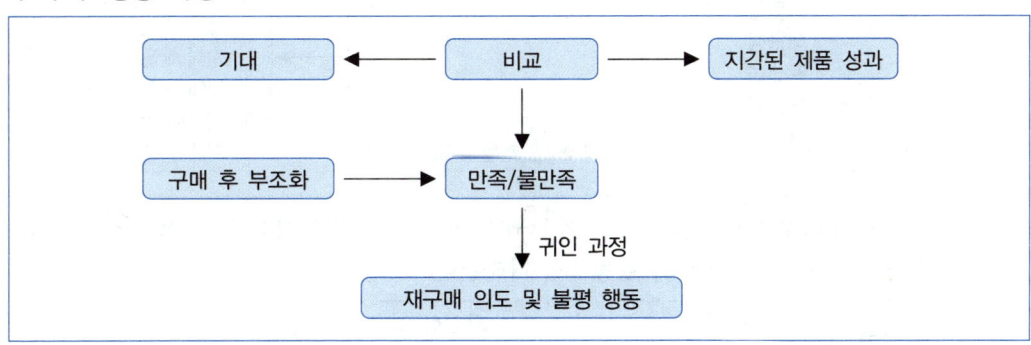

① 기대 불일치 이론(Expectation-Disconfirmation Theory) : 기대 불일치 이론은 고객 만족을 설명하는 대표적 모형으로, 서비스에 대한 사전 기대와 실제 경험 결과 간의 차이가 만족 또는 불만족을 결정한다는 관점이다.

　㉠ 기대와 성과의 비교 : 고객은 서비스 이용 전에 일정한 기대 수준을 형성하고, 실제 경험한 성과와 이를 비교한다.

　㉡ 불일치 유형

　　ⓐ 부정적 불일치 : 실제 성과가 기대에 미치지 못해 실망과 불만족을 초래하는 경우

　　ⓑ 긍정적 불일치 : 실제 성과가 기대를 초과하여 만족과 감동을 유발하는 경우

　　ⓒ 일치 : 실제 성과가 기대와 동일해 특별한 감정 변화가 없는 경우

　㉢ 만족의 원리 : 고객은 기대 이하의 서비스를 받으면 불만족하고, 기대 이상으로 보상을 받을 때 만족한다. 특히 중요한 서비스 속성일수록 기대 수준이 높아, 불일치가 크게 작용한다.

　㉣ 서비스 회복 기대 : 고객은 최초 서비스 경험보다, 서비스 실패 이후 제공되는 회복 조치에 더 높은 기대를 갖는다. 회복이 기대를 초과하면 오히려 초기 서비스보다 더 강한 긍정적 인식을 형성할 수 있다.

　㉤ 서비스 사례

　　ⓐ 호텔 체크인 지연 : 고객이 예상한 시간보다 늦게 객실을 배정받으면 부정적 불일치가 발생한다. 그러나 호텔이 무료 업그레이드나 사과 보상을 제공하면 기대를 넘어서는 회복 경험으로 긍정적 불일치가 형성된다.

　　ⓑ 레스토랑 방문 : 음식 맛이 기대보다 평범하면 단순한 일치, 기대보다 훨씬 뛰어나면 긍정적 불일치로 만족감이 커진다.

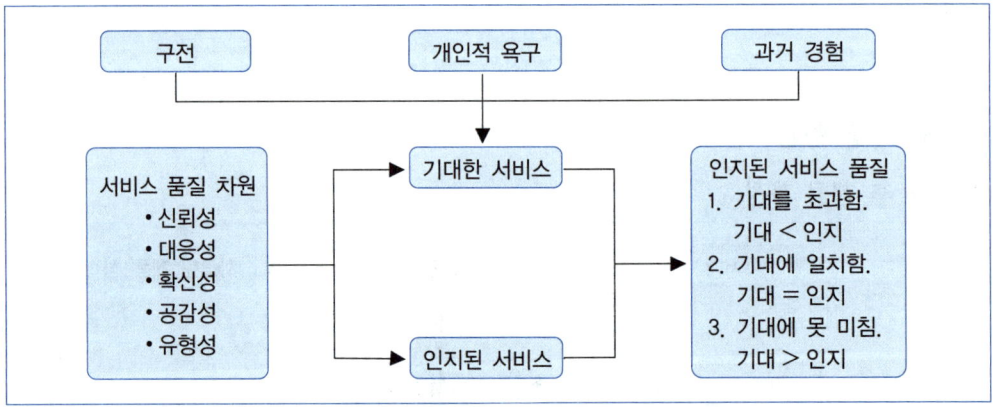

② 구매 후 행동(Post-Purchase Behavior) : 구매 후 고객은 실제 경험을 바탕으로 만족 또는 불만족을 느끼며, 이는 이후의 행동으로 나타난다.

구매 후 만족 행동	• 기대를 충족하거나 초과 달성한 경우 발생한다. • 결과 : 재구매, 긍정적 구전(Word of Mouth), 충성 고객으로 발전 ex 호텔 투숙 경험이 기대 이상일 경우 SNS에 긍정 후기를 남기고 재방문을 약속함.

구매 후 불평 행동	• 서비스나 제품이 기대에 못 미칠 때 나타난다. • 무(無)행동 : 불만을 표현하지 않고 단순 이탈 • 사적 행동 : 부정적 구전, 재구매 거절 • 공적 행동 : 교환·환불 요구, 소비자 단체 제소, 법적 대응 등 적극적 불만 제기 　ex 항공사 지연으로 불만을 느낀 고객이 환불을 요구하거나, 온라인 리뷰에 부정 평가를 남김.

③ 구매 후 부조화(Post-Purchase Dissonance) : 만족·불만족을 느끼기 전, 고객은 자신의 선택이 올바른지에 대해 심리적 불안감을 경험할 수 있다.

Part
A
03

구매 후 부조화 발생 상황	• 구매 취소가 불가능할 때 • 선택하지 않은 대안에 매력적인 장점이 있을 때 • 마음에 드는 대안이 여러 개였을 때 • 관여도가 높은 상품일 때　ex 자동차, 여행 패키지 • 전적으로 본인의 결정에 의존했을 때
기업의 부조화 감소 전략	• 강화 커뮤니케이션 : 광고, 사후 안내 서신, 환영 메일, 감사 전화 등을 통해 올바른 선택이라는 확신 제공 • 보증과 서비스 강화 : 제품 보증, 친절한 A/S, 고객 불만 관리 시스템 운영 • 품질 개선 : 반품·수리 요구가 발생하지 않도록 품질 수준 향상
고객의 부조화 감소 전략	• 자신이 내린 선택을 지지하는 정보 탐색 • 선택한 대안의 장점을 스스로 강조 • 의사 결정 중요성을 상대적으로 낮게 인식 • 선택하지 않은 대안의 장점을 축소하거나 무시

Key Insight

인지 부조화(Cognitive Dissonance)

인지 부조화란 고객이 구매를 결정한 뒤, 자신의 선택이 옳았는지에 대해 느끼는 심리적 갈등과 불안감을 의미한다. 이는 인간이 일관성을 유지하려는 성향 때문에 발생하며, 구매 후 경험이 기대와 다르거나 다른 대안의 장점이 눈에 띌 때 더욱 강하게 나타난다.

구분	내용	서비스 사례
발생 원인	• 대안 간 매력 충돌 • 구매 취소 불가능 • 높은 관여도(고가·위험 부담) • 전적으로 본인의 선택일 때	고가 휴대폰 구매 후 다른 브랜드의 더 좋은 조건을 알게 된 경우
고객 반응	• 선택한 대안의 장점을 강조 • 선택하지 않은 대안의 매력을 축소 • 자신의 결정을 지지하는 정보 탐색	"내가 산 호텔은 위치가 제일 좋으니 잘 선택한 거야."라고 스스로 안심
기업 대응 전략	• 사후 메시지, 환영 서신, 감사 쿠폰 등 심리적 보강 • 품질 보증, 반품·교환, 신속한 A/S • 추가 혜택 제공(멤버십, 사은품 등)	호텔 예약 후 웰컴 드링크·객실 업그레이드 제공, 가전제품 무상 보증 연장
결과	인지 부조화가 완화되면 고객 만족 및 재구매 가능성이 높아짐.	고객의 브랜드 충성도 강화

예상문제

일반형

01 다음은 '소비자'와 '고객'에 대한 용어의 정의를 설명한 내용이다. 이 중 가장 옳지 <u>않은</u> 것은?

① 고객은 흔히 '손님'이란 용어로 표현되기도 한다.

② 처음 기업과 거래를 시작하는 고객을 신규 고객이라 한다.

③ 일반적으로 소비 활동을 하는 모든 주체를 소비자라 한다.

④ 소비자는 구매자, 사용자, 구매 결정자의 역할을 각각 다르게 수행하거나, 한 사람이 여러 역할을 동시에 수행하기도 한다.

⑤ 직접 제품이나 서비스를 반복적, 지속적으로 애용하고 있지만, 타인에게 추천할 정도의 충성도를 가지고 있지 않은 고객을 옹호 고객이라 한다.

02 다음 중 구매 후 부조화 발생 상황이 <u>아닌</u> 것은?

① 관여도가 높을 때

② 구매 결정을 취소할 수 있을 때

③ 마음에 드는 대안이 여러 개일 때

④ 전적으로 고객 자신의 의사 결정일 때

⑤ 선택한 대안에 없는 장점을 선택하지 않은 대안이 가지고 있을 때

03 고객의 구매 결정 프로세스 중 전통적 구매 결정 프로세스 모델인 AIDMA에 대한 설명으로 옳지 <u>않은</u> 것은?

① 주의 : 고객의 주의를 끌어 제품을 인지하는 단계

② 관심 : 제품에 대해 관심을 가지고 장단점을 인지하는 단계

③ 공유 : 구매한 제품에 대한 평가를 SNS를 통해 정보를 공유하는 단계

④ 욕구 : 판매 촉진 활동 등으로 제품에 대한 구매 욕구를 불러일으키는 단계

⑤ 기억 : 욕구의 단계를 넘어 제품에 대한 기억으로 구매 의사를 결정짓는 단계

04 다음 중 고객의 기대에 대한 영향 요인 중 '고객의 상황적 요인'에 해당하는 것은?

① 개인적 욕구
② 고객의 정서적 상태
③ 타인과의 상호관계로 인한 사회적 상황
④ 서비스 의사 결정에 영향을 미치는 촉진 전략
⑤ 유통 구조에 의한 편리성과 서비스 수준 기대

05 다음의 고객 성격 유형 중 '외향형(Extraversion)'에 해당하는 특성은?

① 말로 표현한다.
② 서서히 알려진다.
③ 조용하고 신중하다.
④ 이해한 다음에 경청한다.
⑤ 자기 내부에 주의 집중한다.

06 구매 의사 결정에 있어서 가족 구성원들이 수행하게 되는 역할로서 적절하지 <u>않은</u> 것은?

① 공급자   ② 정보 수집자
③ 의사 결정자   ④ 구매 담당자
⑤ 영향력 행사자

07 고객의 여러 대안들을 평가하기 위한 대안 평가 방법을 설명한 것으로 가장 적절한 것은?

① 보완적 평가 방법 : 모든 기준에 최소 기준을 마련하고 만족 여부로 평가하는 방법
② 분리식 평가 방법 : 가장 중요한 평가 기준부터 차례로 내안을 비교·평기히는 방법
③ 결합식 평가 방법 : 고객이 정한 허용 기준을 한 평가 기준이라도 초과하면 선택하는 방법
④ 사전 편집식 평가 방법 : 몇 개의 기준을 사용하여 각 대안을 비교·평가, 최종적으로 가장 높은 평가를 받은 제품을 선택하는 방법
⑤ 순차적 제거식 평가 방법 : 중요한 속성부터 허용 수준을 설정하여, 그 기준에 미치지 않는 것을 차례로 제거하며 평가, 마지막까지 남는 대안을 선택하는 방법

08 서비스를 소비하는 주체인 고객의 행동과 그들의 관점으로 살펴보면, 서비스 상품을 편의 서비스, 선매 서비스, 전문 서비스 등의 세 가지 상품으로 구분할 수 있다. 전문 서비스에 해당하는 설명으로 적절한 것은?

① 장소를 가리지 않고 편의적으로 선택하므로 단골 고객이 되기 어렵다.
② 고객의 관여 정도가 높고, 가격에 대해 비탄력적인 경우가 많다. 대표적인 예로 가수의 콘서트 관람, 개인 변호사의 법률 상담 등이 있다.
③ 소비자가 최소한의 쇼핑 노력만을 들여 구매하는 것으로 필름 현상소, 우편 서비스 등을 예로 들 수 있다.
④ 고객이 여러 상품 중 골라 사는 서비스를 의미한다.
⑤ 어떤 서비스를 구매할지 정확히 알지 못하는 경우가 대부분이므로 적절한 구매를 하기 위해 탐색하는 등의 노력을 기울이게 된다.

09 고객 기본 심리에 대한 설명으로 적절하지 않은 것은?

① 환영 기대 심리 : 고객은 언제나 환영받기를 원한다.
② 모방 심리 : 고객은 다른 고객을 닮고 싶어 하는 심리를 갖고 있다.
③ 존중 기대 심리 : 중요한 사람으로 인식되고 기억해 주기를 바란다.
④ 독점 심리 : 다른 고객과 비교해 손해를 보고 싶지 않은 심리를 갖고 있다.
⑤ 자기 본위적 심리 : 고객은 항상 자신의 가치 기준을 가지고, 항상 자기 위주로 모든 상황을 판단하는 심리를 갖고 있다.

10 다음 중 고객의 성격 유형 분석에 대한 설명으로 옳지 않은 것은?

① TA 교류분석은 긍정 심리 이론이다.
② TA 교류분석의 기본적 사상은 자기 이해이다.
③ TA 교류분석을 통해 여러 가지 '감정'들에 대한 이해를 높일 수 있다.
④ MBTI로 16가지 고객의 성격 유형별 구매 행동의 특성을 알아볼 수 있다.
⑤ DISC는 서비스 접점에서 고객의 성향을 알 수 있는 가장 보편적인 지표이다.

11 서비스 상품의 구매와 소비 과정에서 고객 참여가 확대되면서, 고객 유형에 따른 관리 전략이 더욱 중요해지고 있다. 다음 고객 유형 설명 중 가장 적절한 것은?

① 체리피커 : 반복적·지속적으로 애용하지만, 추천할 정도의 충성도가 있지는 않은 고객
② 단골 고객 : 상품이나 서비스를 평가하는 데 영향력을 행사하는 고객
③ 의견 선도 고객 : 다른 고객의 구매 의사 결정에 영향력을 미치는 고객
④ 한계 고객 : 반복 구매를 통해 장기적 충성도가 높은 고객
⑤ 의사 결정 고객 : 기업과의 관계를 종료하거나 이탈을 고려하는 고객

12 고객은 의사 결정을 할 때 다양한 정보를 활용한다. 다음 중 신뢰도가 가장 높은 정보는?

① 개인의 경험   ② 판매원의 설명
③ 가족이나 친구의 추천   ④ 인터넷 블로그 후기
⑤ 잡지나 신문 기사

13 다음 중 고객의 선택에 영향을 미치는 심리적 효과에 대한 설명으로 **잘못된** 것은?

① 후광 효과 : 상품 평가 시 일부 속성에 의해 형성된 전반적 평가가 직접적인 관련이 없는 다른 속성 평가에 영향을 미친다.
② 손실 회피 : 동일한 수준의 혜택과 손실이 발생하는 상황에서 손실에 더 민감하게 반응하여 회피하는 선택을 하는 상태이다.
③ 최고/최초 효과 : 한정된 상품이나 신상품 등 최고 또는 최초의 상품이 평가에 영향을 미친다.
④ 유사성 효과 : 새로운 상품 대안이 나타나면, 그와 유사한 기존 상품을 잠식할 확률이 유사성 낮은 상품의 경우보다 낮아진다.
⑤ 프레밍 효과 : 대안들의 준거점에 따라 이득을 보이기도 하고 손실로 여겨지기도 한다.

14 고객 의사 결정 과정의 순서를 가장 적절하게 배열한 것은?

① 문제 인식 → 정보 탐색 → 대안의 평가 → 구매 → 구매 후 행동
② 문제 인식 → 대안의 평가 → 정보 탐색 → 구매 → 구매 후 행동
③ 정보 탐색 → 문제 인식 → 대안의 평가 → 구매 → 구매 후 행동
④ 정보 탐색 → 대안의 평가 → 문제 인식 → 구매 → 구매 후 행동
⑤ 정보 탐색 → 문제 인식 → 구매 → 대안의 평가 → 구매 후 행동

15 고객의 고관여 구매 행동에 대한 설명으로 적절한 것은?

① 부조화 감소 구매 행동이 나타난다.
② 일상적으로 빈번하게 구매하는 제품인 경우에 해당한다.
③ 수동적으로 획득한 지식으로 형성된 상표 신념에 따라 구매한다.
④ 구매 제품군의 상표 간 차이가 미미할 경우 습관적으로 구매한다.
⑤ 제품의 개별 상표 간 차이가 뚜렷한 경우 다양성 추구 구매 행동이 나타난다.

O/X형

[16~20] 다음 문항을 읽고 옳고(O), 그름(X)을 선택하시오.

16 고객의 구매 행동 과정 중 대안 평가는 수집된 정보를 바탕으로 고객이 가지고 있는 지식이나 믿음, 상황과 조건, 그리고 선호도 등의 기준으로 평가한다. (① O ② X)

17 관계 진화적 과정에 의한 고객 분류에 의하면, 기업은 가망 고객을 발굴하여 신규 고객을 유치할 수 있다. (① O ② X)

18 현대 마케팅적 측면의 고객 분류에 의하면, 아기 장난감을 구매하는 부모는 구매자이고, 장난감을 사용하는 아기는 소비자이다. (① O ② X)

19 구매 후 인지 부조화는 소비자가 선택한 대안과 포기한 대안 사이에서 생기는 불일치 때문에 심리적 불안이나 갈등을 느끼는 현상이다. (① O ② X)

20 DISC 성격 유형은 사고 개방도와 감정 개방도의 정도에 따라 주도형, 사교형, 안정형, 신중형으로 구분한다. (① O ② X)

연결형

[21~25] 다음 설명에 적절한 〈보기〉를 찾아 각각 선택하시오.

┌ 보기 ├
① 경제적 고객 ② 윤리적 고객 ③ 개인적 고객 ④ 편의적 고객 ⑤ 체리피커

21 편의를 위해서라면 추가로 비용을 지불할 의사가 있는 고객 ( )

22 기업의 상품이나 서비스를 구매하지 않으면서 자신의 실속을 차리기에만 관심을 두는 고객 ( )

23 일관된 서비스보다 자기를 인정해주는 맞춤형 서비스를 원하는 고객 ( )

24 자신이 투자한 시간과 돈, 노력에 대해 최대의 효용을 얻으려는 고객 ( )

25 고객의 구매 의사 결정에 있어 기업의 윤리성이 가장 큰 비중을 차지하는 고객 ( )

사례형

26 호텔에 투숙한 고객이 한밤중에 프런트에 전화를 걸었다. 이에 대한 프런트 담당자의 응대로 가장 적절한 것은?

> 고객 : 옆 방 사람들이 너무 떠들어요. 지금이 몇 신데, 참나.
>
> 프런트 담당자 : _____

① 진정하세요, 흥분하지 마시고요. 곧 조용해 질 겁니다.

② 죄송합니다. 원하신다면 다른 방으로 옮겨 드리겠습니다.

③ 늦은 시간인데 불편하시겠어요, 제가 화가 다 납니다. 그 방으로 곧장 연락을 취해서 해결해 드리도록 하겠습니다.

④ 옆 방이라면 몇 호를 말씀하시는 거죠? 문제가 되는 방의 번호를 먼저 알려주셔야 저희가 바로 조치할 수 있습니다.

⑤ 아, 그 방은 유명한 정치인들이 묵고 있는 관계로 시끄러울 수 있습니다. 아마 행사가 늦게 끝난 것 같은데, 십 분 정도만 양해 부탁드려도 될까요?

27 다음 사례는 팀장이 팀원들에게 이번에 출시한 신제품에 대한 고객의 반응과 향후 고객관리에 대하여 간략하게 설명한 내용이다. 고객 유형은 '관계 진화 과정'에 따라 5단계로 분류할 수 있는데, 다음 중 순서대로 적절하게 나타낸 것은 무엇인가?

> 가. 특히 경쟁사 제품보다 우리 신제품에 대해서 관심을 보이는 소비자들이 더 많아서 사장님도 큰 기대를 하고 계십니다.
>
> 나. 반복적으로 구매하고 우리 회사와 강한 유대관계를 형성하는 충성스러운 고객들이 더 많아질 수 있도록 우리 팀이 앞장섭시다.
>
> 다. 지금까지 이러한 제품을 구매하지 않았던 소비자들 중에서 향후 우리의 고객이 될 수 있는 잠재력을 가지고 있는 소비자들이 많습니다.
>
> 라. 처음 거래를 시작한 고객들의 숫자가 계속 늘어나고 있는 것은 매우 고무적인 일입니다.
>
> 마. 우리가 조금만 더 노력하면 고객 만족도가 높아지게 되고, 이는 2회 이상 반복 구매를 하는 고객의 증가로 이어질 수 있습니다.

① 다 - 나 - 마 - 라 - 가   ② 다 - 가 - 라 - 마 - 나

③ 다 - 라 - 나 - 마 - 가   ④ 다 - 라 - 마 - 나 - 가

⑤ 다 - 나 - 가 - 라 - 마

28 어느 여성 의류 매장에서 충성 고객 관리를 보다 효율적으로 하기 위하여 5명의 고객을 사고형과 감정형으로 구분해 보았다. 다음 중 '감정형 고객들'의 단서들로만 구성된 것은?

> 가. 우리 매장에 올 때는 항상 정장 차림이어서 어딘지 모르게 업무 지향적인 느낌을 많이 받는다.
> 나. 우리 매장 직원들과 대화할 때 얼굴에 감정 상태가 금방 나타난다.
> 다. 옷을 구매하고 난 후에 사적인 이야기를 할 때마다 주로 따뜻하고 친근한 말을 한다.
> 라. 매장에서 머무는 길지 않은 시간에도 시간 관념이 매우 철저하다.
> 마. 옷을 구매하는 과정에서 제스처를 자연스럽게 잘 사용하고 다양한 목소리로 이야기한다.

① 가, 나, 다   ② 나, 라, 마
③ 가, 라, 마   ④ 나, 다, 마
⑤ 다, 라, 마

29 다음은 해외여행 상품을 예약하려는 고객과 여행사 직원의 상담 내용이다. 이 사례에서 발견할 수 있는 고객의 기본 심리는?

> 고객 : 12월 22일부터 5일간 1인당 100만 원 정도 예산으로 가족 4명이 싱가포르 해외여행을 가려고 하는데 좋은 상품을 추천해 주셨으면 합니다.
> 직원 : 저희 회사 싱가포르 상품 10가지 중에서 말레이시아, 인도네시아와 함께 여행하는 '실속형 3국 3색 패키지'가 좋을 것 같습니다.
> 고객 : 5일 동안에 어떻게 3개국이나 관광을 할 수 있나요?
> 직원 : 가능합니다. 다녀오신 분들이 대단히 만족하는 상품입니다.
> 고객 : 그래도 저는 쉽게 이해가 되지 않는데요?
> 직원 : 제가 동남아 관광 상품을 담당한 지 7년째인데 이 상품만큼 인기 있는 상품을 찾기가 쉽지 않습니다. 제가 자신 있게 추천해 드립니다.
> 고객 : 10가지 상품 중에서 가장 많이 팔리는 상품인가요?
> 직원 : 물론입니다. 이 상품 선택하시면 절대로 후회하시지 않을 것입니다.
> 고객 : 다녀온 사람들이 그렇게 좋은 반응을 보이고 있다니 안심은 됩니다.
> 직원 : 직접 다녀온 분들의 반응이 가장 정확한 것이지요.
> 고객 : 그럼 그 상품으로 계약하겠습니다.
> 직원 : 잘 결정하셨습니다. 탁월한 선택이십니다!

① 고객은 다른 고객을 닮고 싶은 모방 심리를 갖고 있다.
② 고객은 서비스 직원보다 우월하다는 심리를 가지고 있다.
③ 고객은 모든 서비스를 독점하고 싶은 심리가 있다.
④ 고객은 중요한 사람으로 인식되고, 기억해 주기를 바란다.
⑤ 고객은 언제나 환영받기를 원하는 환영 기대 심리를 가지고 있다.

30 다음 중 아래와 같은 유형의 고객에 대한 응대법으로 적절한 것은?

> A. 아까 전화했던 사람인데요. 깜빡 잊고 중요한 걸 안 여쭤봤네요. 그 물건은 언제까지 배송 되는 건가요? 제가 토요일에 결혼식이 있어서 그러는데요, 조금 더 일찍 배송해 주시면 안 될까요? 그 옷을 꼭 입고 싶거든요. 친한 친구라 제가 특별히 도우미가 되어 주기로 했는데, 꼭 부탁해요. 가능할까요?
> B. 지갑을 좀 보러 왔습니다. 이 제품은 새로 나왔나 보군요. 예전에 못 보던 건데. 음, 무척 멋있군요. 이거 사람들이 많이 사나요? 남들이 많이 들고 다니는 건 왠지 좀 싫던데요. 어때요?

① 상세한 설명을 자제하고 결론부터 먼저 언급한다.
② 예의 바른 맞장구보다 친근한 진심의 맞장구를 자주 한다.
③ '다까'체로 말투가 적절하며 가볍게 보이지 않도록 한다.
④ 상대를 존중해 준다는 표정을 지으며, 시선은 계속 고정한다.
⑤ 핵심 내용을 재 진술하지 말고, 간단하게 맞장구를 하는 것이 적절하다.

통합형

[31~32] 신혼부부가 국내 유명 호텔의 수영장을 가기로 결정하고 호텔 수영장 입구에 도착하였다. 다음을 읽고 문제에 답하시오.

아내 : 와! 오늘 사람 엄청 왔나봐! 들어가지도 못하고 다들 줄 서있네! (A) 이게 뭐야…. 입구에서부터 안내도 없고….

남편 : 그러게…. 하긴…. 우리가 너무 여름 성수기에 맞춰 왔나봐…. 어쩌지…? 돌아갈까?

아내 : 글쎄….

남편 : (B) (사람들이 기다리는 것을 보고) 일단 우리도 기다려보자.

아내 : 근데 줄이 두 줄이네? 가서 내가 살짝 물어보고 올게.
(직원에게) 이 줄은 뭐고, 이 줄은 뭐예요?

직원 : 아 네, 저희 오늘 입장객이 많아서…. 입장 후 선베드 이용하실 고객과 입장 후 선베드 없이 수영만 하실 고객을 구분하고 있습니다. 이쪽이 선베드 이용 고객분들 입니다, 고객님.

아내 : 아…. 그래요?
(C) (객실 열쇠를 보여주며) 저희는 패키지로 와서 투숙객인데도 혜택 없이 기다려야 하나요?

직원 : 네, 죄송합니다. 저희도 해드리고 싶지만…. 지금은 예외가 없습니다.

아내 : (D) 아니, 비용을 더 지불하고 이 호텔을 이용하는데 그런 서비스도 없나요?

직원 : 일단, 줄 서 계시다가 순서가 되시면 좀 더 자세히 도와 드리겠습니다. 지금 뒤에 먼저 계신 분들이 있으셔서…. 죄송합니다, 고객님….

아내 : (E) (남편에게) 나는 다른 것보다 이 호텔의 대응이 마음에 안 들어. 근데 어쩜 다른 사람들은 이렇게 차분히 기다리고 있을 수 있지?

31 위 대화 중 아내와 남편이 보인 고객 심리로 연결이 옳지 않은 것은?

① (A) - 환영 기대 심리

② (B) - 모방 심리

③ (C) - 보상 심리

④ (D) - 우월 심리

⑤ (E) - 자기 본위적 심리

32 위 대화 중 밑줄에 해당하는 직원의 말과 행동을 다음과 같이 변경했을 때, DISC의 주도형 고객에게 가장 적절한 대응 방법은?

① 고객님, 죄송합니다. 오늘은 저희도 예상을 못했던지라 양해 부탁드립니다.

② 고객님, 투숙객이시면 내일 다시 이용해 주시는 것은 어떠신지요? 오늘보다는 내일 훨씬 한산할 겁니다.

③ 아, 그러십니까? 그럼 지금 바로 입장하시도록 도와 드리고, 선베드가 나는 즉시 바로 말씀 드리겠습니다.

④ 네, 지금은 도와 드릴 방법이 없습니다. 다만, 다음에 다시 이러한 문제 없이 이용하실 수 있게 고객사항에 메모해 두겠습니다.

⑤ 고객님, 그러시다면…… 저희가 특별히 투숙 기간 동안 호텔라운지에서 팥빙수를 무료로 드실 수 있는 쿠폰을 제공해 드리겠습니다.

SMAT
Module A
비즈니스 커뮤니케이션

04

고객 커뮤니케이션

Part 04. '고객 커뮤니케이션'에서는 커뮤니케이션의 정의, 기능, 과정 요소 등 기본 개념을 정확히 이해해야 합니다.
더불어 효과적으로 커뮤니케이션하는 방법과 함께 효과적인 커뮤니케이션을 방해하는 요인과 관련 이론들도 함께 숙지해야 합니다.
효과적인 커뮤니케이션은 경청에서 시작됩니다. 따라서 경청하는 방법은 출제 빈도가 높은 부분이므로 정확히 숙지해야 합니다.

Chapter 01 커뮤니케이션의 이해

01 커뮤니케이션 개념

1 커뮤니케이션의 정의

(1) 커뮤니케이션은 하나 혹은 그 이상의 유기체가 언어적·비언어적 상징을 통해 의미를 주고받으며 공통된 이해를 형성하는 과정이다.

(2) Communis(공통, 공유)라는 라틴어에서 유래했으며, 사람들 사이의 상호 이해를 만드는 핵심 수단이다.

2 커뮤니케이션의 특징

(1) 선형적으로 시작과 끝이 있는 단순 전달이 아니라, 순환적이고 역동적인 상호작용 과정이다.

(2) 서로 다른 배경과 생각을 가진 사람들이 의미를 공유하기 위해 지속적으로 노력하는 과정이다.

3 커뮤니케이션의 사회적 의의

(1) 커뮤니케이션은 개인이 사회적 생활을 영위하는 기본적인 수단이자 도구이다.

(2) 인간의 사고와 생활 전반에 영향을 미치며, 인간관계를 형성하고 유지하는 근본 요소가 된다.

4 커뮤니케이션의 서비스적 의의

서비스 직원과 고객 간의 커뮤니케이션은 단순한 정보 교환을 넘어, 서비스 품질과 고객 만족을 결정짓는 핵심 요인으로 작용한다.

5 커뮤니케이션의 주요 관점

구조적 관점 (Structural Perspective)	• 커뮤니케이션을 정보 전달 과정으로 이해하는 관점이다. • 핵심은 송신자가 보낸 메시지가 잡음 없이 정확하게 수신자에게 전달되는지에 주목한다. ex 호텔 프런트 직원이 체크인 절차를 명확히 안내하여 고객이 혼란 없이 이해하는 상황
의미론적 관점 (Semantic Perspective)	• 커뮤니케이션을 의미를 생성하고 공유하는 과정으로 바라본다. • 메시지의 부호화(encoding)와 해독(decoding) 과정에서 의미가 어떻게 형성되는지에 초점을 둔다. ex 항공사 안내 방송에서 "착륙 준비"라는 표현을 고객이 "좌석벨트를 매야 한다."는 의미로 올바르게 해석하는 경우
기능적 관점 (Functional Perspective)	• 커뮤니케이션을 상대방의 태도와 행동에 영향을 주려는 행위로 본다. • 설득과 영향력에 초점을 맞추며, 오늘날 광고·홍보·정치 캠페인 등에서 중요한 관점이다. ex 카페 브랜드가 친환경 이미지를 강조하는 광고를 통해 고객에게 긍정적 인식을 심어주는 전략

Part
04

A

6 커뮤니케이션의 기능 ✿✿✿

기능	핵심 의미	서비스 조직의 사례
행동의 통제 (Control of Behavior)	조직 내 규칙과 지침을 전달하여 구성원의 행동을 조율하고 관리	호텔 매뉴얼을 통해 직원이 동일한 서비스 절차를 준수하도록 안내
동기 부여 강화 (Enhancing Motivation)	목표 제시, 피드백 제공, 기대되는 행동 강화를 통해 동기를 유발	영업 실적에 대한 피드백 미팅과 인센티브 공지
감정·사회적 욕구 표현 (Expression of Emotion & Social Needs)	감정 공유와 사회적 상호작용을 가능하게 하여 관계 형성에 기여	직원 간 회식 자리에서 불만·만족을 교류하고 소속감 강화
정보 제공 (Provision of Information)	의사 결정을 위한 대안 탐색과 평가에 필요한 자료 전달	관광 안내센터에서 고객에게 여행 일정, 교통편, 비용 정보를 제공

02 커뮤니케이션 과정

🔷 커뮤니케이션 과정

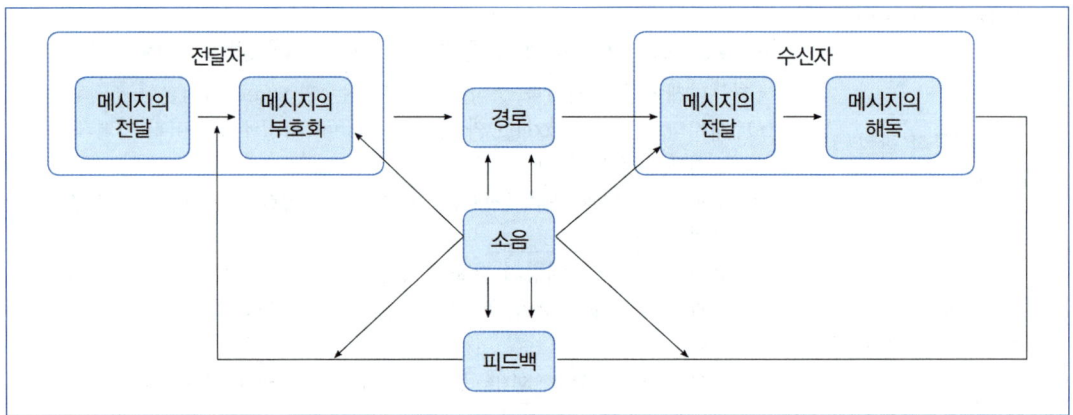

출처 : 로빈스, S. P.(저), 김지성(역).(2005). 조직행동론(Organizational Behavior). 서울 : Pearson Education Korea.

🔷 커뮤니케이션 과정의 기본 요소 ✿✿

요소	설명	서비스 사례
전달자(Source)	메시지를 발신하는 사람	호텔 직원이 고객에게 체크인 절차를 설명
메시지(Message)	전달하려는 구체적 내용(언어·문자·몸짓 등)	"체크아웃 시간은 오전 11시입니다."라는 안내
부호화(Encoding)	전달자가 자신의 의도를 상대방이 이해할 수 있게 표현하는 과정	미소와 친절한 말투로 서비스 정보를 전달
채널(Channel)	메시지가 전달되는 경로와 매체	직접 대면 대화, 전화, 이메일, 호텔 앱 알림
수신자(Receiver)	메시지를 받아들이는 사람	호텔 투숙객, 레스토랑 고객
해독(Decoding)	수신자가 메시지를 해석하고 의미를 부여하는 과정	고객이 "체크아웃 11시"를 이해하고 행동으로 옮김.
피드백(Feedback)	수신자가 보낸 메시지에 대한 반응	고객이 고개를 끄덕이거나 추가 질문을 하는 행동
효과(Effect)	커뮤니케이션의 결과로 나타나는 변화	고객이 안내에 따라 제시간에 체크아웃
잡음(Noise)	메시지 전달·이해를 방해하는 모든 요인	• 물리적 : 로비 소음 • 심리적 : 고객의 불안 • 의미적 : 어려운 전문 용어 사용

03 커뮤니케이션의 유형

1 언어적 커뮤니케이션(Verbal Communication) ✩

(1) 언어는 사회적으로 합의된 기호 체계이며, 커뮤니케이션의 핵심 수단이다.

(2) 인간은 언어를 통해 자신의 생각과 감정을 구체적으로 표현하고, 타인의 의사를 이해한다.

(3) 말하기·듣기·읽기·쓰기 등 체계적이고 명확한 정보 전달이 가능하다.

(4) 기업 활동에서는 고객과의 신뢰 관계 형성에 중요한 역할을 한다.

> ex 상담원의 정확한 설명, 광고 문구, 계약서 문장 등은 모두 언어적 커뮤니케이션의 사례이다.

Key Insight

언어적 커뮤니케이션 스킬

스킬	핵심 설명	서비스 사례
명확한 메시지 전달	수신자가 혼동하지 않도록 구체적이고 정확한 언어 사용	"상품은 내일 오후 2시에 배송됩니다."와 같이 시간·장소를 명확히 안내
이해하기 쉬운 표현 사용	어려운 전문 용어 대신 누구나 이해할 수 있는 쉬운 단어 활용	호텔 체크아웃 절차를 고객 눈높이에 맞춰 쉽게 설명
설명력 강화	제품·서비스 특성을 고객이 명확히 이해할 수 있도록 체계적으로 설명	레스토랑 서버가 추천 메뉴의 특징과 맛을 간단히 소개
긍정적 언어 활용	부정적 표현을 피하고 긍정적·대안적 표현으로 신뢰 형성	"불가능합니다." 대신 "가능한 시간은 오후 3시 이후입니다."라고 안내
쌍방향 대화 촉진	질문·경청·재진술을 통해 상호 이해를 확인하고 관계 형성	고객 요청을 반복 확인하며 "말씀하신 건 ~ 맞으신가요?"라고 응대

2 비언어적 커뮤니케이션(Nonverbal Communication) ✩✩✩

(1) 언어를 사용하지 않고 몸짓, 표정, 시선, 공간 활용, 시각적 상징 등을 통해 의사를 표현하는 방식이다.

(2) 의도적일 수도 있지만, 무의식적으로 드러나 감정과 태도를 전달하는 경우가 많다.

(3) 연구에 따르면 커뮤니케이션의 93% 이상이 비언어적 요소를 통해 영향을 받는다.

(4) 언어가 전달하는 의미를 보완하거나 강화하며, 상황 맥락에 대한 단서를 제공한다.

(5) 감정적·정서적·심리적 메시지를 표현하는 데 강력하다.

(6) 신뢰성을 높이는 요소로, 말보다 더 설득력을 가지는 경우도 많다.

> ex 호텔 직원의 미소와 정중한 태도, 항공 승무원의 제스처, 회의에서의 시선 처리 등

⑺ 비언어적 커뮤니케이션의 유형

유형	핵심 설명	서비스 사례
신체적 외양 (Physical Appearance)	• 첫인상을 형성하는 가장 강력한 단서로 작용한다. • 단정한 복장과 헤어스타일은 신뢰를 주며, 매력적인 외양은 고객의 태도에 긍정적 영향을 미친다.	항공 승무원의 단정한 제복과 관리된 헤어스타일은 전문성과 안정감을 고객에게 전달한다.
신체 언어 (Body Language)	• 말보다 더 강력하게 메시지를 전달하는 요소이다. • 표정, 눈 맞춤, 고개 끄덕임, 손짓, 자세는 상대방의 태도와 관심도를 나타낸다.	호텔 프런트 직원이 미소와 함께 고객과 눈을 맞추고 고개를 끄덕이면 경청과 존중의 메시지가 전달된다.
의사 언어 (Vocalics)	• 말의 내용 자체가 아닌, 말투·속도·음량·억양 등 소리를 통해 감정과 태도를 드러내는 방식이다. • 같은 문장이라도 톤과 속도에 따라 친근하게 들리거나 불쾌하게 전달될 수 있다.	레스토랑 서버가 "천천히 즐기세요"를 부드러운 톤으로 말하면 환영의 메시지가 되지만, 빠르고 무심하게 말하면 형식적으로 들린다.
공간적 행위 (Proxemics)	대화할 때 유지하는 거리와 공간 배치가 친밀감과 신뢰 수준을 반영한다. - 친밀한 거리(0~45cm)는 가족·친구 관계 - 개인적 거리(45cm~80cm)는 일상 대화 - 사회적 거리(80cm~1.2m)는 비즈니스 상담 - 대중적 거리(1.2m~3.7m)는 공식적 발표 상황	여행사 상담원이 고객과 적절한 개인적 거리를 유지하면 편안한 분위기와 신뢰를 형성할 수 있다.

③ 커뮤니케이션 네트워크 형태별 비교

형태	특징	장점	한계	서비스 사례
쇠사슬형 (Chain)	위계적 명령 체계에 따라 수직적 전달	표준화된 업무의 신속·효율적 수행	정보 왜곡, 단방향적 커뮤니케이션	군대, 생산 라인 보고 체계
수레바퀴형 (Wheel)	중심 인물이 모든 정보의 허브 역할	빠른 의사 결정과 상황 통제	리더 의존 과다, 복잡한 문제 해결 어려움.	콜센터 팀장의 일원화 보고 체계
Y형 (Y)	대표자가 통제, 라인과 참모 구조 혼합	관료적 조직에서 효율적 작동	유연성 부족, 정보 집중	대기업 본사 부서장－팀장－팀원 체계
원형 (Circle)	서열 없이 순환적 커뮤니케이션	협력적 분위기, 만족도 높음.	의사 결정 느리고 비효율 발생	지역 축제 TF 회의, 위원회 활동
완전 연결형 (All Channel)	모든 구성원이 자유롭게 연결	창의적 문제 해결, 참여·만족도 높음.	구조화 부족으로 혼선 가능	스타트업 팀의 브레인스토밍

4 커뮤니케이션 오류의 원인 ★★☆

(1) 전달자(말하는 사람)의 요인

원인	설명	서비스 사례
목적 의식의 부족	의사소통의 목표가 명확하지 않아 메시지가 모호해지고 오해 발생	직원이 불만 고객에게 문제 해결책 대신 형식적인 사과만 반복
대인 관계 능력 부족	상대방의 질문·반응을 고려하지 않고 일방적으로 대화 진행	안내원이 고객 질문을 무시하고 준비된 멘트만 전달
메시지 전달 기술 미흡	발음·말투·구조화 부족으로 인해 의도가 제대로 전달되지 않음.	가이드가 핵심 설명을 빠르게 전달해 관광객이 이해하지 못함.
혼합 메시지 사용	언어적 표현과 비언어적 태도가 불일치해 혼란 초래	"환영합니다."라고 말하지만 표정이 무표정한 직원
오해와 편견	전달자의 선입견·심리적 상태가 메시지에 개입되어 왜곡	특정 고객층을 차별적으로 대하는 응대 태도
정보의 선택적 여과	유리한 정보만 전달하고 불리한 정보는 숨겨 신뢰 저하	호텔 직원이 추가 요금을 고의로 안내하지 않아 갈등 발생

(2) 수신자(듣는 사람)의 요인

원인	설명	서비스 사례
경청 부족	상대방의 말을 형식적으로 듣거나 무성의하게 반응하여 메시지를 제대로 수용하지 못함.	고객이 직원의 서비스 조건 설명을 흘려 듣고 잘못 이해
부정확한 피드백	전달자의 의도를 온전히 이해하지 못하고 임의로 해석하거나 유리한 부분만 반응	고객이 안내 멘트 중 자신에게 유리한 정보만 기억
왜곡된 인지 감정 반응	과거 경험이나 감정이 개입해 메시지를 잘못 해석하거나 부정적으로 수용	과거 불친절 경험 때문에 현재 응대도 부정적으로 받아들임.
성급한 평가	메시지를 끝까지 듣지 않고 미리 판단하여 의미를 왜곡	고객이 직원 설명을 다 듣기 전 불필요하다고 단정
신뢰 부족	전달자를 신뢰하지 않아 메시지 자체도 왜곡되거나 무시됨.	고객이 영업사원의 안내를 상업적 의도로만 해석
선입견	기존 고정관념 때문에 메시지 수용과 해석이 방해됨.	"이 브랜드는 항상 비싸다."는 인식으로 다른 설명 무시

(3) 효과적인 커뮤니케이션을 가로막는 장애 요인 ✿

요인	설명	서비스 사례
어휘와 표현의 한계	언어적 표현력이 부족하거나 애매하면 메시지가 정확히 전달되지 않음.	직원이 전문 용어만 사용해 고객이 이해하지 못하는 경우
언어·비언어 메시지 불일치	말과 행동이 일치하지 않을 때 메시지 효과가 떨어짐.	"감사합니다."라고 말하면서 무표정한 태도
과도한 정보량	수용자의 처리 범위를 초과하는 정보는 이해를 방해함.	상담원이 한 번에 너무 많은 상품 조건을 설명
시간 압박	시간이 부족하면 메시지의 정확성과 수용도가 낮아짐.	탑승 직전 서두른 안내로 고객이 핵심 내용을 놓침.
부정적 커뮤니케이션 분위기	물리적·심리적 환경이 부정적일 경우 효과가 저하됨.	붐비는 매장에서 고객이 안내를 제대로 듣지 못하는 경우

효율적 커뮤니케이션을 위한 핵심 스킬

01 ▶ 커뮤니케이션 관련 이론 ☆☆☆

이론	정의	서비스 사례
피그말리온 효과 (Pygmalion Effect)	• 타인의 긍정적인 기대와 믿음이 실제 성과로 이어지는 현상 • 기대를 받는 대상은 그에 부응하려는 노력을 하며 결과적으로 성과가 향상됨.	관리자가 직원에게 "당신은 해낼 수 있다."는 기대를 보이면 실제 성과가 향상됨.
낙인 효과 (Labeling Effect)	• 타인으로부터 부정적 낙인을 받을 때, 그에 맞는 행동을 하게 되는 현상 • 무의식적으로 스스로를 제한하고, 부정적인 이미지가 강화됨.	"불친절한 직원"이라는 낙인을 받은 서비스 인력이 실제로 방어적인 태도를 보이며 고객과 갈등
플라시보 효과 (Placebo Effect)	• 긍정적인 믿음이 실제로 심리적·신체적 변화를 이끌어내는 현상 • 효과가 없는 약이라도 "효과가 있다."는 믿음을 주면 환자가 호전되는 사례에서 입증	서비스 현장에서 "이 프로그램은 고객 만족도를 크게 높입니다."라는 믿음을 심어주면 실제 참여도가 높아짐.
로젠탈 효과 (Rosenthal Effect)	• 교육학적 맥락에서의 피그말리온 효과 • 하버드대 로젠탈 교수가 입증한 이론으로, 교사의 기대가 학생의 성취도를 향상시킨다는 연구에서 비롯됨.	강사가 학생에게 "이번 발표는 분명 잘할 수 있을 거야."라고 기대를 표현했을 때 성과가 실제로 개선됨.
노시보 효과 (Nocebo Effect)	• 부정적 믿음이 실제로 부정적 결과를 이끌어 내는 현상 • 약효가 있음에도 불구하고 "효과가 없을 것"이라는 생각이 회복을 방해	고객이 서비스 시작 전 "어차피 실망할 거야."라는 인식을 가지면 만족도를 낮게 평가하는 경우
호손 효과 (Hawthorne Effect)	• 다른 사람이 자신을 지켜보고 있다는 사실만으로 행동과 성과가 변하는 현상 • 타인의 관심과 주목이 동기 부여 요인으로 작용하여 "누군가 나를 지켜본다."는 생각만으로도 성실성과 집중력이 강화됨.	• 매니저가 현장에서 근로자를 직접 지켜보면 직원들이 평소보다 더 열심히 일하는 경우 • 서비스 현장에서는 고객이 지켜 보는 상황에서 직원이 더욱 친절한 태도를 보이는 경우

바넘 효과 (Barnum Effect)	• 누구에게나 적용될 수 있는 보편적인 성격 묘사를 자신만의 고유한 특성이라고 믿는 심리적 경향 • 사람들은 자신에게 긍정적이고 유리한 설명일수록 쉽게 받아들이며, 이를 자기 합리화의 근거로 삼음.	• "당신은 노력하면 큰 성취를 이룰 수 있는 사람입니다."라는 문구를 많은 사람들이 자신에게 딱 맞는 설명이라고 수용 • 서비스 현장에서는 점성술, MBTI 성격 검사, 고객 맞춤형 멘트 등에서 흔히 나타남.
링겔만 효과 (Ringelmann Effect)	• 집단의 규모가 커질수록 개인의 평균 기여도가 감소하는 현상 • 집단이 커질수록 책임이 분산되고, 개인의 노력과 성과가 잘 드러나지 않기 때문에 방관자적 태도가 나타남.	• 단체 프로젝트에서 인원이 많아지면 일부 구성원이 책임감을 덜 느끼고 적극적으로 참여하지 않는 경우 • 서비스업에서는 팀 규모가 클수록 일부 직원이 "다른 사람이 하겠지."라는 태도를 보이며 업무를 소홀히 하는 현상
잔물결 효과 (Ripple Effect)	• 작은 사건이나 행동이 주변에 연쇄적으로 파급되어 큰 영향을 미치는 현상 • 감정·행동은 사회적 관계 속에서 쉽게 확산되며, 긍정적·부정적 파급력이 모두 존재함.	한 직원의 친절한 서비스가 팀 전체 분위기로 전이되어 고객 만족도가 향상되거나, 반대로 한 명의 불친절이 다른 직원에게 영향을 미쳐 전반적인 서비스 품질이 저하되는 경우

02 효과적인 커뮤니케이션의 기본

목표의 명확화	• 커뮤니케이션은 "무엇을 전하고, 어떤 변화를 기대하는가"라는 명확한 목적에서 출발 • 목표를 구체적으로 인식할 수 있도록 시각 자료나 사례를 함께 제시 • 단순한 정보 전달이 아니라, 상대방의 행동이나 태도 변화를 이끌어낼 수 있도록 목표를 분명히 해야 함.	• 호텔 직원이 고객 문의를 받을 때 "객실 업그레이드 안내"를 명확히 목표로 삼아 설명 • 여행 가이드가 복잡한 일정을 "3단계 요약 설명"으로 전달 • 항공사 직원이 탑승 게이트 변경 사항만 집중적으로 전달
적절한 수단 선택	• 메시지의 성격과 상대방의 이해 수준에 맞는 전달 방식을 선택 • 언어적 표현과 비언어적 표현(표정·제스처·시선)을 일치시켜 신뢰감을 높임. • 간접적 표현보다 상대가 이해하기 쉬운 직접적이고 명료한 방식이 효과적	• 콜센터 상담원이 친절한 톤과 함께 명확한 안내 문구 제공 • 레스토랑 직원이 메뉴판의 사진과 함께 설명 제공 • 안내원이 복잡한 절차를 그림 자료와 함께 간단히 설명

피드백의 적극 활용	• 메시지가 올바르게 전달되었는지 확인하고, 수신자의 이해 정도를 질문을 통해 점검 • 고개 끄덕임, 표정, 시선 등 비언어적 반응을 세심히 관찰 • 피드백을 단순한 확인 절차가 아니라, 쌍방향 의사소통을 강화하는 기회로 활용	• 카페 직원이 주문을 받은 후 "아메리카노 맞으시죠?"라고 재확인 • 호텔 프런트가 체크인 안내 후 "혹시 더 궁금하신 점 있으세요?"라고 확인 • 여행사 직원이 일정 설명 후 고객의 표정을 보고 추가 설명 제공
공감적 관계 형성	• 공감은 상대방의 말 속에 담긴 감정과 의도를 함께 이해하는 과정 • 호흡, 말투, 속도를 조절하여 상대방의 리듬과 조화를 이룸. • 단순히 듣는 것이 아니라, "당신의 마음을 이해하고 있다."는 메시지를 행동으로 보여줌.	• 클레임 고객 응대 시 "많이 불편하셨군요."라고 감정을 인정하며 대응 • 은행 창구 직원이 긴장한 고객의 말속도를 맞춰 차분히 설명 • 헤어샵 디자이너가 고객이 원하는 스타일에 대해 고개를 끄덕이며 맞장구
명확하고 세련된 전달	• 말끝을 흐리지 않고 자신감 있는 발음으로 전달 • 목소리는 안정적이고 차분해야 하며, 지나치게 크거나 작지 않도록 조율 • 설명할 때는 구체적이고 간결하게 표현해, 상대방이 핵심을 쉽게 파악하도록 도움.	• 여행 가이드가 복잡한 일정을 "3단계 요약 설명"으로 전달 • 병원 간호사가 복잡한 복약 지시를 간단히 단계별로 안내 • 쇼핑몰 직원이 A/S 절차를 "접수-진단-수리" 단계로 명료하게 설명

03 경청 스킬

1 경청에 대한 일반적인 경향

(1) 사람들은 이야기를 들은 후 10분이 지나면 약 50%, 48시간이 지나면 25% 정도만 기억한다.

(2) 경청은 단순히 귀로 듣는 것이 아니라, 집중 · 이해 · 공감을 포함하는 능동적 활동이다.

(3) 그러나 대부분 상대의 말보다 자신의 생각이나 판단에 몰두하기 때문에 효과적인 경청이 어렵다.

2 경청을 방해하는 주요 요인

관심 부족	메시지에 무관심하거나 산만한 상태
평가 중심 청취	내용을 끝까지 듣기 전에 잘잘못을 따지거나 비판하는 태도
말하기 우선 태도	상대의 말을 들으면서 동시에 자신의 대답을 준비하는 경우
편견과 선입견	전달자에 대한 고정관념이 메시지 이해를 방해
경험·해석 차이	같은 메시지를 경험이나 관점의 차이로 다르게 받아들이는 경우
문화적 차이	언어, 관습, 가치관의 차이가 경청을 어렵게 함.
과도한 동정심	상대를 불쌍히 여기는 태도는 정확한 이해보다 감정적 판단으로 흐르게 함.

3 효과적인 경청 방법 ☆☆☆

공감적 태도	상대의 입장에서 상황과 감정을 이해하려 노력
적극적 질문	핵심 내용을 확인하고, 모호한 부분을 명확히 함.
집중 유지	산만해지는 요소(휴대폰, 잡념 등)를 제거하고 대화에 몰입
인내심 발휘	끝까지 듣고 판단하며, 중간에 끊지 않도록 함.
긍정적 해석	메시지 중 동의할 수 있는 부분을 찾아 반응
핵심 파악	세부적 표현보다 메시지의 요점과 의미에 주목

4 서비스 현장에서 활용되는 실전 경청 기법

(1) 1·2·3 경청 기법

① '1번 말하고, 2번 듣고, 3번 반응한다.'는 원칙으로 듣기를 말하기의 두 배 이상 수행한다.

② 고객 클레임 응대 시 해명보다 먼저 충분히 듣고 반응하여 신뢰와 존중의 느낌을 준다.

③ 고개 끄덕임, 표정, 짧은 추임새 등 온몸으로 반응하는 태도가 핵심이다.

(2) B·M·W 경청 기법

요소	설명
B−Body(자세)	고개 끄덕임, 눈 맞춤, 열린 자세 등 비언어적 표현으로 상대방에게 집중
M−Mood(분위기)	말투·속도·톤을 상대방의 감정에 맞게 조율
W−Word(말의 내용)	상대의 말을 반복·재확인하여 핵심에 집중

① '진정으로 듣고 있다.'는 메시지를 행동으로 보여주는 기법이다.

② 프런트 데스크, 카페 직원 등 서비스 현장에서 경청 태도는 고객 신뢰 형성 사례로 자주 활용된다.

(3) F·A·M·I·L·Y 경청 법칙

요소	의미
F-Friendly	친절한 태도
A-Attention	집중하는 자세
M-Me too	공감 표현
I-Interest	관심 표현
L-Look	시선 집중
Y-You are centered	상대를 중심에 둔 경청 태도

① 콜센터, 병원, 민원 창구 등에서 적용되는 실제 현장형 경청 방법이다.

② "그렇군요, 저도 이해됩니다." 같은 공감형 표현이 고객 감정을 안정시킨다.

Key Insight

라포(Rapport)와 아이스브레이킹(Ice-Breaking)

구분	정의	특징	서비스 사례
라포 (Rapport)	사람과 사람 사이에 형성되는 상호 신뢰와 호감의 관계를 의미하는 심리학 용어	• 긍정적 감정 교류와 공감대를 통해 형성됨. • 언어적·비언어적 커뮤니케이션이 조화될 때 강화됨. • 감정적 유대감과 이성적 이해가 함께 작용하여 신뢰 기반을 형성	호텔 프런트 직원이 고객 이름을 기억하고 맞이하면 고객은 더 깊은 신뢰를 느끼게 됨.
아이스브레이킹 (Ice Breaking)	낯선 상황에서 발생하는 긴장감과 어색함을 풀어내는 대화 또는 활동 기법	• 처음 만난 사람들 간의 거리감을 줄여 친근한 분위기를 조성 • 협상, 비즈니스 미팅, 교육·강의 시작 전 자주 활용됨. • 짧고 가벼운 대화, 게임, 유머, 공통 관심사 제시 등을 통해 효과적으로 이루어짐.	강의 시작 시 "오늘 아침 오면서 본 가장 재미있는 장면은 무엇인가요?"라는 질문을 던져 자연스럽게 대화를 시작

04 효과적인 말하기 스킬

스킬명	핵심	서비스 적용 예시
긍정적 표현	부정 대신 긍정적 대안을 제시하여 자존감 보호	여기서 담배를 피우시면 안 됩니다. (×) → 흡연실은 건물 바깥에 마련되어 있습니다. (○)
청유형 표현 (레이어드 화법)	명령형 대신 상대 의견을 존중하는 질문형 화법	조금만 기다려 주세요. (×) → 조금만 기다려 주시겠습니까? (○)
개방적 표현	대화 확장을 유도하는 개방형 질문	오늘 즐거우셨습니까? (×) → 오늘 하루 어떠셨나요? (○)
완곡한 표현	직설 대신 부드럽게, 대안 포함하여 전달	모릅니다. (×) → 제가 확인해서 알려드리겠습니다. (○)
쿠션 언어	상대방의 거부감을 완충하는 완화 언어	실례합니다만..., 바쁘시겠지만...
I-Message	'너'가 아닌 '나'를 주어로 감정을 표현	저는 예약 확인이 늦어져서 고객님께 불편을 드린 것 같아 죄송하게 생각합니다.
신뢰 화법	정중형(70%) + 부드러운 화법(30%)의 균형	"~습니다.", "~예요."의 적절한 조합
맞장구 화법	언어·비언어적 반응으로 경청 태도 표현	"그렇군요", "정말 그렇겠군요", 고개 끄덕임.
질문 기법	상황에 맞게 폐쇄형, 개방형 질문 활용	커피 드시겠습니까? → 오늘 어떤 음료가 끌리세요?
아론슨 화법	부정 먼저, 긍정으로 마무리	오늘은 객실이 협소하지만, 내일부터 전망 좋은 객실이 제공됩니다.
Yes, But 화법	긍정으로 시작 후 부드러운 반대 제시	네, 이해합니다. 하지만 이 방법이 더 안전합니다.
산울림법	상대의 말을 반복, 반영하여 공감 확인	고객: 너무 오래 걸리네요. → 직원: 많이 기다리셔서 불편하셨군요.

05 조직 커뮤니케이션

1 조직 커뮤니케이션의 이해

(1) 조직 커뮤니케이션은 조직 내 개인과 집단이 메시지와 정보를 상호 교환·공유하는 과정으로 단순한 의사소통을 넘어 업무 수행·의사 결정·조직 문화 형성에 핵심적 역할을 한다.

(2) 소집단 커뮤니케이션보다 소속 자격과 범위가 뚜렷하며, 참여자가 조직의 규범과 질서를 따라야 한다.

(3) 대인이나 소집단 커뮤니케이션보다 상하 구조가 분명하고, 종적인 인간관계가 강조된다. 이로 인해 정보와 권력이 특정 계층에 집중되거나 왜곡될 수 있다.

(4) 업무 중심의 성격이 강하기 때문에 계약적이고 공식적이며, 기록 보고 등의 형태로 남아 조직 내 장기간 활용된다.

(5) 원활한 조직 커뮤니케이션은 업무 효율성, 협업, 신뢰 구축을 촉진한다.

(6) 반대로 단절되면 갈등, 정보 불균형, 성과 저하를 초래할 수 있어 조직 운영의 핵심 관리 요소로 다뤄진다.

2 조직 커뮤니케이션의 중요성

구분	설명	서비스 적용 사례
행동의 통제 (Control)	• 조직 내 위계와 규범, 공식 지침을 구성원들에게 전달하여 행동을 특정한 방향으로 조정한다. • 이는 규율 유지뿐 아니라, 구성원이 공동의 목표를 따르도록 유도하는 역할을 한다.	호텔 매니저가 직원들에게 고객 응대 매뉴얼을 공지하여 서비스 품질을 일정하게 유지
동기 유발 (Motivation)	• 구성원에게 직무 목표, 평가 기준, 성과 개선 방법 등을 구체적으로 안내함으로써 성과 향상 동기를 자극한다. • 효과적인 커뮤니케이션은 "무엇을, 왜, 어떻게 해야 하는지"를 명확히 알려주는 성과 관리 도구가 된다.	백화점 팀장이 판매 실적 목표와 부상 체계를 명확히 공유하여 직원들의 판매 의욕 고취
감정 표현과 사회적 교류 (Emotional Outlet & Social Bonding)	• 구성원은 커뮤니케이션을 통해 감정을 표출하고, 동료와의 교류를 통해 소속감과 유대감을 강화한다. • 이는 조직 내 심리적 안정과 협력적 분위기 조성에 기여한다.	콜센터 상담원이 휴게 시간에 불편 사례를 공유하고, 동료 간 공감과 지지를 통해 스트레스 완화

정보 전달과 의사 결정 촉진 (Information & Decision-Making)	• 커뮤니케이션은 개인과 집단에 필요한 정보를 제공하여 의사 결정의 근거가 된다. • 정보의 흐름이 원활할수록 문제 해결과 혁신적 선택이 가능해진다.	항공사 브리핑에서 당일 운항 정보와 고객 안내 지침을 공유하여 승무원들이 빠르게 상황에 대응
업무 효율 증진 (Efficiency in Work)	• 신속하고 명확한 커뮤니케이션은 업무 중복과 오류를 줄이고, 창의적 수행을 촉진한다. • 이는 조직 전체의 생산성과 서비스 품질을 높이는 핵심 요소이다.	레스토랑에서 주문 내용을 주방과 실시간으로 공유하여 고객 대기 시간을 단축
상황 적응력 및 혁신 촉진 (Adaptability & Innovation)	• 커뮤니케이션은 변화된 환경과 위기에 대한 적응을 돕고, 조직 혁신을 촉진하는 기반이 된다. • 특히 변화 관리 과정에서 커뮤니케이션은 저항을 줄이고 참여를 이끌어내는 핵심 전략이다.	병원에서 전자 차트(EHR) 도입 시 교육과 피드백을 통해 직원들이 새로운 시스템에 빠르게 적응

3 조직 커뮤니케이션의 유형

(1) 공식적 커뮤니케이션(Formal Communication)

① 조직의 구조와 규범에 따라 권한과 절차가 명확히 정해진 상태에서 이루어지는 커뮤니케이션이다.

② 주로 결재, 문서 전달, 공식 회의, 보고 등 업무적이고 공식적인 목적에 기반한다.

공식적 커뮤니케이션의 주요 형태

하향적 커뮤니케이션	• 상위 계층 → 하위 계층으로 정보 전달 • 목적: 업무 지시, 규정 안내, 목표 공유 ex 사규 공지, 게시판 안내, 전자 메일로 전달되는 지침
상향적 커뮤니케이션	• 하위 계층 → 상위 계층으로 의견이나 성과 보고 • 목적: 개선 제안, 피드백, 성과 보고 ex 직원 만족도 설문, 제안 제도, 실적 보고서
수평적 커뮤니케이션	• 같은 직급·부서 간에 협력과 정보 공유 • 목적: 부서 간 협업, 문제 해결, 팀워크 강화 ex 프로젝트 협의, 부서 간 조정 회의, 공동 보고서 작성

(2) 비공식 커뮤니케이션(Informal Communication)

① 인간의 사회적·심리적 욕구에 따라 조직 내에서 자발적으로 형성되는 비공식적 커뮤니케이션이다.
② 규정된 절차 밖에서 대화를 나누고, 신뢰·유대감을 형성하는 과정이다.
③ 흔히 그레이프바인(Grapevine)이라고 불린다.

(3) 비공식적 커뮤니케이션의 장·단점

장점	단점
• 공식적 커뮤니케이션의 보완 역할 수행 • 정보 전달 속도가 빠르며, 긍정적 소식 확산에 효과적 • 구성원 간 정서적 유대 강화	• 정보 전달이 선택적·임의적으로 이루어져 정확성이 낮음. • 소문, 왜곡된 정보가 확산되면 조직 불신이나 갈등 초래

Key Insight

그레이프바인(Grapevine)

구분	내용	서비스 사례
정의	조직 내에서 자발적·비공식적으로 형성되는 커뮤니케이션 네트워크	직원 간 대화, 소문, 비공식 모임을 통한 정보 공유
특징	• 공식 절차와 무관, 자발적 발생 • 빠른 정보 전달 속도 • 특정인에게만 선택적으로 전달 • 정보 왜곡 가능성 존재	신제품 출시 전 직원들 사이에서 소문이 빠르게 확산
장점	• 공식적 커뮤니케이션 보완 • 구성원 간 정서적 유대 강화 • 긍정적 소식 확산 시 조직 분위기 개선	호텔 직원들 사이의 대화가 서비스 개선 아이디어로 이어짐.
단점	• 정보 왜곡·과장 가능 • 불안감 조성 • 편견·오해를 강화할 수 있음.	콜센터에서 "구조조정" 소문이 퍼져 직원 사기 저하 발생

(4) 일방적 커뮤니케이션과 양방향적 커뮤니케이션

일방적 커뮤니케이션	• 발신자 → 수신자 방향으로만 메시지가 전달되며 피드백은 거의 없음. • 많은 인원에게 빠르게 동일한 정보를 전달할 때 유용하나, 수용자의 이해·참여는 제한적임. ex 강의, 연설, 발표, 설교 등
양방향적 커뮤니케이션	• 발신자와 수신자가 상호작용하며 피드백을 주고받는 형태 • 쌍방향 참여와 공감 형성을 통해 정확한 이해와 협력을 유도 ex 대화, 상담, 면담, 토의, 토론 등

4 조직 커뮤니케이션 오류의 부정적 효과

낭비	시간·비용 손실, 비효율적인 업무 진행
업무 장애	내부 고객(직원) 만족 저하 → 직무 불만족 및 생산성 하락
재작업	잘못된 전달·오해로 인해 동일 업무를 반복 수행해야 하는 손실 발생
거부	기대 수준에 미달하는 서비스와 태도가 나타나 고객 불만족으로 연결

5 조직 커뮤니케이션의 개선 방법

전달자의 커뮤니케이션 개선	• 수용자 입장에서 사고하기 • 명확하고 적절한 어휘와 사례 활용 • 피드백과 검토 절차 포함 • 구두 지시와 문서 메모 병행으로 이해도 향상
수신자의 커뮤니케이션 개선	• 전달자의 입장에서 적극적 경청 • 메시지 내용을 완전하게 이해하려는 노력 • 전달 내용을 자신의 언어로 재진술하여 확인
제도적 노력	• 고충 처리 제도, 제안 제도 운영 • 핫라인 설치로 신속한 소통 창구 마련 • 매트릭스 미팅 : 직급 간 다양한 조합(ex 부장—사원, 대리—사원)으로 의견 교류

6 조직 커뮤니케이션 방법

상사와의 커뮤니케이션	• 보고 체계를 충실하게 이행, 명령을 정확하게 수령 • 상사의 가치관·업무 스타일을 파악하고 대응 • 배우려는 태도 유지, 상사의 어려움 이해
동료와의 커뮤니케이션	• 동료의 상황과 업무에 대한 지속적 관심 • 협력과 상호 성장을 중시 • 부재 시 험담 금지, 신뢰 기반 유지
후배와의 커뮤니케이션	• 지도와 육성을 위한 리더십 발휘 • 직무·개인적 고충을 경청하고 경험·노하우 공유 • 모범적 태도 유지로 동기 부여 제공

Chapter 03 감성 커뮤니케이션

01 감성 지능

1 감성 지능의 정의

(1) 감성 지능은 자신과 타인의 감정을 정확히 인식하고 이해하며, 이를 바탕으로 적절하게 표현·조절하는 능력을 의미한다.

(2) 단순한 감정 관리에 그치지 않고, 동기 부여·계획 수립·문제 해결·목표 성취 등 개인의 행동을 이끄는 핵심 역량으로 작용한다.

(3) 다시 말해, 감성 지능은 지적 능력(IQ)과 더불어 삶의 성과와 만족도를 좌우하는 중요한 사회적 지능이다.

2 감성 지능의 등장 배경

(1) **지식 정보화 사회의 변화**
  ① 조직은 단순한 지시와 통제가 아니라, 구성원의 자율적 참여와 신뢰를 기반으로 하는 협력을 필요로 하게 되었다.
  ② 이 과정에서 감성 지능은 구성원들이 능동적으로 업무에 임하고, 조직 성과를 극대화하는 데 중요한 요인으로 떠올랐다.

(2) **21세기 사회 가치의 전환**
  ① 현대 사회는 단순한 경제적 성취보다 삶의 질, 행복, 관계의 조화를 중시한다.
  ② 이에 따라 창의적 사고, 직관적 판단, 공감적 소통을 가능하게 하는 감성 지능의 중요성이 더욱 강조되었다.

Key Insight

이성과 감성의 비교

구분	이성 중심(Rationality)	감성 중심(Emotionality)
조직 내 구성원 접근 방식	기계적, 객관적 태도, 실용주의적 사고 규범과 절차 준수	자연스러운 인간적 관계 지향, 주관적 이해, 심리적 지지와 공감 강조
요구되는 행동 양식	위계질서와 규율 중시, 명령 기반 의사소통, 비인격적, 효율성 지향	비전, 가치 중심 태도, 인격 존중, 신뢰 기반 네트워크와 협력 중시
업무 수행 관점	결과 중심 사고, 일관성과 안정성 확보, 분석적, 양적 접근	과정 중심 태도, 다양한 아이디어 수용, 창의적, 직관적, 질적 접근
의사 결정 스타일	논리적, 체계적, 리스크 최소화, 단기성과 측정 중심	직관적, 융통성, 기회 탐색, 장기적 관계와 경험 가치 중시
조직 문화 기여	질서, 통제, 예측 가능성을 강화	혁신, 참여, 몰입감을 높여 조직 활력 증진

③ 감성 지능과 조직 성과

성과 요인	구체적 효과	서비스 적용 사례
직무 만족도	긍정적 감정(공감, 열정, 소속감)이 업무 향상으로 연결 → 개인의 직무 만족도 및 조직 성과 향상	서비스 기업 직원이 고객 칭찬을 받으며 직무 자부심 고취
리더십	감정 공감력이 높은 리더는 구성원의 이타적 행동을 촉진 → 감성적 리더십 발휘	팀장이 격려와 배려를 통해 구성원의 자발적 협력 유도
조직 효율성	신뢰 형성을 통해 협업 수준 향상 → 조직 운영의 효율 극대화	프로젝트 수행 시 부서 간 원활한 협업으로 업무 속도 향상
직무 몰입	감정이 동기를 자극하여 헌신과 몰입 강화 → 성과와 개인 성장 동시 달성	구성원이 도전적 과제 수행에 스스로 몰입하여 성과 창출
긍정적 감정 전환	민주적 조직 문화·활발한 소통이 부정적 감정을 긍정적 에너지로 전환	변화 관리 과정에서 상사와 부하 간 열린 대화로 갈등 완화

4 감성 지능의 하위 구성 요소

구성 요소	정의	특징
자기 인식 (Self-Awareness)	자신의 감정을 신속하게 인식하고 그 의미를 이해하는 능력	감정을 빠르게 파악, 정확히 표현, 자기 감정을 정확히 명명
자기 조절 (Self-Management)	자신의 감정을 상황에 맞게 통제·관리하는 능력	충동 억제, 적절한 표현, 침착한 대응
자기 동기화 (Self-Motivation)	내적 동기를 활용해 목표 달성에 몰입하는 능력	어려움 극복, 성취 지향, 회복탄력성
감정 이입 (Empathy)	주변 사람들의 감정을 인식하고 이해하는 능력	타인의 감정을 공감, 상황을 이해하고 배려, 신뢰 형성
대인 관계 기술 (Social Skill)	타인의 감정에 적절히 대처하며 관계를 조정하는 능력	감정을 정확히 표현, 비언어적 신호 파악, 원활한 대화·협력, 상호 이익 창출

A

Part
04

02 감성 커뮤니케이션의 개념

1 감성 커뮤니케이션의 역할

(1) 자신과 타인의 감정을 정확히 인식하고 효과적으로 표현할 수 있는 능력이다.

(2) 다양한 상황에서 자신의 감정을 적절히 통제하고 조절할 수 있다.

(3) 목표 달성과 삶의 계획에서 스스로 주도적으로 행동할 수 있다.

(4) 좌절을 마주해도 동기를 유지하며, 어려움을 극복하는 회복탄력성을 발휘한다.

(5) 타인의 감정을 이해하고 공감하여 긍정적인 인간관계를 형성한다.

(6) 변화하는 환경에 유연하게 대응하며 상황에 맞는 행동을 선택한다.

(7) 감성 지능을 바탕으로 자기 성찰과 지속적 성상을 이어길 수 있다.

2 감성 커뮤니케이션 스킬

단계	효과	방법
자기 인식 (Self-Awareness)	• 스트레스 상황에서 빨리 벗어남. • 감정을 정확히 표현해 원만한 관계 유지 • 최적의 컨디션 유지	• 감정에 이름 붙이기 • 감정 기록하기 • 명상으로 자기 관찰 • 고객 감정 인식 질문 활용
자기 감정 조절 (Self-Regulation)	• 부정적 감정 정리 • 긍정적 감정 비율 확대 • 조직 분위기 개선	• 감정 표현의 적절한 상황 구분 • 자극 요인 파악 • 원하는 결과 명확히 설정 • 스트레스 관리 · 심상법 활용
자기 동기화 (Self-Motivation)	• 긍정적 · 유연한 사고 가능 • 자신감과 극복력 강화 • 원활한 소통 촉진	• 구체적 목표 설정 • 관계 · 소통의 동기 찾기 • 실패 원인 재해석 • 긍정적 감정 유지 • "다행인 상황" 찾기
타인 감정 인식 (Empathy)	• 타인에게 안정감 · 활력 제공 • 신뢰와 동질감 형성 • 적응력과 개방적 사고 강화	• 자기 인식 · 조절 · 동기화 선행 • 타인에게 관심 기울이기 • 상황 파악 및 비언어적 신호 이해
대인 관계 능력 (Social Skills)	• 원만한 관계 유지 • 타인 반응 통찰 · 신뢰 구축 • 리더십 · 갈등 해결 능력 발휘	• 대화 중 타인 반응 관찰 • 감정을 예의 있게 표현 • 타인의 감정 수용 · 긍정적 마무리 • 도움 요청 및 다양한 경험 확장

Chapter 04 설득 및 협상 기법 익히기

01 설득

1 설득의 개념

설득의 본질	설득은 타인의 태도와 행동의 변화를 목표로, 주체가 대상에게 메시지를 전달하여 의견·가치·행동의 변화를 이끌어내는 행위이다.
공감과 이유 제시	단순히 주장하는 것이 아니라, 상대방이 공감할 수 있는 타당한 이유를 제시하여 듣는 사람이 스스로 동의하고 받아들이게 한다.
쌍방향 소통	설득은 일방적 전달이 아니라, 자신의 입장을 표현하면서 동시에 상대방의 의견을 경청하고 의미를 공유하는 과정이다.
합리적 근거 제시	설득 과정에서 제시되는 이유는 믿을 수 있고, 타당하며, 객관적으로 검증 가능한 근거여야 한다.
서비스 현장에서의 중요성	고객의 태도와 행동 변화를 유도하고, 상호 간 이해를 조정하여 양측이 원하는 결과를 효과적으로 얻어내는 핵심 커뮤니케이션 방법이 바로 설득과 협상이다.

2 효과적인 설득의 기본 원칙 ✿

고객 선호 파악	• 고객이 무엇을 좋아하는지, 어떤 성향을 지니는지를 알면 대화를 주도할 수 있다. • 직업, 사회적 배경, 취미, 성격 등 기본 정보를 파악하여 고객의 특성과 의도를 신속하고 정확하게 이해해야 한다.
동기 유발	• 대화가 난관에 부딪힐 때는 고객이 계속 참여할 수 있도록 다양한 동기를 제공한다. • 고객이 긍정적인 행동을 선택할 수 있도록 자신감을 심어주고, 적절한 질문을 통해 대화에 적극적으로 참여시키는 것이 중요하다.
분명한 메시지 전달	• 대화의 목표와 원하는 결과를 명확히 설정해야 한다. • 고객이 쉽게 이해할 수 있는 언어와 표현을 사용하여 메시지를 분명하게 전달한다.
경청	• 고객의 말에 주의를 기울이고, 고객의 반응을 관찰하면서 대화를 이어간다. • 일방적인 설명보다는 상호작용적 대화를 통해 설득의 효과를 높인다.
칭찬과 감사 표현	• 진심 어린 칭찬은 상대방의 호감을 얻는 가장 쉬운 방법이다. • 마음에서 우러나오는 감사의 표현은 고객의 감정을 긍정적으로 변화시켜 관계를 강화한다.

3 설득의 6가지 기술 ✿

이심전심(以心傳心)	• 말보다 강력한 것은 비언어적 표현이다. • 따뜻한 미소, 자연스러운 시선 처리, 열린 자세는 그 자체로 메시지를 전달한다. • 표정과 제스처는 상대의 마음을 움직이는 강력한 언어이다.
역지사지(易地思之)	• 상대의 입장에서 생각하는 태도는 마음의 문을 여는 열쇠이다. • 비난이나 강요 대신 자신을 낮추고 배려할 때 상대는 내 편이 된다.
감성자극(感性刺戟)	• 마음을 울리는 메시지는 이성적 언어보다 오래 남는다. • 이메일, 손편지, 따뜻한 문자 등 감성에 호소하는 방법은 깊은 인상을 남긴다.
촌철살인(寸鐵殺人)	• 상황을 꿰뚫는 짧고 강한 한마디는 강력한 설득력이 있다. • 전문가나 유명 인사의 말 한 줄을 인용하는 것도 효과적인 방법이다.
은근과 끈기	• 설득은 단번에 이루어지지 않는다. • 시간을 두고 여러 차례 기회를 가지며 조금씩 상대의 마음을 여는 것이 중요하다.
차분한 논리	• 반대 의견을 외면하지 말고, 차분한 논리와 데이터로 대응해야 한다. • 숫자와 근거를 활용하되, 반론에 대비한 자료 준비도 필요하다.

4 설득의 6대 법칙 - 『설득의 심리학』[로버트 치알디니(Robert cialdini)]

사회적 증거의 법칙	• 사람들은 다수가 선택한 행동을 신뢰한다. • "가장 많이 팔린 상품", "고객 만족 1위"와 같은 메시지는 신뢰와 설득력을 높인다.
상호성의 법칙	• 작은 호의는 반드시 되돌아온다. • 무료 샘플, 사소한 친절, 사은품 제공은 고객의 긍정적 반응을 이끌어낸다.
일관성의 법칙	• 사람은 자신이 한 선택과 행동을 지키려는 성향이 있다. • 고객이 한 번 긍정적인 반응을 보였다면, 그 선택을 강화하는 메시지로 설득해야 한다.
호감의 법칙	• 좋아하는 사람, 신뢰감 있는 관계에서 설득은 더 쉽게 이루어진다. • 친절한 태도, 공감하는 대화, 비슷한 경험 공유가 호감을 형성한다.
희귀성의 법칙	• 사람은 희소한 것에 더 큰 가치를 둔다. • "한정 수량", "마감 임박", "특별판"은 구매 욕구를 강하게 자극한다.
권위의 법칙	• 전문 지식과 공신력은 신뢰를 높인다. • 전문가 추천, 기관 인증, 권위 있는 인물의 보증은 설득의 강력한 무기가 된다.

5 SCAF 유형별 설득 전략

유형	특징	내용
Speaker (표출형)	핵심 특성	• 주장이 강함. • 직접적 감정 표현 • 주목·인정받기를 원함. • 활발·사교적 • 과장된 제스처
	실무 포인트	• 의견을 표출할 기회를 충분히 준다. • 아이디어를 함께 발전시키는 공동 설계 방식이 효과적이다. • 속도를 맞추되 세부 합의는 서면으로 남긴다. • 유머·칭찬을 적절히 사용하면 호응이 커진다.
	짧은 스크립트	• "정말 좋은 아이디어세요. – 이 부분을 같이 더 발전시켜 볼까요?" • "구체화 해주시면 바로 실행 계획 드릴게요."
	권장	무대(발언 기회)를 주고 즉각 피드백
	금지	공개적으로 무시하거나 장시간 세부 논쟁만 하지 말 것
Carer (우호형)	핵심 특성	• 관계·안정 중시 • 배려적 • 집단 의사 결정 선호 • 감정에 민감
	실무 포인트	• 사람(감정)에 먼저 관심을 보인다. • 위험 요소·불안감을 사전에 제거해 신뢰를 만든다. • 충분히 공감하고 경청한 뒤 제안한다. • 합의 후 발생할 수 있는 불만 포인트를 미리 정리해 제거한다.
	짧은 스크립트	"걱정되는 부분이 있으시면 말씀해 주세요. 저희가 그 부분을 먼저 해결해 드리겠습니다."
	권장	느긋한 태도, 개인적 관심 표현, 신뢰형 보증 제공
	금지	압박하거나 서두르게 만들지 말 것
Achiever (성취형)	핵심 특성	• 목표 지향적 • 주장 강함. • 감정은 간접 표현 • 경쟁적 • 결과 중시
	실무 포인트	• 목표·성과 중심의 제안(ROI, KPI)을 제시한다. • 불필요한 감정적 접근은 생략하고 요점만 간결하게 한다. • 성공 사례·검증된 데이터로 신속하게 설득한다. • 필요 시 일대일로 직접 협상한다.
	짧은 스크립트	• "이 옵션은 3개월 내 비용 회수(Expected ROI)와 실행 로드맵이 있습니다." • "핵심지표는 이렇습니다. – 실행할까요?"
	권장	사실 근거, 명확한 성공 가능성 제시
	금지	소소한 친교나 잡담으로 시간 낭비하지 말 것

Finder (분석형)	핵심 특성	• 데이터 · 절차 중시 • 신중 · 체계적 • 감정 표현 적음. • 준비된 사람
	실무 포인트	• 수치 · 근거 · 장단점을 문서로 명확히 제시한다. • 사전자료를 보내 검토할 시간을 확보해준다. • 의사 결정을 압박하지 말고, 충분한 검토 기회를 제공한다. • 질문에 체계적으로 답변하고, 반론 대비 자료를 준비한다.
	짧은 스크립트	• "관련 리포트와 가정값을 정리해 드렸습니다." • "검토하시고 궁금한 점만 알려주세요. 모두 표로 정리해 설명드리겠습니다."
	권장	문서화, 데이터 제공, 체계적 자료 제시
	금지	모호한 주장이나 즉답 강요하지 말 것

02 협상

1 협상의 의미

(1) 협상은 목표 달성을 위해 여러 사람이 서로 의견을 조율하고 합의점을 찾는 과정이다.

(2) 협상은 상대방과 자신의 요구를 정확히 이해하고, 양측 모두 만족할 수 있는 다양한 대안을 만들어내는 과정이다.

(3) **흥정(Bargaining)과의 차이**
  ① 흥정 : 개인 간 단순 거래 중심이다.
  ② 협상 : 기업, 기관, 국가 등 복합적 이해관계를 포함한 다수 의제의 상호 조율이다.

2 협상의 3가지 유형

유형	특징	실무 포인트
분배형	하나의 자원을 나누는 협상	한쪽이 많이 가지면 다른 쪽이 손해 → 갈등 가능성 높음.
이익 교환형	서로 다른 요구를 맞춰 양쪽 만족	차이를 찾아 Win-Win 전략 구성
가치 창조형	협력을 통해 새로운 해결책 창출	공동 목표 · 혁신적 아이디어 도입으로 최대 시너지

③ 협상의 기본 법칙

목표 명확화	협상 전 달성하고자 하는 핵심 목표를 정리
협상 기반 마련	논리, 자료, 제안 가능한 옵션 준비
유리한 환경 확보	홈그라운드에서 협상 진행 가능 시 우위 확보
첫인상 관리	단정한 복장, 자신감 있는 태도, 친절한 인사
명료한 의사 표현	쉬운 단어, 명확한 표현, 절제된 언어 사용
경청 및 정보 획득	상대방을 대화에 적극 참여시키고 필요한 정보 확보
지원 도구 활용	문서, 프레젠테이션, AV 자료 활용
사전 조사 철저	상대, 기업, 업계 배경과 협상 스타일 분석
심리·성향 고려	상대의 성격, 대화 방식, 의사 결정 스타일에 맞춤 전략

④ 협상 전 준비 사항

목적	• 무엇을 성취할 것인가를 구체화 • 핵심 목표 1개(필수) + 우선순위로 두는 선택 목표 2~3개 작성 • 성공 기준(숫자/기한/조건) ex 가격 10% 인하, 납기 30일 이내 등 • 체크 : 목표를 한 문장으로 요약해 상대에게 쉽게 전달할 수 있는가?
전략	• 전체 협상 흐름과 방향 설정 • 주 목표를 달성하기 위한 '주 전략(핵심 메시지)'과 '대체 전략(plan B)' 수립 • 상대의 주요 관심사(가치·제약)와 연결되는 설득 포인트 준비 • 체크 : 주 전략·대체 전략을 1장(슬라이드)으로 요약했는가?
작전	• 구체적 전개 계획(순서·타이밍·역할 분담) • 협상 단계별 스크립트(오프닝 → 핵심 제안 → 반론 대응 → 마감) 작성 • 누가(팀원) 어떤 역할을 맡고, 언제(몇 분·몇 라운드) 어떤 말을 할지 정함. • 체크 : 타임라인(분 단위)과 담당자 체크리스트가 준비되어 있는가?
정보	• 필요한 자료·근거를 수집·정리 • 가격 비교, 시장 자료, 내부 원가, 유사 사례, 법적/계약상 제약 등 수치·문서 확보 • 상대에 관한 정보(조직 구조, 결재권자, 과거 거래 이력, 현재 이슈)도 수집 • 체크 : 핵심 근거 3가지(데이터·문서·사례)를 즉시 제시할 수 있는가?
전술	• 공격·방어 포인트와 반론 시나리오 준비 • 핵심 요구사항을 관철할 '핵심 메시지 3개'와 예상 반론별 대응 멘트 준비 • 양보 가능한 항목과 절대 불가 항목(레드라인), 교환 가능한 카드(Trade-off) 명확화 • 체크 : 반론별(최소 5개) 대응 문구와 대체 제안이 준비되었는가?

5 협상의 5대 요소 ✰

유형	특징	내용
협상 목표 설정 (Goal Setting)	핵심	목표를 높게, 명확하게, 구체적으로 설정
	실무 포인트	• 구체적이고 측정 가능(Specific, Measurable)한 목표 설정 • 조직 통합 목표와 개인 목표를 연계 • 목표 설정이 낮으면 성과가 제한되므로, 현실적이면서도 도전적인 목표 수립
	실전 체크	한 문장으로 목표 요약 → 성공 기준(숫자/기한/조건) 포함
협상력 (Bargaining Power)	핵심	협상 테이블에서 원하는 결과를 얻는 능력
	실무 포인트	• 협상자의 지위(권한·위상) • 시간 제약(빠른 결정 압박 vs 여유) • 상호 의존성(협상 필요성) • 내부 이해관계자의 반발 가능성
	실전 체크	자신과 상대의 협상력 요소를 분석하고, 전략적으로 활용
관계 (Relationship)	핵심	신뢰와 호감을 기반으로 협상을 원활하게 이끄는 힘
	실무 포인트	• 신뢰(Trust) • 공통점(Commonality) • 존경(Respect) • 상호 관심(Mutual concern) • 호의적 감정(Being emotional)
	실전 체크	협상 초반 5~10분은 관계 형성·공감에 집중
BATNA (Best Alternative To a Negotiated Agreement)	핵심	합의 실패 시 선택할 수 있는 최선의 대안
	실무 포인트	• BATNA는 사전에 개발하고 개선해야 협상력을 강화시킬 수 있음. • 다른 대안을 보유하면 불리한 상황에서도 양보 압박을 줄일 수 있음. • 협상 결렬 가능성을 대비 → 최악의 상황 방지 • "이번에 꼭 성사시켜야 한다."는 강박을 제거
	실전 체크	BATNA 2~3개 준비 → 상대 제안과 비교해 협상 전략 수립
정보 (Information)	핵심	협상은 정보 수집과 교환의 연속

	실무 포인트	• 협상 시 파악할 핵심 정보
		• 상대의 협상 목적(What they want)
		• 상대의 강점 및 약점
		• 상대의 전략과 BATNA
		• 내부 이해관계자 간 갈등
		• 시간 제약
		• 대표자의 조직 내 위치·성향·사생활 등
		• 정보 3원칙
		  - 양(Quantity) : 최대한 많은 정보 확보
		  - 질(Quality) : 진위·신뢰성 판단
		  - 교환(Exchange) : 양방향 정보 흐름 유지

	실전 체크	핵심 정보 5가지 이상 확보 → 협상 전 전략·전술에 반영

6 협상의 4단계 ✿✿✿

시작 단계	• 우호적 관계 형성과 첫인상 확보 • 상대가 편안함과 신뢰를 느끼도록 분위기 조성 • 이름을 정확히 확인 · 호칭 준수, 직위 · 문화 · 종교 고려 • 외국인과 협상 시 문화적 예의 주의 • 실전 포인트: 첫 5분은 관계 형성에 집중, 미소 · 시선 · 인사 · 칭찬 활용
탐색 단계	• 상대방에 대한 정보 확인 • 자신이 이해한 상대 정보를 정확히 확인하여 오해 수정 • 제시 조건에 대한 상대 반응과 허용 범위 파악 • 협상 권한 확인: 당사자 자체 vs 제삼자 승인 필요 여부 • 실전 포인트: 질문 중심으로 탐색, 경청 · 공감 활용
진전 단계	• 거래 조건 제시 및 이익 확보 • 양보 시 반드시 교환 조건을 제시하여 Win-Win 유지 • 상대가 양보하면 작은 것이라도 적극적으로 감사 표현 • 핵심 요구사항을 최대한 확보, 양보는 전략적으로 사용 • 실전 포인트: 명확한 제안과 근거 제시, 교환 카드 활용
합의 단계	• 협상 성립 및 공식 문서화 • 합의 내용 구두 확인 후, 필요 시 계약서 · 문서 작성 • 결단이 늦는 상대에게 격려하거나 선택지를 제공하여 결정 유도 • 합의 후 감사 표현, 향후 관계를 위한 마무리 • 실전 포인트: 문서화하고 감사와 신뢰를 강화하여 다음 협상의 기반 마련

Part
A
04

7 효과적인 주장을 위한 AREA 법칙 ✿✿✿

구분	내용	예시
주장 (Assertion)	• 핵심 메시지를 먼저 제시 • 구조: ~는 ~이다. / ~는 ~한다. • 실전 포인트: 한 문장으로 명확하게 전달, 핵심 단어 강조	"이번 프로젝트는 반드시 이번 달 안에 완료해야 합니다."
이유 (Reasoning)	• 주장을 뒷받침하는 이유 제시 • 구조: 왜냐하면 ~이다. / ~이기 때문이다. • 실전 포인트: 논리적 근거 중심, 상대가 이해할 수 있는 언어 사용	"왜냐하면 지연 시 추가 비용과 고객 신뢰 서하가 발생하기 때문입니다."
증거 (Evidence)	• 주장을 뒷받침하는 구체적 자료 · 사례 제시 • 구조: 예를 들어 ~이다. • 실전 포인트: 실무 사례, 통계, 문서, 전문가 의견 등 구체적 자료 활용	"예를 들어 지난 분기 동일 프로젝트에서는 한 달 지연으로 5천만 원의 비용이 추가 발생했습니다."
주장 반복 (Assertion)	• 주장을 다시 한 번 강조 • 구조: 따라서 ~이다. • 실전 포인트: 핵심 메시지 재확인 → 기억에 남는 마무리	"따라서 이번 프로젝트는 반드시 이번 달 안에 완료해야 합니다."

8 효과적인 반론 전략 ✩✩

구분	내용	예시
기회 탐색	• 반론을 제기해도 상대가 방어적·감정적 반응을 보이지 않는 순간을 포착 • 실전 포인트 : 상대의 말이 끝났을 때, 감정적 긴장이 낮을 때, 경청 분위기일 때 제기	상대가 핵심 주장 후 잠시 멈췄을 때 "한 가지 질문이 있습니다."
긍정으로 시작	• 반론 시작 전 동의 가능한 점 먼저 언급 • 감정적 반발 방지 및 협력적 분위기 조성 • 실전 포인트 : "그 논리의 취지는 충분히 이해됩니다. 그 기반에서 말씀드리면~"	"말씀하신 일정 조율 필요성은 저도 공감합니다. 그와 관련해 다른 관점 하나만 추가해 보겠습니다."
반론 내용 명확화	• 상대 주장의 허점·모호점·모순점을 질문 형태로 지적 • 답변 경청 후 자신의 생각을 명확히 제시 • 실전 포인트 : 공격적 질문이 아닌 탐색적 질문을 사용하여 상대방 방어 최소화	"그 부분이 구체적으로 어떻게 적용되는지 설명해 주실 수 있나요?"
반대 이유 설명	• 자신의 의견과 상대 주장을 비교하여 우월한 점 강조 • 상대 주장을 받아들일 수 없는 이유에 대해 논리적 제시 • 실전 포인트 : 감정적 비난 대신 논리·근거 중심	"이 방법은 비용 절감 측면에서 더 효율적이어서, 기존 제안은 적용하기 어렵습니다."
반론 요약	• 논증 후 핵심 반론 내용 한 번 더 강조 • 반복으로 호소력 강화 • 실전 포인트 : 1~2문장으로 간결하게 요약	"따라서 비용과 효율 측면에서, 제 제안이 더 적합합니다."

9 갈등 대처 방식

강요	• 상대의 희생을 기반으로 자신의 주장을 강력하게 고집하는 방식 • 권한과 위력 활용 • 신속한 결정이 필요한 긴급 상황 • 회사 전체의 이익을 위해 강력한 조치 필요 • 실전 포인트 : 최소화된 시간 내 핵심 메시지 전달, 결과 책임 명확	
회피	• 자신의 의견도 강하게 주장하지 않고, 타인의 주장도 따르지 않음. • 갈등 언급 자체 회피 • 손실이 이익보다 큰 상황 • 정보가 부족하거나 추가 분석이 필요할 때 • 실전 포인트 : 시간 벌기 전략, 감정적 충돌 최소화	

수용	• 관계 유지를 위해 자신의 주장 포기, 타인 주장 동조 • 경쟁 시 손실 회피, 자신의 잘못 인정 • 관계 유지가 중요할 때 • 상대 우위 상황에서 전략적 양보 필요 • 실전 포인트 : 감사와 공감 표시 → 관계 강화
타협	• 양측이 일정 수준 만족할 중간점 신속 확보 • 제한된 시간 내 해결, 상호 배타적 목표 조정 • 시간 제약이 있는 의사 결정 • 상대와 목표가 부분적 충돌 시 • 실전 포인트 : 핵심 요구와 양보 가능 항목 명확화
협조	• 양측 모두 만족할 해결책을 찾으려 노력 • 차이 인정, 쟁점 탐색, 의견 통합 • 상호 입장 이해가 필요한 경우 • 장기적 관계 구축과 의견 통합 필요 시 • 실전 포인트 : 쟁점 분석 → 공동 대안 탐색 → Win-Win 구조 제시

Part
04

Key Insight

협상 전략의 종류

Positive-Sum Game (상생 전략)	• 참가자 효용의 총합이 양(+) → 모두가 이득을 보는 전략 • 특징 : 협력 기반, 상호 이익 극대화 • 장점 : 시장·조직 가치 증대, 참여자 간 장기적 신뢰 구축, Win-Win 결과 가능 • 실전 포인트 　　- 상대와 공동 목표 탐색 　　- 자원·정보 공유 　　- 서로 이익이 되는 대안 제시 • 예시 : 공급사와 가격 협상 시 장기 계약 + 공동 마케팅 추진
Zero-Sum Game (승패 전략)	• 참가자 효용 총합이 0 → 한쪽의 이익 = 다른 쪽 손실 • 특징 : 경쟁적, 한쪽 승리가 다른 쪽 손실로 직결 • 장점 : 단기 목표 달성에 유리 • 단점 : 상대 신뢰·관계 손상 가능 • 실전 포인트 　　- 핵심 요구사항 명확화 　　- 상대의 약점 분석 　　- 전략적 양보·협상 카드 활용 • 예시 : 단일 계약 가격 협상, 제한된 자원 배분
Negative-Sum Game (손실 전략)	• 참가자 효용 총합이 음(-) → 협상 자체가 양쪽 손실 • 특징 : 갈등·경쟁으로 모두 손해 발생 • 위험 　　- 상대 비방·공격 전략 → 장기적 부정적 결과 　　- 신뢰 손실, 관계 악화 • 실전 포인트 　　- 불필요한 갈등 회피 　　- 손실 최소화 전략 적용 　　- Win-Win 가능성 있는 대안 탐색 • 예시 : 후보 간 비방전, 불필요한 소송·분쟁

Key Insight

협상의 8단계 프로세스

1단계	초기 접근 단계	• 목적 : 원만한 상담·협상을 위한 긍정적 분위기 조성 • 실전 포인트 : 미소, 친근한 인사, 시선과 언어 활용 → 심리적 방어 완화
2단계	관계 형성 및 공감대 형성 단계	• 목적 : 상대방의 경계심 해소, 호감 형성 • 실전 포인트 　－ 공감 표현, 칭찬, 관심사 언급 　－ 경청 → 신뢰 구축 • 초기 신뢰감과 협력적 분위기 마련
3단계	상대방 정보 & 욕구 파악 단계	• 목적 : 상담·협상 타결에 필요한 상대방 정보와 욕구 확인 • 실전 포인트 　－ 질문 중심의 정보 수집 　－ 상대 요구·제한 사항·권한 범위 확인 • 잘못된 정보 수정 및 이해도 확인
4단계	대안 제시 단계	• 목적 : 초기 제안 상호 교환 • 실전 포인트 　－ 명확하고 근거 있는 제안 　－ Positive-Sum 전략 → 상호 이익 강조 　－ 협력적 어조 유지
5단계	본 상담 단계	• 목적 : Win-Win 정신으로 최대한의 이익이 돌아가게 할 해결 방안 창출 • 실전 포인트 　－ AREA 법칙 활용 : 주장 → 이유 → 증거 → 주장 　－ 반론 전략 적용 → 감정 충돌 최소화 　－ 타협·협조 방식을 상황에 맞게 선택
6단계	합의 및 종결 단계	• 목적 : 구두 합의 확인 → 필요 시 문서 작성 • 실전 포인트 　－ 핵심 합의 사항 요약 　－ 계약서·회의록 등 문서화 　－ 감사 인사와 신뢰 강화
7단계	후속 조치 단계	• 목적 : 합의 이후 관련 후속 조치 수행 • 실전 포인트 　－ 계약서 교환, 일정 조율, 추가 정보 제공 　－ 후속 관리 계획 수립
8단계	끝인사 및 퇴장 단계	• 목적 : 모든 절차 완료 후 정중히 종료 • 실전 포인트 　－ 감사 인사, 협력 의지 재확인 　－ 긍정적 마무리 → 장기적 관계 유지

PART 04 예상문제

일반형

01 비언어를 통한 커뮤니케이션 유형 중 공간적 행위에 대한 설명으로 적절한 것은?

① 육체적 공간 거리를 어떻게 유지하고 어떤 의미를 부여하는가에 대한 내용으로 상대에 대한 친밀감이나 신뢰도와 관계 있으나, 진정한 관심이나 흥미 및 태도를 반영하지는 않는다.

② 친밀한 거리는 45~80cm이다.

③ 개인적 거리는 0~45cm이다.

④ 사회적 거리는 80cm~1.2m이다.

⑤ 대중적 거리는 1.2m 이내이다.

02 다음의 설명은 효과적인 주장을 위한 'AREA의 법칙' 중 무엇에 속하는가?

예를 들어 ~이다.

① 안건(Agenda)　　　　　　　② 이유(Reasoning)

③ 증거(Evidence)　　　　　　　④ 주장(Assertion)

⑤ 반복(Repeat)

03 다음 중 효과적인 커뮤니케이션에 대한 설명으로 적절한 것은?

① 의사소통은 정보 전달만으로 충분하며, 피드백은 불필요하다.

② 효과적인 커뮤니케이션은 상대방의 이해 수준이나 상황과 관계없이 동일한 방식으로 이루어진다.

③ 언어적 요소만 잘 사용하면 의사소통은 성공적이라고 할 수 있다.

④ 커뮤니케이션은 송신자와 수신자 간의 상호작용 속에서 의미를 공유하는 과정이다.

⑤ 효과적인 커뮤니케이션에서는 비인이적 요소는 중요하지 않다.

04 다음 중 협상의 단계별 설명으로 옳지 <u>않은</u> 것은?

① 시작 단계에서는 상대방에게 좋은 첫인상을 주고 우호적인 관계를 구축하는 것이 중요하다.
② 시작 단계에서는 각자 거래 조건을 제시하고 자기편에 필요한 사항을 최대한 확보한다.
③ 탐색 단계에서는 의사 결정권이 협상 당사자에게 있는지 상사 등 제3자에게 있는지 확인한다.
④ 진전 단계에서는 양보해야 할 때 반드시 상대방에게 교환 조건을 제시한다.
⑤ 합의 단계에서는 협상 내용을 구두로 확인하고 협상 내용에 따라 계약서 등의 문서를 작성한다.

05 효과적인 경청 방법으로 적절하지 <u>않은</u> 것은?

① 상대방의 이야기를 나의 경험과 비교하며 듣는다.
② 말하는 사람에게 동화되도록 노력한다.
③ 전달자의 메시지가 무엇인지 집중하면서 듣는다.
④ 산만해질 수 있는 요소들을 제거한다.
⑤ 맞장구를 친다.

06 커뮤니케이션 오류의 원인 중 전달자의 문제로 가장 적절하지 <u>않은</u> 것은?

① 경청의 문제
② 오해나 편견
③ 이중 메시지 사용
④ 대인 관계의 미숙함
⑤ 미숙한 메시지 전달 능력

07 다음 중 바트나(BATNA)에 대한 내용으로 적절하지 <u>않은</u> 것은?

① 상대방에 대한 압박 전술로 활용할 때도 있다.
② 합의에 도달하지 못했을 때 택할 수 있는 최선의 대안, 차선책이다.
③ 바트나가 없다면 만들고, 좋지 않을 때는 끊임없이 개선해 나가야 한다.
④ 바트나에 미치지 못하는 제안이라도 협상을 결렬시키는 행위는 지양해야 한다.
⑤ 협상이 결렬되었을 때 취할 수 있는 행동 계획으로, 협상 타결을 위한 필요조건이다.

08 커뮤니케이션 기법 중 '나 – 전달법'에 대한 설명으로 옳은 것은?

① 비언어적인 전달 방법이다.

② 자기 노출과 피드백으로 구성된다.

③ 자신의 입장을 강조하는 이기적인 의사소통 방법이다.

④ 타인의 행동이 자신에게 어떠한 영향을 주었는지에 대해 이야기하는 방법이다.

⑤ 때로는 상대방의 행동을 비난하여 효과적으로 의사소통이 가능하다는 방법이다.

09 다음은 경청의 기법인 B.M.W에 대한 설명이다. 이에 대한 설명으로 옳지 <u>않은</u> 것은?

① Body는 표정, 눈빛, 자세, 움직임 등을 통해 상대방에게 집중하는 것이다.

② Mood는 대화가 이루어지는 장소의 분위기를 고려하며 듣는 것이다.

③ Mood는 말투나 음정, 음색, 속도, 음의 고저 등을 적절하게 표현하는 것이다.

④ Word는 말의 내용적인 면에서 고객의 입장에 서서 고객을 존중하며 고객이 원하는 바가 무엇인지 집중하여 듣는 공감적 경청의 방법이다

⑤ 경청의 기법인 B.M.W는 Body, Mood, Word이다.

10 다음 중 커뮤니케이션의 기능에 해당하지 <u>않는</u> 것은?

① 행동의 통제 기능   ② 동기 부여 강화 기능

③ 자기 동기화 기능   ④ 정보 제공 기능

⑤ 감정 표현 기능

11 협상에서 효과적으로 반론하는 방법으로 적절하지 <u>않은</u> 것은?

① 상대방의 주장 중 동의할 수 있는 점과 일치점에 대해 말한다.

② 상대방 주장의 허점이나 모순점 등을 질문 형태로 지적한다.

③ 상대방이 받아들일 때까지 반복적으로 주장한다.

④ 반론 내용을 되풀이함으로써 호소력이 커지게 한다.

⑤ 긍정적으로 시작한다.

12 다음 중 감성 지능의 구성 요소 중 자기 조절 효과를 설명한 것은?

① 타인의 감정에 적절하게 대처할 수 있다.

② 타인에 감정을 이해하고 감정을 있는 그대로 표현한다.

③ 자신의 감정을 정확하게 표현한다.

④ 자신의 감정을 인식하고 알아차린다.

⑤ 자신의 감정에 따라 즉각적인 행동을 하는 것을 자제한다.

13 다음 중 커뮤니케이션 과정의 기본 요소로 적절하지 <u>않은</u> 것은?

① 전달자　　　　　　　　② 메시지

③ 피드백　　　　　　　　④ 코드화

⑤ 고정관념

14 효과적인 주장을 위한 'AREA'의 법칙에 대한 설명이 <u>아닌</u> 것은?

① 주장(Assertion) - 우선 주장의 핵심을 먼저 말한다.

② 이유(Reasoning) - 주장의 근거를 설명한다.

③ 증거(Evidence) - 주장의 근거에 관한 실례나 증거를 제시한다.

④ 합의(Agreement) - 제시된 주장에 대한 합의를 한다.

⑤ 주장(Assertion) - 다시 한 번 주장을 되풀이 한다.

15 감성 지능과 조직 성과의 관계에 대한 설명으로 적절하지 <u>않은</u> 것은?

① 감성 지능은 업무 수행에 대한 동기를 유발시켜 직무에 헌신하고 몰입하게 한다.

② 감성 지능은 동료와 상사 간의 높은 신뢰를 형성하여 조직의 효율성을 극대화한다.

③ 직장에서 느끼는 개인의 긍정적인 감성은 업무를 향상시켜 직무에 대한 만족도를 높인다.

④ 긍정적인 감성은 구성원의 자발적 이타 행동을 증가시키며, 구성원들에 대한 리더십을 발휘하게 한다.

⑤ 감성 지능은 어려움을 찾아내고 자신의 성취를 위해 노력하며 자신의 감정을 다스리고 스스로 동기를 부여하는 능력이다.

O/X형

[16~20] 다음 문항을 읽고 옳고(O), 그름(X)을 선택하시오.

16 '나−전달법' 화법이란 주어를 '나'로 하여 그 느낌을 가지게 된 책임이 상대방에게 있지 않고 표현자 자신에게 있음을 전제로 하면서 자신의 느낌을 표현하는 것이다.
(① O ② X)

17 효과적인 커뮤니케이션을 위한 경청 1, 2, 3 기법은 자신은 한 번 말하고, 상대방의 말은 2번 들어주며, 대화 중에 3번 맞장구를 치는 것이다. (① O ② X)

18 감성 커뮤니케이션 스킬 중 미리 발생할 수 있는 상황에 대한 정보를 '심상법'을 통해 자신의 감성을 부정적으로 가는 것을 방어하는 방법은 '타인 감정 인식 단계'에 해당한다.
(① O ② X)

19 레이어드 화법은 다나까체로 끝나는 정중한 화법을 70%, 요조체로 끝나는 부드러운 화법을 30% 정도 사용하는 화법을 말한다. (① O ② X)

20 아론슨 화법은 어떤 대화를 나눌 때 부정(−)과 긍정(＋)의 내용을 혼합해야 하는 경우 부정적 내용을 먼저 말하고 끝날 때 긍정적 의미로 마감하는 방법이다. (① O ② X)

연결형

[21~25] 다음 설명에 적절한 〈보기〉를 찾아 각각 선택하시오.

┤ 보기 ├
① 플라시보 효과 ② 호손 효과 ③ 노시보 효과 ④ 잔물결 효과 ⑤ 피그말리온 효과

21 누군가에 대한 사람들의 믿음이나 기대, 예측이 그 대상에게 그대로 실현되는 경향을 말한다. 다른 사람으로부터 긍정적인 기대를 받으면 이 기대에 부응하기 위해 노력하고, 실제로 긍정적인 결과가 일어나는 현상 (   )

22 긍정적인 심리적 믿음이 신체의 자연 치유력을 크게 높여 줄 수 있다는 내용의 이론이다. 의학적으로는 효과가 없는 약을 환자에게 처방하며, 이 약을 복용하게 되면 병이 나을 거라는 믿음을 주었을 때 환자가 긍정의 힘을 얻어서 신기하게도 병이 나은 실험 결과를 근거로 하는 이론 (   )

23 회사에서 직원들의 근무 태도를 유심히 관찰하고 관심을 보였더니, 일의 능률이 높아지는 현상 (   )

24 조직 구성원에게 소리를 지르는 등의 부정적 커뮤니케이션의 형태가 공개적으로 행해졌을 때 다른 구성원에게도 부정적인 영향이 확산되는 현상 (   )

25 아무리 좋은 효능이 있는 약이라도 부정적인 심리적 믿음으로 약의 효능을 믿지 못한다면 상태가 개선되지 않는 현상 (   )

사례형

26 다음은 대화의 과정에서 사용되는 몇 가지 질문들이다. 이에 대한 설명으로 옳은 것은?

> A. 지난 번 미팅 때 '사무실 혁신'이란 말씀을 하셨는데요. 그 구체적인 뜻을 말씀해주시겠습니까?
> B. '예산'이 관건이라고 하셨는데, 그에 관한 정보를 제게 알려주시겠습니까?
> C. 전에 '할인'에 대해 관심이 많으셨던 것으로 압니다. 어느 정도의 할인율을 기대하시는지 여쭤 봐도 되겠습니까?

① 위의 질문은 모두 '혼합 메시지'의 사용을 사전적으로 통제할 수 있는 질문이다.
② 위의 질문들은 커뮤니케이션 오류의 원인 중 미숙한 대인 관계로 인한 문제점을 해결해준다.
③ 수신자가 전달자의 의도를 정확하게 파악하지 못하고 임의로 해석하여 반응을 보내는 상황과는 무관하다.
④ 상대가 중시하는 키워드를 듣게 되었다고 해서 위의 질문과 같이 굳이 확인하려는 행동은 성급한 응대이다.
⑤ 동일한 키워드는 해당하는 키워드에 담긴 의미 역시 시간이 지나도 거의 다르지 않음을 고려해 볼 때 보기의 질문들은 적절하다.

27 어느 회사에서 커뮤니케이션을 잘하기 위한 아이디어 찾기 토론회가 열렸다. 본격적인 토론에 앞서 팀장이 커뮤니케이션에 대한 몇 가지 포인트를 팀원들에게 설명했다. 그중에서 다음의 내용은 '감성'과 '이성'의 차이점을 설명하고 있는 내용인데, '감성적'인 측면에 대한 설명이 <u>아닌</u> 내용은?

> 가. 좋은 협상을 하려면 협상 과정이 무엇보다도 중요합니다.
> 나. 다양한 아이디어를 활용한 커뮤니케이션을 하면 의외의 좋은 성과를 올릴 수 있습니다.
> 다. 업무를 할 때 너무 안정적으로만 하지 말고 창조적으로 해보세요.
> 라. 다양한 아이디어를 적용하다보면 처음에는 힘들겠지만 성취감과 직무 만족도가 상당히 높아지게 됩니다.
> 마. 너무 분석적인 사람은 분석에 시간을 많이 할애하여 정작 핵심을 놓치는 경우가 많습니다.

① 가   ② 나
③ 다   ④ 라
⑤ 마

28 다음은 한 가구점에서 고객과 점원이 대화를 하는 장면이다. 이를 설명한 내용으로 가장 옳은 것은?

> 고객 : 초록색 의자보다 노란색 의자가 더 마음에 들어요.
> 점원 : 재고가 있는지 모르겠네요. 지난주에 매진됐거든요. 가장 인기 있는 제품입니다. 게다가 그 가격이라면 손님들도 곧바로 가져가시고 싶어 하지요. 괜히 기대감을 드리기 전에 재고가 있는지 한번 확인하겠습니다.

① 재고가 없다면 '없다'고 단호하게 말해야 한다.
② '나중에는 불가능할지도 모른다.'는 뉘앙스를 고객에게 느끼게 해서는 곤란하다.
③ 사례와 같은 응답 방식은 고객으로 하여금 노란색 의자를 구매하겠다는 의지를 감소시킬 수 있다.
④ "다음 주에 오셔도 저희가 물건을 충분히 가지고 있을 겁니다."라는 말은 고객의 구매 욕구를 더욱 불러일으킬 가능성이 크다.
⑤ 지난주에 매진되었을 수도 있음을 알리며 고객에게 인기가 많은 제품임을 넌지시 전달하는 고객 커뮤니케이션 스킬은 적절한 방법이다.

29 고객과 상담자가 대화를 하고 있다. 이 대화에 대한 설명으로 가장 적절한 것은?

> 고 객 : 지난 달 사용 요금이 너무 많이 나왔는데, 이게 어떻게 된 거죠?
> 상담자 : (바쁜 목소리로) 네, 주민번호 불러주세요.
> 고 객 : 내 정보를 요구하기 전에 내 물음에 먼저 답변하는 것이 순서 아닌가요?

① 사실, 정보, 생각, 감정은 비언어적인 경청의 대상이다.
② 고객의 말에 대해 상담자가 잘 듣고 있다는 점을 굳이 전달할 필요까지는 없으므로 상담자의 커뮤니케이션은 바람직하다.
③ 상담자는 고객의 사실 정보에 대해서만 관심을 갖고 상담에 임하고 있다. 이는 바람직한 고객 커뮤니케이션의 사례로 보아야 한다.
④ 위의 대화에서 고객은 자신의 감정을 직접적으로 표현하고 있는데, 자신을 잘 드러내는 솔직하고 개방적인 사람으로 보인다.
⑤ 상담자는 겉으로 드러나는 고객의 예민하고 공격적인 태도에 과민반응하지 않고 고객 내면의 마음을 읽는 커뮤니케이션 스킬이 필요하다.

30 다음은 한 통신 기기 매장에서 판매 사원과 상담을 하는 고객의 행동에서 특징적인 점을 간략하게 정리한 것이다. 다음 중 고객의 행동에서 비언어적 커뮤니케이션의 '의사 언어'에 해당하는 내용으로만 구성한 것은?

> 가. 자신의 의사가 명확하게 전달될 수 있도록 발음에 상당히 신경을 써서 대화를 이어 나간다.
> 나. 자신의 감정에 따라 말의 속도가 확연히 다르다.
> 다. 주변을 둘러보면서도 판매 사원의 말을 경청하고 있다는 듯이 가끔씩 고개를 끄덕인다.
> 라. 부드럽고 친근감 있는 말투였으나 자신의 질문을 판매 사원이 잘 이해하지 못하면 약간 짜증스러운 말투로 이야기한다.
> 마. 판매 사원의 설명 내용에 따라 얼굴 표정이 달라지는데, 그 표정만 봐도 구매 결정 여부를 대략 알 것 같다.

① 가, 나, 라
② 나, 라, 마
③ 가, 다, 마
④ 나, 다, 마
⑤ 가, 라, 마

[31~32] 다음을 읽고 물음에 답하시오.

> 직원 : 손님 죄송하지만 이곳에서 담배를 피워서는 안 됩니다. 옆 상점 사장님께서 담배 냄새로 불만이 많으셔서요.
>
> 손님 : (매우 화가 난 표정으로) 그럼 어디에서 피라고 하는 것입니까?
>
> 직원 : 손님 죄송합니다만, 뒤쪽으로 저희 옥상에 별도의 흡연 공간을 마련해 놓았습니다. 그곳에서 편하게 담배를 피우실 수 있으시니 그곳을 이용해 주시겠습니까?
>
> 손님 : 그래요. 그런데 옥상에 흡연 공간이 있다고 별도의 안내 표시가 없네요. 표시 좀 해 놓으세요.
>
> 직원 : 네, 손님 감사드립니다. 표기를 해 놓긴 했는데 너무 작아서 보시지 못한 것 같습니다. 빠른 시간 내에 조치를 취하겠습니다.
>
> (흡연을 하고 다시 식사를 한 손님이 계산을 하고 나가며)
>
> 직원 : 맛있게 드셨습니까?
>
> 손님 : 네, 잘 먹었습니다.
>
> 직원 : 불편한 점은 없으셨고요?
>
> 손님 : 네, 괜찮았습니다.
>
> 직원 : 감사드립니다. 다음에 다시 찾아 주실 때는 흡연 공간에 대한 표기를 다시 해 놓겠습니다. 이용해 주셔서 감사드립니다. 좋은 저녁 되십시오.

31 상기의 커뮤니케이션 상황에서 직원이 사용한 커뮤니케이션 스킬이 <u>아닌</u> 것은?

① I 메시지 사용 ② 긍정적 표현
③ 청유형 표현 ④ 개방적 표현
⑤ 쿠션언어 사용

32 위의 커뮤니케이션 상황에서 직원이 손님을 설득하기 위해 사용한 설득의 기술은?

① 이심전심 ② 감성자극
③ 역지사지 ④ 촌철살인
⑤ 은근과 끈기

SMAT
Module A
비즈니스 커뮤니케이션

회의 기획 및
의전 실무

Part 05. '회의 기획 및 의전 실무'에서는 회의의 정의와 역할, 기능, 원칙 등 기본 개념을 먼저 이해한 후 회의 주체와 형태에 따른 분류, 개최지 선정 요인 등 실무에서 필요한 사항들을 단계적으로 학습해야 합니다. 또한 회의 준비 절차, 의전 및 영접, 국가 간 공식 서열, MICE 이해, 프레젠테이션 등과 같은 실무 내용을 함께 다루어 실제 비즈니스 환경에서 활용할 수 있어야 합니다. 최근 MICE 산업에서 포상 관광에 대해 출제되고 있으므로 잘 숙지해야 합니다.

Chapter
01

회의 운영 기획 및 실무

01 회의의 개념

1 회의의 정의

(1) 기본적 정의

① 회의는 두 사람 이상이 모여 공통의 문제나 관심사를 논의하며 의견을 교환하는 조직적 활동이다.

② 회의의 목적은 정보를 공유하고 합리적인 결정을 도출하는 데 있다.

③ 회의는 조직의 목표 달성과 원활한 의사소통을 위한 핵심적인 수단이다.

(2) 경영학적 정의

① 회의는 일정한 규칙과 형식에 따라 복수의 구성원이 참여하여 의사 결정을 수행하는 조직 활동이다.

② 회의는 의견 교환과 정보 공유를 통해 조직의 집단지성을 발휘하게 한다.

③ 회의는 전략적 의사 결정과 문제 해결을 가능하게 한다.

(3) 범위의 구분

구분	의미	사례
좁은 의미	공식적 권한과 책임이 부여된 의사 결정 기관	국무회의, 이사회 등
넓은 의미	비공식 협의 중심의 정보 교류 활동	연락 회의, 프로젝트 미팅, 사전 조정 등

(4) 2026 SMAT 교육적 시사점

① 현대의 회의는 단순히 한 공간에 모이는 형태를 넘어, 온라인 화상 회의, 하이브리드 협업, 리빙랩(Living Lab) 기반 퍼실리테이션, 거버넌스 중심 의사소통 모델 등으로 확장되고 있다.

② 따라서 회의는 디지털 환경에서의 참여, 협업, 투명성, 효율성까지 포함하는 폭넓은 커뮤니케이션 활동으로 이해해야 한다.

2 회의의 기능 ✿✿

문제 해결의 기능	• 조직 내·외부에서 발생하는 다양한 문제를 해결하기 위해 회의는 핵심적 역할을 한다. • 참가자들이 전문적 지식과 경험을 공유하여 합리적 의사 결정을 내릴 수 있으며, 동시에 구성원의 참여 의식과 주인 의식을 고취한다. 이러한 과정은 향후 업무 진행 시 협력과 실행력을 높여준다. ex 경영전략 회의, 신제품 개발 프로젝트 미팅, 위기관리 회의, 하이브리드 워크 환경의 온라인 의사 결정 회의
자문의 기능	• 회의는 전문 지식이나 기술이 필요한 상황에서 외부 전문가, 이해관계자 또는 내부 전문 부서로부터 조언과 의견을 수렴하는 장치로 활용된다. • 이는 합리성과 객관성을 확보하는 동시에, 정책 및 전략 결정의 정당성을 강화한다. ex 공청회, 전문가 협의회, 산학협력 자문회의, ESG(환경·사회·지배구조) 자문 포럼
의사소통의 기능	• 회의는 조직 내 상하·수평 구조의 다양한 사람들이 서로의 의견을 교환하며, 정보 공유·이해 증진·관계 조정의 기능을 한다. 특히 오늘날에는 새로운 아이디어 발굴, 혁신 실행 계획 수립, 부서 간 협력 강화에 중요한 역할을 한다. • 디지털 플랫폼을 활용한 비대면 화상 회의 또한 핵심 소통 수단으로 자리 잡았다. ex 팀별 브리핑 회의, 부서 간 조정 회의, 전사 조회, 글로벌 화상 타운홀 미팅
교육·학습의 기능	• 회의는 단순히 정보를 전달하는 것을 넘어, 경험 공유·사례 학습·역량 강화의 장으로 기능한다. • 특히 리더십 교육, 서비스 교육, 직무 역량 강화를 위한 실습형 회의는 참여자에게 학습 효과를 제공하며, 조직 내 지식경영(Knowledge Management)을 촉진한다. ex 사내 연수 프로그램, 서비스 아카데미 워크숍, 신규 직원 온보딩 회의, 온라인 러닝 세션

3 회의의 원칙 ✿

회의 공개의 원칙	회의는 공정성과 투명성을 확보하기 위해 가능한 한 공개적으로 진행해야 한다. 단, 국가 기밀이나 기업의 전략적 의사 결정처럼 민감한 사안의 경우 비공개로 진행할 수 있다.
	2026 시사점: 온라인 중계, 회의록 공개 등 디지털 도구를 통한 투명성 강화가 강조된다.
정족수의 원칙	• 회의가 성립하고 의안을 의결하기 위해 일정 수 이상의 참석자가 필요하다. • 정족수에는 의사 정족수(논의가 가능하기 위한 최소 인원)와 의결 정족수(결정이 성립하기 위한 최소 인원)가 있다.
	2026 시사점: 원격 근무 환경에서는 전자 출석·온라인 투표 시스템이 필수적이다.
발언 자유의 원칙	모든 참석자는 자유롭게 의견을 개진할 권리를 가진다. 이는 회의의 민주성과 창의성을 보장하는 핵심 원칙이다.
	2026 시사점: 퍼실리테이션 기법을 활용해 발언 기회가 특정인에게만 집중되지 않도록 관리한다.
폭력 배제의 원칙	회의 중에는 신체적 폭력뿐만 아니라 언어적·심리적 폭력도 금지된다.
	2026 시사점: 디지털 회의에서는 혐오 발언·사이버 불링도 폭력에 포함된다.

참석자 평등의 원칙	참석자는 직위·성별·연령·부서와 관계없이 평등하게 대우받아야 하며, 동등한 발언권과 투표권을 가진다.
	2026 시사점: 다양성과 포용성(DEI, Diversity·Equity·Inclusion)을 중시하는 현대 조직 운영에 더욱 중요하다.
다수결의 원칙	회의에서는 다수의 의견을 전체의 의사로 본다. 그러나 다수의 결정이 항상 옳은 것은 아니며, 소수 의견이 배제될 위험이 존재한다.
	2026 시사점: 합의제(Consensus)나 협력적 의사 결정 방식과 병행하는 것이 권장된다.
소수 의견 존중의 원칙	소수 의견도 경청하고 존중해야 한다. 이는 장기적으로 조직의 혁신과 다양성을 촉진한다.
	2026 시사점: 회의 후 후속 보고서나 기록에 소수 의견을 별도로 남기는 사례가 늘고 있다.
일사부재의 (一事不再議) 원칙	동일 회기에서 이미 부결된 안건은 다시 상정할 수 없다. 이는 회의의 질서를 지키기 위함이다.
	2026 시사점: 다만, 새로운 환경 변화나 조건이 발생한 경우에는 재상정이 가능하도록 예외 규정이 필요하다.
단일 의제의 원칙 (1의제·1동의)	회의는 언제나 하나의 의제만 다뤄야 한다. 둘 이상의 안건이 동시에 상정되더라도 표결 시에는 반드시 하나씩 분리하여 처리해야 한다.
	2026 시사점: 온라인 협업 툴을 활용하여 의제를 분류·체계화하는 것이 중요하다.
회기 불계속의 원칙	한 회기에서 다루지 못한 안건은 자동 폐기된다. 다만, 우리나라 국회는 헌법상 '회기 계속의 원칙'을 채택하여 미처리 안건을 다음 회기로 이월할 수 있다.
	2026 시사점: 기업과 기관 회의에서는 디지털 의제 관리 시스템을 활용해 미처리 안건을 추적·재상정한다.

Key Insight

정족수의 원칙

정족수란 회의의 성립과 결정을 위해 반드시 필요한 최소한의 참석 인원을 의미하며, 회의의 합법성과 정당성을 보장하는 기본 원칙이다. 정족수에는 크게 의사 정족수와 의결 정족수가 있다.

의사 정족수	• 의미: 회의가 성립되기 위해 필요한 최소 참석 인원을 말한다. • 원칙: 회의는 시작부터 종료까지 일정 수 이상의 참석자가 유지되어야 하며, 인원이 부족하면 회의 자체가 무효로 될 수 있다. • 사례: 우리나라 국회 위원회는 재적 위원 1/4 이상의 요구로 개회가 가능하며, 재적 위원 1/5 이상이 출석해야 회의가 성립한다. • 2026 시사점: 온라인·하이브리드 회의에서는 전자 출석 인증(로그인, 전자서명, 생체인증 등)을 통해 의사 정족수를 확인하고, 회의 도중에도 참석 인원을 실시간 점검해야 한다.
의결 정족수	• 의미: 회의 안건을 합법적으로 의결하기 위해 필요한 최소 참여 인원 또는 찬성 기준을 말한다. • 원칙: 국회는 특별한 규정이 없는 한 재적 의원 과반수 출석과 출석 의원 과반수의 찬성으로 의결한다. • 사례: 기업 이사회에서 ESG 경영전략안 승인 시, 재적 이사 과반수 출석과 과반수 찬성으로 의결한다. • 2026 시사점: 전자 투표·실시간 참여 시스템이 확대되고 있으며, 단순 과반수보다 합의제(consensus) 의사 결정이 강조되고 있다.

02 회의의 종류

1 회의 주체에 의한 분류

구분	정의	대표 사례	2026 시사점
기업 회의	기업의 경영 전략, 마케팅, 신사업 발굴, 성과 관리 등을 위한 회의	경영전략 회의, 신제품 개발 발표회, 주주총회, 워크숍, ESG 경영 회의	하이브리드 화상 회의, 글로벌 협업, ESG · 지속가능 경영 회의 강화
협회 회의	산업 · 전문가 단체가 공동 관심사 논의 및 회원 교류를 위해 개최	무역 협회, 의사 · 회계사 협회, 과학기술협회, 국제 학술대회	학문－산업－정책 연계형 국제 컨퍼런스, 네트워킹 플랫폼 확대
비영리기관 회의	사회단체 · 비영리기관이 공익적 목적을 위해 개최	종교 단체 회의, 노동조합, 봉사단체 정기 모임, 대학생 동호회	CSR · ESG 활동과 연계, 지역사회 문제 해결형 회의 확대
정부 주관 회의	국가 정책 · 경제 · 외교 · 사회 이슈를 다루는 회의	G20 정상회의, COP 기후변화 총회, 정책 공청회	기후 변화 · 디지털 전환 · 보건 등 초국가적 이슈 대응 회의 활성화
시민 회의	시민이 자발적으로 사회 공동 관심사를 논의 · 개선하기 위해 조직	환경 보호 모임, 소비자 연합회, 주민 참여 의제 회의	리빙랩(Living Lab), 공론화, 시민회의 등 참여 민주주의 기반 강화

2 회의 형태에 의한 분류 ✩✩✩

구분	정의	대표 사례	2026 시사점
컨벤션 (Convention)	대규모 정기 집회, 정보 전달과 교류 중심, 전시회 병행 多	국제 의료기기 박람회, 산업별 연례 총회	산업 · 학문 연계형 컨벤션, 온라인 스트리밍 병행
포럼 (Forum)	전문가들이 상반된 견해를 공개 토론, 청중 참여 多	정책 포럼, 환경 포럼, 시민 공론화 포럼	공론화 · 참여 민주주의 방식 확대
콘퍼런스 (Conference)	특정 주제를 심층 토론하는 회의, 참가자 발언권 보장	국제 학술대회, 기업 기술 콘퍼런스	하이브리드 콘퍼런스, 실시간 글로벌 협업
심포지엄 (Symposium)	전문가들이 발표 · 토론하는 회의, 형식적, 청중 참여 제한	의학 심포지엄, 법학 심포지엄	전문성 강화, 학문 · 산업 융합 토론회 확대
세미나 (Seminar)	교육 · 연구 목적의 소규모 회의, 주제 발표 및 토론	학술 세미나, 사내 교육 세미나	평생학습 · 리스킬링(재교육) 중심 세미나 확산
워크숍 (Workshop)	실습 · 문제 해결 중심, 소수 인원이 지식 · 기술 교환	서비스 디자인 워크숍, 팀빌딩 워크숍	퍼실리테이션 · 리빙랩 기반 참여형 워크숍 확대

Part 05

콩그레스 (Congress)	국제·국가 단위의 대규모 공식 회의, 사교·관광 병행	국제 의학 콩그레스, 세계 관광 콩그레스	글로벌 거버넌스·ESG 이슈 중심 회의 증가
렉처 (Lecture)	전문가가 일정 형식에 따라 강연, 질의응답 가능	명사 초청 특강, CEO 렉처	TED식 강연·온라인 오픈 클래스 확산
클리닉 (Clinic)	소규모 집단 대상 집중 교육·훈련	리더십 클리닉, 서비스 훈련 클리닉	현장 맞춤형·체험형 훈련 강화
패널 토론 (Panel Discussion)	여러 연사가 주제 발표·토론, 청중 참여 가능	대학생 정책 토론, TV 패널 토론	청중 실시간 피드백·온라인 참여형 토론 확대
전시회 (Exhibition)	회의와 병행, 제품·서비스·기술 전시·홍보	IT 박람회, 관광 산업 전시회	메타버스·VR 기반 전시회 증가

03 회의 개최 준비 사항

1 회의 개최지 선정

(1) 회의 개최지 선정 과정

단계	주요 내용	2026 시사점
회의 목적 설정 및 확인	회의 성격(정보 전달, 토론, 교육, 네트워킹)과 목표(정책 수립, 문제 해결, 홍보 등)를 명확히 규정	ESG·지속가능성·지역 연계 등 새로운 회의 목적 반영
회의 형태 및 형식 개발	회의 규모, 참여 방식(대면 방식·온라인·하이브리드), 토론 방식(포럼·워크숍·심포지엄 등) 결정	메타버스·하이브리드 운영 모델 확산
물리적 요구사항 결정	회의장 규모, 좌석 배치, 음향·조명·통역·보안 장치 등 물리적 요건 검토	AI 회의록, 스마트 스크린, 온라인 투표 등 디지털 인프라 강화
참가자의 관심과 기대 정의	참가자의 직무·관심사·문화적 배경을 고려한 콘텐츠와 서비스 설계	참가자 경험(PX) 중심 → 맞춤형 프로그램·네트워킹 플랫폼 제공

(2) 회의 개최지 선정 시 고려사항 ✫✫✫

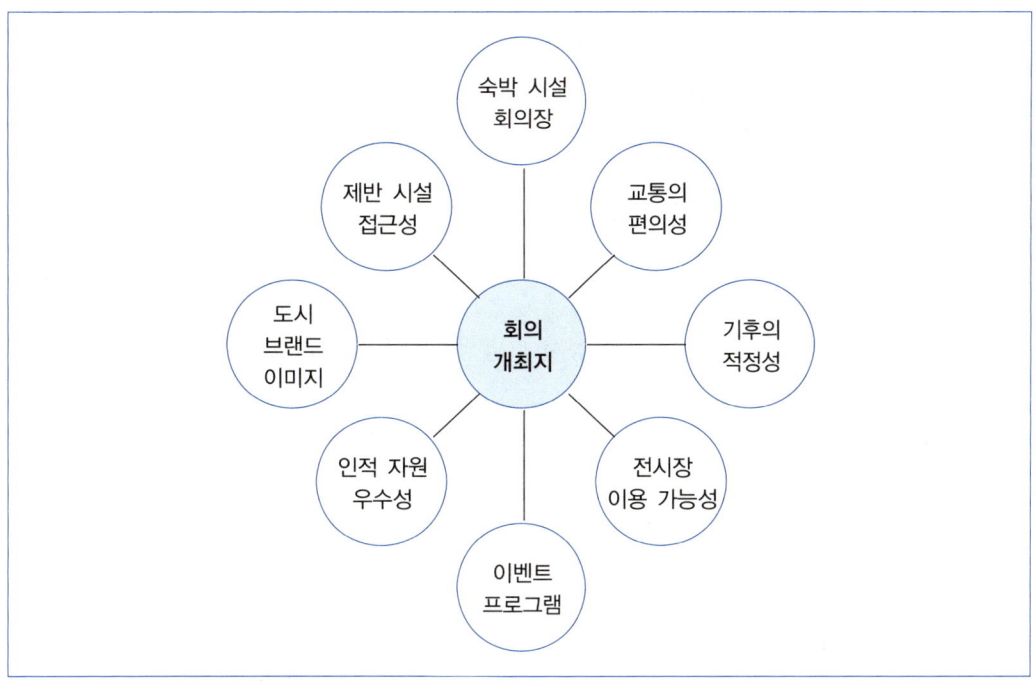

(3) 회의실 선정 시 고려사항 ✫✫

고려사항	설명	2026 시사점
회의실 규모와 수용 능력	참가자 수에 맞는 적정 규모와 좌석 수용 능력 검토	대면 · 온라인 참가자 동시 수용 가능한 하이브리드 친화형 회의실 선호
회의실 유형별 배치와 기능	극장식, 교실식, U자형, 원탁형 등 회의 성격에 맞는 배치 선택	모듈형 좌석, 스마트 디스플레이, 원격참여 시스템 등 융합형 기능 중요
전시장 활용성	전시 · 홍보 부스, 네트워킹 공간 활용 가능 여부 검토	전시 · 체험 · 네트워킹이 가능한 멀티존 (Multi-zone) 복합형 공간 증가
회의실 임대료	예산 적합성, 장비 · 식음료 · 인력 지원 포함 여부 확인	단순 비용보다 ROI · ESG 비용 절감 효과 고려
위치 및 접근성과 브랜드	교통 편의성, 대중교통 접근성, 숙박 · 편의 시설 검토 및 브랜드 이미지 고려	공항 · KTX 역세권, 스마트시티, 지역 명소 연계 브랜드 가치 제고형 공간 선호
서비스 종사원 역량 및 규정	인력의 전문성, 다국어 가능 여부, 친절도, 안전 규정 검토	다문화 대응, AI 지원 서비스, 진환성 · 안전 · 보안 규정 강화

2 회의실의 배치 설계

(1) 회의실 배치 준비

① 회의 유형 및 참가자 수 고려

 ㉠ 회의의 목적과 성격(토론형, 강연형, 워크숍형 등), 참가자 수에 따라 적합한 배치 방식을 사전에 결정한다.

 ㉡ 2026 시사점: 온·오프라인 참가자 동시 고려, 원격참여자를 위한 스크린 배치와 카메라 앵글 설계 중요

② 배치 준비 시간 및 서비스 인력 산정

 ㉠ 회의실 배치에 필요한 시간과 동시에 발생하는 음향·영상·케이터링 등 기타 서비스 인력까지 함께 예측한다.

 ㉡ 2026 시사점: AI 기반 스케줄링 시스템을 통한 배치 시간 자동 산출 및 인력 배치 최적화 활용

③ 현재 시설 상황 및 예약 현황 파악

 ㉠ 회의실 시설 상태와 향후 예약 일정을 고려하여 중복 사용, 시설 과부하 등을 예방한다.

 ㉡ 2026 시사점: 클라우드 기반 예약·자원 관리 시스템 활용으로 회의실 운영 효율 극대화

④ 공간 효율적 활용

 ㉠ 테이블과 좌석 배치를 회의 목적에 맞추어 공간을 효율적으로 활용해야 한다.

 ㉡ 2026 시사점: 친환경 모듈 가구, 이동형 디지털 장비, 에너지 절약형 배치 설계 중요

⑤ 인력·장비 예측 및 최종 배치

 ㉠ 운영 담당자는 회의 성격에 따라 필요한 인력, 통역 장비, 조명·음향 장치, 온라인 송출 시스템 등을 사전에 예측하고 준비한다.

 ㉡ 2026 시사점: 스마트 회의실(스마트보드, IoT 기반 조명·음향 제어) 도입의 표준화

(2) 좌석 배치 ☆

극장식 배치	• 일반형(Conventional): 교실형과 유사하게 정면으로 좌석을 배열, 대규모 회의에 적합, 주의 집중 효과 높음. • 반원형(Semicircular with Center Aisle, Senate Style): 중앙 통로를 두고 반원 형태로 좌석 배열, 토론과 집중 효과 강화 • 반원 날개형(Semicircular with Center Block and Curved Wings): 국회 의사당과 유사한 계단식, 연사 집중 효과 극대화 • V자형: 시야 확보에 유리하며 연사와의 거리감을 줄여 참여감 증대 • 암체어형(Table Armchairs): 팔걸이 있는 안락의자 사용, VIP·고위급 회의에 적합 • 2026 시사점: 대규모 국제회의, 하이브리드 이벤트에서 스크린·AR/VR 디스플레이 병행 활용

U형 배치	• U자 개방 부분에 주재자가 위치, 뒤에는 스크린·보드 설치 • 참가자 간 시선 교류 용이, 발표·토론 중심 회의에 적합 • 2026 시사점: 온라인 참가자 화면을 개방부에 배치해 온·오프라인 융합 회의 활용
E형 배치	• 테이블을 E자 모양으로 배열해 출입은 편리하나, 안쪽 참석자가 서로 마주보지 못하는 단점 • 중규모 회의나 세미나에 활용 • 2026 시사점: 화상 회의용 카메라 배치로 시선 교류 단점을 보완
T형 배치	• 주빈석을 구분할 수 있으며, 넓은 공간을 효율적으로 활용 가능 • 2026 시사점: 의전성이 강조되는 회의나 VIP 중심 정책 회의에서 활용
원탁형/네모형 배치	• 참가자 간 평등한 분위기 조성, 20명 내외 소규모 회의에 적합 • 그룹 토의, 만찬·오찬 병행 가능 • 2026 시사점: 팀빌딩·퍼실리테이션 회의에 적합, 협력적 학습·토론 중심 운영
이사회형 배치	• 20명 내외 소규모 회의에 적합, 원탁의 장점을 살리면서 더 많은 인원을 수용 • 필요시 내부 의자 추가 가능, 융통성 높은 배치 • 2026 시사점: 기업 이사회, 전략회의에서 보안·프라이버시 중심 설계 강화
교실형 배치	• 중앙 통로를 두고 양옆에 테이블을 배치, 참가자가 메모 가능 • 학술 세미나, 교육형 회의에 적합 • 2026 시사점: 디지털 필기·스마트패드 활용 가능한 배치로 전환

🔷 좌석 배치

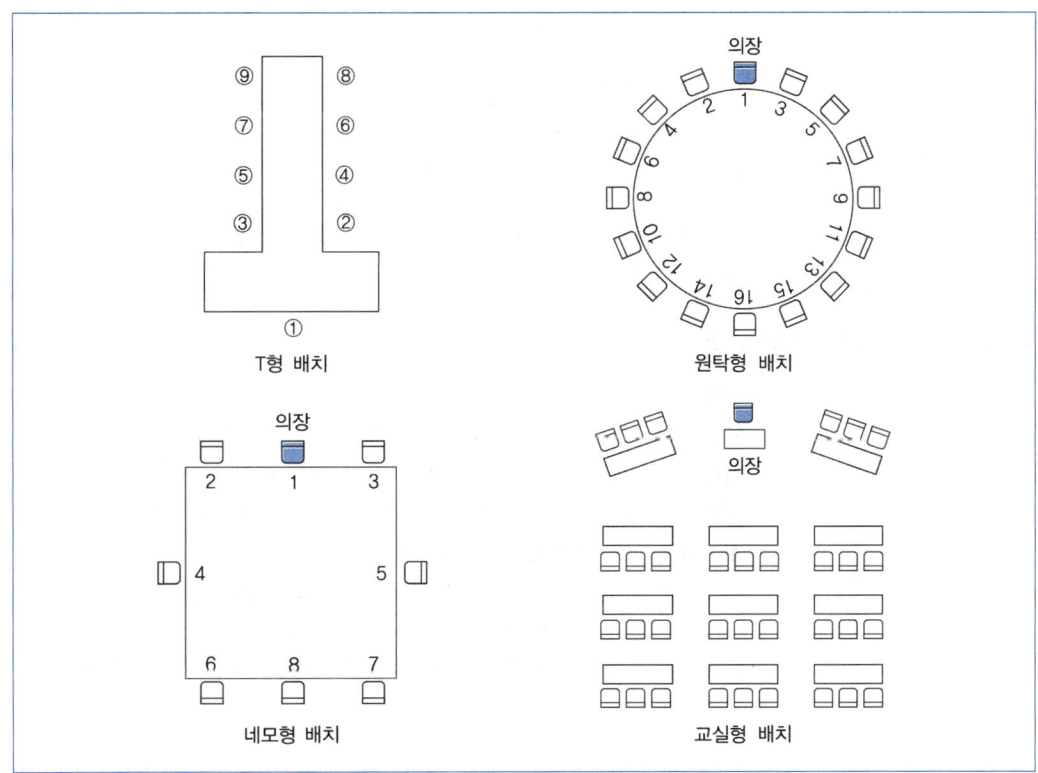

T형 배치

원탁형 배치

네모형 배치

교실형 배치

(3) 회의실 준비 자료

전체 회의 프로그램	• 회의 목적 달성을 위해 모든 구성 요소를 기획·조정하여 수립한다. • 다양한 프로그램을 편성하여 참가자의 관심과 참여를 유도한다. • 회의 기간 중 참가자의 행동 지침 및 네트워킹 방법을 안내한다. • 회의 일정표는 모바일 앱·전자 브로슈어 형태로 제공하여 접근성을 높인다. • 자료는 휴대가 간편하고 파손 위험이 적도록 제작하며, 종이 사용을 줄이고 디지털 전환을 권장한다.
참가자 명부	• 성명, 국적, 소속, 직위, 연락처, 투숙 호텔 등 기본 정보를 포함한다. • 참가자 예상 명단을 작성하여 등록 규모를 예측한다. • 2026 시사점: 개인정보 보호 규정(GDPR 등) 준수, QR코드·NFC 기반 디지털 명부 활용
명패·명찰	• 좌석이 지정된 경우, 탁자 위에 명패를 사전 배치한다. • 명패·명찰은 플라스틱이나 비닐 등 재사용 가능한 친환경 소재로 제작한다. • 이름·소속·직위는 정확히 기재하여 오류를 방지한다. • 2026 시사점: 디지털 네임 태그(E-Name Tag), 모바일 연동형 스마트 배지 활용 확산
기자재 장비 관리	• 음향 시스템: 마이크, 믹싱 보드, 앰프, 스피커, 소음 차단 장치 • 발표 장비: 테이블 연설대, 플로어 연설대, 무선 마이크 • 영상·조명 시스템: 프로젝터, 스크린, LED 조명, 대형 디스플레이 • 동시통역 장치: 무선 통역기, 다국어 자막 자동 생성 시스템 • 보조 도구: 전자 칠판, 디지털 차트, 스마트 포인터 • 2026 시사점: AI 음성인식 기반 회의록 자동 작성, AR/VR 프레젠테이션, 메타버스 회의 플랫폼 도입
기타	• 회의 취지를 알리는 안내문 및 환영 메시지 • 회의장 안내도와 비상 안전 매뉴얼 • 프로그램·행사 안내 자료와 관련 연락처 목록 • 동반 프로그램: 전시회·관광·네트워킹 이벤트 안내 • 2026 시사점: 모바일 앱 기반 푸시 알림, 친환경 디지털 브로슈어 제공, 참가자 맞춤형 추천 서비스 확대

(4) 회의 프로그램의 주요 내용

표지	• 전체 회의명, 로고, 연도, 주최·주관 기관 표시 • 2026 시사점: QR 코드·NFC 태그 삽입으로 온라인 자료 연결
회의 주제	• 회의 전체의 방향성과 핵심 메시지를 명확히 제시 • 2026 시사점: ESG·지속가능성·디지털 전환 등 글로벌 키워드 반영
회의 장소 및 기간	• 회의가 열리는 장소와 개최 기간 명기 • 2026 시사점: 온·오프라인 하이브리드 장소 안내(현장 + 온라인 플랫폼 링크)
주최·주관·후원 정보	• 주최자명, 임원명, 주관사, 후원 기관, 협력 단체 표시 • 2026 시사점: 산학연 협력 기관, 국제 파트너십 등 글로벌 네트워크 반영

회의 일정 및 관련 행사 일정	• 본회의, 분과세션, 네트워킹, 만찬, 전시회 등 전체 일정 포함 • 2026 시사점: 모바일 앱·웹 플랫폼 기반 실시간 일정 확인·알림 서비스 제공
발표자 및 발표 내용 소개	• 발표자 이력, 소속, 발표 주제 및 요약 내용 수록 • 2026 시사점: 발표자 인터뷰·동영상 QR 연결, AI 기반 다국어 요약 제공
회의 안내 및 부가 정보	• 회의장 안내도, 숙박·교통 안내, 메모란 포함 • 2026 시사점: 친환경 전자 브로슈어, 안전 매뉴얼, 디지털 관광·문화 체험 정보 제공

04 회의 당일 업무

단계	주요 업무	2026 시사점
회의 개최 전	• 좌석 배치, 기자재, 자료 점검 • 명패·자료 세팅 • 회의장 안내 표지 설치	• 디지털 사이니지·QR 코드 안내 • 무인 체크인 시스템 활용
접수	• 참가자 등록·본인 확인 • 명찰·디지털 배지 배부 • 참가비 수납 및 영수증 발급 • 식사 여부 확인 • 회의 자료·기념품 배부 • 출결 확인 후 보고	• AI 기반 출결 관리 • 모바일 앱 등록·전자 영수증 • 페이퍼리스 기념품(E-Coupon)
회의 중 운영	• 회의 흐름 방해 요소 점검 • 연사·참가자 지원 대기 • 소음 방지·출입 통제 • 늦은 참가자 조용히 안내 • 기자재·조명·음향 점검, 음료·간식 제공	• AI·IoT 기반 시설 모니터링 • 화상참가자 연결 점검 • 실시간 피드백 앱 운영
회의 종료 후	• 질서 있는 퇴장 안내 및 배웅 • 주차권 배부·안내 • 명찰·대여 물품 회수 • 보관 물품 전달, 분실물 확인 • 회의장 정리·청소 • 장소 제공자와 종료 사실 확인	• 스마트 분실물 추적(QR/NFC) • 폐기물 최소화, 재활용 등 친환경 운영 • 사후 만족도 조사·보고서 자동화

Part
05

05 등록 및 숙박 관리

1 등록 신청서 관리 ✿

등록 관리는 회의나 행사 참가자의 신원 확인, 정보 수집, 서비스 제공의 기초가 되는 단계로, 전체 행사 운영의 효율성과 고객 만족도를 높이는 핵심 프로세스이다.

(1) 참가자의 국적, 소속, 직위, 성명, 연락처, 참가 목적 등의 인적 사항을 정확하게 기록한다.

(2) 신청서는 주최 측 본부 보관용, 조직위원회 사무국용, 참가자 보관용으로 구분한다.

(3) 참가자의 개인정보를 보호하기 위해 개인정보보호법 및 GDPR 기준에 따라 관리하며, 등록 현황과 숙박 정보를 데이터베이스(DB)로 구축하여 실시간 업데이트한다.

(4) QR코드, 모바일 등록 시스템을 활용하여 비대면·신속 등록을 지원한다.

2 등록 절차 및 방법

(1) 사전 등록
  ① 행사 전 참가 인원과 규모를 예측하여 준비의 정확성을 높인다.
  ② 현장 혼잡과 대기 시간을 줄이고, 등록 시 본인 인증·출입증 발급을 신속하게 처리할 수 있다.
  ③ 사전 결제 시스템과 연동해 참가비 납부 및 영수증 자동 발급이 가능하다.
  ④ 참가자 맞춤형 정보(프로그램, 숙박, 교통 안내)를 사전에 제공하여 고객 경험(CX)을 향상시킨다.

(2) 현장 등록
  ① 행사 당일 현장에서 등록을 진행하며, 동선이 명확하고 접근이 편리한 위치에 등록 데스크를 설치한다.
  ② 혼잡 방지를 위해 키오스크, 모바일 태그, 셀프체크인 시스템을 도입한다.
  ③ 실시간 참가자 수를 관리하여 안전 및 공간 운영 효율성을 확보한다.
  ④ 현장 등록자는 개인정보 확인 후 즉시 배지·자료·기념품을 수령하도록 한다.

3 숙박 관리

숙박 관리는 참가자의 편의와 만족도를 높이고, 행사의 품격을 결정짓는 중요한 요소이다. 참가자 유형(귀빈, 연사, 일반 참가자 등)에 따라 적절한 숙박 시설을 선정하고 배정한다.

(1) 숙박 장소 선정 기준
  ① 회의장 접근성: 이동 거리, 교통 연결성, 셔틀 운영 가능성 고려
  ② 참가자 수준에 맞는 등급: VIP, 외국인, 일반 참가자 등 계층별 맞춤 배정
  ③ 부대시설 확보: 회의실, 비즈니스센터, 헬스장, 조식당, 휴게공간 등

④ 인적 서비스 품질: 다국어 서비스, 고객 응대 능력, 장애인 편의 시설

⑤ 교통 편리성 및 안전성: 주요 교통수단과의 연결, 비상대피 계획

⑥ 안전 및 보안 관리 체계: 방역, 화재, 의료 지원 시스템 구비

⑦ ESG 기반 숙박 운영: 친환경 숙소, 탄소 절감, 지역 상생형 숙박 우선

(2) 객실 확보 및 배정

① 예상 참가자 수와 객실 수요를 기반으로 사전 예약을 실시한다.

② 호텔과 요금, 지불 방식, 블록 해제 일자, 취소 정책 등을 협의한다.

③ 숙박 신청서에는 다음 정보를 포함한다.

    ㉠ 회의장과 숙소 간 거리 및 이동 방법

    ㉡ 숙소의 등급, 객실 유형, 요금, 부대시설

    ㉢ 체크인·체크아웃 시간, 결제 방법, 환불 규정

④ 숙박 신청 접수 후 우선순위(참가 등급·등록 시점 등)에 따라 객실을 배정한다.

⑤ 예약 확정 시 이메일 또는 모바일 알림으로 확인서(Confirmation Letter)를 발송한다.

⑥ 장애인, 외국인 참가자 등을 위한 배려형 객실 운영을 의무화한다.

---

06 회의의 진행

회의의 진행은 조직의 목적 달성을 위한 의사 결정 과정의 핵심 절차로서, 명확한 진행 순서와 체계적인 보고·토의 과정을 통해 효율성과 공정성을 확보해야 한다.

최근 회의는 오프라인뿐 아니라 온라인과 오프라인의 하이브리드(혼합형) 형태로 운영되므로, 기술적 지원과 참여자 경험(Participant Experience) 관리가 중요하다.

1 회의 진행의 일반적 순서

(1) 개회

① 참석자 확인: 등록 명부 또는 전자출석 시스템을 통해 참석 인원을 확인한다.

② 개회 선언: 사회자(의장 또는 진행자)가 회의의 개회를 공식적으로 선언한다.

③ 개회사: 필요 시 주최자나 대표자가 환영 인사 및 회의의 목적을 간략히 언급한다.

④ 기술 점검(온라인 회의 시): 네트워크 연결, 화면 공유, 음향 점검 등 사전 확인을 실시한다.

> **Key Insight**
>
> 회의 개회 전, 디지털 출석 확인(QR 체크·얼굴 인식) 및 시간 엄수 문화를 강조한다.

(2) 국민의례 및 의전 절차

공식적인 회의나 공공행사의 경우 다음 순서로 진행한다.

① 국기에 대한 경례

② 애국가 제창

③ (필요 시) 순국선열 및 고인에 대한 묵념

④ 기업 및 민간 행사에서는 국기에 대한 경례를 생략하고, 조직 비전 영상, ESG 선포, 윤리경영 선언문 낭독 등으로 대체하기도 한다.

⑤ 국제회의의 경우, 참가국 국기 게양 및 각국 대표 인사로 대체 가능하다.

> **Key Insight**
>
> **포용적 회의문화 트렌드**
> 종교·국가적 다양성을 고려하여, 묵념 대신 '공동선언'(Moment of Reflection)으로 변경하는 사례가 증가하고 있다.

(3) 보고 사항

① 업무 보고

　㉠ 이전 회의에서 의결된 사항의 진행 결과 또는 주요 업무 현황을 보고한다.

　㉡ 문서·PPT·영상 등을 활용하여 시각적으로 명확하게 공유한다.

② 회계 보고

　㉠ 행사 또는 조직 운영에 관련된 수입·지출, 예산 집행 현황을 투명하게 보고한다.

　㉡ ESG 경영 관점에서 지속가능경영 보고서 형태로 간략히 언급하기도 한다.

③ 부서별 보고

　㉠ 각 부서 또는 분과위원회에서 처리한 업무 결과를 보고한다.

　㉡ 보고자는 핵심 사항 중심으로 간결하게 발표하며, 질의응답 시간을 둔다.

> **Key Insight**
>
> **효율적 회의 팁**
> 보고 자료는 사전 배포하여 회의 중 발표 시간을 단축한다.

(4) 회의 안건 보고 및 채택

① 의장은 안건을 순서대로 제시하고, 참석자들에게 검토 시간을 부여한다.

② 안건별로 제안자 설명 → 질의응답 → 토의 → 표결 또는 합의 도출 절차로 진행한다.

③ 표결은 거수, 전자투표, 모바일 시스템 등을 활용하여 투명하게 진행한다.

④ 채택된 안건은 즉시 회의록(Minutes)에 기록하고 공유한다.

> **Key Insight**
>
> 회의 결과는 "의사 결정 추적 시스템(Decision Tracking System)"에 즉시 반영하여 사후 관리 및 성과 평가에 연계한다.

⑸ **기타 토의**

① 주요 안건 외에 제안사항, 건의사항, 개선 아이디어 등을 자유롭게 논의한다.

② 퍼실리테이션(Facilitation) 기법을 활용하여 참여형·창의적 의견 개진을 유도한다.

③ 온라인 참여자도 채팅, 폴링(Polling), 브레이크아웃룸 등을 통해 발언 기회를 가진다.

⑹ **공지사항**

① 차기 회의 일정, 후속 조치 계획, 주요 일정 변경 사항을 공지한다.

② 참가자 피드백 설문 링크를 안내하고, ESG형 친환경 회의(페이퍼리스) 참여를 독려한다.

⑺ **폐회**

① 의장이 회의 종료를 공식적으로 선언한다.

② 폐회 선언 후 감사 인사, 단체사진 촬영, 네트워킹 세션 등을 진행할 수 있다.

③ 회의 결과 요약, 주요 결의사항, 차기 일정은 전자문서(E-mail/앱 알림)를 통해 공지한다.

🔷 **회의 진행의 일반적 순서**

단계	주요 내용	서비스관리 관점	최신 트렌드 반영
개회	참석자 확인, 개회 선언	시간 관리, 절차 준수	디지털 출석, QR 체크
국민의례	국기, 애국가, 묵념	예의와 존중	ESG, 포용적 의전
보고 사항	업무, 회계, 부서 보고	투명성, 신뢰성	시각 자료, 요약 발표
안건 채택	안건 검토 및 표결	공정성, 효율성	전자 투표, 실시간 기록
기타 토의	자유 토론, 건의	참여 활성화	퍼실리테이션, 브레이크아웃
공지사항	후속 일정 공유	명확한 커뮤니케이션	페이퍼리스, 설문 연계
폐회	종료 선언	마무리 예절	네트워킹, 디지털 회의록

2 **회의 진행 참가자의 역할**

구분	주요 역할	핵심 역량	금지 태도
리더	회의 방향 제시, 발언 조정, 공정한 결론 도출	퍼실리테이션, 공정성, 시간 관리	감정적 진행, 편파적 판단
참석자	적극적 참여, 예의 있는 발언, 경청	논리적 사고, 협력적 태도, 시간 준수	독점적 발언, 감정적 표현

의전 운영 기획 및 실무

01 의전(Protocol)의 이해

1 의전의 정의

(1) 의전의 본질적 의미

의전은 '예를 갖추어 상대를 존중하는 공식적인 행위'로, 공적·사적 모든 관계 속에서 신뢰와 질서를 유지하기 위한 절차이다.

(2) 조직·국가 간 의전

정부, 기업, 국제기구 등 공식 기관에서 국가 원수, 고위 공무원, 기업 임원, 외교 사절 등을 맞이 하거나 교류할 때 행하는 국제적 예의 규범을 말한다.

(3) 기업 의전의 범위

① 기업에서는 경영진, 사회이사, 주요 파트너, 외빈 고객 등의 방문·영접 시 적용된다.
② 대상은 내부 규정에 따라 다르지만, 통상적으로 의사 결정권자 또는 동등한 지위의 인물이 포함된다.

(4) 의전의 목적

① 원활한 의사소통과 협력을 도모한다.
② 상호존중의 문화를 바탕으로 신뢰 관계를 형성한다.
③ 국가 행사·외교 행사·기업 이벤트 등 모든 공식 일정이 질서 있고 품격 있게 진행되도록 지원한다.

(5) 현대적 의전의 방향

① 형식보다 진정성, 절차보다 배려가 중시된다.
② ESG 경영, 다양성·포용(Diversity & Inclusion), 디지털 전환 등 시대 변화에 맞는 '스마트 의전'으로 발전하고 있다.

> **Key Insight**
> • 의전은 "격식의 언어"가 아니라 "신뢰의 기술"이다.
> • 의전은 사람과 조직, 문화를 연결하는 서비스 커뮤니케이션의 최상위 단계이다.

2 의전의 어원

(1) 어원은 그리스어 "프로토(proto, 처음)"와 "콜렌(kollen, 붙이다)"의 합성어인 프로토콜렌(protokollen)에서 유래되었다.

(2) 원래는 공증 문서의 맨 앞 장에 붙이는 확인 용지를 뜻했으며, 이후 '외교 관계에서 사용되는 공식 문서 형식'을 의미하게 되었다.

(3) 현대에 와서는 '국가나 기관 간 관계를 원만히 하는 기본 규범'으로 의미가 확장되었다.

3 의전 관련 혼용하기 쉬운 공식 용어 구별

구분	정의	적용 영역
매너 (Manners)	개인의 품격과 교양을 드러내는 행동 양식	일상적 인간관계, 개인적 태도
에티켓 (Etiquette)	사회나 조직에서 상호 간 반드시 지켜야 할 규범적 예절	사교, 비즈니스 상황 전반
의전 (Protocol)	공식적 관계 속 국가, 기업 간 교류 절차와 질서의 규정된 형식	외교, 공공기관, 기업 행사 등

4 의전의 5R 요소 ✮✮✮

의전의 5R은 모든 공식적 관계에서 균형·존중·공정성을 지켜야 한다는 기본 원칙이다. 이 다섯 가지 요소는 국가 간, 기업 간, 개인 간 교류에서 품격 있는 서비스 문화를 형성하는 핵심 가치로 작용한다.

구분	핵심 개념	주요 내용
Respec (존중)	상대에 대해 존중과 배려	• 의전은 상대방의 문화와 전통을 인정하고, 차이를 이해하는 데서 출발한다. • 상호존중의 태도는 모든 의전의 기본이다.
Reciprocity (상호주의)	동등한 예우의 원칙	의진은 국력이나 지위의 관계없이 1 : 1의 동등한 대우를 지향한다. 한쪽의 배려에는 상대방의 예로 응답해야 한다.
Reflecting Cuture (문화 반영)	시대와 문화의 표현	의전은 특정 시대와 문화의 특징을 반영한다. 시대가 바뀌면 의전 방식도 변화한다.
Rank (서열)	질서와 품격의 유지	의전에서는 서열이 명확히 지켜져야 하며, 이를 무시하는 것은 상대에 대한 결례로 간주된다.
Right (오른쪽 우선)	위치 예절의 기본 원칙	'Lady on the Right' 원칙에 따라 VIP의 오른쪽이 차석(No.2) 자리이며, 단상이나 좌석 배치의 기본 기준이 된다.

02 의전의 기획

1 행사 기획

행사 기획	• 행사의 목적과 성격에 맞는 장소를 선정하고, 교통, 주차, 시설 상태를 사전 점검한다. • 비품, 인력, 차량 등 가용 자원을 확인하고 동원 계획을 수립한다.
행사 계획서 작성	• 행사명, 일시, 장소, 참석 대상 등 행사 개요를 명확히 기재한다. • 식순, 소요 시간, 이동 경로 등 진행 세부 일정표를 포함한다. • 관계 기관과 협조사항을 사전 조율하고, 배치도는 도면으로 작성한다.
내빈 안내	• 내빈의 지위에 맞는 안내 요원을 배치한다. • 이동 동선, 도착 후 절차, 접대 방법 등을 구체적으로 계획한다. • 숙박, 식사, VIP룸 운영 등 전담 관리 체계를 마련한다.
입·퇴장 계획	• 참가자 및 귀빈의 입퇴장 시간·동선·주차·출발 시점을 체계적으로 정리한다. • 귀빈 도착 30분 전까지 모든 입장이 완료되도록 한다.
차량 및 참가자 관리	• 참가자 구성과 인원, 차량 대수, 대기 위치 및 운행 시간을 명확히 기록한다. • 차량 동원과 주차 관리에 혼선이 없도록 사전 시뮬레이션을 실시한다.
업무 분장 및 일정	• 주관 부서 중심으로 부서별 역할을 명확히 구분한다. • 준비 일정표 및 점검표를 작성해 진행 상황을 관리한다.
비상(우천) 대비 계획	• 악천후 시 대체 장소와 행사 진행 방안을 마련한다. • 실내 행사 전환 시 배치도, 인력, 안내 계획을 수정한다.
시나리오 작성	• 사회자 및 주요 인력의 대사, 행동 요령을 구어체로 구체화한다. • 공식 직함과 적절한 경어 사용으로 품격을 유지한다.
사전 안내	• 사회자는 전체 진행 순서와 이동 동선을 공지한다. • 돌발 상황 방지를 위해 사전 리허설 및 식전 프로그램을 준비한다.

2 행사장 준비 사항 ✿

구분	주요 내용
식장	• 행사 목적과 규모에 맞게 위치, 진입로, 조망, 일조 등을 고려하여 선정한다. • 단상 기준으로 시야가 트이고 정돈된 구조로 배치한다. • 중계석·촬영대·의무실·간이 화장실 등 필수 시설을 설치한다. • 행사 진행 요원은 복장을 통일하여 일체감을 유지한다.
식단	• 참석 인원에 비례한 규모로 구성하고, VIP용 별도 공간을 마련한다. • 식단 후면에는 임시 화장실·대피소·비품(비누, 거울, 휴지 등)을 준비한다. • 음식은 위생·온도·동선 관리를 철저히 한다.
행사 장식물	• 식장 내·외부에 최소한의 장식물을 설치한다. • 옥외 행사의 경우 현수막·홍보탑 등은 간결하게 구성한다.

단상 비품	• 연설대 · 의자 · 마이크 · 탁자 등을 행사 성격에 맞게 배치한다. • 각 좌석에 명찰과 행사 자료를 사전 비치한다.
테이프 커팅	• 일반적으로 건물 주출입구 전면에서 진행한다. • 5색(적, 청, 황, 흑, 백)의 인조견사 리본을 사용한다. • 가위와 흰 장갑은 여유분을 준비해 쟁반에 올려 귀빈에게 전달한다.

03 의전 준비

1 사전 정보 확인

(1) 상대방의 직급 · 이름 · 기호 · 건강 상태 · 선호 식음료 등을 사전 파악한다.

(2) 일정표(일별 · 시간대별)를 확인하고 방문 목적 및 이동 동선을 점검한다.

(3) 통역 · 경호 · 차량 등 지원 인력 및 경로를 미리 확정한다.

(4) 선물 교환 여부와 품목을 사전 협의한다.

2 공항 영접

(1) VIP라운지 예약 및 영접 인원 · 환영 절차를 조율한다.

(2) 이동 차량 및 경호 차량을 확보하고 주차 · 탑승 순서를 정리한다.

(3) 필요 시 카메라 취재팀 및 공항 관계 기관(출입국 · 세관)과 협조한다.

(4) 환영 인사와 수송이 자연스럽게 이어지도록 시간대별 시나리오를 준비한다.

Key Insight

CIQ & 더블도어

구분	주요 내용
CIQ (Customer · Immigration · Quarantine)	• CIQ는 공항·항만 출입국 시 반드시 거치는 3대 절차로 ① 세관 검사(Customer), ② 출입국 관리(Immigration), ③ 검역(Quarantine)을 의미한다. • VIP 의전 시, 행사요원이 출입국·세관·검역·수화물 운반 등의 대리 수속을 진행한 뒤 일반 입장장이 아닌 VIP 전용 출구를 이용한다. • 주요 업무에는 휴대품 검사, 여권·비자 확인, 건강 및 검역 절차, 귀빈실 사용 지원 등이 포함된다.
더블도어 (Doublem Door System)	• 더블도어는 귀빈 전용 출입국 게이트로 「공항에서의 귀빈 예우에 관한 규칙」(국토교통부령 제414호)에 근거한다. • 사용 대상은 전·현직 대통령, 국회의장, 대법원장, 헌법재판소장, 국무총리, 중앙선거관리위원장, 원내교섭단체 대표 등이다. • 외국의 경우, 대사(취임·퇴임 시), 외교 장관, 장관급 이상 인사는 외교부 협조 요청 시 이용 가능하다.

③ 호텔에서의 영접

(1) 호텔 관계자 접촉

체크인 절차, 객실 배정, 동선 및 서비스 수준을 사전에 협의한다.

(2) 객실 종류 및 수량 확인

VIP 및 수행원 객실의 위치, 층수, 전망, 동선의 편의성을 점검한다.

(3) 객실 내 비즈니스 설비 확인

노트북, 팩스, 와이파이, 비서 서비스 등 비즈니스용 편의시설을 확인한다.

(4) VIP 전용 동선 점검

VIP 전용 엘리베이터나 별도 출입구, 보안 동선의 유무와 상태를 점검한다.

(5) 익스프레스 체크인(Express Check-in) 확인

VIP가 대기 없이 객실로 직접 이동할 수 있는 신속한 체크인 절차를 마련한다.

(6) 객실 환영 세팅 준비

객실 내 환영 인사 카드, 꽃, 과일 바구니, 음료 등을 세심하게 배치한다.

④ 환영 리셉션

(1) 행사 일정 및 시간 확인

오프닝 시간, 주요 순서, 축사 및 여흥 순서를 사전에 조율한다.

(2) 리셉션 홀 준비 점검

조명, 음향, 테이블 세팅, 장식물, 기물 상태 등을 점검한다.

⑶ 좌석 배치 및 서열 확인

좌석 배치도와 서열표를 사전 확정하고 명패와 선물을 준비한다.

⑷ 식음 서비스 준비

참석자의 선호 메뉴, 식사량, 알레르기 정보, 음료 종류 등을 미리 파악한다.

⑸ 여흥 및 환대 프로그램 확인

축하 공연, 건배사, 환영 인사 등 부대 프로그램의 진행 순서와 시간을 조정한다.

5 기타 사항

⑴ 환송 절차 준비

행사 종료 후 귀국 또는 퇴실 시 선물과 감사 인사를 정중하게 전달한다.

⑵ 의전 결과 점검

전체 의전 과정의 이행 여부, 문제점 및 개선사항을 검토한다.

⑶ 기록 관리

행사 기간 중 특이사항을 정리하고 고객의 이용 내역을 기록한 히스토리 카드(History Card)를 작성한다.

Key Insight

블럭 룸(Block Room)
① 호텔이 특정 행사나 단체, 국제회의 참가자, VIP를 위해 일정 구역의 객실을 미리 확보해 두는 것을 말한다.
② 예약 상황에 따라 일반 고객의 이용을 제한할 수 있으며, 주로 대규모 행사·국제회의·국빈 방문 시 활용된다.
③ 목적은 객실 운영의 효율성과 의전 및 보안 관리의 일원화에 있다.

리셉션(Reception)
① 리셉션은 원칙적으로 국가적·공공적·반공공적 성격의 공식 환영 행사이다.
② 보통 행사 개막일 전후에 개최되며, 개막식의 사전 행사로 진행되는 경우가 많다.
③ 식사 형식을 갖추거나, 간단한 음료·다과 중심의 사교 행사로 운영될 수 있다.
④ 행사 전에는 돌발 상황에 대비한 위기 대응 매뉴얼을 마련해야 한다.
⑤ 참석자 간의 교류와 친목을 도모하기 위한 성격이 강하며, 일반 회의보다 자유롭고 비공식적인 분위기로 진행된다.

의전 선물(Protocol Gift)
① 의전 선물은 국가와 문화의 상징을 교환하는 의미를 지닌다.
② 선물은 반드시 상대국의 문화와 관습을 고려하여 선정해야 한다.
③ 많은 국가에서는 공무원이 직무 관련 선물을 받지 못하도록 법령으로 제한하고 있으며, 허용되는 경우에도 가격 기준(미화 100~200달러 이하)이 정해져 있다.
④ 외국 귀빈에게는 고가의 물품보다 자국의 상징성이 담긴 전통 공예품·특산품·예술품 등이 적합하다.
⑤ 한국의 경우, IT 강국의 이미지를 반영한 기술 관련 선물도 선호된다.
⑥ 선물은 단순한 물품 전달이 아니라, 국가 이미지와 예우를 표현하는 수단으로 인식된다.

04 연회 서비스(Banquet Service)

1 연회의 개념

(1) 연회는 축하, 환영, 연찬, 피로연 등을 위해 여러 사람이 모여 베푸는 공식 또는 비공식 행사를 말한다.

(2) 최근에는 회의, 세미나, 전시회, 교육, 패션쇼, 영화 시사회 등 다양한 형태의 행사로 확대되고 있다.

(3) 호텔은 국제회의와 컨벤션 행사를 전문적으로 유치 · 기획 · 운영하며, 수준 높은 연회 서비스를 제공한다.

(4) 연회의 목적은 단순한 식음 제공이 아니라, 행사의 본래 목적을 달성할 수 있도록 최상의 서비스 환경을 조성하는 것에 있다.

2 연회장의 준비 및 행사 진행

(1) **고객 영접**
  ① 행사 시작 전, 연회장 입구에서 직원들이 정렬하여 손님을 맞이한다.
  ② 입장 순서를 고려해 차분히 안내하며, 지정 좌석일 경우 좌석명과 표기를 확인해 정확히 자리로 안내한다.

(2) **식음료 서비스 및 어텐션(Attention)**
  ① 늦게 도착한 손님은 성명을 확인한 뒤 조용히 좌석으로 안내한다.
  ② 일찍 퇴장하는 손님은 사전에 요청받은 시간에 맞춰 자연스럽게 안내한다.
  ③ 주요 스피치 인사의 좌석과 순서를 미리 파악하고 진행을 지원한다.
  ④ 연회장의 조명, 음향, 공기, 온도를 적절히 조정해 쾌적한 분위기를 유지한다.
  ⑤ 행사 흐름에 따라 시간을 조정하고, 주최자 및 사회자와 긴밀히 협조한다.

(3) **고객 환송 및 마무리**
  ① 행사 종료 후 손님을 정중히 배웅하고, 주최자에게 감사 인사를 전한다.
  ② 좌석, 테이블 주변의 유실물 및 물품 상태를 점검한다.
  ③ 출입구에 설치된 테이블, 카펫 등 임시 구조물은 철거하고, 사용된 집기류와 장비의 상태를 확인한다.
  ④ 주요 행사나 공식 만찬이 끝난 후에는 호텔 정문 앞에서 환송 서비스를 실시한다.

05 서열

1 공식 서열

공식 서열은 국가 의전에서 인물의 직위·직급에 따라 정해지는 법적 순위이다. 이는 행사 진행의 질서와 상호존중을 위한 기본 기준으로 활용된다.

한국의 공식 서열	대통령 → 국회의장 → 대법원장 → 국무총리 → 국회부의장 → 감사원장 → 부총리 → 외교부장관 → 외국 특명전권대사 → 국무위원 → 국회상임위원장 → 대법관 → 국회의원 → 검찰총장 → 합참의장 → 3군 참모총장 → 차관 및 차관급
미국의 공식 서열	대통령 → 부통령 → 하원의장 → 대법원장 → 전직 대통령 → 국무장관 → 유엔 사무총장 → 외국 대사 → 전직 대통령 미망인 → 공사급 외국 공관장 → 대법관 → 각료 → 연방예산국장 → 주UN 미국대표 → 상원의원
영국의 공식 서열	국왕(또는 여왕) → 귀족 → 켄터베리 대주교 → 대법관 → 요크 대주교 → 수상 → 하원의원 → 옥새상서(Lord Privy Seal) → 각국 대사 → 시종장관 → 대법원장

2 관례상 서열

공식 서열 외에도 행사의 성격과 사회적 위치에 따라 자연스럽게 형성되는 서열이 있다.

(1) 관례상 서열을 따르는 사람들

공식 서열로 정할 수 없는 인물	정당 당수, 협회장, 민간단체 대표 등
사회적·문화적 영향력이 큰 인물	예술인, 기업인, 학자 등
행사나 조직의 성격상 예우가 필요한 인물	국제기구 의장, 단체 회장 등
전통적 예우가 필요한 인물	왕족, 원로 등

(2) 관례상 서열의 일반 기준 ✿

① 부부 동반 시, 배우자의 서열은 본인과 동일하게 본다.
② 연령을 중시하되, 공식 직위가 더 높을 경우 직위를 우선한다.
③ 일반적으로 여성이 남성보다 상위 예우를 받지만, 대표로 참석한 남성은 예외로 한다.
④ 여성 간의 서열은 기혼 여성 → 미망인 → 이혼 여성 → 미혼 여성 순이다.
⑤ 외국 귀빈은 일반적으로 내빈보다 상위 예우를 받는다.
⑥ 직위가 높을수록 서열이 상위이다.
⑦ 행사에서는 주빈(主賓, Guest of Honor)을 최우선으로 예우한다.

3 좌석 배치 기준

(1) 교실형 좌석 배치

① 일반적 배치

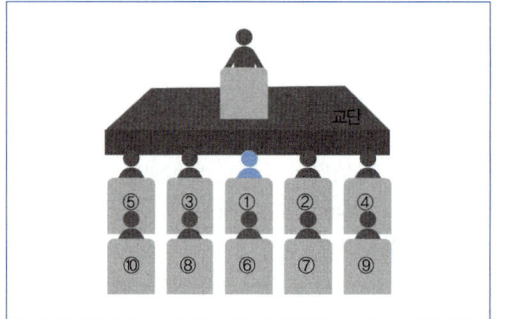

② 외부 기관 초청 시 배치

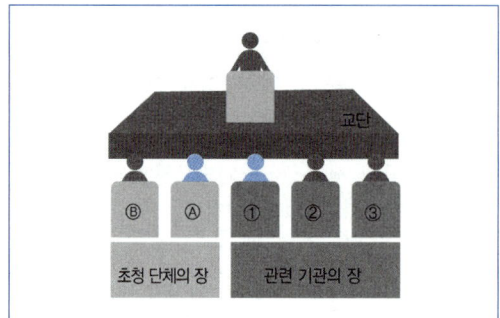

(2) 원형 테이블 배치

① 일반적 배치

② 상석이 2명인 경우 배치

③ 외부 기관 초청 시 배치

(3) 사각 테이블 배치

① 내부 행사 직위(급)별 배치

② 외부 기관 초청 배치(초청자는 출입문 안쪽으로 배치하는 경우)

프레젠테이션

01 프레젠테이션의 이해

1 프레젠테이션의 정의

(1) 프레젠테이션(Presentation)은 발표·소개·표현을 의미한다.

(2) 자신의 생각, 아이디어, 경험, 지식 등을 청중에게 효과적으로 전달하고, 원하는 반응이나 결과를 이끌어내기 위한 적극적인 커뮤니케이션 활동이다.

(3) 제한된 시간 안에 핵심 정보를 명확하게 전달하여, 청중이 의도된 방향으로 이해하고 판단하도록 유도하는 설득형 소통 방식이다.

2 프레젠테이션의 중요성

(1) 경쟁이 치열한 사회에서 경쟁력의 핵심 수단으로 작용한다.

(2) 시각적 자료와 논리적 구조를 활용해 정보 전달의 효율성과 설득력을 극대화할 수 있다.

(3) 기업의 PR, 세일즈, 제안, 협상 등 실적과 직결되는 핵심 업무 도구이다.

(4) 조직 내 구성원 간 정보 공유와 협업의 효율을 높여 업무 생산성을 향상시킨다.

(5) 프레젠테이션은 단순한 발표가 아닌, 비즈니스 성공을 결정짓는 전략적 커뮤니케이션 수단이다.

02 프레젠테이션의 3P분석 ☆☆☆

1 People − 청중을 분석하라

(1) 청중 분석이 핵심

프레젠테이션은 청중 중심의 커뮤니케이션이다. 따라서 "청중은 누구인가?", "왜 이 자리에 모였는가?", "무엇을 듣고 싶어 하는가?"를 명확히 파악해야 한다.

(2) 청중 이해의 필요성

청중의 연령, 직업, 교육 수준, 참가 목적, 인원 규모 등 기본 정보를 사전에 파악하면 발표 내용과 표현 방식을 상황에 맞게 조정할 수 있다.

(3) 청중 분석의 세 가지 요소

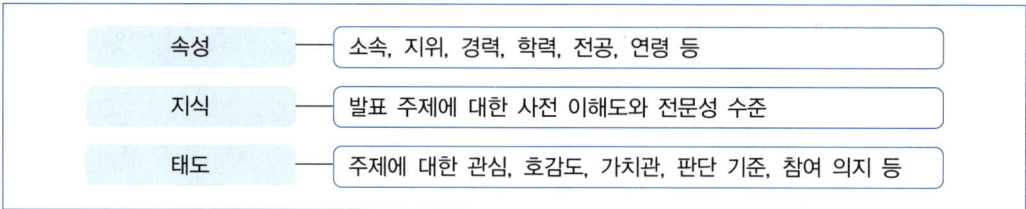

속성	소속, 지위, 경력, 학력, 전공, 연령 등
지식	발표 주제에 대한 사전 이해도와 전문성 수준
태도	주제에 대한 관심, 호감도, 가치관, 판단 기준, 참여 의지 등

2 Purpose ─ 목적을 파악하라

(1) 목적의 명확화

① 프레젠테이션의 출발점은 "왜 발표하는가?"에 대한 명확한 답이다.

② 발표자는 자신의 목표를 구체적으로 정의해야 하며, 청중이 이 자리에서 무엇을 알고, 느끼고, 행동하길 원하는지를 중심으로 목적을 설정해야 한다.

(2) 프레젠테이션의 주요 목적 유형

① 정보 전달형: 새로운 제품이나 서비스의 정보를 명확히 알리기 위한 발표

② 설득형: 사업 제안, 투자 유치, 고객 설득 등 의사 결정을 이끌기 위한 발표

③ 동기 부여형: 직원, 팀원, 조직 구성원에게 열정과 참여를 유도하기 위한 발표

④ 기념·행사형: 기념식, 시상식 등 축하와 메시지 중심의 발표

Key Insight

정보 전달형 VS 설득형 프레젠테이션

구분	정보 전달형 PT	설득형 PT
핵심 목표	상대방의 이해를 돕는다.	상대방의 생각과 태도를 변화시킨다.
접근 방식	명확하고 객관적인 정보 제시	감정과 논리를 결합한 설득 전략
주요 전략	공신력 확보, 핵심 강조, 관련성 제시	논리적 근거, 호감의 법칙, 심리적 접근

3 Place − 장소를 분석하라

(1) 장소 분석의 중요성
① 프레젠테이션의 성패는 내용뿐 아니라 장소의 환경적 요인에 크게 좌우된다.
② 장소의 구조, 청중의 수, 좌석 배열에 따라 발표자의 위치·자세·시선 처리 방식이 달라지므로, 효과적인 발표를 위해 사전 환경 점검은 필수적이다.

(2) 장소 분석 시 유의 사항
① 발표 형식(설명형, 토의형, 설득형 등)에 적합한 공간 구조인지 확인한다.
② 청중이 서로 의사소통하기 쉬운 배치 구조인지 점검한다.
③ 발표자가 시선·음향·동선 등을 통제할 수 있는 환경인지 확인한다.
④ 청중의 반응이 한눈에 들어오는 구조인지 살펴본다.

(3) 장소 분석 시 점검 항목
① 공간 규모 : 참석 인원 대비 적정 크기인지 확인
② 좌석 및 가구 배치 : 발표 흐름에 맞는 형태(ex ㄷ자형, 극장형, 원형 등)인지 점검한다.
③ 설비 상태 : 스크린, 마이크, 연단 등 시청각 장비의 작동 여부를 확인한다.
④ 네트워크 환경 : 인터넷·인트라넷 연결 상태를 점검한다.
⑤ 조명 : 밝기와 조절 가능 여부를 확인(발표 자료가 잘 보이는 수준 유지)한다.
⑥ 냉난방 : 온도 조절 장치의 작동 여부를 확인한다.
⑦ 방음 : 외부 소음 차단이 가능한지 확인한다.
⑧ 기타 환경 요소 : 창문, 인테리어, 소품 등 주의를 분산시킬 요소를 최소화한다.

03 프레젠테이션의 구성 요소

1 기획

(1) 목적 설정
① 프레젠테이션의 핵심 목적을 명확히 정의하고, 전체 방향성과 컨셉을 설정한다.
② "왜 이 발표를 하는가?", "청중에게 무엇을 전달할 것인가?"를 먼저 정리한다.

(2) 메시지 내용 파악
① 전달하고자 하는 핵심 메시지(Contents)를 명확히 규정한다.
② 정보는 많기보다, 핵심이 선명한 메시지로 구성해야 한다.

(3) 분량 조절

① 한정된 시간 내에서 청중이 이해할 수 있는 적정 분량과 흐름으로 구성한다.

② 메시지는 단순하고 명확해야 하며, 시각 자료는 보조 수단으로 활용한다.

(4) 메시지 구성 시 고려 요소

① 이해성 : 누구나 쉽게 이해할 수 있도록 표현한다.

② 흥미성 : 청중의 주의를 끌 수 있는 사례와 스토리를 활용한다.

③ 단순성 : 복잡한 용어보다 핵심을 간결하게 전달한다.

(5) 프레젠테이션 기획의 5단계

1단계 목표와 핵심 주제 설정	• 프레젠테이션의 목적과 핵심 메시지를 명확히 정의한다. • 청중에게 어떤 정보를 전달하고, 어떤 변화를 이끌고자 하는지 구체화한다. • 발표의 방향성과 톤(Tone)을 결정하는 단계이다.
2단계 자료 수집 및 분석	• 주제와 관련된 신뢰성 있는 자료를 조사·선별한다. • 통계, 사례, 이미지, 인터뷰 등 다양한 자료를 수집하고 청중의 이해도와 관심에 맞게 핵심 정보만 추출한다.
3단계 콘텐츠 작성	• 수집된 자료를 기반으로 논리적이고 설득력 있는 내용 구조를 만든다. • 서론-본론-결론의 흐름 속에서 핵심 메시지와 시각 자료의 조화를 고려한다. • 청중의 집중도를 높이기 위해 스토리텔링 기법을 활용한다.
4단계 프레젠테이션 상황 분석	• 발표가 진행될 장소, 청중 규모, 시간, 장비 환경을 점검한다. • 청중의 성향과 기대 수준을 고려해 발표 스타일과 자료 표현 방식을 조정한다.
5단계 세부 목차와 원고 작성	• 전체 내용을 논리적 흐름에 따라 목차화하고, 각 슬라이드와 핵심 문장을 중심으로 발표 원고를 완성한다. • 시간 배분, 시각 자료, 강조 포인트 등을 최종 점검한다.

(6) 프레젠테이션 콘텐츠의 구성

서론	• 청중의 흥미와 관심을 끌어내는 오프닝으로 시작한다. • 프레젠테이션의 주제와 제목을 명확히 제시한다. • 발표자의 신뢰성(Credibility)을 전달하는 자기 소개나 근거를 제시한다. • 본론에서 다룰 핵심 내용의 흐름(Agenda)을 간단히 예고한다.
본론	• 핵심 메시지를 논리적이고 체계적으로 전개한다. • 본론의 메인 포인트는 3개 정도로 구성하는 것이 효과적이다. • 메인 포인트와 보조 내용(서브 포인트)의 위계를 명확히 구분한다. • 발표 중간에 이해도 확인이나 간단한 질의응답으로 청중의 집중을 유지한다. • 다양한 사례, 이미지, 유머, 질문을 활용하여 분위기를 조성하고 흥미를 지속시킨다.
결론	• 지금까지 다룬 핵심 내용을 간결하게 요약한다. • 프레젠테이션을 통해 전달한 주요 메시지와 핵심 주장을 다시 강조한다. • 마무리는 짧고 강렬하게, 청중의 기억에 남을 메시지로 끝맺는다. ex 인용문, 유머, 감사의 인사 등

Key Insight

프레젠테이션 스토리 구성 : POSST™ 모델

P — Punch Line (도입부 임팩트)	• 발표의 첫 문장은 청중의 시선을 즉시 사로잡는 한마디여야 한다. • 질문, 통계, 짧은 일화, 인용문 등으로 강한 인상과 호기심을 유도한다. • 핵심 : "첫 30초가 청중의 마음을 결정한다."
O — Overview (전체 흐름 안내)	• 오늘 발표에서 무엇을 다룰지 미리 제시한다. • 프레젠테이션의 목표와 핵심 주제를 간단히 설명해 청중의 기대를 정리한다. • 핵심 : "전체 지도를 먼저 보여줘라."
S — Story (핵심 내용 전개)	• 발표 시간을 고려해 3~4개의 작은 스토리(소주제)로 나누어 전개한다. • 각 스토리마다 구체적인 사례, 데이터, 시각 자료를 활용해 이해도와 몰입도를 높인다. • 핵심 : "스토리로 말하면 기억이 오래 남는다."
S — Summary (요약 및 재정리)	• 발표의 핵심 포인트를 간결하게 정리한다. • 청중이 기억해야 할 메시지를 다시 한 번 강조한다. • 핵심 : "청중이 기억해야 할 1~2가지만 남겨라."
T — Touch Line (감동의 마무리)	• 오프닝과 연결되는 마무리 멘트로 발표를 완성한다. • 감사 인사, 인용문, 짧은 에피소드 등으로 감정적 울림과 여운을 남긴다. • 핵심 : "처음처럼, 인상 깊게 끝내라."

2 시청각 자료 ✿

(1) 시청각 자료는 발표자가 말로 전달하는 내용을 보완하여 청중이 더 쉽게 이해하고 오래 기억하도록 돕는 도구이다.

(2) 사람은 말과 시각 자료를 함께 제시할 때 정보의 이해도와 기억률이 높아진다.

(3) 청중이 내용을 한눈에 이해할 수 있도록 명확하고 간결한 디자인을 사용한다.

(4) 메인 컬러, 폰트, 화면 구성, 애니메이션, 멀티미디어 요소 등을 조화롭게 설계한다.

(5) 시각적 요소는 말의 흐름을 돕는 보조 수단으로, 주제를 가리지 않도록 주의한다.

(6) **제작 시 고려 사항**

① 적합성 : 발표 목적과 주제, 청중 수준에 맞는 자료인가.

② 간결성 : 핵심만 담고 불필요한 정보는 최소화했는가.

③ 일관성 : 색상, 글꼴, 구성 방식이 전체 발표와 조화를 이루는가.

④ 디자인 효과 : 가독성 높은 색채와 균형 잡힌 시각 구성으로 시선을 집중시키는가.

(7) **시청각 자료의 주요 형태**

① 디지털 자료 : 파워포인트, 프레지(Prezi), 동영상, 3D 그래픽, 캐릭터 영상 등

② 보조 자료 : 플립차트, 화이트보드, 실물 전시, 인쇄물, 포스터 등

3 발표 전달력 ☆☆☆

(1) 태도의 중요성

① 프레젠테이션의 성패는 어떤 태도로 전달하느냐(Personality)에 따라 달라진다.

② 발표자는 자신감 있고 긍정적인 자세로, 신뢰와 진정성이 느껴지도록 표현해야 한다.

(2) 언어적 + 비언어적 조화

① 발표는 말(언어적 요소)과 자세, 표정, 시선(비언어적 요소)의 조화로 완성된다.

② 내용뿐 아니라 시선 처리, 표정, 몸의 움직임이 청중의 몰입도를 결정한다.

(3) 발표 준비 요령

① 발표 내용은 핵심만 간단히 메모하고, 전체 흐름을 완벽히 숙지한다.

② 원고를 자주 확인하지 말고 자연스럽게 전달하는 연습이 필요하다.

(4) 음성 전달 능력 ☆☆☆

① 자연스럽고 명확하게 말하며, 쉬운 어휘를 사용한다.

② 불필요한 말버릇("음…", "그…" 등)을 줄이고 단어 선택에 신중한다.

③ 목소리의 6요소를 조화롭게 조절한다.

   ㉠ 빠르기(Rate) : 너무 빠르거나 느리지 않게

   ㉡ 크기(Volume) : 공간 규모에 맞는 적절한 음량

   ㉢ 높이(Pitch) : 자연스러운 억양으로 생동감 있게

   ㉣ 길이(Duration) : 문장의 리듬과 호흡 유지

   ㉤ 쉬기(Pause) : 의미 강조 전후의 적절한 간격

   ㉥ 힘 주기(Emphasis) : 핵심 단어를 강조해 전달

④ 청중이 듣기 편한 속도·톤·발음을 유지하고, 상황에 따라 조절한다.

4 발표 자세 ☆

자세의 개념	• 발표 자세는 손동작, 걸음걸이, 몸짓, 시선, 표정, 동선 등을 말한다. • 발표자의 전체적인 비언어적 표현을 의미한다. • 이는 언어로 표현하기 어려운 감정과 진정성을 청중에게 전달하는 핵심 요소이다.
자세의 역할	• 자신감 있는 자세는 신뢰감과 집중도를 높인다. • 단정하고 안정된 자세는 명확한 메시지 전달과 긍정적 인상 형성에 도움이 된다.
시선 처리	• 시선은 청중과의 교감 창구이다. • 한 사람만 보지 말고, 전체 청중을 자연스럽게 바라보며 반응을 확인한다. • 시선을 통해 청중의 이해도와 반응을 읽고 발표의 속도를 조절한다.
몸짓과 제스처	• 청중 규모에 따라 몸의 움직임과 제스처의 크기를 조절한다(소규모 발표는 자연스럽게, 대규모 발표는 조금 더 큰 동작으로 표현). • 제스처는 핵심 포인트를 강조할 때만 사용하며, 과하거나 불필요한 움직임은 피한다. • 제스처를 사용하지 않을 때는 두 손을 명치와 배꼽 사이의 자연스러운 위치에 둔다.

MICE의 이해

Chapter 04

01   MICE의 개념

1   MICE의 정의 및 이해 ✿✿✿

(1) MICE는 Meeting(회의), Incentive Tour(포상 관광), Convention(국제회의), Exhibition/Event (전시/이벤트)의 약자로, 이러한 행사를 유치·기획·운영하며 서비스를 제공하는 산업 전반을 의미한다.

(2) MICE 산업은 대규모 인적 이동이 수반되어 숙박, 식음료, 교통, 통신, 관광 등 다양한 산업과 연계된 복합 산업이다. 즉, MICE는 다양한 부가가치와 고용 창출 효과를 지닌 융·복합형 서비스 산업이다.

(3) 핵심 산업으로는 컨벤션센터, 전시장(Exhibition Hall), 전문회의기획자(PCO), 컨벤션뷰로(CVB) 등이 있다.

(4) 연관 산업으로는 수송, 장비 임대, 행사 운영 지원, 케이터링, 무대 설치, 숙박 등이 있으며, 다양한 산업이 MICE 운영 체계 속에서 유기적으로 연결된다.

(5) 국가 간 교류와 협력이 활발해지며, 국제회의·포상 관광·전시행사 수요가 꾸준히 증가하고 있다.

(6) MICE는 지역 경제 활성화와 도시 브랜드 향상에 기여하는 전략적 산업으로 발전 중이다.

(7) 용어의 지역별 사용 차이가 있는데, 아시아·동남아는 MICE라는 용어를 사용하고, 미주 지역은 Events, 유럽 지역은 Conference 또는 Meetings Industry를 사용한다.

(8) 비즈니스 구조의 차이에서는 일반 관광은 B2C(Business to Consumer) 형태지만, MICE 산업은 B2B(Business to Business) 중심으로 운영된다.

(9) 비정부기구(NGO), 국제기구, 협회 등의 활발한 활동이 MICE 산업의 성장과 확산을 촉진하고 있다.

② MICE 산업의 특징 ✰✰✰

공공성	• MICE 산업은 정부·지자체·지역 사회가 함께 참여하는 공공협력형 산업이다. • 컨벤션센터 등 주요 시설은 막대한 예산과 지속적 관리가 필요하므로 정부의 제도적·재정적 지원이 필수적이다. • 교통, 통신, 법·제도 등 인프라 기반의 공공 지원체계가 산업 활성화의 핵심이다.
지역성	• MICE 산업은 지역의 관광·문화·자연 자원을 활용해 운영된다. • 지역 고유의 특성을 반영한 문화적 이미지와 도시 브랜드를 창출한다. • 지방 정부는 MICE를 지역 홍보 및 도시 마케팅의 전략 도구로 활용한다.
경제성	• MICE 행사는 높은 경제 파급 효과를 지닌다. • 1차 효과 : 시설 건설, 투자, 생산 및 고용 창출 • 2차 효과 : 참가자들의 장기 체류와 높은 소비로 인한 숙박·식음료·교통·관광·레저 산업의 활성화 및 세수 증대 • 결과적으로 지역 경제 성장과 일자리 창출에 크게 기여한다.
관광 연계성	• MICE 참가자는 일반 관광객보다 소득 수준과 소비력이 높아 관광 산업 전반의 수익을 증대시킨다. • 행사 전후로 지역 관광 프로그램에 참여하여, 체류형 관광 및 복합 관광 수요를 확대한다.

③ MICE 산업의 중요성 ✰

융·복합 산업 구조	호텔, 쇼핑, 이벤트, 교통 등 다양한 산업과 상호 의존적 구조를 이루며 고소비, 고품질의 관광객을 유치하는 미래형 성장 산업이다.
고부가가치 산업	일반 관광과 달리 대규모 그룹 중심의 지식집약형 산업으로, 국가 경제에 높은 부가가치를 창출한다.
국가 브랜드 제고 효과	국제 행사를 통해 도시 및 국가 이미지를 향상시키며, 참가자들이 자연스럽게 국가 홍보 대사 역할을 수행한다.
사회·문화적 파급 효과	개최 지역의 경제 활성화, 고용 확대, 문화 교류, 국제 협력 강화 등 다층적인 긍정 효과를 가져온다.

02 ▶ 회의(Meeting)

① 회의의 개념

(1) 회의란 아이디어 교환, 토론, 정보 공유, 그리고 사회적 네트워크 형성을 목적으로 여러 사람이 한자리에 모이는 비즈니스 커뮤니케이션 활동을 말한다.

(2) 국제적 기업 회의는 외국인 참가자가 10명 이상일 경우를 말하며, 국내 기업 회의는 외국인 참가자가 10명 미만일 때를 의미한다.

2 회의의 특징

(1) 국제화 · 대형화 추세

회의는 단순한 소규모 모임에서 벗어나 글로벌 규모의 대형 이벤트화가 진행되고 있다.

(2) 컨벤션과의 유사성

회의는 컨벤션과 구조적 · 운영적 시스템이 유사하며, 기획 · 운영 · 참가자의 상호 교류라는 공통점을 가진다.

(3) 주최 기관에 따른 구분

회의는 주체에 따라 다음과 같이 분류된다.
① 협회(Association) 회의
② 학회(Academic) 회의
③ 정부 · 공공기관(Government/Public) 회의
④ 기업(Corporate) 회의

03 포상 관광(Incentive Tour)

1 포상 관광의 개념 ✵✵✵

(1) 포상 관광은 조직이 성과를 보상하고 동기를 부여하기 위해 비용의 전부 또는 일부를 부담하여 구성원에게 제공하는 보상형 관광 프로그램이다.

(2) 기업이 직원(영업 · 생산 · 지원부서) 또는 고객을 대상으로 성과 향상과 조직 충성도 제고를 목적으로 실시하는 경영 전략 수단이다.

(3) 포상 관광은 휴양, 교육, 오락 요소가 결합된 형태로, 목적지의 매력도와 체험 콘텐츠가 참가 동기와 만족도에 직접적인 영향을 미친다.

2 포상 관광의 특징 ✵✵✵

(1) 대규모 이동 · 안정적 수익성

① 단체 단위로 이동하기 때문에 고정 수요 확보와 안정적 수익 창출이 가능하다.
② 특히 관광 비수기에도 운영이 가능해 지역 경제 활성화 효과가 크다.

(2) 높은 소비 수준

참가자의 평균 소비액이 일반 관광객의 1.5~2배에 달하기 때문에 각국이 인센티브 관광단 유치 경쟁을 벌이는 이유이다.

(3) 산업적 시너지 효과

관광, 숙박, 교통, 이벤트 등 다양한 산업군과 연계되어 MICE 산업의 성장과 일자리 창출에 기여한다.

(4) 기업 이미지 제고

포상 관광은 기업의 글로벌 이미지와 직원 복지 향상 의지를 보여주는 수단으로, 브랜드 신뢰도와 내부 만족도를 동시에 높인다.

(5) 맞춤형 상품 개발 필요

① 기업 특성에 맞춘 차별화된 프로그램(볼거리·먹거리·체험)을 제공해야 한다.
② 참가자의 성향과 조직 문화에 맞춘 고객 맞춤형 기획력이 경쟁력의 핵심이다.

(6) 트렌드 민감도 및 고객 이해

최신 여행 트렌드와 참가자 니즈에 민감하게 대응해야 하며, 소비자 이해와 서비스 품질 관리가 최우선이다.

04 Convention(국제회의)

1 컨벤션의 개념

(1) 어원적 의미를 살펴보면 Convention은 라틴어 cum(함께) + venire(오다)에서 유래된 말로, "함께 모이다, 함께 참여하다."라는 뜻을 가진다.

(2) 컨벤션은 특정 목적을 달성하기 위해 3개국 이상의 공인 단체 대표나 전문가가 참여하는 국제적 규모의 회의 및 행사를 의미한다.

(3) 행사의 성격을 보면 단순한 회의가 아니라, 정보 교류와 인적 네트워크 형성을 중심으로 세미나, 전시, 이벤트 등 부대 행사를 포함한 복합형 회의이다.

(4) 컨벤션 산업은 회의장을 중심으로 관광, 숙박, 식음료, 교통, 레저 등 다양한 산업이 결합된 종합 서비스 산업이다.

(5) 회의 유치부터 기획, 운영, 사후 관리까지 고부가가치 MICE 산업의 핵심 영역을 이룬다.

Key Insight

컨벤션에 대한 다양한 정의

사전적 정의	• 사회단체, 정당, 무역 관련 단체 및 정부 간에 공통 목적을 달성하기 위해 개최되는 모든 회의를 의미한다. • 즉, 정치·경제·사회·문화 전반에 걸친 대규모 공식 회의의 총칭이다.
한국관광공사	• 3개국 이상, 외국인 10명 이상이 참가하는 회의로, 정보 교환, 네트워킹, 사업 협력을 목적으로 한다. • 주최자에 따라 협회·학회·정부·공공기관·기업 회의 등으로 구분한다.
세계컨벤션협회 (ICCA)	• 컨벤션을 정기적으로 개최되는 국제회의로 정의한다. • 조건 : 3개국 이상이 개최국으로 참여, 참가자 50명 이상, 정기적 개최(일회성 행사 제외)
「국제회의산업 육성에 관한 법률 시행령」 (1997)	국제기구 또는 가입 단체 주최 시 • 5개국 이상 외국인 참가 • 전체 300명 이상, 외국인 100명 이상 • 3일 이상 진행 비가입 단체 주최 시 • 외국인 150명 이상 • 2일 이상 진행 → 국가 차원에서 국제회의를 산업적 관점에서 제도화한 기준이다.
국제협회연합 (UIA)	참가국 5개국 이상, 총 참가자 300명 이상, 외국인 비율 40% 이상, 회의 기간 3일 이상일 경우를 국제 컨벤션으로 규정한다.

2 컨벤션 산업의 효과 ✧✧✧

구분	주요 내용	세부 효과
경제적 효과	컨벤션 개최로 인한 경제 활성화	• 참가자·주최자의 소비로 인한 직·간접 경제 파급 효과 • 개최 도시 및 국가의 세수 증대 • 선진 기술·운영 노하우 유입으로 경쟁력 강화 • 인프라 개선, 교통망 확충, 고용 창출 등 산업 발전
사회·문화적 효과	지역 문화 발전과 국가 이미지 제고	• 컨벤션 개최를 통한 도시화·근대화 촉진 • 고유 문화의 세계 진출 및 국가 브랜드 강화 • 글로벌 교류 확대로 시민 의식과 서비스 품질 향상
정치적 효과	국가 위상 및 외교 관계 강화	• 국제적 지위 향상 및 신뢰도 제고 • 문화·외교 교류 확대를 통한 협력 관계 강화 • 국가 홍보 효과 및 이미지 고양
관광산업 진흥 효과	관광 활성화 및 지역 경제 성장	• 비수기 타개로 안정적 수익 창출 • 소비력 높은 참가자 유입으로 관광 수익 증대 • 지속적 관광 홍보 효과로 도시 브랜드 강화

③ 컨벤션뷰로(Convention & Visitors Bureau, CVB)

(1) CVB는 국제회의와 컨벤션 유치에 필요한 모든 업무를 지원하는 전문 조직으로, 도시의 컨벤션 산업을 대표하는 전담 기구(비영리 단체)이다.

(2) 컨벤션 유치, 기획, 운영 등 전 과정을 총괄 지원한다.

(3) 컨벤션 기능에 도시 관광 홍보 역할을 결합하여 해당 도시를 컨벤션 목적지(Destination)로 브랜딩하는 역할을 한다.

(4) 국제회의 유치 전략 수립 및 추진 절차를 관리한다.

(5) 행사장 선정, 예산 분석, 제안서 작성, 홍보 활동을 지원한다.

(6) 해외 및 국제기구 대상 설명회·네트워킹·홍보 캠페인을 수행한다.

(7) 행사 전반에 걸친 정보 제공, 현장 지원, 사후 관리를 수행한다.

(8) 비영리 조직으로 운영되며, 정부·지자체·관광공사·민간기관이 협력하여 도시의 MICE 산업 경쟁력 제고를 목표로 한다.

Key Insight

컨벤션뷰로의 기능

컨벤션 및 관광 목적지 마케팅	• 도시를 국제회의와 관광의 최적지로 홍보하는 역할을 수행한다. • 국내외 컨벤션, 포상 관광, 전시회 등을 적극 유치하기 위해 도시 브랜드 마케팅과 유치 캠페인을 전개한다.
컨벤션 개최 지원 서비스 제공	• 행사 유치를 위한 정보 제공, 제안서 작성, 예산 분석, 장소 선정, 홍보 활동 등 전 과정의 실무 지원을 담당한다. • 주최자와 참가자가 원활히 행사를 진행할 수 있도록 행정·통역·숙박·교통 등 원스톱 (One-stop) 지원 서비스를 제공한다.
도시 이미지 창출 및 브랜드 강화	• 컨벤션 유치를 통해 도시의 국제적 인지도와 신뢰도를 높인다. • 지역의 문화, 산업, 관광 자원을 결합하여 '컨벤션 도시'로서의 브랜드 아이덴티티를 구축한다.
방문객 및 시설 관리	• 방문객의 만족도 제고와 재방문 유도를 위해 체계적인 고객 서비스 및 사후 관리 시스템을 운영한다. • 컨벤션센터, 숙박 시설, 관광 인프라 등 관련 자원의 품질을 유지·관리한다.

④ PCO(Professional Convention Organizer)

PCO는 국제회의나 컨벤션 개최에 필요한 다양한 업무를 행사 주최 측으로부터 위임받아 부분적 또는 전체적으로 기획·운영을 대행하는 전문 영리업체이다. 즉, 컨벤션 산업의 기획·운영·관리 전문가 그룹이다.

Key Insight

PCO의 주요 업무

개최 사전 준비 단계	• 회의의 성격, 목적, 규모를 분석하고 전체 방향을 설정한다. • 개최 일정 및 장소를 확정하고, 관련 기관 및 협력 단체를 검토한다. • 예산 확보와 운영 인력 구성, 후원사 및 협찬사 연계를 추진한다. • 회의 참가자 유치를 위한 홍보 및 마케팅 활동을 전개한다.
기획 및 운영 단계	• 공식 조직(위원회, 분과위원회 등) 구성 및 역할 분담을 조정한다. • 회의의 명칭, 주제, 주최 단체를 확정하고, 세부 일정을 기획한다. • 개최지 및 회의장 선정, 숙박·교통·식음료 계획 등을 수립한다. • 참가 인원 규모에 맞춘 운영 시나리오 및 수송 계획을 확립한다.

05 전시/이벤트(Exhibitions/Events)

1 전시/이벤트의 개념

(1) 전시·이벤트는 마케팅 활동의 한 형태로, 제품 생산자나 판매업자가 전문 전시 시설에서 제품을 홍보·판매·거래하기 위해 관람객 및 바이어와 직접 만나는 비즈니스 교류의 장이다.

(2) 전시회는 일정한 장소와 기간 동안 공급자(참가 업체)와 수요자(참관객) 간의 목적 달성을 위한 경제적·정보 교류 활동으로 정의된다.

(3) 국내 전시 산업의 발전을 위해서는 도시의 차별화된 경쟁력과 정부·민간의 효율적 지원 시스템 구축이 필요하다.

(4) 컨벤션과 전시는 시장에서의 목표 대상과 진행 목적이 유사하여, 함께 개최될 경우 시너지 효과를 극대화할 수 있다.

2 전시/이벤트의 특성 ✿

(1) 효율적 마케팅 플랫폼으로 전시회는 참가 업체와 관람객 모두에게 효율적이고 역동적인 판매 및 홍보의 기회를 제공한다.

(2) 거래 중심의 비즈니스 공간이며, 구매 의사를 가진 바이어들이 참여하여 직접 상담과 계약이 가능한 효율적인 거래 장소로 기능한다.

(3) 고품질 잠재 고객 접점으로 접근이 어려운 핵심 타깃 고객층(바이어)과 직접 만날 수 있는 '집중적 교류의 장'이다.

(4) 신뢰와 관계 형성의 공간으로 참가자 간 상담과 대면 커뮤니케이션을 통해 신뢰감과 장기적 비즈니스 관계를 형성할 수 있다.

(5) 체험 중심의 마케팅 수단으로, 제품 시연과 체험을 통해 구매 동기를 자극하고 브랜드 호감도를 높인다.

(6) 전시회는 신제품 테스트와 고객 피드백을 수집할 수 있는 장으로 활용되며, 이를 통해 시장 반응을 파악하고 제품 개선 및 마케팅 전략을 보완할 수 있다.

3 전시회의 분류 ✿

무역 전시회 (Trade Show)	• 기업이 도·소매업자나 타 기업을 대상으로 세일즈 및 마케팅 활동을 수행하는 전문 비즈니스 전시회이다. • 특정 산업 분야의 전문 제품만을 출품하는 형태로, "산업 견본시" 또는 "전문 견본시"라고도 한다. • 참가 기업이 제품 홍보, 판매 촉진, 거래 확대를 목적으로 참가한다. • 등록된 관람객(전문 바이어)만 입장 가능하며, 일반인 출입은 제한된다. • 기업 간(B2B) 협상과 교역 중심의 전문 비즈니스 전시회이다.
일반 전시회 (Public Show / Consumer Show)	• 일반 소비자를 주요 관람객으로 하는 대중 참여형 전시회이다. • 출품 제품은 산업재보다는 일반 소비재 중심이다. • 목적은 일반 소비자 대상 홍보 및 체험 마케팅이다. • 전문 바이어가 일부 초청되기도 하지만, 소비자 대상 브랜드 인지도 제고가 주된 목표이다. • 기업과 소비자 간(B2C) 직접 소통이 이루어진다. ex 건축·인테리어 박람회, 건강·미용 박람회, 웨딩 페어 등
무역·일반 전시회 (Combind or Mixed Show)	• 무역 전시회와 일반 전시회의 기능이 결합된 형태의 전시회이다. • 산업 간 교역(Trade Promotion)과 소비자 대상 홍보(Consumer Marketing)를 동시에 추진한다. • 운영비 절감, 참가 기업 확대 등의 이유로 B2B와 B2C가 병행되는 복합형 전시회로 발전하고 있다. ex IT 박람회, 자동차 모터쇼, 식품 산업전 등 전문 바이어와 일반 관람객이 모두 참여

Key Insight

전시회 분류 핵심 비교표

구분	주요 대상	제품 유형	입장 대상	목적	형태
무역 전시회	기업·바이어(B2B)	산업재	등록된 바이어	교역·협상 중심	전문형
일반 전시회	일반 소비자(B2C)	소비재	대중 공개	홍보·판매 촉진	대중형
무역·일반 전시회	기업 + 소비자 (B2B + B2C)	산업재 + 소비재	혼합형	교역 + 홍보 병행	복합형

PART
05

예상문제

일반형

01 다음 중 의전에 대한 설명으로 가장 적절하지 <u>않은</u> 것은?

① 혼란 방지를 목적으로 한다.
② 관습, 의례, 절차 등이 적용된다.
③ 행사의 효율성을 극대화하는 노력이 중요하다.
④ 형식과 절차보다는 편안함과 자연스러움이 중요하다.
⑤ 의전은 예절과 격식을 갖추어 행사를 원만하게 처리하는 기준을 말한다.

02 다음 중 인센티브 여행에 대한 설명으로 옳지 <u>않은</u> 것은?

① 인센티브는 모두가 그것을 원하기 때문에 효과가 있다.
② 개인이 아닌 기업 등 단체에서 일체 또는 일부 경비를 부담한다.
③ 조직원들의 성과에 대한 보상 및 동기를 부여하기 위한 포상 여행이다.
④ 일반적으로 상여금 지급 등의 직접적인 포상 방법보다는 효과가 많이 떨어진다.
⑤ 업무를 효과적으로 수행한 직원에게 보상을 주어 회사의 경영목표를 확인하고자 한다.

03 보기 중 컨벤션 개최지 선정 과정을 가장 적절한 순서로 나열한 것은?

┤ 보기 ├
A. 회의에 필요한 물리적 요구사항 결정
B. 참가자의 관심과 기대 정의
C. 평가 및 선정
D. 일반적 장소와 시설의 종류 선택
E. 회의 목적 및 목표 확인
F. 회의의 형태 및 형식 개발

① A → B → C → D → E → F
② E → F → B → A → C → D
③ D → E → B → C → A → F
④ E → F → A → B → D → C
⑤ A → F → C → D → E → B

04 다음 중 의전의 5R 중 '현재의 의전 형식은 영구한 것이 아니며 시대가 변하는 것에 따라 의전하는 것'을 의미하는 항목은?

① 상대에 대한 존중(Respect)
② 문화의 반영(Reflecting Culture)
③ 상호주의 원칙(Reciprocity)
④ 서열(Rank)
⑤ 오른쪽 상석(Right)

05 다음의 MICE에 대한 설명 중 가장 적절하지 <u>않은</u> 것은?

① MICE 산업은 대한민국의 대표적인 지식서비스 산업이다.
② MICE 산업은 호텔, 쇼핑, 이벤트 등 다양한 산업과 상호의존성이 강하다.
③ MICE 용어는 100년 이상의 역사를 가진 미국이나 유럽에서 주로 쓰인다.
④ MICE 산업은 그 파급 효과의 중요성으로 인해 중앙 정부나 지방자치단체가 주목한다.
⑤ MICE 용어는 기업회의(Meetings), 포상 관광(Incentives), 컨벤션(Conventions) 및 전시와 이벤트 (Exhibitions)를 통칭하는 조어이다.

06 의전 준비 과정 중 '호텔 선정'에 관한 설명으로 가장 바람직하지 <u>않은</u> 것은?

① 출장비 한도 기준으로 제일 좋은 호텔에 가장 싼 방을 예약한다.
② 정치적으로 불안정한 지역인 경우 반드시 초일류 호텔을 택한다.
③ 호텔 선택은 의전 대상자의 이미지 형성에 결정적인 영향을 준다.
④ 호텔의 부대 서비스나 위치 등이 투숙자의 취향과 맞는지 확인한다.
⑤ 예약은 충분한 시간적 여유를 두고 시행하고, 중간에 예약 상황을 확인한다.

07 'MICE 산업의 중요성'에 대한 설명으로 가장 적절하지 <u>않은</u> 것은?

① 노동 집약적인 산업으로 현대 산업 사회에 적합하다.
② 호텔, 쇼핑 및 이벤트 등 관련 산업과의 상호 의존성이 높다.
③ 국가 및 도시 브랜드를 긍정적으로 홍보할 수 있는 산업이다.
④ MICE 개최지가 가지고 있는 자원과 지식 기반을 효과적으로 활용할 수 있다.
⑤ 일반 관광객보다 MICE 참가자들의 소비 지출 규모가 2배 이상 많아 부가가치가 높다.

08 다음 중 회의실 선정 시 고려하지 <u>않는</u> 사항은?

① 회의실 규모
② 회의실 대관료
③ 전시장 활용도
④ 해당 회의실 활용 전례
⑤ 회의실의 유형별 배치와 기능

09 학술 세미나와 같이 노트 필기 작업 등이 필요한 장시간 회의 참가자들을 위한 회의장 배치 형태는?

① 이사회형 배치
② 교실형 배치
③ 원탁형 배치
④ T형 배치
⑤ E형 배치

10 다음 중 컨벤션 산업의 중요성과 효과로 옳지 <u>않은</u> 것은?

① 개최국의 국제 지위 향상
② 관광 성수기 활성화
③ 고부가가치 지식 기반 관광 산업
④ 고유문화의 세계 진출 기회와 국가 이미지 향상의 기회
⑤ 선진국의 기술이나 노하우의 벤치마킹으로 국제 경쟁력 강화

11 프레젠테이션을 할 때 언어와 음성에 대한 설명으로 가장 적절하지 <u>않은</u> 것은?

① 목소리가 굵으면 설득력이 약화된다.
② 목소리가 크면 강조와 흥분이 전달된다.
③ 말의 속도가 너무 빠르면 긴장과 흥분이 전달된다.
④ 강조하려는 곳에서는 잠시 사이를 두면 효과적이다.
⑤ 강조하려는 곳에서는 천천히 말하는 것이 효과적이다.

12 다음 중 현장 등록에 대한 설명으로 알맞은 것은?

① 현장 등록은 행사 비용의 효율적 확보와 예산 편성을 손쉽게 할 수 있다.

② 등록 장소는 본회의장의 중앙 로비나 참가자의 왕래가 많은 곳이 좋다.

③ 현장 등록은 시간 절약과 혼잡성을 피할 수 있다.

④ 현장 등록은 회의 참석자의 참여도를 높일 수 있다.

⑤ 현장 등록은 컨벤션 주최 측이 행사 규모를 예측할 수 있도록 한다.

13 제안 요청서(RFP, Request for Proposal)의 필수 포함 사항으로 적절하지 <u>않은</u> 것은?

① 행사 일시

② 행사의 개요

③ 주최/주관 기관

④ 제안서 평가 방법

⑤ 행사 예산 조달 방법

14 다음의 회의 운영 계획서에 포함된 내용 중 상대적으로 중요도가 낮은 항목은?

① 연사의 학력

② 회의장 조성 계획

③ 프로그램 및 연사

④ 참가자 등록 방법 및 등록비

⑤ 공식/비공식 행사의 참가 대상

15 다음 중 의전(儀典) 업무에 대한 설명으로 적절하지 <u>않은</u> 것은?

① VIP 고객에 있어서는 사전 예약과 사후 관리에 세밀한 응대가 필요하다.

② 의전은 의식을 갖추고 예(禮)를 갖추어야 하므로 높은 수준의 매너가 필요하다.

③ 때에 따라서는 VIP 고객을 위해 주차장에서부터 의전 서비스를 제공하고, 전문 직원이 밀착 서비스를 제공할 수도 있다.

④ 행사 중 서로 이해관계가 있는 VIP 고객 간의 자리 배석과 공간적 거리를 염두에 두고 사전 행사 준비를 하는 편이 좋다.

⑤ 의전은 의식과 의례를 갖춘 행사를 의미함으로 절대로 규칙에서 벗어나지 않도록 하며, VIP 고객에게도 행사 규칙을 따르도록 강요해야 한다.

O/X형

[16~20] 다음 문항을 읽고 옳고(O), 그름(X)을 선택하시오.

16 해당 행사의 최고 귀빈(VIP, No.1)이 정해지면 차석은 착석한 최고 귀빈을 기준으로 왼쪽 좌석이다. (① O ② X)

17 의전의 관계에 있어서 '선물'의 전달은 매우 중요하다. 고가의 선물일수록 선호하며, 전통적인 선물보다는 현대의 디지털 제품 같은 세련된 선물이 서로 간에 예의를 표하는 선물로 적합하다. (① O ② X)

18 CVB(Convention and Visitors Bureau)는 국제회의 유치에 필요한 모든 업무를 지원하는 전담팀으로 영리 목적으로 운영되고 있다. (① O ② X)

19 MICE 산업은 Meetings(회의), Incentives(포상 휴가), Country tour(국토순례), Exhibitions(전시회)가 포함된 포괄적인 관광 산업이다. (① O ② X)

20 부부 동반의 경우 부인의 서열은 한 단계 낮다. (① O ② X)

연결형

[21~25] 다음 설명에 적절한 〈보기〉를 찾아 각각 선택하시오.

| 보기 |
| ① 워크숍 | ② 컨퍼런스 | ③ 포럼 | ④ 패널 토론 | ⑤ 세미나 |

21 제시된 주제에 대해 상반된 견해를 가진 동일 분야의 전문가들이 사회자의 주도하에 청중 앞에서 벌이는 공개 토론회 ( )

22 교육 및 연구 목적을 가진 소규모적 회의로 한 사람의 주도하에 정해진 주제에 대한 각자의 지식, 경험을 발표하고 토론하는 회의 ( )

23 가 전문 분야의 주제에 대한 아이디어, 지식, 기술 등을 서로 교환하여 새로운 지식을 창출하고 개발하는 것이 목적으로, 30명 내외 소수 인원이 특정 이유에 대해 지식을 공유하는 회의 ( )

24 두 명 이상의 사람들이 모여 특정 주제를 구체적으로 다루며, 새로운 지식 습득, 특정 분야의 연구를 위한 회의 ( )

25 청중 앞에서 여러 명의 인사가 서로 다른 분야에서 전문가적 견해를 발표하는 공개 토론회 ( )

사례형

26 다음은 백화점 안내데스크에서 이루어지는 대화이다. 대화 중에 발생한 문제를 해결하기 위하여 필요한 회의의 기능으로 옳은 것은?

> 고 객 : 저기요. 문의 좀 할게요.
> 직원1 : 네, 고객님 말씀하십시오.
> 고 객 : 오늘 지하 1층에서 수입 청바지 특가 세일을 한다고 해서 와봤는데 행사를 안 하네요?
> 제가 못 찾고 있는 건지…….
> 직원1 : 아, 네~그러셨습니까? 제가 바로 확인해 보겠…
> 직원2 : (옆에서 처리중인 내용을 듣다가 놀라며) 어머! 말씀 중에 죄송합니다.
> (작은말로) ○○매니저님, 오늘 행사 지하 2층으로 변경되었다고 연락오고, 하필 오늘
> 3시까지 사내프로그램 점검 있다고 했는데 제가 전달 못 드렸네요! 죄송합니다.
> 직원1 : (일단 짜증을 참으며) 고객님, 죄송합니다. 오늘 행사는 지하 2층으로 변경되었다고
> 합니다. 번거로우시겠지만, 왼쪽 에스컬레이터 이용하여 내려가시면 됩니다.
> 고 객 : 알겠어요.
> 직원1 : 왜 그런 사항을 이제야 말해주나요?
> 직원2 : 어제 매니저님 휴무이셔서 안 계실 때 연락을 받았는데 제가 깜박하고 있었네요.
> 죄송합니다…….
> 직원1 : 안되겠네요. 내일부터는 오픈 전에 매일 회의합시다.

① 훈련 기능   ② 교육 기능
③ 자문 기능   ④ 의사소통 기능
⑤ 문제 해결 기능

27 다음 사례는 컨벤션을 유치할 때 추진하는 활동이다. 컨벤션 유치 활동 중 무엇에 관한 설명인가?

> • 컨벤션센터나 시설에 대한 시설 운영 계획 정보를 미리 제공할 필요가 있다.
> • 유치 경쟁국에 대한 정보를 파악하고, 이전 개최지와의 유사성보다는 개최지로서의 독특함을 강조하는 것이 필요하다.
> • 전문가가 수행하여 지리, 역사, 문화는 물론, 개최 도시에 대한 광범위한 정보를 제공하고 질문에 응답한다.
> • 컨벤션센터 직원, 컨벤션뷰로 대표, 호텔 관계자, 기술자 등이 현장 답사에 동행하여 관련 사항에 대해 상세하게 설명한다.

① 실사단 현장 답사
② 컨벤션 유치 제안서 작성
③ 컨벤션 개최 의향서 제출
④ 컨벤션 유치 신청서 제출
⑤ 컨벤션 유치 프레젠테이션

28 다음은 인천공항 귀빈 전용 통로, '더블도어'의 모습이다. 이 문을 통과할 수 없는 대상은?

〈공항 더블도어〉

① 덴마크 여왕
② 유엔사무총장
③ 부시 대통령
④ 독일 총리대행
⑤ 덴마크 여왕 수행원

29 프레젠테이션을 준비하면서 다음 준비사항 이외에 갖추어야 할 추가적인 항목으로 가장 적합하지 <u>않은</u> 것은?

> 중요한 거래처 사장님에게 프레젠테이션이 있는 날 김○○ 씨는 회사의 신뢰도와 높은 품질에 대한 이미지가 잘 전달될 수 있도록 다음과 같이 준비할 사항들을 정리해 보았다.
>
> A. 프레젠테이션에 필요한 노트북, 배포물, 음향 등을 확인한다.
> B. 깔끔한 정장과 구두를 챙겨둔다.
> C. 프레젠테이션의 목적, 전체적인 흐름 등을 명확히 이해한다.
> D. 프레젠테이션에서 사용할 브리핑 내용을 충분히 숙지한다.
> E. 적절한 손짓이나 움직임 등 몸짓을 확인하기 위해 거울 앞에서 연습해 본다.

① 신뢰감을 줄 수 있는 발음, 억양 등을 연습한다.
② 프레젠테이션 장소에 어울리는 액세서리를 준비한다.
③ 효과적인 첫인상을 전달하기 위한 표정과 인사말을 준비한다.
④ 명함을 주고받을 수 있으므로 명함 케이스에 명함을 넣어 준비한다.
⑤ 밝고 경쾌한 분위기를 위해 요즘 유행하는 유머를 몇 가지 준비한다.

30 다음은 한국의 한 PCO(국제회의 전문용역업체) 직원이 PCMA 201X Education Conference에 참석해서 다른 국가 참가자들과 나눈 대화의 일부이다. 대화에 관한 내용 중 적절한 것은?

> 한국인 참가자 : 우리나라는 중앙 정부가 적극 나서서 지식 기반 서비스 산업을 적극적으로 육성하기 위한 정책을 입안하고, 지원을 아끼지 않고 있습니다. 이중 가장 대표적인 분야가 'MICE 산업' 분야라고 할 수 있습니다.
> 외국인 참가자 : 'MICE 산업'이라 하면 구체적으로 어떤 산업 분야를 말씀하시는지요?
> 한국인 참가자 : 'MICE 산업'을 모르세요? 이 분야에 오래 몸담지 않으셨나 보죠?

① MICE라는 조어는 전 세계적으로 학문 분야에서만 주로 사용되는 조어이다.
② MICE라는 조어는 싱가포르, 홍콩, 일본, 한국 등 동남아시아권에서 통용되는 조어이다.
③ MICE라는 조어는 미국, 캐나다 등 북미 지역에서 주로 사용되는 조어로 유럽 참가자라면 낯설 수 있다.
④ MICE라는 조어는 유럽에서 광범위하게 사용되는 조어로 다른 대륙의 국가에서 참가한 사람들이라면 잘 이해하지 못할 수 있다.
⑤ MICE라는 조어는 전 세계적으로 회의, 컨벤션 산업을 통칭하는 조어로 이 분야에서 얼마간 일한 사람이라면 당연히 알 수 있다.

[31~32] 다음 표를 보고, 물음에 답하시오.

○ 전시회 종류 : 시장에 따른 분류(미국)

구분	Trade Shows(B2B Show)	Consumer Show	Combined or Mixed Show
Exhibitor	제조업자, 유통업자, 서비스 전문가 등	(질문 1)	제조업자, 유통업자
Buyer	산업군 내의 End User	최종 소비자	산업군 내의 End user 구직자, 일반인
입장	(질문 2)	입장 제한과 등록비가 필요 없음, 입장료는 지불	비즈니스 데이와 퍼블릭 데이로 시간을 구분하기도 함.
참고	미국 개최 전시회의 51% 차지	• 미국 개최 전시회의 14% 차지 • 생산 제품이 시장 반응 수단	미국 개최 전시회의 35% 차지

• International Exposition(Trade Fair) – 수출 국가들의 주요한 마케팅 수단
• 참가자는 Trade Show와 유사, Buyer는 통상 그 산업 종사자

출처 : The ART of the show, S. L. Morrow

31 다음의 (질문 1)의 빈칸에 해당하는 적절한 서술은 무엇인가?

① 도매업자
② 보험사업자
③ 운송사업자
④ 중간제 제조업자
⑤ 소매업자, 최종 소비자를 찾는 제조업자

32 (질문 2)의 Trade show의 입장 기준에 대한 설명으로 적합한 것은?

① 제한 없음.
② 바이어, 초청장 소지자
③ 주최 측 및 부스 참가자
④ 등록비를 내고 등록한 일반참가자
⑤ 기타

SMAT
Module A
비즈니스 커뮤니케이션

부록

A

부록 01   핵심 키워드 총정리

PART 01   비즈니스 매너의 정의와 중요성

Chapter 1   비즈니스 매너의 정의와 목적

매너(Manner)	행동 방식과 습관의 표출로, 인격과 품격을 드러내는 태도
에티켓(Etiquette)	사회 속에서 상대를 존중하기 위한 바람직한 행동 규범
예의범절	유교 사상에 기반한 동양적 인간관계 예절(삼강오륜 중심)
서비스 매너	상대방을 존중 · 배려하는 직업인의 핵심 경쟁력
서비스 매너의 요소	표정, 자세, 복장, 언어, 공감, 신뢰, 이미지 연출
서비스 마인드	고객 중심의 사고방식으로, 성실 · 공감 · 책임의 태도
T.P.O	시간 · 장소 · 상황에 맞는 복장, 태도, 이미지 표현 기준
인사(Greeting)	인간관계의 시작이자 상호존중의 기본 행위
목례/약례/보통례/정중례	시선 · 각도 · 상황에 따라 다른 인사의 형식
언어 예절	겸양어(자신을 낮춤), 존칭어(상대를 높임), 정중어(경의 표현)
비언어 커뮤니케이션	표정 · 시선 · 제스처 등 말보다 강한 비언어 표현
네티켓(Netiquette)	온라인상에서의 예의와 커뮤니케이션 규범
퍼블릭 매너	공공장소에서의 질서 · 배려 행동(엘리베이터, 대중교통 등)
이미지 메이킹	자신을 표현하고 긍정적 인상을 구축하는 활동
퍼스널 브랜딩	개인의 전문성과 이미지를 브랜드처럼 관리하는 전략

Chapter 2   직장 내 응대 매너

비즈니스 매너	직장 내 · 외부에서 신뢰와 효율을 높이는 행동 기준
고객 응대 절차	인사 → 안내 → 대화 → 마무리 → 배웅의 5단계
방문객 응대	예약 확인 → 접대 → 좌석 안내 → 차 대접 → 배웅 절차
좌석 매너	상석 · 하석 구분 및 회의 · 응접실 좌석 배치 원칙
명함 교환 매너	두 손으로 공손히 전달, 상대 명함은 즉시 확인 후 보관
소개 매너	연장자 · 직위자 · 여성 순으로, 격에 맞게 소개

고객 유형별 응대	DISC, TA 성격 유형에 따른 맞춤형 커뮤니케이션
표정·자세 매너	미소·시선·손동작 등 첫인상을 결정하는 요소
호칭 예절	직위·직책·성명 사용의 정확성 및 존중 표현
감정관리 매너	불만 고객이나 예민한 상황에서의 감정 절제법
프로페셔널 이미지	신뢰·자신감·품격이 느껴지는 비즈니스 태도
서비스 프로토콜	조직 내 공식 절차와 격식, 의전의 기본 틀
회의 매너	시간 엄수, 경청 태도, 발언 순서, 자료 준비
업무 커뮤니케이션	명확·정확·신속·공손의 4원칙
배웅 매너	고객이 떠날 때까지 끝까지 미소로 인사하는 자세

Chapter 3 글로벌 비즈니스 매너와 문화 차이

글로벌 매너	문화 차이를 이해하고 존중하는 국제적 예절
프로토콜(Protocol)	국제회의·공식 행사에서의 의전 규범과 절차
문화 감수성 (Cultural Sensitivity)	타문화의 가치와 행동 양식을 존중하는 태도
인사 매너	국가별 인사법(악수·포옹·목례 등)
식사 매너	서양·동양의 테이블 매너 비교(식기 사용·좌석 예절)
복장 매너	국가·문화·직종별 T.P.O에 맞는 비즈니스 복장
회의 매너	시간·호칭·발언 순서·좌석 배치 등 국제회의 예절
선물 매너	국가별 선물 금기와 선호 품목 이해
시간 개념 차이	서양(시간 엄수) vs. 동양(관계 중심) 문화 비교
커뮤니케이션 차이	고맥락(아시아) vs. 저맥락(서구) 문화 구분
글로벌 네티켓	이메일·화상 회의·온라인 미팅 시 국제 예절
다문화 이해	인종, 종교, 가치 다양성을 존중하는 자세
공식 행사 의전	국기·좌석·행사 순서 등 국제 의전 기본
식문화 존중	할랄, 비건, 채식문화 등 글로벌 배려 포인트
글로벌 서비스 마인드	언어보다 중요한 '태도의 국제화' – 존중·정확·시간의식

Chapter 4 디지털 커뮤니케이션 매너

전화 응대의 기본	음성으로 신뢰를 전달하는 비대면 서비스
3 : 3 : 3 법칙	3초 이내 수신 · 3분 이내 통화 · 3초 후 수화기 내려놓기
걸기 전 준비	통화 목적 · 상대 정보 · 자료 확인 후 통화 시도
받기 절차	"안녕하십니까, ○○부 ○○입니다."로 명확히 응대
전언 메모(6하원칙)	누가 · 언제 · 무엇을 · 어디서 · 왜 · 어떻게 전달했는가 기록
음성 전달력	목소리 톤 · 속도 · 발음 · 강조 · 쉼의 조화
경청 태도	상대의 말 중단 금지, 요점 메모, 공감 피드백
감정 표현법	부드럽고 안정된 어조로 신뢰감 전달
불만 고객 응대	경청 → 사과 → 해결 → 확인의 4단계 프로세스
비대면 매너	이메일, 메신저, 챗봇 등 디지털 커뮤니케이션 예절
고객 감정 케어	부정적 언어 대신 공감 중심 어휘 사용
전화 종료 매너	마지막 인사 후 고객이 먼저 끊을 때까지 대기
콜백(Call Back)	약속한 시간 내에 반드시 재통화로 신뢰 확보
음성 이미지	"보이지 않아도 느껴지는 표정과 미소"
상황별 매너	회의 중 · 부재 중 · 전달 요청 등 상황별 표준 응대 매뉴얼

PART 02　이미지 메이킹

Chapter 1　이미지의 정의와 핵심 요소

이미지	이미지는 감각과 인식의 결합으로 형성되는 시각·심리적 인상 **인상 / 인식 / 행동**
이미지 형성	단순한 시각 인식이 아니라, 심리적 효과가 결합된 인지 과정 **시각 인식 / 심리적 효과 / 인지 과정**
이미지의 구성 요소	외적 이미지(용모·복장·표정) + 내적 이미지(태도·가치관) + 사회적 이미지(평판·신뢰)의 조화로 형성됨. **외적 / 내적 / 사회적 / 조화 / 신뢰**
이미지 형성 과정	자극을 인지하고(감각) → 해석(사고) → 감정 반응을 통해 인상이 형성됨. **인식 / 지각 / 사고 / 감정 / 평가**
이미지 관리 과정	자기 인식 → 목표 설정 → 이미지 점검 → 행동 개선 → 지속 관리로 이루어짐. **자기관리 / 피드백 / 지속성 / 변화**
대인지각 이미지	타인을 관찰·해석하여 인상을 형성하는 심리적 과정으로, 감정과 경험에 의해 달라짐. **관찰 / 해석 / 판단 / 경험 / 감정**
지각의 특성	선택적·주관적·상황적이며, 개인의 기대·경험·가치관에 따라 다르게 인식됨. **선택성 / 주관성 / 상황성 / 경험 / 기대**
고정관념	특정 집단이나 개인에 대한 일반화된 판단 **일반화 / 편향 / 선입견**
암묵적 편견	무의식적으로 형성된 선입견 **무의식 / 편향 / 자동 판단**
후광 효과	한 가지 특성이 전체 인상에 영향 **긍정 / 왜곡 / 과대평가**
자기완성적 예언	기대한 대로 행동해 결과가 예측대로 나타남. **기대 / 행동 / 자기실현**
귀인 오류	타인의 행동 원인을 잘못 해석함. **원인 판단 / 오류 / 편향**
자기 합리화	자신의 행동을 정당화하여 인식을 왜곡함. **정당화 / 변명 / 인식 왜곡**

부록

Chapter 2 ▶ 이미지 메이킹의 이해

이미지 메이킹 (Image Making)	내적·외적 이미지를 조화롭게 개발·표현하여 긍정적인 인상을 형성하는 과정 **자기표현 / 조화 / 긍정 인상**
초두 효과 (Primacy Effect)	처음 받은 인상이 전체 평가를 좌우함. **첫인상 / 판단 / 지속성**
최근 효과 (Recency Effect)	마지막 정보가 강하게 기억됨. **마지막 / 기억 / 여운**
후광 효과 (Halo Effect)	한 가지 장점이 전체 이미지를 좋게 만듦. **긍정 / 편향 / 호감**
악마 효과 (Devil Effect)	한 가지 결점이 전체 인상을 부정적으로 만듦. **결점 / 부정 / 왜곡**
대비 효과 (Contrast Effect)	다른 대상과 비교되어 인식이 왜곡됨. **비교 / 상대 / 과대평가**
맥락 효과 (Context Effect)	이전 정보나 배경이 이후 인식에 영향 **맥락 / 선입견 / 배경**
부정성 효과 (Negativity Effect)	부정적 정보가 긍정보다 강한 인상 **부정 / 경계 / 주의**
빈발 효과 (Repeated Exposure Effect)	반복 노출된 대상에 친숙함·호감 상승 **친숙 / 반복 / 호감**
현저성 효과 (Salience Effect)	두드러진 특징이 전체 인상에 큰 영향 **주목 / 특이 / 집중**
호감 득실 효과 (Gain-Loss Effect)	인상이 긍정 → 부정 또는 부정 → 긍정으로 바뀔 때 감정 변화폭이 큼. **변화 / 반전 / 신뢰**
퍼스널 브랜딩	일관된 태도와 메시지로 자신만의 브랜드 이미지 구축 **브랜드 / 진정성 / 일관성 / 신뢰 / 영향력**

Chapter 3 ▶ 긍정적인 이미지 형성을 위한 표정과 자세

첫인상	• 첫인상은 짧은 순간(3~5초)에 형성되어 기억에 오래 남음. • 신속성·일회성·일방성·연관성·영향력의 특징을 가짐. **신속성 / 일회성 / 일방성/ 연관성 /영향력**
콘크리트 법칙	한 번 굳어진 인상은 쉽게 바뀌지 않는다는 법칙으로, 부정적 첫인상은 수정에 많은 노력과 시간이 필요 **첫인상 / 고정 / 지속성 / 이미지**
수면자 효과	신뢰성이 낮은 정보라도 시간이 지나면 설득력이 증가하는 현상으로, 인상 형성에도 작용 **시간 / 신뢰 / 설득 / 기억**

메라비안 법칙	메시지 전달의 인상 비율은 언어 7%, 음성 38%, 시각 55%로 비언어적 요소가 더 큰 영향을 미침. **7-38-55 / 비언어 / 표정 / 태도 / 전달력**
표정	표정은 마음의 언어로, 자연스러운 미소와 안정된 시선이 신뢰와 호감을 만듦. **미소 / 시선 / 진정성 / 신뢰 / 호감**
바른 자세	올바른 자세는 자신감과 신뢰감을 주며, 어깨를 펴고 허리를 곧게 세움. **균형 / 자신감 / 신뢰 / 단정**
방향 안내 동작	고객을 인도할 때는 손바닥을 위로, 손끝은 방향을 향하게 하며 시선과 몸을 함께 움직임. **손끝 / 시선 / 동작 / 안내 / 자연스러움**
물건 수수 자세	물건을 건네거나 받을 때는 두 손으로 정중히, 눈을 맞추며 자세를 바르게 함. **두 손 / 정중 / 시선 / 예의 / 공손**
삼점법	상대의 눈 – 지시 방향 – 다시 상대의 눈으로 시선을 이동해 자연스럽고 설득력 있게 설명을 돕는 시선 활용 기법 **상대의 눈 / 지시 방향 / 상대의 눈**

Chapter 4 이미지를 완성하는 용모와 복장

용모	용모는 첫인상을 결정하는 기본 요소로, 단정함과 청결감이 신뢰를 구축 **단정 / 청결 / 인상 / 신뢰**
복장	복장은 개인의 태도와 조직 이미지를 표현하며, 예의와 품격을 드러냄. **품격 / 예의 / 태도 / 이미지**
T.P.O 원칙	시간(Time) · 장소(Place) · 상황(Occasion)에 맞는 복장이 바람직한 이미지의 기준 **TPO / 상황 / 조화 / 적절성**
복장의 3대 원칙	복장의 색은 인상과 감정에 영향을 주며, 상황과 직무에 맞게 선택 **색채 / 인상 / 감정 / 조화**
남성 복장 기본	단정한 셔츠, 정돈된 헤어, 깨끗한 구두와 넥타이의 조화가 중요 **셔츠 / 구두 / 넥타이 / 단정**
여성 복장 기본	청결감 · 절제미 · 조화감을 바탕으로 직무와 이미지에 맞게 선택 **절제 / 청결 / 조화 / 품위**
퍼스널 컬러	개인의 피부 · 머리 · 눈동자 색과 조화를 이루는 고유 색으로, 생기와 신뢰를 높임. **퍼스널 컬러 / 피부톤 / 조화 / 생기 / 신뢰**
메이크업	자연스럽고 단정한 메이크업은 자신감과 전문성을 높임. **자연스러움 / 단정 / 전문성**
헤어스타일	얼굴형과 이미지에 어울리게 정돈하고, 밝고 깔끔한 인상을 유지 **헤어 / 정돈 / 깔끔 / 이미지**

액세서리 사용	과하지 않게 포인트를 주며, 전체 복장과 조화를 이루도록 함. **절제 / 조화 / 포인트 / 균형**
신체 언어와 태도	복장과 함께 자세, 표정, 말투의 조화가 전체 이미지를 완성 **태도 / 표정 / 언어 / 이미지**
직종별 복장 예절	호텔, 항공, 의료, 교육 등 직종 특성에 따라 복장 기준과 예절이 다름. **직종 / 예절 / 기준 / 서비스**

Chapter 5 ▶ VOICE & Speech Image

음성 이미지	목소리는 인상 형성의 핵심 요소로, 감정과 태도를 전달하는 비언어적 커뮤니케이션 **목소리 / 인상 / 비언어 / 감정 전달**
좋은 음성의 조건	밝고 명료하며 안정된 톤은 신뢰와 호감을 형성 **명료 / 안정 / 신뢰 / 호감**
스피치 기본 요소	발음, 속도, 높낮이, 강약, 리듬, 멈춤의 조화 **발음 / 속도 / 높낮이 / 강약 / 리듬 / 멈춤**
목소리의 6요소	빠르기(rate), 크기(volume), 높이(pitch), 길이(duration), 쉬기(pause), 힘주기(emphasis)
발성의 원리	복식 호흡을 기반으로 한 올바른 발성은 안정된 음성을 만듦. **복식 호흡 / 발성 / 안정감 / 전달력**
발음의 중요성	정확한 발음은 전문성과 신뢰감을 높이며, 전달력을 강화 **정확 발음 / 전문성 / 신뢰 / 전달력**
스피치 태도	자연스럽고 자신감 있는 말투와 시선 교류가 청중의 몰입을 높임. **자연스러움 / 자신감 / 시선 / 몰입**
감정 표현	감정이 실린 목소리는 메시지에 생명력을 주며, 공감을 이끌어냄. **감정 / 공감 / 생명력 / 표현력**
언어적 이미지와 비언어의 조화	단어 선택과 음성 표현, 표정과 제스처의 일관성이 긍정적 이미지 형성의 핵심 **언어 / 비언어 / 일관성 / 이미지**

PART 03 고객 심리의 이해

Chapter 1 고객에 대한 이해

고객의 개념	상품과 서비스를 구매하거나 조직의 활동에 영향을 주는 모든 사람 **구매자 / 이용자 / 영향자 / 관계**
외부 고객	기업 외부에서 제품이나 서비스를 이용하는 소비자 **소비자 / 이용자 / 외부 관계**
내부 고객	조직 내부의 직원으로, 서비스 품질과 만족에 영향을 미치는 고객 **직원 / 내부 만족 / 품질 / 협력**
독점 심리	나만을 위한 특별 대우를 받고 싶어 하는 심리 **특별 대우 / 차별화 / 인정 욕구**
우월 심리	타인보다 우위에 있고 싶어 하는 욕구로 서비스 만족에 영향을 줌. **우위 욕구 / 자존감 / 인정**
모방 심리	타인의 행동이나 선택을 따라 하고 싶어 하는 경향 **동조 / 유행 / 사회적 영향**
보상 심리	손해나 불만에 대해 보상받고자 하는 심리 **보상 / 공정 / 만족 회복**
자기 본위적 심리	자신의 입장에서만 생각하고 판단하는 심리 **자기 중심 / 판단 / 불만**
존중 기대 심리	고객으로서 존중받고 인정받기를 바라는 마음 **존중 / 인정 / 예우**
의식의 고급화	품질과 수준 높은 서비스를 추구하는 경향 **고급서비스 / 품질 / 수준**
의식의 복잡화	다양한 욕구와 가치관이 복합적으로 작용하는 소비 행동 **다양성 / 가치관 / 욕구**
의식의 존중화	인격적 대우와 감정적 배려를 중시하는 경향 **인격 / 배려 / 감정**
의식의 대등화	고객과 기업의 관계를 상하가 아닌 대등한 관계로 인식 **평등 / 상호존중 / 파트너십**
의식의 개인화	개인의 취향과 라이프스타일에 맞춘 맞춤형 서비스 선호 **개인화 / 맞춤형 / 취향**
내적 요인	개인의 욕구, 관여도, 과거의 서비스 경험, 개인 내부의 요인 **성격 / 가치관 / 경험**
외적 요인	고객이 이용할 수 있는 경쟁적 대안, 사회적 관계, 구전 커뮤니케이션 등 외부 환경의 영향 **경쟁 대안 / 사회적 관계 / 구전 / 외부 환경**

상황적 요인	고객의 정서적 상태, 환경적 조건, 시간적 제약 등 일시적 상황의 영향 **정서 / 환경 / 시간 / 상황**
기업 요인	서비스 의사 결정에 영향을 미치는 촉진 전략, 가격, 유통의 편리성, 직원 역량, 유형적 단서, 기업·브랜드 이미지 등의 요인 **촉진 / 가격 / 유통 / 직원 역량 / 유형 단서 / 기업 이미지 / 브랜드 이미지**

Chapter 2 ▸ 고객의 구매 행동 이해

잠재 고객	아직 구매하지 않았지만 향후 고객이 될 가능성이 있는 사람 **가능성 / 예비 고객 / 관심**
가망 고객	제품이나 서비스에 관심이 높고 구매로 이어질 확률이 높은 고객 **관심 / 기대 / 구매 가능성**
신규 고객	처음으로 제품이나 서비스를 이용한 고객 **첫거래 / 경험 / 만족**
기존 고객	반복적으로 거래하는 고객으로, 기업의 핵심 자산 **반복 / 유지 / 충성**
충성 고객	브랜드에 강한 신뢰와 애착을 가지고 지속적으로 이용하는 고객 **신뢰 / 애착 / 지속 이용**
소비자	재화나 서비스를 최종적으로 사용하는 사람 **사용 / 소비 / 수요자**
구매자	실제로 상품을 선택하고 결제하는 사람 **결제 / 선택 / 구매 행동**
구매 승인자	구매 과정에 조언이나 영향을 미치는 사람 **승인 / 허가 / 결재**
구매 영향자	구매 과정에서 의견을 제시하거나 선택에 영향을 미치는 사람 **의견 / 설득 / 영향력**
외부 고객	기업 외부의 일반 소비자 **일반 소비자 / 외부 / 시장**
중간 고객	제조자와 최종 소비자 사이의 유통업자나 대리점 **유통 / 중개 / 연결고리**
내부 고객	조직 내 직원으로, 서비스 품질에 영향을 미치는 고객 **직원 / 내부 만족 / 협력**
직접 고객(1차 고객)	직접 상품을 구매하거나 이용하는 고객 **직접 구매 / 이용자 / 1차**
간접 고객	구매자와 관계된 주변 고객(가족, 친구 등) **주변 영향 / 가족 / 추천**

의사 결정 고객	구매 의사 결정을 최종적으로 내리는 고객 **최종 결정 / 판단 / 책임**
의사 선도 고객	다른 고객에게 영향을 주는 트렌드 리더 **리더 / 영향력 / 구전**
경쟁자	동일 시장에서 경쟁 관계에 있는 기업이나 고객 **경쟁 / 비교 / 대체**
단골 고객	반복적으로 특정 브랜드나 점포를 이용하는 고객 **반복 / 신뢰 / 충성**
옹호 고객	브랜드를 자발적으로 홍보하고 추천하는 고객 **추천 / 긍정 구전 / 홍보**
한계 고객	구매 빈도가 낮거나 이탈 위험이 높은 고객 **저빈도 / 이탈 위험 / 한계**
체리피커	할인·이벤트 등 혜택만을 노리는 비충성 고객 **혜택 / 비충성 / 할인**
경제적 고객	가격과 효율을 중시하며 합리적 판단을 하는 고객 **가격 / 효율 / 합리성**
윤리적 고객	사회적 책임, 친환경 가치 등을 고려하는 고객 **윤리 / 환경 / 가치 소비**
개인적 고객	개인의 취향, 감정, 만족감을 중시하는 고객 **개인성 / 감정 / 취향**
편의적 고객	접근성, 속도, 편리함을 우선시하는 고객 **편리 / 속도 / 접근성**
편의 서비스	즉시성과 효율성을 중시하는 일상 편의 중심 서비스 **즉시성 / 효율 / 접근성**
선매 서비스	구매 전 소비자의 기대와 정보 탐색이 높은 서비스 **정보 탐색 / 기대 / 선택**
전문 서비스	전문 지식과 기술, 신뢰를 기반으로 제공되는 서비스 **전문성 / 기술 / 신뢰**
폐쇄형 계층 구조	출생이나 혈통 등 기속적 요인으로 지위가 결정되어 계층 간 이동이 거의 불가능한 사회 구조, 부모의 지위가 자녀에게 세습되며, 혼인도 같은 계층 내에서 이루어짐. **귀속 / 고정 / 제한 / 신분 사회 / 세습 / 신분 유지 / 혼인 제한**
개방형 계층 구조	개인의 능력과 노력에 따라 상승 또는 하강이 가능한 사회 구조, 근대·현대 사회에서 나타나는 구조로, 성취 지위가 중심이며 계층 이동이 자유로움. **능력 / 노력 / 성취 / 이동성 / 성취 지위 / 자유 이동 / 근대 사회**

부록

A

Chapter 3 ▸ 고객의 성격 유형에 대한 이해

MBTI	개인의 성격을 4가지 지표로 분류하여 사고 방식과 대인 관계를 이해하는 도구 **외향형(E) / 내향형(I) / 감각형(S) / 직관형(N) / 사고형(T) /** **감정형(F) / 판단형(J) / 인식형(P)**
DISC	행동 성향을 분석해 타인의 커뮤니케이션 스타일을 이해하고 관계를 개선 **주도형(D) / 사교형(I) / 안정형(S) / 신중형(C) / 행동 패턴 /** **의사 소통 유형**
주도형(D형)	목표 중심적이며 결과를 중시하고 통제력을 보이는 유형 **목표 지향 / 결단력 / 통제 / 성취욕 / 리더십 / 경쟁적**
사교형(I형)	활발하고 감정 표현이 풍부하며 사람들과의 관계를 중시 **외향 / 낙천 / 긍정 / 관계 지향 / 감정 표현 / 설득력**
안정형(S형)	온화하고 인내심이 강하며 신뢰를 중요시하는 협력형 **온화 / 협력 / 인내 / 신뢰 / 일관성 / 팀워크**
신중형(C형)	분석적이며 정확성을 추구하고 체계적 사고를 중시 **분석적 / 정확성 / 규칙 준수 / 절차 중시 / 계획적 / 체계적**
교류분석(TA)	인간의 자아 상태와 의사소통 유형을 분석해 관계를 개선하는 심리 이론 **인간관계 이해 / 자아 상태 / 의사소통 패턴 / 자기 이해 / 대인 관계**
교류분석의 4가지 태도	자기와 타인을 보는 기본적 인식 태도 **OK+ / OK- / Not OK+ / Not OK-**
자아 상태의 3유형	인간 내면을 구성하는 세 가지 자아 형태 **어버이(Parent) / 어른(Adult) / 어린이(Child)**
비판적 어버이(CP)	통제와 지도 중심의 권위적 자아 상태 **통제 / 규범 / 지도 / 지시 / 판단 / 권위**
양육적 어버이(NP)	배려와 보호 중심의 따뜻한 자아 상태 **보호 / 격려 / 배려 / 공감 / 이해 / 수용**
어른 자아(A)	합리적 판단과 객관적 사고를 하는 현실적 자아 상태 **합리 / 객관 / 분석 / 판단 / 현실적 사고**
자유로운 어린이(FC)	자발적이고 창의적인 감정 표현이 자유로운 자아 상태 **창의성 / 자발성 / 유머 / 감정 표현 / 자유로움**
순응하는 어린이(AC)	타인의 기대에 맞추며 순응하는 수동적 자아 상태 **순종 / 순응 / 인정 욕구 / 의존 / 예의 / 수동**

Chapter 4 | 고객의 의사 결정 과정

전통적 구매 결정 프로세스 모델 (AIDMA)	고객이 구매에 이르기까지의 합리적 의사 결정 단계 **주의 → 관심 → 욕구 → 기억 → 행동**
인터넷 시대 구매 결정 모델 (AISAS)	디지털 환경에서의 소비자 행동 단계 **주의(Attention) → 관심(Interest) → 검색(Search) → 행동(Action) → 공유(Share)**
문제 인식	현재 상태와 이상 상태의 차이를 느껴 구매 필요를 인식 **필요 / 결핍 / 자극 / 인식**
정보 탐색	문제 해결을 위한 관련 정보 수집 단계 **내부 정보 / 외부 정보 / 탐색 비용**
대안의 평가	여러 대안을 비교하여 최적의 선택을 결정 **객관적 평가 / 주관적 평가 / 속성 비교**
구매 및 구매 후 행동	실제 구매 행위와 이후 만족, 불만족 반응 **만족 / 재구매 / 불만족 / 불평 행동**
매슬로우의 욕구 5단계 이론	인간의 욕구를 생리 → 안전 → 사회 → 존경 → 자아실현으로 구분 **생리적 / 안전 / 사회적 / 존경 / 자아실현**
앨더퍼의 ERG 이론	인간 욕구를 세 가지로 단순화한 이론 **생존(Existence) / 관계(Relatedness) / 성장(Growth)**
허즈버그의 2요인 이론	직무 만족과 불만족 요인을 분리하여 설명 **동기 요인 / 위생 요인**
기업 정보 원천	기업이 제공하는 공식 정보 **광고 / 홍보 / 웹사이트 / 브로슈어**
개인적 원천	가족, 친구, 동료 등 주변인으로부터 얻는 정보 **구전 / 추천 / 입소문**
경험적 원천	제품을 직접 사용하거나 체험한 경험 **시식 / 체험 / 사용 경험**
중립적 원천	제3자 기관이나 미디어에서 제공하는 정보 **소비자 단체 / 리뷰 / 비교 사이트**
보완적 평가 방법	한 속성의 낮은 점수를 다른 속성으로 보완하는 방식 **상쇄 평가 / 전체 균형 / 종합 판단**
비보완적 평가 방법	한 속성의 낮은 점수가 전체 판단에 결정적 영향 **비상쇄 평가 / 탈락 기준 / 필수조건**
휴리스틱 (Heuristic)	제한된 정보 속에서 단순 판단 규칙으로 결정 **경험적 판단 / 직관 / 간단한 기준**
관여도 (Involvement)	구매 대상에 대한 관심과 중요도의 정도 **고관여 / 저관여 / 참여 수준**

부록

후광 효과 (Halo Effect)	한 가지 긍정적 특성이 전체 평가에 영향 **이미지 일반화 / 첫인상 / 긍정 편향**
유사성 효과	자신과 비슷한 속성을 가진 대상에 호감 형성 **친근감 / 동일시 / 호감**
유인 효과 (Decoy Effect)	제3의 선택지를 제시하여 특정 대안을 매력적으로 만드는 효과 **선택 왜곡 / 비교 기준 / 상대 가치**
프레밍 효과 (Framing Effect)	정보 제시 방식에 따라 판단이 달라지는 현상 **이득프레임 / 손실프레임 / 표현 영향**
손실 회피 (Loss Aversion)	이익보다 손실을 더 크게 인식하는 경향 **위험 회피 / 안정 선호 / 감정적 손실**
심리적 반발 효과 (로미오와 줄리엣 효과)	자유가 제한될 때 오히려 금지된 행동을 더 원함. **금지 욕구 / 반항심 / 통제 거부**
대비 효과 (Contrast Effect)	이전 정보와의 차이에 의해 평가가 왜곡되는 현상 **전후 비교 / 상대평가 / 인상 왜곡**
최고 효과 & 최초 효과	정보 처리 과정에서 처음 제시된 정보(초두) 또는 마지막 정보(최신)에 더 큰 영향을 받는 현상 **초두 효과 / 기억에 의한 영향**
구매 행동의 상황 요인	환경과 조건이 구매 의사에 영향을 미침. **물리적 환경 / 사회적 환경 / 시간 요인 / 구매 과업 / 선행 상태**
기대 불일치 이론	실제 경험이 기대와 다를 때 만족 또는 불만족이 발생 **기대 < 실제 → 만족 / 기대 > 실제 → 불만족**
구매 후 부조화 (Cognitive Dissonance)	구매 후 선택에 대한 심리적 불안이나 후회 **후회감 / 정당화 / 정보 왜곡 / 만족 저하**

PART 04 고객 커뮤니케이션

Chapter 1 커뮤니케이션의 이해

커뮤니케이션 (Communication)	개인과 조직 간의 정보·감정·의미를 상호 교환하는 행위 **정보 전달 / 상호작용 / 이해 / 의미 공유**
커뮤니케이션의 기능	행동의 통제, 동기 부여 강화, 감정 표현과 사회적 욕구 충족, 정보 제공 기능 수행 **행동 통제 / 동기 부여 / 감정 표현 / 정보 전달**
커뮤니케이션 기본 요소	전달자, 메시지, 코드화, 채널, 수신자, 효과, 피드백, 잡음, 해독의 9요소로 구성 **전달자 / 메시지 / 코드화 / 채널 / 수신자 / 효과 / 피드백 / 잡음 / 해독**
비언어 커뮤니케이션	언어 외의 신체, 표정, 시선, 음성 등으로 감정과 의미를 전달하는 행위 **표정 / 제스처 / 시선 / 자세 / 음성 / 침묵 / 공간**
커뮤니케이션 오류의 원인	목적 의식 부족, 미숙한 대인 관계 및 메시지 전달, 혼합 메시지 사용, 오해와 편견, 정보의 여과 **목적 의식 부족 / 대인 미숙 / 혼합 메시지 / 오해 / 편견 / 정보 여과**
상황별 장애 요인	어의상의 문제, 비언어적 메시지 오용, 과중한 정보, 시간 압박, 부정적 커뮤니케이션 분위기 **어의 문제 / 비언어 오용 / 정보 과중 / 시간 압박 / 부정적 분위기**

Chapter 2 효율적 커뮤니케이션을 위한 핵심 스킬

피그말리온 효과	긍정적 기대가 실제 성과 향상으로 이어지는 현상 **기대 / 자기 충족 / 긍정적 예언**
낙인 효과	부정적 평가가 실제 부정적 행동으로 나타나는 현상 **편견 / 낙인 / 고정관념**
플라시보 효과	믿음이나 기대가 실제로 긍정적 결과를 유발 **믿음 / 긍정 심리 / 심리적 효과**
로젠탈 효과	타인의 기대가 대상자의 행동에 영향을 미침. **기대 / 교사 효과 / 심리적 영향**
노시보 효과	부정적 믿음이 실제 부정적 결과를 초래 **부정 기대 / 자기 암시 / 심리적 부작용**
호손 효과	관심과 주의가 성과 향상에 영향을 줌. **관심 / 동기 부여 / 참여 의식**
바넘 효과	누구에게나 해당되는 일반적 내용을 자신에게만 해당된다고 믿는 심리 **일반화 / 자기 투사 / 신뢰 착각**

A 부록

링겔만 효과	집단 규모가 커질수록 개인의 노력 감소 **집단 / 책임 분산 / 노력 감소**
잔물결 효과	작은 행동이나 말이 점차 확대되어 주변에 영향 **파급 효과 / 영향력 / 확산**
효과적인 경청법	상대방의 말에 집중하고 공감하며 반응하는 능력 **집중 / 공감 / 반응 / 피드백**
라포 (Rapport)	신뢰와 친밀감이 형성된 관계 **신뢰 / 친밀 / 공감대 / 관계 형성**
아이스브레이킹	대화 전 긴장을 완화하고 분위기를 부드럽게 하는 과정 **긴장 완화 / 분위기 전환 / 친밀감**
말하기 스킬	명확하고 공감 있게 자신의 생각을 전달하는 능력 **명료성 / 공감 / 설득력**
청유형 표현	부드럽게 요청하고 제안하는 화법 **배려 / 제안 / 긍정 표현**
개방적 표현	의견을 자유롭게 제시하고 소통을 촉진 **개방 / 수용 / 상호 이해**
완곡한 표현	직접적 표현 대신 부드럽게 전달하는 방식 **예의 / 배려 / 완화 표현**
쿠션 언어	불편한 말을 완화하는 완충어 사용 **완화 / 존중 / 감정 관리**
I-Message	비난 대신 '나의 감정'을 중심으로 표현 **자기 표현 / 비폭력 대화 / 감정 전달**
맞장구 화법	상대의 말에 공감·반응으로 대화 흐름 유지 **공감 / 반응 / 경청 / 유대감**
질문 기법	개방형·폐쇄형 질문으로 대화 유도 **개방 질문 / 폐쇄 질문 / 탐색 / 유도**
아론슨 화법	상대의 의견을 인정하면서 내 의견 제시 **공감 / 설득 / 조화 / 부드러운 논박**
Yes, but 화법	긍정으로 시작해 자연스럽게 의견 제시 **긍정 시작 / 부드러운 반론 / 설득**
산울림법	상대의 말을 반복·요약하며 공감 피드백 **반영 / 요약 / 공감 / 이해 확인**
그레이프바인 (Grapevine)	비공식적 커뮤니케이션 네트워크 **소문 / 비공식 / 정보 전달 / 관계망**

Chapter 3 ▸ 감성 커뮤니케이션

감성 커뮤니케이션	감정과 이성을 조화시켜 타인과 깊이 있는 관계를 형성하는 의사소통 **방식 / 감정 / 공감 / 소통 / 관계 형성**
감성 지능 (Emotional Intelligence)	자신의 감정을 인식·조절하고 타인의 감정에 공감하여 관계를 원활히 이끄는 능력 **자기 인식 / 자기 조절 / 공감 / 대인 기술**
이성 (Reason)	논리와 판단을 기반으로 한 사고 작용 **사고 / 판단 / 분석 / 논리**
감성 (Emotion)	감정과 정서를 통해 느끼고 반응하는 인간의 내면 작용 **느낌 / 정서 / 공감 / 표현**
감성 지능과 조직 성과	감성 지능은 직무 만족도, 리더십, 조직 효율성, 직무 몰입, 긍정적 감정으로 전환에 기여 **만족도 / 리더십 / 효율성 / 몰입 / 긍정 감정**
감성 지능의 하위 구성 요소	감성 지능을 이루는 5가지 핵심 능력 **자기 인식 / 자기 조절 / 자기 동기화 / 감정 이입 / 대인 관계 기술**
자기 인식 (Self-Awareness)	자신의 감정과 상태를 인식하고 이해하는 능력 **감정 이해 / 자기 통찰 / 자각**
자기 조절 (Self-Regulation)	감정을 통제하고 상황에 맞게 조절하는 능력 **감정 조절 / 절제 / 유연성**
자기 동기화 (Self-Motivation)	목표 달성을 위해 스스로 동기를 부여하는 능력 **목표 의식 / 열정 / 자기 주도**
감정 이입 (Empathy)	타인의 감정을 이해하고 공감하는 능력 **공감 / 이해 / 배려 / 감정 공유**
대인 관계 기술 (Social Skill)	타인과의 관계를 원활히 유지하고 협력하는 능력 **소통 / 협력 / 신뢰 / 리더십**

부록

A

Chapter 4 · 설득 및 협상 기법 익히기

설득 (Persuasion)	상대의 생각이나 행동을 긍정적 방향으로 이끌기 위한 커뮤니케이션 기술 **이해 / 공감 / 논리 / 신뢰 / 영향력**
설득의 기본 원칙	효과적 설득을 위한 5가지 기본 요건 **고객 선호 파악 / 동기 유발 / 명확한 메시지 / 경청 / 칭찬과 감사**
이심전심(以心傳心)	마음과 마음이 통하는 공감의 설득 방식 **공감 / 감정 이해 / 신뢰**
역지사지(易地思之)	상대 입장에서 생각하고 배려하는 태도 **입장 전환 / 배려 / 이해**
감성자극(感性刺戟)	감정에 호소하여 행동 변화를 유도 **감정 / 스토리텔링 / 공감 호소**
촌철살인(寸鐵殺人)	짧지만 강렬한 메시지로 인상 깊게 설득 **핵심 표현 / 간결함 / 임팩트**
설득의 6대 법칙(로버트 치알디니)	인간 심리를 이용한 대표적 설득 원리 **사회적 증거 / 상호성 / 일관성 / 호감 / 희귀성 / 권위**
사회적 증거의 법칙	타인의 행동을 따라 하려는 심리 **타인 영향 / 유행 / 신뢰 확보**
상호성의 법칙	받은 만큼 보답하려는 심리 **호의 보답 / 신뢰 / 관계 형성**
일관성의 법칙	기존 신념과 행동을 유지하려는 심리 **신념 유지 / 지속성 / 자기 합리화**
호감의 법칙	호감 있는 사람의 제안을 더 쉽게 수용 **친근감 / 유사성 / 긍정 인상**
희귀성의 법칙	희소한 대상에 더 큰 가치를 느끼는 심리 **한정판 / 긴급성 / 욕구 자극**
권위의 법칙	전문가나 권위자의 말에 쉽게 설득되는 심리 **전문성 / 신뢰 / 영향력**
SCAF 유형별 설득 전략	고객 성향에 맞춘 맞춤형 설득 접근법 **유형 분석 / 맞춤 전략 / 커뮤니케이션 스타일**
Speaker(표출형)	적극적이며 즉흥적인 성향으로 감정 중심 설득에 반응 **감정 중심 / 공감 / 활기있는 응대**
Carer(우호형)	친근하고 관계를 중시하며 배려 중심 설득에 반응 **배려 / 신뢰 / 관계 중심**
Achiever(성취형)	목표 달성과 성과 중심의 사고를 가진 유형으로, 결과와 효율성을 중시, 명확한 근거와 구체적인 제안으로 설득해야 효과적 **목표 지향 / 성과 중심 / 구체성 / 효율성 / 실질적 제안**

Finder(분석형)	논리와 근거를 중시하며 세부 정보와 데이터로 설득되는 유형, 객관적 자료 제시가 효과적 **논리 중심 / 데이터 / 근거 / 신중함 / 분석적 사고**
협상 (Negotiation)	상호 이익을 위한 의견 조율과 합의의 과정 **상호 이익 / 타협 / 조정 / 윈윈 전략**
분배형 협상	제한된 자원을 둘러싼 경쟁적 협상 **제로섬 / 경쟁 / 이익 분배**
이익 교환형 협상	서로 다른 이익을 교환해 합의를 도출하는 방식 **교환 / 상호 보완 / 상생**
가치 창조형 협상	협력을 통해 새로운 가치를 창출하는 협상 **윈윈 / 공동이익 / 창의적 해결**
협상의 5대 요소	성공적 협상을 위한 필수 요인 **목표 설정 / 협상력 / 관계 / BATNA / 정보**
BATNA	협상이 결렬될 경우 선택 가능한 최선의 대안 **최선의 대안 / 대체안 / 준비 전략**
협상의 4단계	협상의 전개 과정 **시작 / 탐색 / 진전 / 합의**
효과적 주장(AREA 법칙)	논리적 설득을 위한 주장 구조 **주장(Assertion) / 이유(Reason) / 증거(Evidence) / 재주장(Assertion)**
효과적 반론 방법	반대 의견을 설득력 있게 제시하는 기술 **기회 탐색 / 긍정 시작 / 명확한 반론 / 이유 설명 / 요약 정리**
Positive-sum Game	협상을 통해 양측이 모두 이익을 얻는 게임 **윈윈 / 상호 이익 / 가치 창출**
Zero-sum Game	한쪽의 이익이 다른 쪽의 손실로 이어지는 경쟁적 구조 **제로섬 / 경쟁 / 한정 자원**
Negative-sum Game	양측 모두 손실을 보는 비효율적 협상 **손실 / 갈등 / 비생산적 결과**
협상의 8단계 프로세스	효과적 협상 진행 절차 **초기 접근 / 관계 형성 / 정보·욕구 파악 / 대안 제시 / 본상담 / 합의·종결 / 후속 조치 / 퇴장 인사**

부록

A

PART 05 회의 기획 및 의전 실무

Chapter 1 회의 운영 기획 및 실무

회의 (Meeting)	공통된 목적을 가진 사람들이 모여 의사 결정과 정보 교환을 하는 공식적 절차 **목적 / 정보 교환 / 의사 결정 / 협의**
회의의 기능	문제 해결, 자문, 의사 소통, 교육 훈련 기능 수행 **문제 해결 / 자문 / 의사 소통 / 교육 훈련**
회의 공개의 원칙	회의 내용은 가능한 한 투명하게 공개하여 신뢰성과 공정성을 확보 **투명성 / 공개성 / 신뢰**
정족수의 원칙	회의는 법적·규정상 정해진 최소 참석 인원이 충족되어야 개회 가능 **성립 요건 / 참석 인원 / 개회 조건**
발언 자유의 원칙	모든 참석자는 자유롭게 의견을 개진할 수 있어야 하며, 발언권은 평등하게 보장 **자유 발언 / 평등 기회 / 표현의 자유**
폭력 배제의 원칙	신체적·언어적 폭력 없이 질서와 예의를 유지 **질서 / 예의 / 비폭력 / 존중**
참석자 평등의 원칙	회의 참석자는 직위나 신분에 관계없이 동등한 발언권과 표결권을 가짐. **평등권 / 공정성 / 참여**
다수결의 원칙	의견이 일치하지 않을 때에는 다수의 의사에 따라 결정 **민주성 / 의사 결정 / 합의**
소수 의견 존중의 원칙	다수결로 결정되더라도 소수의 의견과 논리를 존중 **다양성 / 포용 / 존중**
일사부재의의 원칙 (一事不再議의 원칙)	한 번 결정된 안건은 같은 회의에서 다시 상정하거나 번복하지 않음. **결정 확정 / 재논의 금지 / 효율성**
회기 불계속의 원칙	회기 종료 시 미결된 안건은 다음 회기로 자동 이월되지 않음. **회기 종료 / 안건 종료 / 새회기**
1의제의 원칙 (1儀制의 원칙)	한 회의에서는 한 가지 의제만을 다루어 집중과 효율성을 높임. **단일 주제 / 집중 논의 / 효율성**
의사 정족수	회의 성립을 위해 필요한 최소 참석 인원 **회의 성립 / 최소 인원 / 참석 조건**
의결 정족수	안건 의결을 위한 최소 찬성 인원 **찬성 기준 / 의결 조건 / 투표 비율**
컨벤션 (Convention)	대규모 국제회의로 정보 교류 및 네트워킹 목적 **대규모 / 국제성 / 정보 교류**
포럼 (Forum)	공개 토론 형식으로 사회적 이슈 논의 **공개 토론 / 사회 문제 / 다자 토의**

컨퍼런스 (Conference)	특정 주제를 중심으로 전문가 의견 교류 **전문 논의 / 주제 중심 / 협의**
심포지엄 (Symposium)	전문가들이 동일 주제를 발표하고 토론 **전문가 발표 / 토론 / 연구 공유**
세미나 (Seminar)	교육·학습 중심의 소규모 연구 모임 **학습 / 연구 / 소그룹 / 교육**
워크숍 (Workshop)	실습과 참여 중심의 교육형 회의 **참여 / 실습 / 문제 해결 / 팀워크**
콩그레스 (Congress)	대규모 다분야 회의로 협회·기관 중심 **학술 회의 / 협회 / 국제 규모**
렉처 (Lecture)	단일 연사의 강연 중심 회의 **강연 / 연사 / 청중**
클리닉 (Clinic)	사례 중심으로 문제점 진단·해결 **사례 분석 / 지도 / 코칭**
패널 토론 (Panel Discussion)	다수 전문가가 패널로 참여하는 토론 **전문가 / 질의응답 / 청중 참여**
전시회 (Exhibition)	제품·정보를 전시하고 홍보하는 행사형 회의 **전시 / 홍보 / 마케팅**
회의 선정 시 고려사항	회의 장소 선정 시 고려해야 할 실무적 요소 **회의실 규모 / 수용 능력 / 배치 유형 / 위치 / 접근성**
등록 및 숙박 관리	참가자 등록과 숙박 예약을 효율적으로 관리하는 절차 **사전 등록 / 현장 등록 / 숙박 예약 / 참가 관리**
사전 등록 (Pre-registration)	행사 전 온라인·오프라인을 통한 등록 **사전 신청 / 사전 결제 / 명단 확보**
현장 등록 (On-site registration)	행사 당일 현장에서 등록 및 결제 진행 **당일 등록 / 현장 결제 / 참가증 발급**

부록

A

Chapter 2 ▶ 의전 운영 기획 및 실무

의전 (Protocol)	공식 행사에서의 격식과 예절을 지키는 절차로, 국가·기관 간의 존중과 질서 유지 목적 **격식 / 예절 / 질서 / 존중**
의전의 기능	국가나 기관의 위상 유지, 원활한 외교 관계, 품격 있는 행사 운영에 기여 **품격 유지 / 외교 / 질서 / 상징성**
의전의 5R 원칙	올바른 의전 수행의 핵심 기준 **Respect(존중) / Reciprocity(상호주의) / Recognition(인정) / Rule(규칙) / Right Timing(적절한 시기)**
Respect(존중)	의전은 상대방의 지위, 문화, 전통을 존중하는 마음에서 출발하며, 인격적 예의와 배려가 모든 절차의 기본 **존중 / 배려 / 문화 이해 / 인격 예의**
Reciprocity(상호주의)	의전은 서로에 대한 배려와 예의를 주고받는 관계 속에서 성립함. 내가 한 만큼 상대도 존중받는 균형의 원리 **상호 배려 / 균형 / 예의 교환 / 상생**
Recognition(인정)	상대의 역할과 공헌, 지위를 인정함으로써 신뢰를 형성하고 우호적 관계를 유지 **인정 / 신뢰 / 우호 / 감사**
Rule(규칙)	국가나 기관 간 의전은 정해진 규범과 절차를 따라야 하며, 질서 있는 진행이 신 뢰의 기반이 됨. **규범 / 질서 / 절차 / 공정**
Right Timing(적절한 시기)	의전은 상황과 시기를 고려하여 적절한 타이밍에 이루어져야 하며, 타이밍의 적절 성은 예의와 품격을 높임. **시기 / 타이밍 / 적절성 / 품격**
행사 기획의 기본 절차	의전 행사의 성공을 위한 5단계 프로세스 **기획 / 준비 / 실행 / 평가 / 피드백**
행사장 준비 사항	장소, 시설, 인력, 장비 등 의전 행사 전 점검 항목 **장소 / 동선 / 좌석 배치 / 비품 / 안전 관리**
행사장 배치	단상·좌석·장식물의 배치로 격식과 효율성 확보 **단상 / 좌석 배치 / 국기 / 현수막 / 조명**
식단 및 연회 준비	참석자 계층, 행사 목적에 맞는 식음 제공과 테이블 매너 관리 **VIP 식단 / 식기 세팅 / 좌석 명패 / 음료 서비스**
행사 요원 관리	진행 요원 복장 통일, 역할 분담, 긴급 상황 대응 교육 **복장 통일 / 역할 분담 / 매뉴얼 / 리허설**
호텔 영접 의전	VIP 고객을 위한 객실 및 서비스 준비 **객실 예약 / VIP 동선 / 환영 메시지 / Express Check-in**
리셉션 (Reception)	공식 행사의 시작 또는 환영의 의미를 가진 사교적 모임 **환영 행사 / 교류 / 네트워킹 / 오프닝**

의전 선물 (Official Gift)	국가·기관의 상징을 담은 교류의 표시로, 문화적 의미를 고려해야 함. **상징성 / 전통성 / 문화적 배려 / 예의**
연회 서비스 (Banquet Service)	축하, 환영, 회의 부대행사 등 다양한 목적의 공식 만찬 운영 **축하 / 환영 / 식사 / 서비스 품질**
고객 영접 (Reception Etiquette)	입장·좌석 안내, 인사, 환송 등 전 과정의 예절 관리 **입장 안내 / 인사 / 좌석 / 환송**
식음 서비스 (F&B Service)	참석자 만족을 위한 세심한 테이블 서비스 **주의력 / 공기·조명 / 시간 조정 / 주최자 보좌**
고객 환송 (Farewell)	행사 종료 후 감사 인사와 전송으로 예의를 마무리 **감사 인사 / 유실물 확인 / 종료 점검**
블록 룸 (Block Room)	단체·VIP를 위한 호텔 객실 사전 확보 제도 **단체 예약 / VIP 객실 / 사전 지정**
서열 (Precedence)	국가·기관 행사에서의 인물 순위 기준으로, 공식·관례 서열을 구분 **공식 서열 / 관례 서열 / 연령 / 직위 / 외교**
관례상 서열의 기준	공식 서열 외 문화·전통적 요인을 고려한 순서 **부부 동반 / 연령 / 성별 / 외국인 우대 / 주빈 존중**
회의·행사 후 평가	의전 수행 결과를 기록하고 개선점을 도출하는 단계 **피드백 / 개선 / 기록 / 평가표**

A 부록

Chapter 3 ▸ 프레젠테이션

프레젠테이션의 정의	한정된 시간 안에 아이디어나 정보를 전달해 설득과 이해를 이끌어내는 커뮤니케이션 활동 **정보 전달 / 설득 / 목표 / 의사소통**
프레젠테이션의 중요성	경쟁 사회에서 자신과 조직의 가치를 효과적으로 표현하는 핵심 역량 **경쟁력 / 설득력 / 효율성 / 정보 공유**
3P 분석	성공적인 발표를 위한 핵심 분석 요소 **People / Purpose / Place**
People(사람 분석)	청중의 연령, 수준, 관심, 태도를 분석해 발표 방향을 설정 **청중 분석 / 연령 / 관심사 / 배경 지식**
Purpose(목적 분석)	발표의 이유와 청중이 얻고자 하는 바를 명확히 하는 단계 **목적 / 정보 전달 / 설득 / 동기 부여**
Place(장소 분석)	발표 장소의 구조, 설비, 환경 등을 미리 파악해 최적의 전달 환경 확보 **장소 / 설비 / 조명 / 음향 / 좌석 배치**
프레젠테이션의 구성 요소	기획·내용·전달의 세 요소로 구성되며 메시지의 명확성과 흥미성이 중요 **기획 / 구성 / 전달 / 메시지 / 흥미성**
기획의 5단계	목표 설정 → 자료 수집 → 콘텐츠 작성 → 상황 분석 → 원고 작성 **목표 / 자료 / 콘텐츠 / 분석 / 원고**

콘텐츠의 구성	서론 – 본론 – 결론 구조로 논리적 흐름 유지 **서론 / 본론 / 결론 / 예고 / 요약**
POSST(TM) 스토리 구성	효과적인 발표 스토리 구조 **Punch / Overview / Story / Summary / Touchline**
시청각 자료	시각적 자료로 이해력과 집중력을 높이는 보조 수단 **시각 자료 / 간결성 / 일관성 / 디자인 / 컬러**
발표 전달력	음성, 자세, 표정 등 언어 · 비언어 요소의 조화 **음성 / 표정 / 시선 / 비언어 / 자신감**
발표 자세	바른 자세, 손동작, 시선 처리로 신뢰감 전달 **자세 / 제스처 / 시선 / 표정 / 안정감**
음성 전달 능력	목소리의 크기 · 속도 · 억양을 조절해 명료하게 전달 **속도 / 크기 / 높이 / 강약 / 발음**
시각 자료 제작 원칙	간결성, 일관성, 적합성, 디자인 조화 **간결 / 일관 / 색채 / 폰트 / 구성**
청중과의 상호작용	질문 · 유머 · 사례로 집중 유지 및 참여 유도 **유머 / 사례 / 질문 / 공감 / 피드백**
자신감 있는 발표 자세	충분한 준비와 리허설로 안정적 전달 **준비 / 리허설 / 자신감 / 집중력**
프레젠테이션의 목표	청중이 '이해하고 공감하며 행동하도록 만드는 것' **이해 / 공감 / 행동 유도 / 설득**

Chapter 4 MICE의 이해

MICE의 개념	Meeting · Incentive Tour · Convention · Exhibition의 약어로, 회의 · 포상 · 국제회의 · 전시를 포함하는 산업 **회의 / 포상 관광 / 국제 회의 / 전시 / 산업**
MICE 산업의 특징	공공성 · 지역성 · 경제성 · 관광 연계성의 4가지 특성을 가짐. **공공성 / 지역성 / 경제성 / 관광 연계성**
공공성	정부와 지역 사회의 참여가 필요하며 제도적 지원이 요구됨. **정부 참여 / 제도 지원 / 공익성**
지역성	지역 고유의 관광 · 문화 자원을 활용하여 도시 브랜드 창출 **지역 특성 / 문화 / 지역 브랜딩 / 자원 활용**
경제성	숙박 · 교통 · 식음 등 연관 산업을 통한 고용과 경제 활성화 효과 **경제 파급 / 고용 / 소득 / 지역 경제**
관광 연계성	참가자의 관광 활동과 연계되어 관광 수익을 창출 **관광 활성화 / 체류 기간 / 소비 증대**

MICE 산업의 중요성	국가 브랜드 향상과 고부가가치 창출이 가능한 미래 성장 산업 **국가 홍보 / 브랜드 / 고부가가치 / 성장 산업**
Meeting(회의)	아이디어 교환과 정보 공유를 위한 모임으로, 국제적 규모에 따라 구분 **정보 교환 / 토론 / 협의 / 국제화**
Incentive Tour(포상 관광)	조직의 구성원이나 고객에게 동기 부여 및 보상을 위해 제공하는 관광 **보상 / 동기 부여 / 성과 / 기업 이미지**
Convention(국제 회의)	다국적 인사가 참여하는 대규모 회의로 정보 교류와 협력 촉진 목적 **국제성 / 협력 / 정보 교류 / 외교**
Exhibition/Event (전시/이벤트)	제품이나 서비스를 전시·홍보·거래하기 위한 행사형 마케팅 활동 **전시 / 홍보 / 거래 / 마케팅 / 네트워킹**
컨벤션 산업의 효과	경제·사회·정치·관광 등 다방면에 긍정적 파급 효과를 가짐. **경제 효과 / 문화 교류 / 외교 / 관광 진흥**
컨벤션뷰로(CVB)	도시나 국가의 MICE 유치를 위한 전문 지원 기관 **유치 지원 / 관광 홍보 / 비영리 / 지역 마케팅**
CVB의 주요 기능	개최지 마케팅, 서비스 제공, 이미지 관리, 시설 관리 **개최지 홍보 / 서비스 / 도시 이미지 / 관리**
PCO (Professional Convention Organizer)	국제회의 기획·운영을 전문적으로 대행하는 민간 업체 **회의 기획 / 운영 / 대행 / 전문성**
전시/이벤트의 특성	실물 전시, 홍보, 거래 촉진, 고객과의 직접적 소통 중심 **실물 전시 / 홍보 / 마케팅 / 고객 참여**
무역 전시회	기업 간 거래와 마케팅 중심의 전문 전시회 **B2B / 산업 견본 / 비즈니스 / 협상**
일반 전시회	일반 소비자를 대상으로 한 소비재 중심 전시회 **B2C / 소비재 / 홍보 / 체험**
혼합형 전시회	무역과 일반 전시 기능이 결합된 형태 **복합 / 교역 / 소비자 참여 / 융합**
MICE 산업의 파급 효과	고용 창출, 도시 홍보, 산업 연계 효과가 크며 국가 이미지 제고 **고용 / 홍보 / 산업 연계 / 국가 이미지**

A 부록

부록 02 │ 파이널 모의고사

01 다음 중 비즈니스 현장에서의 장소별 안내 매너로 적절한 것은?

① 복도에서는 고객보다 2~3보 가량 비스듬히 뒤에서 안내한다.

② 엘리베이터에서 승무원이 없을 때는 상급자가 먼저 타도록 안내한다.

③ 계단과 에스컬레이터에서 남성이 여성을 안내할 때 남성이 위쪽에서 안내하고, 여성이 아래쪽에 위치한다.

④ 일반적으로 당겨서 여는 문일 경우에는 문을 당겨 열어서 안내자가 먼저 통과한 후 고객이 통과하도록 한다.

⑤ 계단과 에스컬레이터 등 경사가 있는 곳에서 올라갈 때는 앞에서 안내하고, 내려올 때는 뒤쪽에서 안내한다.

02 다음 중 초대 에티켓에 관한 내용으로 옳지 않은 것은?

① 가정에 초대를 받은 경우에는 선물을 준비하는 편이 좋다.

② 참석자들 간의 관계나 친분을 고려하여 초대할 사람을 선정한다.

③ 초대를 받은 당일 가능한 일찍 도착하여 초대자의 음식 준비를 돕는다.

④ 해외 출장 시 현지인에게 초대를 받으면 한국 전통의 물품을 선물하면 좋다.

⑤ 서양에서는 식당에 초대받는 것보다 가정에 초대받는 것을 더 큰 대접으로 여긴다.

03 다음 중 일반적으로 전언 메모에 기록해야 할 내용으로 적절하지 않은 것은?

① 상대방의 연락처

② 전화를 받은 날짜와 시간

③ 전화 한 사람의 회사와 부서

④ 전화 한 사람의 직급과 이름

⑤ 나이, 학력, 개인사 등 상세한 프로필 조사 내용

04 다음 중 서비스인의 유니폼에 대한 설명으로 옳지 <u>않은</u> 것은?

① 항상 청결한 상태를 유지한다.

② 유니폼의 경우 구김이 가지 않도록 한다.

③ 유니폼을 개인의 취향에 따라 변형하지 않는다.

④ 소매를 걷어 붙이지 않도록 하며 소매를 항상 깨끗이 유지한다.

⑤ 명찰은 정 위치에 부착하고 개인적인 액세서리 사용은 포인트 강조를 위해 바람직하다.

05 다음 중 명함 예절에 대한 설명으로 적절하지 <u>않은</u> 것은?

① 받은 명함을 아무 곳에나 방치해서는 안 된다.

② 명함을 받자마자 잃어버리지 않도록 바로 집어넣도록 한다.

③ 상대가 보는 앞에서 명함에 낙서를 하거나 훼손해서는 안 된다.

④ 자신의 이름을 상대방이 바르게 볼 수 있는 방향으로 명함을 건넨다.

⑤ 명함은 일반적으로 명함 지갑에 넣어서 남성의 경우 양복 상의, 여성은 핸드백에 보관한다.

06 목소리에 대한 설명으로 가장 적절하지 <u>않은</u> 것은?

① 좋은 목소리는 떨림이 없거나 적고, 또렷하게 들린다.

② 목소리가 작을 때는 복식 호흡을 통해 호흡량을 크게 하면 좋다.

③ 사람의 타고난 음색, 음성의 질처럼 음성의 분위기도 변화시키기 어렵다.

④ 목소리는 외모와 함께 사람의 인상과 이미지를 함께 만드는 주요 요소이다.

⑤ 말을 하다가 잠시 공백을 두면 상대의 집중도를 높이고 핵심을 강조할 수 있다.

07 다음 중 이미지의 형성 과정을 적절하게 설명하고 있는 것은?

① 이미지는 과거와 상관없는 현재 모습 자체이다.

② 이미지의 형성 과정은 감정적 과정보다 이성적 과정을 거쳐 형성된다.

③ 개인의 차이는 있으나 이성적 판단에 의거하여 형성되어 굳어져 나간다.

④ 이미지는 지극히 객관적이며 같은 대상에 대한 이미지는 누구나 동일하게 받아들인다.

⑤ 이미지의 형성은 주관적이며 선택적으로 이루어져 동일한 대상에 대해서도 다른 이미지를 부여한다.

08 이미지 메이킹에 대한 설명으로 적절하지 <u>않은</u> 것은?

① 내적으로는 자아존중감이 향상되어 궁극적으로 대인 관계 능력 향상 효과가 있다.

② 외적 이미지를 강화해서 긍정적인 내적 이미지를 끌어내는 시너지 효과를 일으키기도 한다.

③ 자신에게 잠재되어 있는 내면의 능력을 효과적으로 드러내어 능력 있는 사람으로 인식하도록 만든다.

④ 자신이 속한 상황이나 사회적 지위에 맞게 외적·내적 이미지를 가장 적절하게 통합적으로 관리하는 행위이다.

⑤ 자신만의 개성을 갖는 것이 중요하므로 자신이 본받고자 하는 모델을 정하고, 그 인물의 특성을 따라 하는 전략은 적절하지 못하다.

09 다음 중 첫인상에 대한 설명과 그 특징으로 옳지 <u>않은</u> 것은?

① 첫인상은 한 번에 전달되고 각인된다.

② 첫인상은 첫눈에 느껴지는 인상을 말한다.

③ 처음 만난 지 짧은 시간 내에 결정된다고 한다.

④ 첫인상은 평가하는 사람의 객관적인 판단에 따라 인식한다.

⑤ 첫인상은 이미 익숙한 사물을 연상하거나 혹은 혼동하여 잘못 인식하기도 한다.

10 다음 중 걷는 자세에 대한 설명으로 옳지 <u>않은</u> 것은?

① 무릎은 곧게 펴고 배에 힘을 주어 당기며 몸의 중심을 가슴에 둔다.

② 가슴을 쫙 펴고, 등을 곧게 세운다.

③ 손은 가볍게 주먹을 쥐고 양팔은 자연스럽게 흔들어 준다.

④ 일직선으로 걷는다.

⑤ 시선은 정면을 향하도록 하고, 턱은 가볍게 당긴다.

11 다음 중 표정 이미지에 대한 설명으로 옳지 <u>않은</u> 것은?

① 표정은 곧 마음의 메시지를 나타내는 것이다.

② 시선은 완만한 각도로 상대방의 정면을 응시한다.

③ 상대방이 등을 돌려 돌아설 때까지 미소를 유지한다.

④ 고개를 한쪽으로 기울여 경청하고 있음을 보여준다.

⑤ 개인적인 감정을 이겨내고 서비스인으로서의 공적인 표정을 익힌다.

12 고객이 구매 후 부조화를 감소시키는 방법으로 적절하지 <u>않은</u> 것은?

① 자신의 선택을 지지하는 정보를 탐색한다.
② 자신이 선택한 대안의 장점을 의식적으로 강화시킨다.
③ 자신이 선택한 대안의 단점을 다시 한 번 평가해본다.
④ 의사 결정 자체를 그리 중요하지 않은 것으로 생각한다.
⑤ 자신이 선택하지 않은 대안의 장점을 의식적으로 약화시킨다.

13 다음 중 고객에 대한 설명으로 적절하지 <u>않은</u> 것은?

① 거래처, 하청업자, 주주는 고객이라고 할 수 없다.
② 이미 상품 및 서비스를 구입하여 사용하는 사람은 고객이다.
③ 앞으로 상품 및 서비스를 구입 및 사용할 가능성이 있는 사람도 고객에 포함된다.
④ 고객은 상품과 서비스를 제공받는 사람이다.
⑤ 기업과 직간접적으로 거래하고 관계를 맺는 모든 사람을 의미한다.

부록

14 매슬로우의 욕구 5단계 이론을 서비스 욕구 관점으로 적용했을 때 '차별화된 서비스를 제공해주는가.'에 해당하는 단계는?

① 생리적 욕구   ② 안전의 욕구
③ 사회적 욕구   ④ 존경의 욕구
⑤ 자아실현의 욕구

15 다음 중 비언어를 통한 커뮤니케이션에 대한 설명으로 적절하지 <u>않은</u> 것은?

① 무의식적으로 드러나는 경우가 많으므로 신뢰성이 높은 의사 전달 수단이다.
② 제품 및 서비스에 대한 내용을 쉽고 명확하게 설명한다.
③ 정보가 전달되는 상황과 해석에 대한 중요한 단서를 제공한다.
④ 언어 사용 없이 이루어지는 생각이나 감정 소통을 의미한다.
⑤ 몸짓이나 시각 또는 공간을 통하여 의사 표현하는 방법이다.

16 다음 (변경 후) 문장에서는 어떤 말하기 스킬을 활용하였는가?

> (변경 전) 식사하는 동안 즐거우셨습니까? → (변경 후) 식사하는 동안 어떠셨나요?

① 완곡한 표현　　　　　　　② 청유형의 표현
③ 개방적인 표현　　　　　　④ 긍정적인 표현
⑤ 쿠션언어의 사용

17 다음은 의전의 5R 중 무엇에 대한 설명인가?

> • 내가 배려한 만큼 상대방으로부터 배려를 기대하는 것이다.
> • 의전에서는 국력에 관계없이 모든 국가가 1대 1의 동등한 대우를 받아야 한다.

① 상대에 대한 존중(Respect)　　② 문화의 반영(Reflecting Culture)
③ 상호주의 원칙(Reciprocity)　　④ 서열(Rank)
⑤ 오른쪽 상석(Right)

18 다음 중 의전의 의미에 대한 설명으로 옳지 않은 것은?

① 의전은 개인 간의 관계에서 지켜야 할 기본 예의범절을 뜻한다.
② 기업의 경우는 대내외적으로 공식적인 높은 규범을 필요로 하는 행사에 적용한다.
③ 외교 관계를 담당하는 정부 부서의 공식 문서 또는 외교 문서의 양식을 의미하기도 한다.
④ 국가의 경우는 국가의 행사, 외교 행사 등에 행해지는 모든 국제적 예의 규범을 뜻한다.
⑤ 의전을 뜻하는 '프로토콜'의 어원은 'protokollen'으로 그리스어 'proto(맨 처음)'와 'kollen(붙이다)'의 합성어이다.

19 MICE 중 Incentives(포상 관광)의 특징에 대한 설명으로 가장 옳지 않은 것은?

① 포상 관광은 관광 성수기, 유명 관광지가 선호된다.
② 포상 관광의 내용은 휴양 및 교육을 포함하고, 오락적 기능이 강조된다.
③ 관련 업계의 최신 환경 및 트렌드 변화에 민감해야 하고, 소비자에 대한 이해가 선행되어야 한다.
④ 조직이 구성원의 성과에 대한 보상 및 동기 부여 차원에서 비용의 전체 또는 일부를 조직이 부담하는 형태로 진행된다.
⑤ 유치를 위해서는 해당 인센티브에 맞는 차별화되고 눈높이에 맞는 볼거리, 먹을거리, 즐길거리를 포함한 통합된 여행 상품의 개발 및 제공이 효과적이다.

20 다음 제시된 장소들 중에서 회의장 내 통역 부스를 조성할 경우 가장 적절한 장소는?

① 통역사들의 출입이 편리한 위치

② 회의장과 완전히 분리된 독립 공간

③ 참가자 및 발표자들의 시선을 받지 않는 위치

④ 행사장 내 엔지니어들과 잘 협력할 수 있는 위치

⑤ 발표자의 표정과 움직임을 잘 볼 수 있으면서 참가자들의 통행에 지장을 주지 않는 위치

21 다음 인사에 대한 설명 중 옳은 것은?

① 손님이나 상사와 만나거나 헤어지는 경우 정중례로 인사하는 것이 보통이다.

② 약례는 양손에 무거운 짐을 들고 있거나 모르는 사람과 마주칠 경우에 한다.

③ 정중례는 90도로 숙여서 하는 인사로 VIP 고객이나 CEO를 만날 때 주로 한다.

④ 목례는 눈으로 예의를 표하는 인사의 방식으로 허리를 15도 정도 살짝 숙인다.

⑤ 보통례는 허리를 30도 정도 숙여서 인사하는 방법으로, 주로 처음 만나 인사하는 경우에 사용한다.

22 컨벤션 산업이 주는 효과로 적절하지 않은 것은?

① 국제 행사가 열리게 되므로 고용 증대, 도로, 항만 통신 시설 등 사회 간접 시설이 확충된다.

② 컨벤션 산업과 관광지 서비스 산업의 결합으로 이어지면서 관광 산업을 활성화시키는 효과가 있다.

③ 국제 컨벤션은 참가자들이 다양한 문화적, 언어적 배경을 가지고 있기 때문에 문화적 파급 효과를 갖는다.

④ 통상 수십 개국의 대표나 사회적 지위가 높은 인사들이 참석하기 때문에 국가 차원의 홍보 효과를 얻을 수 있다.

⑤ 컨벤션 산업은 참석하는 인사들을 통해 유입되는 금전과 같은 유형적 가치가 무형적인 가치보다 큰 산업이다.

23 우량 고객 중에서도 최상위의 고객을 로열 고객(Loyal Customer) 혹은 충성 고객이라고 한다. 이들의 특징으로 적절하지 <u>않은</u> 것은?

① 관대함   ② 교차 구매
③ 하강 구매   ④ 구전 활동
⑤ 반복 구매

24 다음 중 설득의 기술 중 역지사지를 설명한 것은?

① 시각에 호소하는 언어를 사용한다.
② 상황에 맞는 전문가의 말을 인용한다.
③ 객관적 자료보다는 다양한 채널로 접근하여 감성을 자극한다.
④ 상대방의 의도를 간파하는 짧은 한마디는 상대방의 마음을 한순간에 무너뜨릴 수 있다.
⑤ 타인을 비난하기 전에 먼저 자신을 낮추고 상대방의 마음을 헤아리는 모습을 보여준다.

O/X형

[25~29] 다음 문항을 읽고 옳고(O), 그름(X)을 선택하시오.

25 미국은 팁 문화가 발달한 나라이지만, 우리나라는 팁 문화에 익숙하지 않으므로 미국 방문 시 꼭 그 문화에 따르지 않아도 무방하다.   (① O   ② X)

26 유인 효과는 대안 평가 및 상품 선택에 관여하는 요인들 중 기존 대안보다 열등한 대안을 내놓음으로써 기존 대안을 상대적으로 돋보이게 하는 방법이다.   (① O   ② X)

27 협상에 있어서 바트나(BATNA)는 협상자가 합의에 도달하지 못할 경우 택할 수 있는 다른 좋은 대안이나 차선책을 의미한다.   (① O   ② X)

28 PCO는 여러 형태의 회의에 대한 풍부한 경험과 회의장, 숙박 시설, 여행사 등 회의 관련 업체와 긴밀한 관계를 유지하고 있다.   (① O   ② X)

29 표정 이미지 연출에 있어 시선의 처리는 상대방의 눈을 빤히 오래 집중해서 보게 되면 불편함을 느끼므로 눈과 미간, 코 사이를 번갈아 보며 대화를 자연스럽게 이어 가는 것이 좋다.   (① O   ② X)

연결형

[30~34] 다음 설명에 적절한 〈보기〉를 찾아 각각 선택하시오.

┤ 보기 ├
① T.P.O   ② 개별화 추구 고객   ③ 네티켓   ④ 그레이프 바인   ⑤ 컨벤션

30 온라인상에서 메일을 주고받거나 글을 올릴 때, 혹은 채팅할 때 등의 모든 활동에서 지켜야 할 상식적인 예절을 말한다.   (   )

31 이미지 메이킹을 위해 자기 이미지를 시간과 장소, 경우에 맞게 연출하는 것
(   )

32 일괄된 서비스보다 자기를 인정해 주는 맞춤형 서비스를 원하는 고객 (   )

33 인간의 사회적 · 심리적 욕구에 따라 조직 내에서 자발적으로 형성되는 비공식적인 커뮤니케이션   (   )

34 가장 일반적인 회의로 정보 전달을 주 목적으로 하는 정기 집회에 많이 사용하는 용어이다.
(   )

부록 A

사례형

35 다음 사례에서 박 부장은 1층에 도착한 후 신입사원 김철수 씨에게 엘리베이터 탑승에 대한 예절을 알려 주게 된다. 다음 중 적절한 예절과 해설은 무엇인가?

> ○○기업의 홍보과의 박 부장은 새로 입사한 김철수 씨와 오전 회의를 마치고 함께 점심식사를 위해 엘리베이터를 탔다.
> 홍보팀이 있는 23층에서 1층으로 내려가는 도중에, 12층에서 인사팀 김 부장과 이 대리가 탑승하였다. 이 대리는 김 부장보다 먼저 타며 김 부장을 안내하였다.
> 8층에서는 구매팀 동료 두 명이 타서 회의가 방금 끝났는지 미쳐 결정하지 못한 회의 안건에 대해 의견을 계속 나누었다.
> 5층에서는 세 명의 사람들의 우르르 탑승하였고 문이 닫히려는 순간 한 명이 뛰어 들어와 마지막으로 엘리베이터에 올랐다.

① 12층에서 탑승한 이 대리처럼 엘리베이터에 다른 사람이 타고 있을 때에는 상사보다 먼저 탑승하는 것이 맞는 예절이라네.

② 엘리베이터 문이 닫히려는 순간이라도 전기를 절약하기 위해서는 빨리 안으로 들어와 탑승을 마무리 하는 것이 당연한 것이네.

③ 5층에서 탑승한 세 사람처럼 사람들을 안으로 밀면서라도 타야 하는 것일세. 엘리베이터 탑승의 기본은 안전이 아니라 신속이라네.

④ 8층에서 탑승한 직원은 식사시간을 확보하기 위해 엘리베이터 내에서 못 다한 업무 논의를 하는 것은 예의에 어긋나는 일은 아니네.

⑤ 엘리베이터 안에 아무도 없을 때는 상사보다 먼저 타는 것이 엘리베이터 탑승 예절이라네. 그 의미는 상사보다 먼저 탑승하여 안전을 확보했다는 의미라네.

36 다음의 상황에서 '김 과장'이 택한 선택으로 가장 올바른 것은?

> 한국XX협회의 김 과장은 내년 한국에서 개최될 'XX세계총회'의 준비 협의를 위해 미국 뉴욕의 XX협회 본부로 출장을 가게 되었다. XX협회 본부에서 'XX세계총회'를 총괄하는 프로젝트 매니저가 존에프케네디(JFK) 공항으로 승용차를 가지고 김 과장을 영접하기 위하여 나왔다. 김 과장은 상대방 승용차의 어느 좌석에 착석해야 가장 바람직한가?

① 상대방의 호의를 생각해서 자신이 운전하겠다고 제안한다.
② 운전자와 편안하게 대화하기 위하여 운전자 바로 뒷자리가 바람직하다.
③ 거리감 없는 사이이기 때문에 이런 문제를 고려하는 자체가 무의미하다.
④ 호의를 가지고 배려해 주는 비즈니스 파트너와의 차량 이동 시에는 운전자의 옆자리가 가장 바람직하다.
⑤ 영접을 받는 입장이므로 당연히 가장 상석이라 할 수 있는 운전자의 대각선 뒷자리에 앉는 것이 바람직하다.

37 여성 서비스 종사원의 용모 복장의 설명 중 괄호 안에 들어갈 가장 적절한 내용은 무엇인가?

> • 복장은 일하기 편해야 하므로 체형에 맞는 스타일로 선택한다.
> • 액세서리는 지나치게 크고 화려한 것은 삼가도록 한다.
> • 헤어는 (A)과 (B)을 기본으로 한다.
> • 메이크업에 있어서는 밝고 건강하게 보이도록 (C) 메이크업을 하도록 한다.
> • 향수는 지나치지 않는 은은한 향을 소량 뿌리는 것이 좋다.

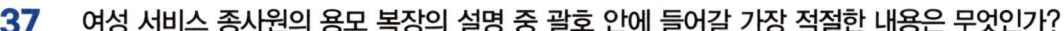

	A	B	C
①	청결함	단정함	자연스러운
②	화려함	개성	자연스러운
③	청결함	단정함	화려한
④	청결함	이려보이는 헤어스타일	노(no) 메이크업
⑤	화려함	단정함	화려한

38 다음은 병원 직원과 환자의 대화이다. 다음 내용을 통해 알 수 있는 이미지 형성 효과로 옳은 것은?

> 직원 : 안녕하십니까? 어디가 불편하신가요?
> 환자 : (직원의 지저분한 유니폼과 손톱을 바라보며) 왼쪽 아래 어금니에 충치가 생겨서요…….
> 직원 : (접수를 마치고 진료실로 안내하여 환자를 진료 의자에 앉힌다.)
> 환자 : 여기……. 진료 기구는 소독을 잘 하나요?
> 직원 : 그럼요. 저희 치과는 철저한 청결과 소독을 최우선으로 생각합니다.
> 환자 : (직원을 관찰하며) 저기요……. 저 다음에 올게요.
>
> (그 이후 고객은 나타나지 않았다.)

① 최근 효과 ② 호손 효과
③ 플라시보 효과 ④ 초두 효과
⑤ 맥락 효과

39 다음 사례에서 등장하는 고객의 걱정은 서비스 구매 시 발생할 수 있는 지각된 위험이다. 여러 유형 중 사례에 적합한 지각된 위험의 유형은?

> 고객 1 : 이번 겨울에 가족과 함께 스키 여행을 가려고 한다. 그런데 숙박비와 리프트권, 장비 렌탈 비용까지 합치면 예상보다 훨씬 많은 비용이 들어갈까 봐 걱정이다. 혹시 여행 중 추가 지출이 계속 발생하면 가계에 큰 부담이 될 수 있다고 생각한다.
> 고객 2 : 은퇴 후 노후 자금을 불리기 위해 부동산 펀드에 가입할까 고민하고 있다. 그러나 잘못 투자했다가 수익은커녕 원금 손실까지 볼 수 있다는 생각에 선뜻 결정을 내리지 못하고 있다.

① 기능적 위험 ② 재정적 위험
③ 신체적 위험 ④ 심리적 위험
⑤ 사회적 위험

40 다음 사례는 대학생 딸과 어머니의 제품 구매 과정과 구매 후 평가에 대한 대화 내용이다. 둘의 대화를 의사 결정 과정 5단계 순서대로 올바르게 나타낸 것은?

> 가. 딸: 어머니, 제 노트북 산지 얼마나 되는지 아세요? 3년이나 된 구닥다리란 말이에요. 제 친구 유리는 지난달에 나온 최신 기종 노트북으로 바꿨어요. 저도 이번 기회에 바꿔주시면 안돼요?
>
> 나. 딸: 지금까지 알아본 것 중에서 가격, 제조 회사, 품질, A/S 등을 고려해 보면 저는 A사 것이 제일 좋아요.
>
> 다. 어머니: 그래 이 참에 바꿔줄게. 그럼 네가 시간 내서 제품 정보를 수집해 가지고 와서 내게 설명해 줄래?
>
> 라. 딸: 역시 노트북은 A사 제품이 제일 좋은 것 같아요. 친구들에게 A사 제품을 추천하고 싶어요.
>
> 마. 어머니: 너의 생각처럼 나도 A사 제품이 맘에 든단다. 지금 인터넷으로 구매할게.

① 가 – 나 – 다 – 라 – 마　　② 다 – 가 – 나 – 라 – 마
③ 가 – 다 – 나 – 마 – 라　　④ 나 – 가 – 다 – 라 – 마
⑤ 가 – 다 – 나 – 라 – 마

부록

41 다음 중 효과적인 주장을 위한 'AREA' 법칙을 순서대로 올바르게 나타낸 것은?

> (가) 귀사의 화이트 셔츠는 품질도 우수하고 시장의 평가도 좋습니다. 그래서 저희가 100개를 구매하고자 하는데 100개에 백만 원은 너무 비싸서 80만 원으로 해주셨으면 합니다.
>
> (나) 예를 들어 이월 상품인 경우는 빛이 바래질 수도 있기 때문에 최근 신제품과 차이가 있을 수 있습니다.
>
> (다) 그러므로 이번 구매에 있어서 20% 할인 금액인 80만 원으로 공급해 주셨으면 합니다. 어떠십니까?
>
> (라) 왜냐하면 현재 물량이 부족하여 100개를 내일까지 맞춰 주시려면 창고의 작년 상품도 꺼내 주게 되어 이월 상품을 받게 되는 것이니 정중히 할인을 해주시길 요청합니다.

① (가) – (나) – (다) – (라)　　② (나) – (라) – (다) – (가)
③ (라) – (다) – (가) – (나)　　④ (가) – (라) – (다) – (나)
⑤ (가) – (라) – (나) – (다)

42 다음 고객과의 상담 내용에서 고객을 설득하기 위해 세일즈맨이 초점을 맞춰 활용한 효과로 적절한 것은 무엇인가?

> 세일즈맨: 어서 오세요, 무엇을 도와 드릴까요?
> 잠재 고객: 요즘 목을 많이 사용해서 그런지 목도 아프고 가래도 나오고 기침도 나와서요. 병원에 가도 나아지지 않고, 점점 더 심해져요.
> 세일즈맨: 아, 많이 불편하시겠어요. 고객님의 증상을 깨끗이 낫게 하려면 도라지 엑기스를 추천해 드리고 싶습니다.
> 잠재 고객: 도라지를 달여 먹어도 별 효과가 없던데요?
> 세일즈맨: 제가 추천하는 도라지 엑기스는 많은 사람이 도움 받은 아주 효능이 좋은 상품이에요. 잘 아시는 유명 인기배우, 정치인, 종교인, 모 그룹회장도 호흡기 질환으로 많은 고생을 했는데 이 상품을 복용하고 완치되었어요!
> 잠재 고객: 그래요? 그게 사실이에요?
> 세일즈맨: 이 인터넷 기사와 방송 출연 프로그램을 꼭 보세요. 아마 복용하면 일주일부터 아픈 증상이 없어지는 것을 느낄 수 있을 겁니다.
> 잠재 고객: 복용 후에도 별다른 반응이 없으면요?
> 세일즈맨: 그러면 다시 한 번 방문해 주세요! 그럴 염려하지 않으셔도 될 것 같습니다.
> 잠재 고객: 감사합니다.

① 낙인 효과
② 호손 효과
③ 노시보 효과
④ 플라시보 효과
⑤ 피그말리온 효과

43 다음은 협상의 4단계 과정인 시작, 탐색, 진전, 합의 단계를 적절히 표현한 내용이다. 이 중에서 '진전 단계'에 해당하는 내용은 무엇인가?

> 가. 김 대리, 협상은 첫인상이 중요하니 좋은 이미지를 줄 수 있도록 신경 좀 써.
> 나. 협상은 정보 싸움이야. 그러니 정신 바짝 차리고 수집한 정보가 정확한지 조심스럽게 살펴보도록 해.
> 다. 당초 제시한 가격에서 5% 인하해 드리겠습니다.
> 라. 지금까지 합의된 결과를 제가 다시 한 번 정리하여 말씀드리고 계약서를 작성하겠습니다.
> 마. 오늘 날씨가 구름 한 점 없고 시원해서 아마도 좋은 결과가 있을 것 같습니다.

① 가
② 나
③ 다
④ 라
⑤ 마

44 다음은 어떤 회의 프로그램의 일부이다. 회의의 종류 구분상 가장 유사한 회의 종류는?

	Mar.24(Thu)		Mar.25(Fri)		Mar.26(Sat)		Mar.27(Sun)
09:00~10:00	Registration		Registration				
10:00~11:00					Keynote Speech B/C		Keynote Speech D/E
11:00~12:00							
12:00~13:00					Luncheon Session 1		Luncheon Session 2
13:00~14:00							
14:00~15:00	Satellite Session A	Satellite Session A	Opening Ceremony		Session Track A	Session Track B	Post Tour 1/2/3
15:00~16:00			Keynote Speech A				
16:00~17:00			Session Track A	Session Track B			
17:00~18:00							
18:00~19:00					Welcome Party		
19:00~20:00							
20:00~							

① 컨벤션(Convention)
② 포럼(Forum)
③ 워크숍(Workshop)
④ 강의(Lecture)
⑤ 패널토론(Panel Discussion)

통합형

[45~46] 다음은 어느 화장품 매장에서의 고객과 점원 간의 대화이다.

[상황 A]

고객 : (매장을 들어서면서) 선크림(sun cream : 야외에서 자외선을 차단하여 피부 화상이나 그을림을
　　　방지해 주는 품목)을 좀 보고 싶은데요.

점원 : 네, 어서 오세요. 선크림은 이쪽에 있습니다.

고객 : (선크림이 있는 판매대에 다가서면서 혼잣말로) 와, 종류 다양하네.

점원 : 우리 매장에 없는 것은 다른 곳에도 없을 겁니다. 천천히 골라보세요.

(몇 개의 선크림을 들어서 표지를 유심히 보기도 하고, 테스트도 해 본다.)

고객 : 도저히 고를 수가 없네요. 너무 많아도 문제군요.

점원 : (한 제품을 집으며) 우리 매장에서 가장 잘 팔리는 것은 바로 이 제품입니다.

고객 : 얼마죠? 그리고 아이들이 써도 되는 건가요?

점원 : 아이들이요? 아, 손님이 쓰는 게 아니고요?

고객 : 네, 우리 아이가 다음 주에 수학여행을 가는데 하나 필요하다고 해서요.

[상황 B]

(하나의 선크림을 선택하고 계산대에 선다. 현금과 함께 포인트 카드를 제시한다.)

점원 : 고객님. 돈 내지 않으셔도 되겠네요. 포인트가 쌓여서 이 선크림은 포인트로 결제가 가능하세요.
　　　모르셨어요?

고객 : 아, 네. 그런데 그냥 이번에는 현금을 사용할게요.

점원 : 왜요? 잘 모르시는 것 같아서 말씀드리면 포인트로 결제하시면 사은품도 나가거든요. 매장
　　　앞에도 써 놨는데……. 못 보셨나 봐요.

---

45 [상황 A]를 고객 커뮤니케이션 스킬의 관점에서 해석할 때 가장 적절한 것은?

① [상황 A]에서 점원은 자신의 메시지가 잘 전해지고 있는지를 끊임없이 확인하면서 고객의 이해도를 측정하고 있는데, 이는 적절한 피드백의 활용이다.

② 고객은 자신의 니즈를 충족할 수단을 찾으러 매장에 온 것이 아니라, 단지 물건을 사러 온 것이다. 따라서 자신이 스스로 물건을 찾아낼 수 있도록 점원은 최대한 편하게 고객을 대해야 하는데 바로 [상황 A]의 경우가 그렇다.

③ 고객은 선크림을 사러 왔다. 따라서 선크림을 통해서 얻고자 하는 고객의 목적보다는 선크림을 사는 그 행위 자체가 완성될 수 있도록 고객에게 매장에서 가장 많이 팔리는 베스트 제품을 선택하도록 독려하는 방법이 권장된다.

④ [상황 A]에 있어 점원이 고객을 편하게 구경하도록 내버려 둔 것은 '호손 효과(Hawthrone Effect)'를 염두에 둔 것으로 이는 '다른 사람들이 지켜보고 있다는 사실을 의식하지 않음으로써 그들의 전형적인 본성을 그대로 나타나게 행동하는 현상'을 말한다.

⑤ 효과적인 커뮤니케이션의 기본은 명확한 목표 설정이다. 점원은 고객의 니즈를 충족시킬 수 있도록 도움을 줄 수 있어야 한다. 따라서 [상황 A]의 경우 점원은 "선크림을 찾으십니까? 실례지만 어느 분이 사용할 건가요? 일상적으로 사용하실 건가요, 아니면 운동 등 땀이 많이 나는 환경에서 사용하실 건가요?"와 같이 대화를 이끌어 가야 한다.

46 [상황 B]를 고객 커뮤니케이션 스킬의 관점에서 해석할 때 가장 적절한 것은?

① '나'를 주어로 표현하면, 결과에 대한 이해를 구하게 되고, '너'를 주어로 표현하면 과정에 대한 이해를 구하는 셈이 된다.

② '너'를 주어로 표현을 하게 되면, 나의 심리나 기분을 상대방에게 잘 전달할 수 있게 된다. 반대로 '나'를 주어로 표현하면, 상대방의 잘못을 질책하는 느낌으로 전해지게 된다.

③ [상황 B]의 점원은 "고객님. 모르셨어요?"라고 하기보다 "저는 고객님이 포인트를 사용하지 못하시게 될까봐 걱정되어서 말씀드렸습니다."처럼 제대로 된 'I-메시지 전달법'을 사용하는 것이 좋다.

④ 대화의 주체가 '너'가 아닌 '내'가 되어 전달하고자 하는 표현법을 'I-메시지 전달법'이라고 하는데, 이는 상대방에게 나의 의사를 충분히 전달하기만 하면 상대방의 기분이 나빠도 괜찮다는 전제를 기초로 한 대화법이다.

⑤ [상황 B]에서 점원은 계속적으로 고객에게 자신의 의사를 충분히 전달하면서도, 고객이 기분 나쁘지 않게 자신의 행동을 반성하고 개선할 마음을 갖게 하는 대화법을 활용하고 있다. 즉, "고객님, 왜 그렇게 하세요."가 아니라 "고객님이 그렇게 하시면 제 마음이 아픕니다."의 방식으로 대화를 진행 중이다.

[47~48] 다음의 대화는 투자 상품을 가입하러 온 고객과 금융 기관 직원과의 상담 내용이다.

> 고객 : 안전하면서도 수익률이 괜찮은 투자 상품 없을까요?
>
> 직원 : 네 고객님. 안전하면서도 투자 수익률을 조금 기대해 볼 수 있는 상품을 원하신다고 하셨는데요. 꼭 수익률이 높으셨으면 하는 이유가 있으신지 여쭤도 되겠습니까?
>
> 고객 : 네. 손주가 태어났는데 축하 선물하고 싶은데요, 나중에 아이 대학갈 때 쓸 교육비로 사용할 수 있으면 좋겠어요.
>
> 직원 : 아~네. 정말 축하드립니다! 정말 기쁘시겠어요. 태어난 아기에게 정말 좋은 선물을 준비하시는 거네요. 그런데 교육 자금을 준비하시면서 특별히 수익률을 염두에 두시는 다른 이유가 혹시 있으신지요? 제가 고객님께서 생각하시는 용도에 가장 적절한 상품으로 추천드리고 싶습니다만….
>
> 고객 : 기왕이면 대학 자금뿐 아니라 여유가 된다면 어학 연수 자금을 더 보태주면 좋겠어요. 용돈도 좀 줄 수 있으면 좋죠.
>
> 직원 : 네. 수익률이 나면 손주를 위한 더 멋진 계획도 있으시네요. 그러면 안전한 상품이었으면 하는 이유가 특별히 있으신지요?
>
> 고객 : 여유 자금이 큰 것도 아니지만 대학 자금은 꼭 제 손으로 마련해 주고 싶어서요. 손주 교육 자금인데 원금을 못 찾거나 하면 안 되니까요.
>
> 직원 : 네, 소중한 자금이시니만큼 안전한 것도 중요하신 거네요. 그렇다면 제가 고객님께서 계획하시는 안전과 수익률을 대학 자금과 추가 여력의 기타 자금 둘로 나누어서 이해하면 어떨까요?
>
> 고객 : 아, 네~그렇죠. 그런 상품은 어떤 상품이 있을까요. 추천해 주시겠어요?
>
> 직원 : 그러면 제가 고객님의 상황에 잘 맞는 상품을 두 가지로 나누어 추천드려도 되겠습니까?

47 위의 상담을 통해 고객 응대에 있어서 질문의 효과를 발견할 수 있다. 다음 중 직원이 질문을 통해 얻을 수 있었던 고객 응대 질문의 효과가 <u>아닌</u> 것은?

① 고객은 질문을 통해 스스로의 생각을 자극받게 되었다.

② 상담에 필요한 기본적인 정보와 고객의 생각을 알 수 있었다.

③ 고객을 존중하는 느낌을 전달하여 상담의 과정상의 만족감을 배가시켰다.

④ 고객이 동의하지 않았던 정보를 논리적으로 설득하여 상품 가입을 유도하였다.

⑤ 고객이 질문에 대답을 하면서 스스로의 상황을 정리하여 객관적으로 바라볼 수 있었다.

48 위의 사례를 참고하여 다음 중 효과적인 질문을 구성하기 위한 요소로 적합하지 <u>않은</u> 것은?

① 고객에 대한 관심과 배려

② 상담의 효율적이고 신속한 종결

③ 경청의 태도(기술)와 결합된 질문

④ 본격적인 상담을 향한 목표 질문으로 구성

⑤ 상황에 따라 단편 또는 연속 질문의 유연한 사용

[49~50] 다음 상사와 부하 간 대화를 읽고 물음에 답하시오.

A 대리 : B 사원, 오늘 고객 만날 때 자료 정리를 잘 해서 만나야 해.

B 사원 : 네, 잘 알겠습니다.

A 대리 : 지난번에도 자료 없이 그냥 만났지? 회사 생활이라는 게 말이야. 무슨 일이든 철저하게 준비하는 게 중요하거든. 그래야 신뢰가 생기는 거야. 내가 신입사원이었을 때는 고객을 만날 때 늘 필요한 자료가 뭔가 미리 생각해서 만들어서 만났거든.

B 사원 : 아, 네. 그렇군요. 대리님 말씀 잘 명심하겠습니다.

A 대리 : 그리고 무슨 문제 있으면 나한테 먼저 이야기하라고. 내가 도와줄테니까.

B 사원 : 네.

A 대리 : 그런데 말이야. B 사원, 내가 이야기하는데 자꾸 시계를 보네. 뭐 바쁜 일 있나?

B 사원 : 아닙니다. 그냥요.

A 대리 : 거 참, 사람이 말하는데 시계를 자꾸 보면 되나. 고객 앞에서도 그러는 거 아냐?

B 사원 : 앞으로 주의하겠습니다.

---

49 A 대리와 B 사원의 대화를 교류분석(transactional analysis) 관점에서 분석하였을 때 A 대리는 어떤 자아 상태인가?

① 성인 자아(adult self)

② 부모 자아(parent self)

③ 전문가 자아(expert self)

④ 관리자 자아(management self)

⑤ 성숙인 자아(mature man self)

50 B 사원이 범하고 있는 커뮤니케이션 오류는 무엇인가?

① 준거의 틀 차이

② 반응적 피드백의 부족

③ 비언어적 메시지의 오용

④ 신뢰 네트워크 형성 부족

⑤ 시간이라는 제약 상황의 한계

SMAT Module A
비즈니스 커뮤니케이션

정답 및 해설

정답 및 해설

PART 01 예상문제　　　　　P. 67

01	④	02	④	03	④	04	①	05	③
06	⑤	07	④	08	②	09	③	10	④
11	②	12	③	13	①	14	③	15	④
16	①	17	①	18	②	19	②	20	②
21	②	22	④	23	①	24	③	25	⑤
26	④	27	①	28	③	29	③	30	⑤
31	④	32	③						

01 ▶ ④

예의범절은 공동체의 질서와 조화를 유지하기 위한 기본 규범이지만, 이는 반강제적이 아니라 자발적으로 실천되어야 하는 것이 원칙이다.

02 ▶ ④

① 지명인이 부재중이더라도, 부재중인 개인적인 사유까지 알릴 필요는 없다.
② 회사까지 어떤 교통편을 이용할 것인지 먼저 물어본다.
③ 다시 전화할 것인지, 지명인이 전화해줄 것인지를 정하고 필요하다면 메모를 정확히 남기고, 전화한 사람의 이름을 확인한다.
⑤ "뭐라고요?", "잘 안 들리는데요."와 같은 표현은 쓰지 않도록 하고, "좀 멀게 들립니다."와 같은 완곡한 표현을 사용한다.

03 ▶ ④

인사는 되도록 내가 먼저 하며, 특히 윗사람에게 아랫사람이 먼저 하는 것이 예의이다.

04 ▶ ①

의자에 앉을 때는 등받이에 깊숙이 앉고, 등과 등받이 사이는 주먹이 하나 들어갈 정도로 간격을 두고 앉는다.

05 ▶ ③

명함은 아랫사람이 윗사람에게 먼저 건넨다.

06 ▶ ⑤

상사와 가까운 자리나 오른쪽이 상석이다.

07 ▶ ④

자신의 회사 사람을 외부 고객에게 소개한다.

08 ▶ ②

인사에 대한 설명이다. '인사'는 인간관계의 첫걸음으로 서로에 대한 가장 기본적인 예의이다. '공수'는 두 손을 가지런히 모아 공손함을 표현하는 기본 예법이며, 행동의 예의를 갖추는 기본 자세이다.

09 ▶ ③

상대방이 전화를 받을 때까지 계속해서 신호를 보내는 것은 올바른 휴대전화 매너가 아니다. 통화가 어려운 상황일 수 있으므로, 일정 시간 후에는 전화를 끊고 문자 등으로 용건을 남겨 배려하는 태도가 필요하다.

10 ▶ ④

에티켓은 매너의 기본 단계로서 에티켓도 지키지 않는 사람에게 매너를 기대할 수 없다.

11 ▶ ②

① 조의금은 형편에 맞게 성의를 표하는 정도로 한다.
③ 조의금은 문상을 마친 후 부의함에 직접 넣는 것이 예의이다.
④ 큰 소리로 말하거나 웃고 떠들지 않는다.
⑤ 궂은 일은 돕되, 장례 절차나 예식 등에 대해 간섭하지 않는다.

12 ▶ ③

한국에서는 죽은 사람의 이름을 쓸 때 빨간색을 사용하여 금기시하지만, 미국에서는 다양한 색을 사용하여 사람의 이름을 쓰기 때문에 일반적 금기가 아니다.

13 ▶ ①

'말씀'은 이미 높임 표현이므로 "사장님 말씀이 있겠습니다.", "사장님께서 말씀하시겠습니다."로 표현할 수 있다.

14 ▶ ③

Sir은 나이나 지위가 비슷한 사람끼리 또는 여성에게는 사용하지 않는다.

15 ▶ ④

① 고객을 배웅할 때는 엘리베이터 앞까지 동행하거나, 필요 시 현관 입구까지 배웅하는 것이 기본 예의이다.
② 안내 시에는 고객보다 2~3보 정도 비스듬히 앞서서 이동하며 길을 안내한다.
③ 복도에서는 고객보다 앞에서 자연스럽게 동선을 이끌어 주는 방식으로 안내한다.
⑤ 문을 당겨서 여는 경우에는 직원이 먼저 문을 열어 고정한 뒤, 고객이 먼저 통과하도록 안내하는 것이 원칙이다.

16 ▶ ①

전화 응대의 특성은 일대일 쌍방향 커뮤니케이션이고, 고객 개개인의 개별 서비스 응대가 가능한 서비스 매체이다.

17 ▶ ①

중국은 차 문화가 발달한 나라로 상대방의 잔이 빌 경우 계속 따라 주는 것이 예의이다.

18 ▶ ②

'Lady on the Right'라고도 하며, 최고 귀빈의 오른쪽에 앉는다.

19 ▶ ②

집안의 제사는 흉사가 아니므로 생상시내로 한다. (흉사 : 초상, 영결식 등)

20 ▶ ②

악수 예절에 있어서 악수는 반드시 일어서서 하도록 하며 한 손으로 잡고 반가운 마음을 표현하기 위해 두세 번 힘차게 흔들어 인사한다.

21 ▶ ② 압존법

22 ▶ ④ 악수

23 ▶ ① 유니폼

24 ▶ ③ 겸양어

25 ▶ ⑤ 서비스 매너

26 ▶ ④

가. 태국, 나. 중국, 다. 러시아, 마. 일본에 대한 설명이다.

27 ▶ ①

회사명 혹은 소속, 이름 등을 밝히며 전화를 받는 것이 비즈니스 전화 응대의 기본이다.

28 ▶ ③

식사 시의 모든 행동은 고객을 중심으로 이루어진다. 주문은 고객이나 여성이 먼저 하도록 하고 편안히 식사할 수 있도록 배려한다.

29 ▶ ③

계단을 오를 때에는 고객보다 한두 계단 뒤에서 올라가고, 내려올 때에는 고객보다 한두 계단 앞서 안내하며 내려오는 것이 기본적인 안내 매너이다. 또한 남녀가 함께 계단을 이용할 때에는 올라갈 때는 남자가 먼저, 내려올 때는 여자가 앞서 내려간다.

30 ▶ ⑤

내방객이 대기하는 시간에 음료나 차를 대접한다.

31 ▶ ④

운전기사 없이 동급자가 운전하는 경우, 운전석 옆 좌석이 상석이다.

32 ▶ ③

엘리베이터 이동 중 엘리베이터 내에서는 불필요한 대화나 소음이 발생하지 않도록 한다.

정답 및 해설

PART 02　예상문제　P. 117

01	⑤	02	④	03	⑤	04	④	05	⑤
06	②	07	③	08	②	09	⑤	10	②
11	⑤	12	④	13	③	14	①	15	②
16	②	17	②	18	②	19	①	20	②
21	①	22	③	23	④	24	⑤	25	②
26	①	27	④	28	②	29	①	30	①
31	①	32	②						

01 ▶ ⑤
목에 무리를 줄 수 있는 잦은 흡연이나 음주를 피하고, 피로하지 않게 관리한다.

02 ▶ ④
① 이미지는 시각적인 측면 외에 다양한 감각적 측면을 갖는다.
② 이미지는 주관적인 측면이 강하다.
③ 정보화 시대에는 이미지만으로도 제품의 구매 결정이 이루어지는 경우도 많아, 최근 기업 및 제품 이미지 등의 중요성은 더욱 강조되고 있다.
⑤ 이미지는 추상적인 측면을 가지고 있으므로 직접적인 경험 없이도 형성될 수 있다.

03 ▶ ⑤
[밝은 표정의 효과]
• 건강 증진 효과 : 웃는 근육을 많이 사용하게 되면 과학적으로 건강에 유익한 영향을 준다.
• 호감 형성 효과 : 표정은 상대가 보고 느끼며 판단하는 것으로, 웃는 표정은 나에 대한 좋은 이미지를 형성하게 한다.
• 신바람 효과 : 웃는 모습으로 생활을 하면 기분 좋게 일을 할 수 있게 된다.
• 감정 이입 효과 : 나의 밝고 환한 웃는 표정을 보면 타인도 기분이 좋아지게 된다.
• 마인드 컨트롤 효과 : 밝고 환한 표정을 지으면 실제로 기분이 좋아지게 된다.
• 실적 향상 효과 : 즐겁게 일을 하다 보면 업무가 효율적으로 진행되어 능률이 오르게 된다.

04 ▶ ④
메라비안의 법칙에 따르면 시각적 요소 55%, 청각적 요소 38%, 말의 내용 7%로, 이미지에 미치는 영향이 가장 큰 감각은 시각이다.

05 ▶ ⑤
호감을 주는 시선 처리 방법으로 자연스러운 눈맞춤을 위해 상대와 눈을 맞추던 시선을 눈이나 미간, 콧등 사이를 번갈아 본다.

06 ▶ ②
이미지 메이킹을 통해 주관적 자아와 객관적 자아의 인식 차이를 제거·축소하여 객관적 자아상을 확보할 수 있다.

07 ▶ ③
서비스인은 개인의 개성을 강조하는 화려한 메이크업보다, 자연스럽고 단정한 메이크업을 통해 신뢰감과 전문적인 이미지를 주는 것이 바람직하다. 또한 액세서리나 장식품도 과하지 않게 자제하는 것이 서비스인의 기본 용모 복장 매너이다.

08 ▶ ②
[첫인상의 특징]
• 신속성 : 첫인상이 전달되는 시간은 매우 짧고 순간적으로 전달되어 각인된다.
• 일회성 : 처음 한 번 전달되고 각인된 정보는 평생 기억에 남으며 변하지 않는다.
• 일방성 : 첫인상은 보이는 모습만을 통해 평가하는 사람의 판단과 가치관에 따라 일방적으로 인식되고 형성된다.
• 연관성 : 첫인상은 연상을 통해 형성되기 때문에 불확실하다. 익숙한 사람이나 사물 등 평소에 인지하고 있던 정보와 혼동하여 잘못 입력될 수 있다.
• 영향력 : 첫인상은 머릿속에 오래 남으며, 좋지 않은 첫인상을 바꾸는 데는 많은 시간과 노력이 필요하다.

09 ▶ ⑤
이질성은 서비스의 특성에 해당한다.
[지각의 특성]
• 주관성 : 개인의 경험, 가치관, 감정, 신념 등에 따라 동일한 대상도 다르게 인식되는 특성
• 선택성 : 제한된 인지 능력으로 인해 모든 자극을 받아들이지 않고, 필요한 자극만 선택하여 지각하는 특성
• 일시성 : 시간이 지나면서 지각과 기억이 변화하거나 약화될 수 있는 특성
• 종합성 : 개별 요소보다 전체적인 인상과 맥락을 종합하여 인식하는 특성

10 ▶ ②

향수는 시간이 지나 산화되면 색·향이 변하고 피부 자극 우려도 생길 수 있기 때문에 유통기한 또는 사용기한을 지키는 것이 좋다.

11 ▶ ⑤

작은 물건을 주고받을 때는 한 손을 다른 한 손으로 받쳐서 공손히 건네도록 한다.

12 ▶ ④

서비스 종사자에게 머리 손질은 항상 청결하고 단정해야 한다. 특히 일의 능률과도 관련이 있으므로 업무 특성에 맞는 헤어스타일을 유지하는 것이 중요하다.

13 ▶ ③

음성의 분위기는 훈련을 통해 변화시킬 수 있다.

14 ▶ ①

이미지는 그 대상이 지닌 다양한 속성 중 부분적인 특징만을 드러내므로 전체를 표현하기에는 한계를 갖는다.

15 ▶ ②

메라비안의 법칙에 따르면, 커뮤니케이션에서 상대방에게 전달되는 영향력은 시각적 요소 55%, 청각적 요소 38%, 언어적 요소 7%로 구성된다.

16 ▶ ②

이미지 관리 과정은 이미지 점검하기 → 이미지 콘셉트 정하기 → 좋은 이미지 만들기 → 이미지 내면화하기의 순서로 이루어진다.

17 ▶ ②

이미지 메이킹은 주관적 자아(내가 생각하는 나)와 객관적 지아(디인이 비라보는 나)의 차이를 줄여나가면서 객관적인 자아상을 확립할 수 있다.

18 ▶ ②

양말은 정장 바지의 색보다 짙은 색으로 착용한다.

19 ▶ ①

T.P.O는 시간, 장소, 상황에 맞게 복장과 태도를 선택하는 기준이다.

20 ▶ ②

초두 효과에 대한 설명이다. 맥락 효과는 처음에 인지된 이미지가 이후에 형성되는 이미지의 판단 기준이 되고, 전반적인 상황적 맥락을 제공하여 인상 형성에 영향을 주는 효과이다. 처음에 잡힌 맥락이 뒤의 정보를 읽는 틀이 되는 것을 의미한다.

21 ▶ ① 후광 효과

22 ▶ ③ 대비 효과

대비 효과는 동일한 자극이라도 비교되는 대상에 따라 다르게 지각되는 현상을 말한다. 비싼 정장과 비교하면 와이셔츠는 상대적으로 저렴하게 느껴지는 것이 그 예이다.

23 ▶ ④ 현저성 효과

처음 만난 사람이 계속 큰 목소리로만 말하면, 다른 성격적 장점은 잘 보지 못하고 "시끄럽고 성급한 사람"이라는 인상만 크게 남는 것처럼, 현저성 효과는 한 가지 특정 속성이 가진 정보가 인상 형성에 많은 영향을 주는 현상을 말한다.

24 ▶ ⑤ 최근 효과

시간적인 흐름에서 가장 마지막에 제시된 정보가 인상 형성에 아주 큰 영향을 주는 것을 의미한다.

25 ▶ ② 호감 득실 효과

상대방이 자신을 싫어하다가 좋아하게 되면 자신이 이득을 얻은 것 같아 더 좋아지고, 좋아하다가 싫어하게 되면 많은 것을 잃게 된 것 같아 더 싫어지는 현상이다.

26 ▶ ①

복장, 화장 등과 같은 패션 이미지 연출에 대해 언급하고 있다.

27 ▶ ④

후광 효과란 어떤 대상(사람·사물)이 가지고 있는 한 가지 장점이나 매력 때문에 다른 특성들도 좋게 평가하는 효과이다. 고객의 제품 선택 요소로서 국가이미지가 주는 후광 효과가 중요한 선택 기준이 되었다.

정답 및 해설

28 ▶ ②

삼점법은 상대가 방향을 정확히 이해하도록 안내하는 동작으로, 올바른 순서는 상대 눈 → 지시 방향 → 상대 눈이다.

29 ▶ ①

상담사는 문제의 원인을 외부 요인에만 두고 있어 상황을 올바르게 파악하지 못하고 있다. 이미지 메이킹을 통해 자기 향상을 이루기 위해서는 먼저 자신의 모습을 정확히 이해하는 단계가 선행되어야 한다.

30 ▶ ①

사례에서 고객은 서비스 직원에게 성실한 이미지를 형성하고 있으며, 이러한 긍정적 인식 때문에 문제 상황에서도 즉시 컴플레인을 제기하기보다 신뢰를 바탕으로 관계를 원만하게 유지할 수 있었다. 이미지는 인간이나 사물에 대해 형성되는 정서적·주관적 평가로, 개인의 감정이 함께 작용하기 때문에 그 개념을 객관적으로 정의하여 연구하기가 쉽지 않다.

31 ▶ ①

특별한 반응 없이 무표정한 표정은 거부, 귀찮음 등으로 해석될 수 있다.

32 ▶ ②

이미지는 개인의 지각적 요소와 감정적 요소가 결합되어 나타나기 때문에 주관적으로 형성된다고 할 수 있다.

PART 03 예상문제 P. 166

01	⑤	02	②	03	③	04	②	05	①
06	①	07	⑤	08	②	09	④	10	②
11	③	12	①	13	④	14	①	15	①
16	①	17	①	18	①	19	①	20	①
21	④	22	⑤	23	③	24	①	25	②
26	③	27	②	28	④	29	①	30	②
31	④	32	③						

01 ▶ ⑤

옹호 고객은 단순한 반복 이용을 넘어 기업이나 제품을 적극적으로 추천하고 긍정적으로 입소문을 내는 충성 고객층을 의미하고 반복적으로 이용하지만 타인에게 추천할 정도의 충성도가 없는 고객은 단골 고객에 해당한다.

02 ▶ ②

구매 결정을 취소할 수 없을 때 구매 후 부조화가 발생한다.

03 ▶ ③

공유(Share)는 인터넷의 활성화로 인해 등장한 진화된 구매 프로세스 모델인 AISAS(주의-관심-검색-행동-공유)의 마지막 단계이다. 전통적인 구매 결정 프로세스 모델인 AIDMA는 주의-관심-욕구-기억-행동의 순서로 이루어진다.

04 ▶ ②

[고객의 기대에 대한 영향 요인]
- 내적 요인 : 개인적 욕구, 관여도, 과거의 서비스 경험
- 외적 요인 : 고객이 이용할 수 있는 경쟁적 대안들, 타인과의 상호관계로 인한 사회적 상황, 구전 커뮤니케이션
- 상황적 요인 : 고객의 정서적 상태, 환경적 조건, 시간적 제약
- 기업 요인 : 서비스 의사 결정에 영향을 미치는 촉진 전략, 가격, 유통 구조에 의한 편리성과 서비스 수준 기대, 서비스 직원의 역량, 유형적 단서의 제공, 기업 이미지·브랜드 이미지

05 ▶ ①

외향형은 폭넓은 대인 관계를 유지하며 사교적이고 정열적이며 활동적이므로, 조용하고 신중히 글로 표현하기보다는 말로 표현하는 것을 선호한다.

06 ▶ ①

공급자는 가족 내부에서 수행되는 역할이 아니다. 가족의 구매 의사 결정 과정에서는 정보 수집자, 의사 결정자, 구매 담당자, 영향력 행사자, 소비자 등의 역할이 존재한다.

07 ▶ ⑤

① 보완적 평가 방법 : 대안 평가 시 몇 개의 속성을 선택하여 각 대안을 비교·평가한 뒤 최종적으로 높은 평가를 받은 제품을 선택하는 방법
② 분리식 평가 방법 : 고객이 정한 기준을 초과하는 항목이 하나라도 있으면 선택하는 방법
③ 결합식 평가 방법 : 모든 속성에 최소 기준을 마련하여 만족 여부로 평가하는 방법
④ 사전 편집식 평가 방법 : 평가 기준을 가장 중요한 순서대로 비교 및 평가하는 방법

08 ▶ ②

① 편의 서비스
③ 편의 서비스
④ 선매 서비스
⑤ 선매 서비스

09 ▶ ④

보상 심리에 대한 설명이다. 고객은 비용을 지불한 만큼 그에 맞는 서비스를 기대하며, 다른 고객보다 손해를 보고 싶어 하지 않는다. 독점 심리는 고객이 서비스를 독점하고 싶어 하는 심리를 말한다. 일부 고객을 만족시키다 보면 다른 고객의 불만을 야기시킬 수도 있기 때문에 모두에게 공정한 서비스가 전달되도록 해야 한다.

10 ▶ ②

TA 교류분석은 자기 이해뿐만 아니라 타인 이해까지도 기본적 사상으로 한다.

11 ▶ ③

① 체리피커는 할인·쿠폰 등 유리한 조건이 있을 때만 선택적으로 구매하고 지속적 구매는 하지 않는 고객이다.
② 단골 고객은 제품이나 서비스를 반복적·지속적으로 이용하지만 추천 수준의 충성도는 높지 않은 고객이다.
③ 의견 선도 고객은 제품의 평판, 심사, 모니터링 등에 참여하여 다른 고객의 의사 결정에 영향을 미치는 고객을 의미한다.
④ 한계 고객은 기업의 이익 실현에 방해가 되거나 관리 효율이 낮아 관계 축소 또는 제외가 고려되는 고객이다.
⑤ 의사 결정 고객은 구매 과정에서 선택 여부에 직접적인 영향력을 행사하는 개인 또는 집단이다.

12 ▶ ①

고객이 가장 신뢰하는 정보는 직접 경험한 개인의 경험적 정보이다.

13 ▶ ④

유사성 효과란 새로운 상품 대안이 등장했을 때 기존 상품 중 새로운 대안과 유사한 제품이 더 큰 영향을 받아 잠식될 가능성이 높아지는 현상을 말한다. 즉, 새로운 대안과 유사한 기존 상품일수록 대체되기 쉬우며, 유사성이 낮은 상품보다 잠식될 확률이 더 높다.

14 ▶ ①

문제(욕구)를 먼저 인식한 후 필요한 정보를 탐색하고, 탐색된 정보를 바탕으로 대안을 평가한 뒤 최종 구매 결정을 내린다. 그 이후에는 구매 후 만족·불만족 등 후속 행동이 나타난다.

15 ▶ ①

고객의 고관여 구매 행동은 제품에 대한 관심과 관여도가 높아, 구매 후에도 자신의 선택이 옳았는지 점검하며 부조화 감소 행동이 나타나는 것이 특징이다.
②~⑤의 내용은 모두 저관여 구매 행동에 해당한다.

16 ▶ ①

고객의 구매 행동에 있어 대안 평가는 수집된 정보를 바탕으로 고객이 가지고 있는 지식이나 믿음, 상황과 조건, 그리고 선호도 등의 기준으로 평가한다.

17 ▶ ①

고객은 관계 진화적 과정에 의한 분류에 따라, 잠재 고객－가망 고객－신규 고객－기존 고객－충성 고객의 순으로 진화한다.

18 ▶ ①

현대 마케팅적 측면의 고객 분류에서 소비자는 물건이나 서비스를 최종적으로 사용하는 고객이고, 구매자는 물건을 사는 고객이다.

19 ▶ ①

소비자가 제품이나 서비스를 잘못 선택했더라도 후회하지 않으려 하며, 그 사실을 인정하지 않으려는 심리 상태를 말한다.

20 ▶ ①
DISC는 사고 개방도와 감정 개방도에 따라 주도형 (D), 사교형(I), 안정형(S), 신중형(C)으로 구분한다.

21 ▶ ④ 편의적 고객

22 ▶ ⑤ 체리피커

23 ▶ ③ 개인적 고객

24 ▶ ① 경제적 고객

25 ▶ ② 윤리적 고객

26 ▶ ③
사실보다 고객의 감정에 먼저 반응하는 것이 고객 커뮤니케이션의 기본이다.

27 ▶ ②
고객은 관계 진화 과정에 따라 잠재 고객 → 가망 고객 → 신규 고객 → 기존 고객 → 충성 고객의 5단계로 분류된다.

28 ▶ ④
사고형의 사람들은 감정 조절, 업무 지향적, 정장 차림, 시간 관념 철저, 일정한 목소리, 냉철하며 제스처를 잘 사용하지 않는 등의 특징을 보이고 있는 반면에 감정형의 사람들은 그 반대의 현상을 보이고 있다.

29 ▶ ①
고객은 구매 리스크를 줄이고 심리적 안정을 찾기 위해 구매 의사 결정 시 다른 고객을 닮고 싶은 모방 심리를 가지고 있다.

30 ▶ ②
제시된 고객 유형은 자신의 상황을 상세히 말하고, 문의를 반복하는 특징을 보이는 대화형 고객에 해당한다. 대화형 고객에게는 형식적인 맞장구보다 친근하고 진심 어린 반응으로 공감대를 형성하는 응대가 효과적이다.
반면, ①, ③, ④, ⑤와 같은 응대 방식은 지배형 고객에게 적합한 응대법으로, 대화형 고객에게는 다소 딱딱하고 거리감 있는 태도로 받아들여질 수 있다.

31 ▶ ④
(D) 고객은 비용을 들인 만큼 서비스를 기대하며, 다른 고객과 비교해 손해를 보고 싶지 않은 보상 심리를 가지고 있다.

32 ▶ ③
DISC의 주도형 고객은 목적에 따른 결과를 빠르게 얻길 원하며, 즉시 깔끔한 업무 처리와 해결을 필요로 한다.

PART 04 예상문제   P. 209

01	④	02	③	03	④	04	②	05	①
06	①	07	④	08	④	09	②	10	③
11	③	12	⑤	13	⑤	14	④	15	⑤
16	①	17	①	18	②	19	②	20	①
21	⑤	22	①	23	②	24	④	25	③
26	①	27	⑤	28	⑤	29	⑤	30	①
31	①	32	③						

01 ▶ ④
육체적 공간 거리를 어떻게 유지하고 어떤 의미를 부여하는가 하는 것으로 상대에 대한 친밀감이나 신뢰도, 진정한 관심이나 흥미 및 태도를 반영한다.
[공간적 행위]
- 친밀한 거리 0~45cm
- 개인적 거리 45cm~80cm
- 사회적 거리 80cm~1.2m
- 대중적 거리 1.2m~3.7m

02 ▶ ③
AREA 법칙은 주장(Assertion)−이유(Reasoning)−증거(Evidence)−주장(Assertion)의 순서로 효과적인 주장을 전개하는 법칙이다. 이 중 "예를 들어"라는 표현은 자신의 주장을 뒷받침하기 위해 구체적인 사례나 자료를 제시하는 것이므로 증거(Evidence)에 해당한다.

03 ▶ ④
커뮤니케이션은 단순한 정보 전달이 아니라, 송신자와 수신자가 상호작용하며 의미를 공유하는 쌍방향 과정이다.

04 ▶ ②
시작 단계는 상대방에게 좋은 첫인상을 주고 우호적인 관계를 형성하는 단계로, 거래 조건을 제시하거나 필요한 사항을 확보하는 단계는 아니다. 거래 조건 제시는 진전 단계에 해당한다.

05 ▶ ①
효과적인 경청은 상대방의 관점에서 메시지에 집중하고, 공감과 피드백을 통해 원활한 소통을 돕는 것이다. 그러나 자신의 경험과 비교하며 듣는 것은 집중도를 떨어뜨려 경청 효과를 저해하므로 적절하지 않다.

06 ▶ ①
전달자의 문제는 미숙한 대인 관계, 미숙한 메시지 전달 능력, 혼합 메시지 사용, 오해와 편견이 있다.

07 ▶ ④
바트나는 이성적 판단에 따라 협상을 결렬시키고 회의장을 걸어 나오는 한계선이다.

08 ▶ ④
'나-전달법(I-message)'은 효과적인 커뮤니케이션 기법으로, 상대방의 행동이 나에게 어떤 영향을 주었는지를 중심으로 표현하는 방법이다. 이는 상대방을 직접적으로 비난하거나 공격하지 않고, 자신의 감정과 경험을 중심으로 전달하기 때문에 방어적 태도를 줄이고 원활한 의사소통을 가능하게 한다.

09 ▶ ②
[경청 기법 B.M.W]
• Body(자세) : 표정, 눈빛, 자세 등 비언어적 행동으로 상대에게 집중하는 것이다.
• Mood(분위기) : 말투, 음정, 음색, 속도, 높낮이 등 대화 분위기를 조성하는 청각적 표현이다.
• Word(말의 내용) : 말의 내용에 공감하며 고객의 입장을 이해하는 것을 의미한다.

10 ▶ ③
커뮤니케이션의 주요 기능에는 행동 통제, 동기 부여 강화, 감정 표현과 사회적 욕구 충족의 표출구, 정보 제공 등이 있다.

11 ▶ ③
같은 주장을 상대방이 수용할 때까지 무작정 반복하는 것은 오히려 갈등을 유발하여 협상을 방해하므로 적절하지 않다.

12 ▶ ⑤
① 대인 관계 기술
② 감정 이입
③ 자기 인식
④ 자기 인식

13 ▶ ⑤
고정관념은 커뮤니케이션을 방해하는 심리적 요인으로 기본 요소에 해당하지 않는다. 커뮤니케이션 과정의 기본 요소에는 전달자, 메시지, 코드화, 채널, 수신자, 효과, 피드백, 공간, 잡음 등이 있다.

14 ▶ ④
'AREA'의 법칙은 주장(assertion)-이유(reasoning)-증거(evidence)-주장(assertion)으로 효과적인 주장을 위한 법칙이다.

15 ▶ ⑤
자기 동기화에 대한 설명이다.

16 ▶ ①
'나-전달법' 화법이란 주어를 '나'로 하여 그 느낌을 가지게 된 책임이 상대방에게 있지 않고 표현자 자신에게 있다는 것을 전제로 하면서 자신의 느낌을 표현하는 것이다.

17 ▶ ①

18 ▶ ②
자기 조절 단계에 해당한다. 자기 조절은 부정적 감정을 억제하거나 통제하고, 미리 상황을 예측하여 바람직한 방향으로 감정을 다스리는 능력이다. 반면, 타인 감정 인식(Empathy)은 다른 사람의 감정을 이해하고 공감하는 능력을 말한다.

19 ▶ ②
신뢰 화법에 대한 설명이다. 레이어드 화법은 지시형, 명령형보다는 의뢰형, 권유형 등의 질문 형식으로 바꾸어 말하는 화법이다.

20 ▶ ①
아론슨 화법은 부정적 내용과 긍정적 내용을 함께 전달해야 할 때, 상대방이 받을 심리적 부담을 줄이기 위해 부정적 내용을 먼저 제시하고, 대화를 긍정적 의미로 마무리하는 의사소통 기법이다.

21 ▶ ⑤ 피그말리온 효과

22 ▶ ① 플라시보 효과

23 ▶ ② 호손 효과

24 ▶ ④ 잔물결 효과

25 ▶ ③ 노시보 효과

26 ▶ ①
② '혼합 메시지의 사용'에 따른 문제점을 해결한다.
③ 수신자가 전달자의 의도를 정확하게 파악하지 못해서 발생하는 문제점을 사전에 방지할 수 있다.
④ 상대가 중시하는 키워드를 듣게 되었다면 거기에 담긴 의미가 어떤 것인지 정확하게 질문해야 한다.
⑤ 동일한 키워드라 할지라도 거기에 담긴 의미는 어제와 오늘이 각각 다를 수 있다.

27 ▶ ⑤
감성과 이성의 차이점을 살펴보면 감성은 과정 중시, 다양한 아이디어, 창조적, 직관적, 질적인 것의 특성으로 요약할 수 있고, 이성은 경과 중시, 일관된 행동, 안정적, 분석적, 양적인 것의 특성으로 설명할 수 있다.

28 ▶ ⑤
① 재고가 없더라도 완곡한 표현(ex "제가 일단 알아봐 드리겠습니다.")을 사용할 수 있어야 한다.
② '나중에는 불가능할지도 모른다.'는 뉘앙스로 '지금이 적기(適期)'임을 알려야 한다.
③ 고객으로 하여금 노란색 의자를 구매하겠다는 의지를 증가시킬 수 있다.
④ 언제라도 구매할 수 있다고 생각할 수 있으므로 고객의 구매 욕구를 감소시킬 수 있다.

29 ▶ ⑤
① 언어적 경청의 대상이다.
② 고객의 말에 대해 상담자가 잘 듣고 있다는 것을 전달해야 한다.
③ 고객의 사실 정보뿐만 아니라 생각과 감정까지 모두 관심을 갖고 상담에 임해야 한다.
④ 고객은 자신의 감정을 직접적으로 드러내고 있지 않다.

30 ▶ ①
신체 언어에는 얼굴 표정, 눈맞춤, 고개 끄덕이기, 몸의 움직임, 자세 등이 포함되고, 의사 언어에는 말투, 음조의 변화, 음고, 음량의 정도, 말의 속도, 발음 등이 있다.

31 ▶ ①

직원 : 손님 죄송하지만 이곳에서 담배를 피워서는 안 됩니다. 옆 상점 사장님께서 담배 냄새로 불만이 많으셔서요. (부정적 표현)
손님 : (매우 화가 난 표정으로) 그럼 어디에서 피라고 하는 것입니까?
직원 : 손님 죄송합니다만, 뒤쪽으로 저희 옥상에 별도의 흡연 공간을 마련해 놓았습니다. 그곳에서 편하게 담배를 피우실 수 있으시니 그곳을 이용해 주시겠습니까? (쿠션언어, 청유형 표현)
손님 : 그래요. 그런데 옥상에 흡연 공간이 있다고 별도의 안내 표시가 없네요. 표시 좀 해 놓으세요.
직원 : 네, 손님 감사드립니다. 표기를 해 놓긴 했는데 너무 작아서 보지 못하신 것 같습니다. 빠른 시간 내에 조치를 취하겠습니다. (긍정적 표현)

(흡연을 하고 다시 식사를 한 손님이 계산을 하고 나가며)

직원 : 맛있게 드셨습니까?
손님 : 네, 잘 먹었습니다.
직원 : 불편한 점은 없으셨고요? (개방적인 표현)
손님 : 네, 괜찮았습니다.
직원 : 감사드립니다. 다음에 다시 찾아 주실 때는 흡연 공간에 대한 표기를 다시 해 놓겠습니다. 이용해 주셔서 감사드립니다. 좋은 저녁 되십시오. (긍정적 표현) |

32 ▶ ③

역지사지는 상대방에 대해 비난하거나 강요하기 전에 자신을 먼저 낮추고 상대의 마음을 헤아리는 모습을 보여준다. 처음에는 직원이 손님에게 담배를 피우지 않을 것을 강요하였으나, 손님의 반응을 감지하고 바로 자신을 낮추는 자세로 바꾸어 대응을 하였다. 결론적으로 손님의 마음을 열게 하였고, 손님이 음식점을 나갈 때에는 만족감을 가질 수 있도록 하였다.

PART 05 예상문제

P. 257

01	④	02	④	03	④	04	②	05	③
06	②	07	①	08	④	09	②	10	②
11	①	12	②	13	⑤	14	①	15	⑤
16	②	17	②	18	②	19	②	20	②
21	③	22	⑤	23	①	24	②	25	④
26	④	27	①	28	⑤	29	⑤	30	②
31	⑤	32	②						

01 ▶ ④

의전은 '예절과 격식을 갖추어 주요 참석자를 모시고 행사를 원만하게 처리하는 기준'으로, 혼란 방지(to prevent chaos)를 목적으로 관습(customs), 의례(courtesy), 형식(form), 절차(procedure), 규례(rules)를 동원하여 인간관계를 원만히 하고, 행사의 효율성을 극대화하는 기능을 갖는다.

02 ▶ ④

인센티브 여행은 기업이나 단체가 경비를 부담하여 성과가 우수한 직원에게 제공하는 포상 여행으로, 금전적 보상보다 구체적이고 체험적인 동기 부여 효과가 높다.

03 ▶ ④

회의 개최지 선정 과정은 회의 목적과 목표 확인 → 회의 형태와 형식 개발 → 회의에 필요한 물리적 요구사항 결정 → 참가자의 관심과 기대의 정의 → 장소와 시설의 종류 선택 → 평가 및 선정의 순이다.

04 ▶ ②

의전은 고정된 규범이 아니라 사회·문화적 환경과 시대적 가치의 변화에 따라 달라진다. 따라서 현재의 의전 형식이 영구한 것이 아니며, 시대 변화에 맞추어 의전 방식이 변한다는 의미는 문화의 반영(Reflecting Culture)에 해당한다.

05 ▶ ③

MICE 용어는 주로 동남아 지역에서 사용되고, 미주 지역에서는 Events, 유럽 지역에서는 Conference 라는 용어를 사용한다.

06 ▶ ②

정치적으로 불안정한 지역의 초일류 호텔은 테러의 대상이 되는 경우가 종종 있어 의전 시 이를 고려하여야 한다. 긴장이 고조되어 있는 지역에서는 피할 것을 권고하고 있다.

07 ▶ ①

MICE 산업은 대표적인 지식 기반 서비스 산업으로서 주요 선진국들이 미래의 유망산업으로 육성에 박차를 가하고 있다.

08 ▶ ④

회의실은 현재 회의 목적과 조건에 맞게 선정해야 하므로 과거 회의실 활용 전례는 고려 대상이 아니다.

09 ▶ ②

교실형 배치는 책상과 의자를 일렬로 배치하여 참가자들이 필기나 자료 검토 등 학습 활동을 할 수 있도록 한 형태이다. 주로 학술 세미나, 교육 훈련, 시험 등 장시간 집중과 노트 필기가 필요한 회의에서 활용된다.

10 ▶ ②

컨벤션 산업은 주로 관광 비수기 타개에 효과적이다.

11 ▶ ①

목소리가 굵고 안정감 있는 톤은 신뢰감을 주어 오히려 설득력을 높이는 요소로 작용한다.

12 ▶ ②

①, ③, ④, ⑤는 사전 등록에 대한 설명이다.

13 ▶ ⑤
제안 요청서(RFP)의 필수 포함 항목에는 행사의 개요(행사의 성격, 목적, 참가대상 등), 주최/주관 기관, 행사 일시, 제안서 평가 방법(사전에 배점 기준을 명확히 제시) 등이 포함된다.

14 ▶ ①
회의 운영 계획서에서 가장 중요도가 낮은 항목은 연사의 학력이다. 연사는 회의 주제와 프로그램에 적합한지 여부가 우선적으로 고려되어야 하며, 학력이나 논문 실적을 세부적으로 기재할 필요는 없다.

15 ▶ ⑤
의전(儀典)은 의식과 절차를 갖추어 진행하는 공식 행사이지만, 모든 규칙을 엄격하게 강요하는 방식이 바람직한 것은 아니다. 특히 VIP 고객의 경우, 행사 규칙과 VIP의 상황을 적절히 조율하여 균형 있게 운영하는 것이 의전의 핵심이다.

16 ▶ ②
'Lady on the Right'라고도 하며, 최고 귀빈의 오른쪽에 앉는다.

17 ▶ ②
의전에 있어서 '선물'은 지나치게 고가의 선물은 금하도록 하며, 전통적이고 의미 있는 선물이나 문화가 반영된 선물이 더욱 적합하다.

18 ▶ ②
CVB(Convention and Visitors Bureau)는 비영리를 목적으로 운영되고 있다.

19 ▶ ②
MICE 산업은 Meetings(회의), Incentives(포상 관광), Conventions(국제회의), Exhibitions(전시・박람회)의 약자로, 관광 산업의 중요한 분야이다.

20 ▶ ②
부부 동반일 경우, 부인의 서열은 남편과 동일한 서열로 인정된다.

21 ▶ ③ 포럼

22 ▶ ⑤ 세미나

23 ▶ ① 워크숍

24 ▶ ② 컨퍼런스

25 ▶ ④ 패널 토론

26 ▶ ④
행사 장소 변경 사항이 직원에게 제대로 전달되지 않아 고객 응대에 문제가 발생하였다. 따라서 이러한 문제를 해결하기 위해서는 회의에서 정확한 정보가 전달되고 공유되는 의사소통 기능이 반드시 필요하다.

27 ▶ ①
컨벤션 유치 활동 중 현장 답사(Site Inspection)는 개최 후보지의 시설, 접근성, 운영 계획 등을 실무자들이 직접 방문해 점검하는 단계이다.

28 ▶ ⑤
①, ②, ③, ④는 귀빈 전용 통로를 이용할 수 있는 대상이지만, 더블도어 대상자의 수행원들은 일반 입국 절차로 입국 후, 귀빈 주차장으로 이동하여 차량에 탑승하고 다음 목적지로 이동한다.

29 ▶ ⑤
신뢰도와 높은 품질의 이미지에 적합한 이야기 소재를 준비하는 것이 일관된 이미지 전달에 효과적이다.

30 ▶ ②
MICE는 Meeting(회의), Incentives(포상 관광), Convention(컨벤션), Exhibition/Event(전시・이벤트)를 포괄하는 조어로, 싱가포르, 홍콩, 일본, 한국 등 동아시아・동남아시아권에서 주로 사용되는 용어이다. 반면, 미주 지역에서는 'Event' 혹은 'Business Events'라는 용어가 더 널리 쓰이며, 유럽 지역에서는 'Conference'가 일반적으로 사용된다.

31 ▶ ⑤
Consumer show의 전시 참가업체는 주로 소매업자나 최종 소비자를 찾는 제조업자인 경우가 대부분이다.

32 ▶ ②

트레이드쇼의 입장객은 사전에 정해지며, 합법적으로 바이어를 입증할만한 증명서를 소지한 바이어 및 초청장 소지자만이 입장할 수 있다.

부록 **파이널 모의고사** P. 292

01	③	02	③	03	⑤	04	⑤	05	②
06	③	07	⑤	08	⑤	09	④	10	①
11	④	12	③	13	①	14	⑤	15	②
16	③	17	③	18	①	19	①	20	⑤
21	⑤	22	⑤	23	④	24	⑤	25	②
26	①	27	①	28	①	29	①	30	③
31	①	32	②	33	④	34	⑤	35	⑤
36	④	37	①	38	④	39	②	40	③
41	⑤	42	④	43	③	44	①	45	⑤
46	③	47	④	48	②	49	②	50	③

01 ▶ ③

① 고객보다 2~3보 가량 비스듬히 앞에서 안내한다.
② 하급자가 먼저 타도록 한다.
④ 당겨서 여는 문일 경우에는 문을 당겨 열어서 고객이 먼저 통과하도록 한다.
⑤ 계단과 에스컬레이터 등 경사가 진 위치에서 올라갈 때는 뒤쪽에서 안내하고, 내려올 때는 앞쪽에서 안내한다.

02 ▶ ③

초대를 받은 경우 약속 시간 5분 전에 도착하는 것이 좋으며, 너무 일찍 도착하는 것은 오히려 실례가 된다. 그러나 도착 후 자신이 준비하거나 도울 일에 대해 묻는 정도는 무방하다.

03 ▶ ⑤

나이, 학력, 개인사 등 상세한 프로필은 기록하지 않는다.

04 ▶ ⑤

유니폼은 회사 이미지와 서비스인의 전문성을 나타내는 공식 복장이므로, 개인적인 액세서리를 사용해 포인트를 강조하는 것은 바람직하지 않다.

05 ▶ ②

명함을 받자마자 바로 집어넣지 않는다. 대화가 이어지는 경우 테이블 위에 잠시 올려두고 필요할 때 언급하거나 대화의 주제로 활용한다.

06 ▶ ③

음성의 분위기는 훈련을 통해 변화시킬 수 있다.

07 ▶ ⑤

[이미지의 형성 과정]
• 지각 과정 : 인간이 환경에 대해 의미를 부여하는 과정으로, 주관적이며 선택적으로 이루어져 동일한 대상에 대해 다른 이미지를 부여한다.
• 사고 과정 : 과거와 관련된 기억과 현재의 지각이라는 투입 요소가 혼합되어 개인의 이미지를 형성한다.
• 감정 과정 : 지각과 사고 이전의 감정에 의해 반응하는 과정이다. 감정적 반응은 확장 효과가 있다.

08 ▶ ⑤

해당 보기는 모델링 전략을 의미하는 것으로, 이미지 메이킹 방법으로 적절한 전략이다. 개성을 갖는 것은 중요하지만, 자신의 롤 모델을 정해서 따라하는 전략을 취한 후에 자신만의 개성을 통해 새로운 이미지로 구현하는 것도 좋은 방법이다.

09 ▶ ④

첫인상은 평가하는 사람의 주관적인 판단에 따라 이루어진다.

10 ▶ ①

무릎은 곧게 펴고 배에 힘을 주어 당기며 몸의 중심을 허리에 둔다.

11 ▶ ④

고개를 한쪽으로 기울이지 않도록 한다.

12 ▶ ③

자신이 선택한 대안의 단점을 의식적으로 약화시킨다.

13 ▶ ①

고객은 단순히 제품을 구입한 사람만이 아니라, 앞으로 구입할 가능성이 있는 잠재 고객까지 포함하며, 기업과 직·간접적으로 거래하고 관계를 맺는 모든 사람을 의미한다. 거래처, 하청업자, 주주, 종사원 등은 내부 고객이라 할 수 있다.

14 ▶ ⑤

매슬로우의 욕구 5단계 이론을 서비스 욕구 관점에서 적용하면, '차별화된 서비스를 제공받고자하는 욕구'는 자아실현의 욕구 단계에 해당한다. 자아실현의 욕구는 고객이 자신에게 특별한 가치를 제공하는 서비스, 즉 일반적 수준을 넘어선 차별화되고 고급화된 서비스를 기대하는 단계이다.

15 ▶ ②

제품 및 서비스에 대한 이해를 쉽고 명확하게 설명하도록 하는 스킬은 언어적 커뮤니케이션 스킬이다.

16 ▶ ③

개방적인 표현은 상대방이 단순히 "예/아니오"로만 대답하지 않고, 자신의 경험이나 의견을 자유롭게 말할 수 있도록 유도하는 질문 기법이다.

17 ▶ ③

상호주의 원칙은 내가 상대방에게 베푼 만큼 상대방으로부터 동일한 대우와 배려를 기대하는 원칙을 말한다. 의전에서는 국가 간의 위상이나 국력과 상관없이 모든 국가가 1대 1의 동등한 예우를 받아야 하며, 의전상 소홀한 점이 발생했을 경우 외교 경로를 통해 상응하는 조치를 검토하기도 한다.

18 ▶ ①

개인 간의 관계에서 지켜야 하는 기본 예의범절은 '에티켓'이라고 한다.

19 ▶ ①

포상 관광(Incentives)은 조직이 성과 보상과 동기부여 차원에서 비용을 부담하여 제공하는 여행 형태로, 휴양·교육·오락적 기능이 강조된다. 특히 일반 관광과 달리 관광 비수기에도 수요를 창출할 수 있는 상품으로, 지역 경제 활성화에도 기여한다.

20 ▶ ⑤

회의장 내 별도의 통역 부스가 갖추어져 있지 않을 경우에 통역 부스를 조성하여야 하는데, 이때 가장 적절한 위치는 연사의 움직임과 표정 변화를 읽을 수 있는 위치이면서 참가자들의 이동 편의를 방해하지 않는 위치를 잡아야 한다. 그러나 종종 시선이 완전히 차단되는 위치를 선정하여 통역사들이 상황 대처를 어렵게 하는 경우가 있다.

21 ▶ ⑤

① 손님이나 상사를 만나거나 헤어지는 경우 보통례로 인사한다.
② 목례는 양손에 무거운 짐을 들고 있거나 모르는 사람을 마주칠 때 한다.
③ 정중례는 감사의 뜻을 전할 때나 VIP 고객 등에게 하는 인사로, 보통 허리를 45도 숙여서 인사하는 가장 정중한 인사이다.
④ 목례는 상체를 숙이지 않고 가볍게 머리만 숙여서 하는 인사이다.

22 ▶ ⑤

컨벤션 산업은 무형의 홍보 효과 및 관광 산업과의 결합 등 유형적 가치보다 부수적으로 유입되는 무형의 가치가 더 큰 산업이다.

23 ▶ ③

① 관대함 : 기업/브랜드에 대한 애착심으로 가격 상승까지도 수용
② 교차 구매 : 현재 사용하고 있는 상품을 생산하는 기업의 다른 상품 구매
③ 상승 구매 : 동일한 기업의 상위 제품을 구매
④ 구전 활동 : 고객 스스로 지인을 통해 소개하는 활동
⑤ 반복 구매 : 반복적인 구매 행동

24 ▶ ⑤

① 시각에 호소하는 언어를 사용한다. (이심전심)
② 상황에 맞는 전문가의 말을 인용한다. (촌철살인)
③ 객관적 자료보다는 다양한 채널로 접근하여 감성을 자극한다. (감성자극)
④ 상대방의 의도를 간파하는 짧은 한마디는 상대방의 마음을 한순간 무너뜨릴 수 있다. (촌철살인)

25 ▶ ②

우리나라 사람이 미국을 방문했을 때에도 상황에 맞는 팁을 항상 지불하도록 한다. 팁은 서비스에 대한 감사의 표현이므로 항상 정중하게 지불해야 옳다.

26 ▶ ①

유인 효과는 기존 대안보다 명확히 열등한 대안을 추가로 제시함으로써, 고객이 기존 대안을 더 우월하게 평가하고 선택하도록 유도하는 현상이다.

27 ▶ ①

협상에 있어서 바트나(BATNA)는 협상자가 합의에 도달하지 못할 경우 택할 수 있는 다른 좋은 대안이나 차선책을 의미한다.

28 ▶ ①

PCO(Professional Congress Organizer)는 국제 회의 개최와 관련한 다양한 업무를 행사 주최 측으로부터 위임받아 부분적 또는 전체적으로 대행해 주는 영리 업체이다.

29 ▶ ①

상대방의 눈을 너무 오래 응시하면 불편함과 어색함을 줄 수 있으므로, 대화 시에는 눈·미간·코 사이를 자연스럽게 번갈아 보는 방식으로 시선을 조절하는 것이 바람직하다.

30 ▶ ③ 네티켓

31 ▶ ① T.P.O

32 ▶ ② 개별화 추구 고객

33 ▶ ④ 그레이프 바인

34 ▶ ⑤ 컨벤션

35 ▶ ⑤

엘리베이터 탑승의 기본은 안전이므로 아무도 없을 때는 부하 직원이 먼저 타서 안전을 확보하고 가고자 하는 층의 버튼을 누르는 것이 예절이다.

36 ▶ ④

비즈니스 파트너가 직접 차량을 운전하며 영접하는 경우, 운전자의 옆자리(보조석)에 탑승하는 것이 의전 원칙에 부합한다. 전문 기사가 배정된 차량일 때만 운전자의 대각선 뒷좌석이 상석이다.

37 ▶ ①

헤어는 (청결함)과 (단정함)을 가장 기본으로 하고, 메이크업에 있어서는 밝고 건강하게 보이도록 (자연스러운) 메이크업을 하도록 한다.

38 ▶ ④

초두 효과란 처음 제시된 정보가 나중에 제시된 정보보다 기억에 훨씬 더 큰 영향을 주는 현상을 의미한다. 처음 인지된 직원의 지저분한 용모와 복장이 청결과 소독을 최우선으로 생각한다는 나중에 제시된 정보보다 더 큰 영향을 주었기 때문에 초두 효과가 발생하였다.

39 ▶ ②

[지각적 위험에 따른 영향 요인]
- 기능적 위험: 서비스가 기대한 기능이나 성능을 하지 못할까 하는 두려운 경우
- 재정적 위험: 예상보다 많은 비용이 발생하거나 금전적 손실이 생길까 하는 걱정이 생긴 경우
- 신체적 위험: 서비스 이용으로 신체적 안전에 문제가 생길까 하는 두려운 경우
- 심리적 위험: 구매 후 죄책감·불안감 등 심리적 부담이 생긴 경우
- 사회적 위험: 타인에게 부정적으로 보일까 하는 우려가 느껴지는 경우

40 ▶ ③

고객의 의사 결정 과정은 문제 인식 단계, 정보 탐색 단계, 대안 평가 단계, 구매 단계, 구매 후 행동의 5단계를 거치게 된다.

41 ▶ ⑤

효과적인 주장을 위한 AREA 법칙은 Assertion(주장), Reasoning(이유), Evidence(증거), Assertion(주장)의 순서이다. 주장하고자 하는 결론을 먼저 말하고 그 이유를 설명한 후, 이유와 주장에 관한 증거와 실례를 제시하도록 하며 다시 한 번 주장함으로써 자신의 주장을 확고히 한다.

42 ▶ ④

플라시보 효과란, 약 자체에 치료 성분이 없더라도 '이 약을 복용하면 병이 나을 것이다.'라는 긍정적 믿음이 작용하여 실제로 증상이 호전되는 현상을 말한다. 심리적 기대와 신뢰가 신체 회복에 영향을 미치는 효과이다.

43 ▶ ③

협상의 시작 단계에서는 상대방과의 우호적인 관계를 구축하고, 탐색 단계에서는 상대방에 대한 정보와 파악 정도를 확인하며, 진전 단계에서는 거래 조건을 제시하면서 필요한 사항을 최대한 확보하고, 합의 단계에서는 협상 성립을 알리고 내용에 따라 계약서 등의 문서를 작성한다.

44 ▶ ①

컨벤션은 회의 구성상 전체 회의, 분과 회의 등을 포함하며, 등록, 사전·사후 관광과 같은 활동을 동반하는 가장 일반적인 형태이다.

45 ▶ ⑤

① 점원은 자신의 메시지가 잘 전해지고 있는지를 확인하는데 소홀하다.
② 고객은 단지 물건을 사러 온 게 아니라 자신의 니즈를 충족할 수단, 정확히는 '편의'를 찾으러 매장에 온 것으로 봐야 한다.
③ 고객은 선크림 그 자체를 사러 온 것이 아니다. 선크림을 통해서 얻고자 하는 목적 때문에 매장을 방문한 것이다.
④ '호손 효과(Hawthrone Effect)'는 다른 사람들이 지켜보고 있다는 사실을 의식함으로써 그들의 전형적인 본성과 다르게 행동하는 현상을 말한다.

46 ▶ ③

① '너'를 주어로 표현하면 결과에 대한 이해를 구하게 되고, '나'를 주어로 표현하면 과정에 대한 이해를 구하는 셈이 된다.
② '나'를 주어로 표현하게 되면, 나의 심리나 기분을 상대방에게 잘 전달할 수 있게 된다. 반대로 '너'를 주어로 표현하면, 상대방의 잘못을 질책하는 느낌으로 전해지게 된다.
④ 'I-메시지 전달법'은 상대방에게 나의 의사를 충분히 전달하면서도 상대방이 기분 나쁘지 않게 말하는 방법이다.
⑤ 내용과 같이 대화하지 않고 있다.

47 ▶ ④

고객이 스스로 문제점을 동의할 수 있도록 방향을 제시하는 역할을 하고 있다.

48 ▶ ②

상담을 성공적으로 진행하려면 고객에게 많은 정보를 얻어 고객이 진정으로 원하는 상품을 제공하고 서비스하는 것이 바람직하다.

49 ▶ ②

교류분석에서 대화하는 사람들의 심리 상태는 부모 자아 또는 어버이 자아(parent self), 성인 자아(adult self), 어린이 자아(child self)로 구분된다. 부모 자아는 상대에게 규범을 제시하는 유형으로, 본 사례에서 A 대리는 부모 자아의 상태이고, B 사원은 어린이 자아 상태이다.

50 ▶ ③

B 사원이 습관적으로 시계를 보는 것은 비언어적 메시지의 오용에 의한 커뮤니케이션 장애라고 할 수 있다. 준거의 틀 차이는 동일한 개념이나 표현에 대하여 발신자와 수신자가 서로 다르게 이해하는 것을 말하며, 반응적 피드백의 부족은 고개 끄덕임, 맞장구 등이 부족한 것을 말한다.

Reference | 참고문헌

- 강미라(2022), 매너와 이미지 메이킹, 새로미
- 강선아 외 2인(2021), 서비스 커뮤니케이션, 백산출판사
- 강혜숙(2020), 이미지 메이킹 매너와 커뮤니케이션 스킬, 지식인
- 김규배 외 9인(2019), 소비자행동론, 박영사
- 김병용(2025), 관광소비자행동론(4판), 한올
- 김영균 외 2인(2023), Digital Nudges ; 소비자행동론, 두남
- 김영식(2023), 비즈니스 매너와 글로벌 에티켓, 새로미
- 김지아·유정아·박혜정(2015), 글로벌 매너 5W 1H, 지식인
- 김혜영·정봉희(2021), 글로벌 비즈니스 매너와 에티켓, 한올출판사
- 김화연(2025), 박문각 SMAT Module A, 박문각
- 류지원(2008), 남성의 이미지 형성에서 지각자의 내적 특성, 착용자의 인상 차원 및 호감도간의 상관관계, 한국미용학회, 한국미용 학회지, Vol.14 No. 4
- 박영봉 외 2인(2015), 소비자행동론, 학현사
- 박한(2019), 더 드링크 스토리, 신화전산기획
- 박희정 외 3인(2023), 이미지 메이킹, 한올
- 배병욱(2020), 4차 산업혁명 시대, 퍼스널브랜딩으로 나를 창출하라, 한국융합경영학회, 융합경영 리뷰, Vol.9 No −
- 송대근·강용관(2024), 제3판 호텔객실 서비스 실무, 대왕사
- 안대희 외 3인(2018), 글로벌 시대의 매너와 에티켓, 신화전산기획
- 우소연·한수정(2021), 셀프 이미지메이킹과 브랜딩 전략, ㈜백산
- 유정화·이나영(2021), 이미지 메이킹과 면접, ㈜백산
- 이경모(2023), 이벤트학원론, 백산출판사
- 이나현(2018), 국제회의 기획자와 국제교류담당자를 위한 실무노트, BG북갤러리
- 이미아·이유재(2014), 온라인 쇼핑상황에서 웹페이지 상품구성이 소비자선택에 미치는 영향: 맥락효과를 중심으로, 한국마케 팅학회, 마케팅연구, Vol.29 No.4
- 이상진(2004), 禮, 세계인의 에티켓, 민속원
- 이상화(2022), 비즈니스 매너 바이블, 넷마루
- 이재희(2024), 소통 리더십 개발을 위한 비즈니스 커뮤니케이션, 한올
- 이지영·고주희(2021), 4차 산업혁명시대 글로벌 리더가 되기 위한 커뮤니케이션 기법 및 실습, 한올
- 이지영 외 2인(2013), 글로벌 인간관계를 위한 커뮤니케이션 스킬
- 장정빈(2009), 리마커블 서비스, 올림
- 전희락(2010), 정치인 이미지 형성 메커니즘에 관한 연구—플라시보 효과와 노시보 효과를 중심으로 한국정치커뮤니케이션학회, 정치커뮤니케이션 연구, Vol.16. No−
- 정태연(2023), 고객감동을 더하는 핵심서비스론, 새로미
- 정혜욱(2022), Z세대들의 인스타그램 기반 퍼스널브랜딩 실행과 사회적 함의, 디자인융복합학회, 디자인융복합연구, Vol.21 No 1
- 차길수(2008), 서비스 인간관계론, 대왕사
- 최지현·최세영(2023), 프레젠테이션 & 글로벌 매너와 이미지메이킹, 한올출판사
- 하진영·강은미(2024), 외식경영관리사 자격취득을 위한 외식경영실무, 신화전산기획
- 하진영·오선영(2007), 영화로 보는 매너와 에티켓, 파워북
- 한국언론정보학회(2011), 현대사회와 매스커뮤니케이션, 한울아카데미
- 홍선의(2011), 산업전시론, 백산출판사
- 홍성화 외 4인(2025), 현대 MICE산업의 이해, 백산출판사
- 홍숙영(2022), 고객서비스 매니지먼트 & 커뮤니케이션, 새로미

하진영 교수

주요 약력
- 세종대학교 관광대학원 호텔경영학 석사
- 경기대학교 이벤트,국제회의학 박사

現
- 비티엠써비스(주) 서비스아카데미 원장
- 박문각 SMAT 전담강사
- 한국생산성본부 E-9비자 외국인 취업교육 강사
- 신구대학교 호텔관광과 겸임교수
- 경희사이버대학교 외식조리학과 객원교수
- 한국열린사이버대학교 교양학부 특임교수
- (사)한국호텔전문경영인협회 이사

前
- 연성대학교 관광과 관광중국어전공 조교수
- 한국농어촌공사 농어촌자원개발원 자문위원
- 호텔업 등급평가위원
- HOTEL LOTTE 식음팀
- 청와대 국빈서비스 담당
- 한국외식산업연구소 교육팀 팀장
- 경기대학교, 숭실대학교, 청운대학교, 수원여자대학교, 동남보건대학교 및 기업체 다수 강의

주요 저서
- 2026 박문각 SMAT Module A 비즈니스 커뮤니케이션(박문각)
- 2026 박문각 SMAT Module B 서비스 마케팅·세일즈(박문각)
- 2026 박문각 SMAT Module C 서비스 운영전략(박문각)
- 영화로 보는 매너와 에티켓(파워북)
- 사례로 배우는 마케팅(파워북)
- 외식서비스실무(파워북)
- 지역축제(대왕사)
- 외식서비스실무(백산출판사)
- 호스피탈리티 식음료관리론(신화출판사)
- 외식경영실무(신화출판사)

논문
- 체험마케팅의 전략적 체험 모듈, 만족도 그리고 지지도에 대한 관광객의 반응
- 통일전망대의 방문동기 간 영향관계 및 세분시장별 방문객의 특성 비교
- 한옥마을에서의 총체적 체험 요소, 태도 그리고 지지도 간 영향관계분석
- 축제브랜드 개성, 브랜드 동일시, 러브마크와 고객자산 간 관계 연구 외 다수의 논문

SMAT Module A 비즈니스 커뮤니케이션

초판 인쇄	2026년 1월 5일	초판 발행	2026년 1월 9일
편 저 자	하진영	발 행 인	박 용
발 행 처	(주)박문각출판	등 록	2015. 4. 29. 제2019-000137호
주 소	06654 서울시 서초구 효령로 283 서경 B/D 4층		
전 화	교재 주문 (02)6466-7202	팩 스	(02)584-2927

저자와의
협의하에
인지생략

정가 17,000원

ISBN 979-11-7519-610-0